Manfred Goeke (Hrsg.)

Praxishandbuch Mittelstandsfinanzierung

Manfred Goeke (Hrsg.)

Praxishandbuch Mittelstandsfinanzierung

Mit Leasing, Factoring & Co.
unternehmerische Potenziale
ausschöpfen

GABLER

Bibliografische Information Der Deutschen Nationalbibliothek
Die Deutsche Nationalbibliothek verzeichnet diese Publikation in der
Deutschen Nationalbibliografie; detaillierte bibliografische Daten sind im Internet über
<http://dnb.d-nb.de> abrufbar.

1. Auflage 2008

Alle Rechte vorbehalten
© Betriebswirtschaftlicher Verlag Dr. Th. Gabler | GWV Fachverlage GmbH, Wiesbaden 2008

Lektorat: Guido Notthoff

Der Gabler Verlag ist ein Unternehmen von Springer Science+Business Media.
www.gabler.de

Umschlaggestaltung: Nina Faber de.sign, Wiesbaden
Druck und Bindung: Wilhelm & Adam, Heusenstamm
Gedruckt auf säurefreiem und chlorfrei gebleichtem Papier
Printed in Germany

ISBN 978-3-8349-0950-3

Vorwort

Im deutschen Mittelstand herrscht nach Institutsumfragen Hochstimmung. Die Unternehmen profitieren vom Aufschwung und blicken optimistisch in die Zukunft, trotz Finanzmarktturbulenzen wie US-Immobilienkrise, Rekordstärke des Euro und dämpfender Effekte der Mehrwertsteuererhöhung. Nach Einschätzung des Hamburgischen Weltwirtschaftsinstituts (HWWI) wird weiterhin das Wachstum in Deutschland von drei Säulen getragen: den Unternehmensinvestitionen, dem Export und dem privaten Konsum. Allein die Kapitalausstattung der Betriebe lässt zu wünschen übrig.

Andererseits scheinen die Zeiten des flächendeckenden Rückzugs der Bank- und Finanzwirtschaft aus der Mittelstandsfinanzierung vorbei zu sein. Auch Kreditinstitute haben ihre Lehren gezogen aus Unternehmenspleiten und den Folgen wirtschaftlicher Depression. Konsolidierungsphasen waren begleitet von bankaufsichtsrechtlichen Regelwerken. Basel II steht künftig für das Kreditrisikomanagement der Banken im Vordergrund und Rating wird für mittelständische Unternehmen ein Muss.

Diese Erkenntnisse veranlassten unseren wissenschaftlichen Leiter der AFFM – Akademie für Finanzmanagement AG, Professor Dr. Manfred Goeke – Studiengangsleiter Fachrichtung Bank an der Berufsakademie Stuttgart –, wichtige Experten im Bereich der Finanzindustrie zusammenzubringen und in diesem Buch zu Wort kommen zu lassen. Es soll ein aktueller Überblick über unterschiedliche Finanzierungsmöglichkeiten des Mittelstands sein und Lösungsansätze für den Mittelstand von wichtigen Anbietern im Finanzierungsmarkt aufzeigen. Ein Buch also von Praktikern für die Praxis, für Finanzmanager in mittelständischen Unternehmen, für Firmenkundenberater der Finanzindustrie und zugleich für Studierende der Wirtschaftswissenschaften im Haupt- und Nebenfach an Universitäten, Fachhochschulen und Berufsakademien, sowie in institutionellen Fortbildungsveranstaltungen.

Die Finanzindustrie ist der wichtigste Begleiter wirtschaftlichen Aufschwungs. Sie steht vor großen Herausforderungen. Dieses Buch soll hierzu einen informativen Beitrag leisten.

Unser herzlicher Dank gilt allen Autoren, die hierfür ihre Fachkompetenz eingebracht haben, insbesondere Herrn Professor Dr. Manfred Goeke, dem Initiator und Herausgeber dieses Titels. Wir bedanken uns beim Betriebswirtschaftlichen Verlag Dr. Th. Gabler für die umfangreiche Unterstützung und Begleitung der Bucherstellung.

Stuttgart, im Januar 2008

Manfred W. Schmid
AFFM – Akademie für Finanzmanagement AG

Inhaltverzeichnis

Der deutsche Mittelstand – Herzstück der deutschen Wirtschaft

Manfred Goeke

1. Grundüberlegungen zum Mittelstand

Unbestritten gilt der deutsche Mittelstand als zentrales Element der sozialen Marktwirtschaft und als Erfolgsfaktor des deutschen Wirtschaftswunders in der Nachkriegszeit. Daher ist es nicht verwunderlich, dass die Vokabel „Mittelstand" von vielen Institutionen und Politikern als Synonym und Quelle für Innovationen, Wachstum und Beschäftigung genutzt wird.

Das Wertsiegel „Mittelstand" erweist sich jedoch nur innerhalb des deutschen Wirtschaftsraumes als Gütezeichen, da sowohl die Europäische Union als auch die meisten übrigen europäischen Staaten nicht mit dem Begriff „Mittelstand" operieren, sondern nach kleinen und mittleren Unternehmen (KMU) bzw. small- and medium-sized enterprises (SME) differenzieren.

Diskussionen um den Mittelstandsbegriff können daher der Rubrik „typisch deutsch" zugeordnet werden und es ist nicht verwunderlich, dass aufgrund der Vielfalt und Heterogenität mittelständischer Unternehmen – vom lokalen Einzelhändler bis zum global agierenden mittelständischen Weltmarktführer – Mittelstandsdefinitionen in dreistelliger Größenordnung existieren.

Jörn-Axel Meyer vom Institut für kleine und mittlere Unternehmen in Berlin verweigert deshalb dem Begriff Mittelstand als Synonym für eine Gruppe die Berechtigung, da es den Mittelstand aufgrund der angesprochenen Heterogenität eigentlich nicht gibt.[1] Deshalb wollen wir der Begriffsvielfalt mit einem klaren Mittelstandsprofil begegnen, um das zentrale Element, das Herzstück der deutschen sozialen Marktwirtschaft – zumindest für die nachfolgenden Ausführungen – greifbar zu machen.

---

[1] Vgl. Grass (2007), S. B 07.

2.   Diskussion des Mittelstandbegriffs

2.1   Der quantitative Ansatz als Klassiker der Begriffsbestimmung

Die geläufigste Definition des Begriffs „Mittelstand" geht in Deutschland auf das Institut für Mittelstandsforschung in Bonn zurück und unterscheidet Unternehmen nach den quantitativen Kriterien Jahresumsatz und Beschäftigtenzahl. Die kleinen und mittleren Unternehmen zusammen verkörpern den Mittelstand, dem die dritte Gruppe, die großen Unternehmen gegenübersteht (vgl. Abbildung 1).

Unternehmensgröße	Beschäftigte	Umsatz in €/Jahr
klein	bis 9	bis unter 1 Mill. €
mittel	10 bis 499	1 bis unter 50 Mill. €
groß	500 und mehr	50 Mill. € und mehr

Quelle: ifM Bonn 2004

Abbildung 1:   *Quantitative Mittelstandsdefinition des IfM Bonn*
                        (gültig seit der Euro-Umstellung)

Analog dieser Definition des IfM Bonn bedient sich die Europäische Kommission ebenso quantitativer Merkmale um Unternehmensgruppen voneinander zu differenzieren und unterscheidet nach drei Unternehmensgruppen (vgl. Abbildung 2). Für alle mittelständische Unternehmensklassen (mittlere, kleine und Kleinstunternehmen) gilt zudem mit der neuen KMU-Definition der EU seit dem 1.1.2005 das sogenannte Verbundenheitskriterium, dass sie nicht zu 25 Prozent oder mehr des Kapitals oder der Stimmanteile im Besitz von einem oder mehreren Unternehmen gemeinsam stehen, welche die Definition der KMU nicht erfüllen.

Unternehmensgröße	Beschäftigte	Umsatz	Jahresbilanz
Kleinstunternehmen	0-9	bis 2 Mill. € (- Mill. €	bis 2 Mill. € (- Mill. €)
Kleinunternehmen	10-49	bis 10 Mill. € (7 Mill. €)	bis 10 Mill. € (5 Mill. €)
Mittleres Unternehmen	50-249	bis 50 Mill. € (40 Mill. €)	bis 43 Mill. € (27 Mill. €)
KMU zusammen	unter 250	bis 50 Mill. € (40 Mill. €)	bis 43 Mill. € (27 Mill. €)

Und das Unternehmen darf nicht zu 25 % oder mehr in Besitz eines oder mehrerer Unternehmen stehen, das nicht die EU-Definition erfüllt.
In Klammern: Empfehlung bis 2004

Quelle: EU-Kommission 1996/2003

Abbildung 2:   *Definition von KMU durch die EU ab 2005 (2004)*

Während sich der IfM-Begriff vom EU-Mittelstandsbegriff durch eine gemeinsame Begrenzung der Umsatzhöhe auszeichnet, unterscheiden sie sich im Wesentlichen durch eine Klassifizierung in nur zwei Gruppen, und durch eine deutlich höhere Anzahl der Beschäftigten beim IfM-Ansatz. Demgegenüber weisen die Mittelstandskriterien der KfW als auch der IKB (Deutsche Industriebank AG) deutlich höhere Umsatzgrößen bis 500 Millionen Euro aus.[2] Selbst die Bankenaufsichtsbehörde sieht die Abgrenzung zu Großunternehmen erst ab einem Jahresumsatz bzw. Bilanzsumme von mehr als 500 Millionen Euro.[3] Im Rahmen seiner Mittelstandsoffensive definiert der Softwarekonzern SAP seine mittelständische Zielkundschaft als Unternehmen ebenfalls bis zu 500 Millionen Euro Umsatz und bei der Anzahl der Beschäftigten Unternehmen mit bis zu 2.500 Mitarbeitern.[4]

Soll mit einer Mittelstandsdefinition vornehmlich eine Abgrenzung zur Gruppe der Großkonzerne und deren internationalen Finanzierungsmöglichkeiten erreicht werden, so ist sicherlich eine Umsatzgrößenbegrenzung erst bei 500 Millionen Euro als realitätsnäher zu bezeichnen, und daher Grundlage dieser Veröffentlichung. Bezogen auf die Erhältlichkeit und den Zugang zu Programmen der Mittelstandsförderung auf EU-, Bundes- und Landesebene ist jedoch vor allem der EU-KMU-Definition Beachtung zu schenken, da sie die Grundlage für die Eingrenzung des Empfängerkreises für EU-Förderprogramme bildet. Im Rahmen des EU-Beihilferechts wird auch die wettbewerbsrechtliche Prüfung von nationalen Unterstützungsmaßnahmen für KMU an der EU-Definition ausgerichtet.

Unterschiedliche Handlungsweisen kennzeichnen dagegen den Zugang zu nationalen Förderungsmöglichkeiten. Während die KfW entsprechend ihrem KfW-Mittelstandspanel mittelständische Unternehmen bis zu einem maximalen Jahresumsatz von 500 Millionen Euro als förderungswürdig betrachtet, findet die EU-Definition zwischenzeitlich auf Länderebene in Deutschland insofern Anwendung für die Nutzung von KMU-Förderprogrammen, als die definitorische Obergrenze für Mittelstandsunternehmen sich an der Zahl von 249 Beschäftigten orientiert.

2.2   Notwendigkeit der qualitativen Ergänzung

Wenngleich Mittelstandsdefinitionen nach quantitativen Größen sicherlich eine sehr praktikable Seite aufweisen und vor allem den Mittelstand für amtliche Statistiken greifbar machen, so wäre der deutsche Mittelstand unzureichend charakterisiert, da er sich insbesondere durch qualitative Aspekte von den Charaktereigenschaften eines Großunternehmens differenzieren lässt.

---

2   Vgl. KfW (2006), S. 3.
3   Vgl. Sanio (2002), S. 13.
4   Vgl. Koenen (2007), S. 15.

Bereits in den frühen Achtzigerjahren hat das Institut für Mittelstandsforschung qualitative Merkmale entwickelt, die auf maßgebliche Unterschiede zu Großunternehmen hinweisen: Die Einheit von Eigentum, Leitung, Haftung und Risiko sowie die verantwortliche Mitwirkung der Leitung an allen unternehmenspolitisch relevanten Entscheidungen. Nach einer Untersuchung des IfM aus dem Jahre 2000 dominierte der Typus „Eigentümerunternehmung" mit 94,8 Prozent eindrucksvoll das Bild der deutschen Unternehmen.[5] Als weitere Besonderheit ist diesen inhabergeführten Unternehmen anzumerken, dass die Firmenanteile meist in den Händen einer oder mehrerer Familien liegen. Daher werden die Begriffe Mittelstands- und Familienunternehmen oft synonym verwendet. Für die Mehrzahl familiengeführter Unternehmen trifft die Gleichsetzung mit dem Mittelstand zu; Großunternehmen mit Milliardenumsätzen – auch wenn sie durch Familiendominanz durchaus mittelständische Prägung aufweisen – können einfach aufgrund der Größenordnung nicht mehr dem Mittelstand zugerechnet werden. Die Wirksamkeit der quantitativen Begrenzung erscheint hier völlig zu Recht, da sich die Strukturen und Finanzierungsmöglichkeiten eines Großunternehmens deutlich von einem mittelständischen Unternehmen unterscheiden.

Im Mittelstand ist der direkte Einfluss des Unternehmers in allen Bereichen spürbar, bedingt auch durch das hohe persönliche Risiko des Eigentümer-Managers, der in der Regel mit seinem eigenen Vermögen haftet. Im Gegensatz zu den managergeführten Großunternehmen, die weitgehend auf den kurzfristigen Erfolg fixiert sind, haben für mittelständische Unternehmen langfristige Bestands- und Zukunftssicherung oberste Priorität. Zudem prägen enge persönliche Beziehungen zwischen Mitarbeitern und Firmenleitung die spezifische Unternehmenskultur des Mittelstandes, die sich vor allem auch in einer größeren Flexibilität, besseren Kundenorientierung sowie einer höheren Innovations- und Risikobereitschaft in der Außenwirkung zeigt. Darüber hinaus kennzeichnen enge wirtschaftliche und gesellschaftliche Bindungen mit ihrem Standort mittelständische Unternehmen. Vier von fünf Firmen engagieren sich nach Beobachtungen des IfM ehrenamtlich in ihrer Region.

2.3   Die typologische Betrachtungsweise als weiteres Unterscheidungsmerkmal

Im Sinne einer typologischen Betrachtungsweise differenzieren Achleitner/Fingerle zwischen etablierten (etablierter Mittelstand) und neu gegründeten Unternehmen (neuer Mittelstand).

Während bei den etablierten Unternehmen die Nachfolgeproblematik und die Problematik der Wachstumsfinanzierung, insbesondere im Hinblick auf die Herausforderung der Globalisierung im Fokus der Betrachtung stehen, haben die Unternehmensgründungen zumindest in der politischen Diskussion starken Eingang gefunden. Im Blickpunkt stehen dabei die originären und weniger die derivativen Gründungen sowie im Sinne von Schumpeter die innova-

---

5   Vgl. Icks (2006), S. 4.

tiven Gründungen vor den imitierenden Gründungen, da man mit ihnen ein hohes Wachstumspotenzial und somit eine volkswirtschaftlich und arbeitspolitisch positive Zukunftsentwicklung verbindet.[6]

3. Volkswirtschaftliche Bedeutung des Mittelstandes

3.1 Dominanz mittelständisch geprägter Unternehmen

Nach einer Schätzung des Instituts für Mittelstand waren im Jahr 2005 in Deutschland 3,38 Millionen Unternehmen tätig, jeweils mit einem steuerpflichtigen Jahresumsatz von mehr als 17.500 Euro oder mindestens einem sozialversicherungspflichtigen Beschäftigten. Wie Abbildung 3 verdeutlicht, dominiert der Mittelstand mit einem Anteil von 99,7 Prozent aller umsatzsteuerpflichtigen Unternehmen die deutsche Wirtschaft.[7]

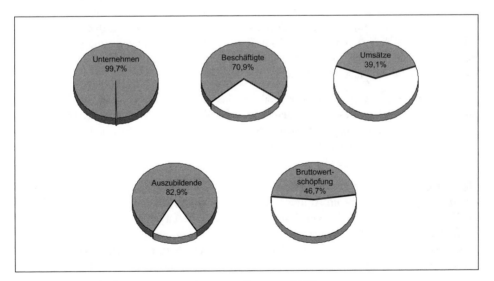

Quelle: Eigene Darstellung in Anlehnung an IfM Bonn 2007
Abbildung 3: *Schlüsselzahlen zum Mittelstand*

---

6 Vgl. Achleitner/Fingerle (2004), S. 10 f.
7 Im Übrigen dominieren sowohl in der EU als auch in Japan die kleinen und mittelgroßen Unternehmen. Siehe hierzu Friedrich (2007), S. 19, sowie Mayer-Kuckuck (2007), S. 26.

Eindrucksvoll widerspiegelt ebenso Abbildung 3 die volkswirtschaftliche Bedeutung des Mittelstandes anhand der wichtigsten Schlüsselzahlen. Mittelständische Unternehmen verkörpern also nicht nur 99,7 Prozent aller umsatzsteuerpflichtigen Unternehmen bei einem Anteil an den steuerpflichtigen Umsätzen von rund 40 Prozent; sie bilden insbesondere das Rückgrat der deutschen Wirtschaft hinsichtlich des Anteils an Arbeits- und Ausbildungsplätzen mit 70 bzw. 82 Prozent. Diese Erkenntnis ist zwar nicht neu, aber je mehr sich Großunternehmen aufspalten, Produktionsteile auslagern und Aufträge fremd vergeben, vorzugsweise an mittelständische Unternehmen, umso deutlicher kristallisiert sich die volkswirtschaftliche Bedeutung des Mittelstands heraus.

3.2   Mittelstand als Jobmotor

Insbesondere von der Öffentlichkeit als auch von der Wirtschaftspolitik wird dem Mittelstand eine herausragende Bedeutung für die Sicherung und Schaffung neuer Arbeitsplätze zugesprochen. Mit ihrem Mittelstandspanel 2006 konnte die KfW erstmalig belegen, dass der Beschäftigungszuwachs in Deutschland ausschließlich durch die mittelständischen Unternehmen getragen war. Während Großunternehmen und öffentlicher Dienst in der Zeit von 2003 bis 2005 zwischen 100.000 und 300.000 Beschäftigte abgebaut haben, hat der Mittelstand in diesem Zeitraum 400.000 Arbeitsplätze geschaffen. Wie die Studie weiter ausführt, erwiesen sich insbesondere die wissensintensiven Dienstleistungen mit 500.000 zusätzlichen Arbeitsplätzen als Jobmotor, während in der Baubranche und im verarbeitenden Gewerbe über 140.000 bzw. 80.000 Stellen abgebaut wurden.

Entgegen der allgemein geäußerten Hypothese, dass die kleinen KMU der „Jobmotor" der Wirtschaft sind, belegt diese Studie, dass vor allem die großen Mittelständler (mit 50 und mehr Beschäftigten) mit 200.000 Neueinstellungen Treiber der Wirtschaft sind, da die kleineren Unternehmen mit weniger als zehn Beschäftigten in diesem Zeitraum nur 100.000 zusätzliche Arbeitsplätze geschaffen haben.

Die Bedeutung des Mittelstandes für den Arbeitsmarkt dokumentiert auch die neueste Studie des IFM vom April 2007[8] im Auftrag der Stiftung Familienunternehmen. Während die 30 DAX-Unternehmen in der Zeit von 2003 bis 2005 ihr Personal um 3,5 Prozent auf 1,6 Millionen Beschäftigte abbauten, nahm dagegen bei den 500 größten Familienunternehmen in diesem Zeitraum – wie die Studie des IFM vom April 2007 belegt – die Belegschaft um zehn Prozent auf 2,2 Millionen Mitarbeiter zu (vgl. Abbildung 4). Dass sich diese Leistungsfähigkeit des Mittelstandes schließlich auch in entsprechenden Kursentwicklungen widerspiegelte, belegt die Steigerung des GEX (German Entrepreneur Index) um 97 Prozent gegenüber dem vergleichbaren DAX-Anstieg von 63 Prozent.

---

8   Vgl. Institut für Mittelstandsforschung (2007).

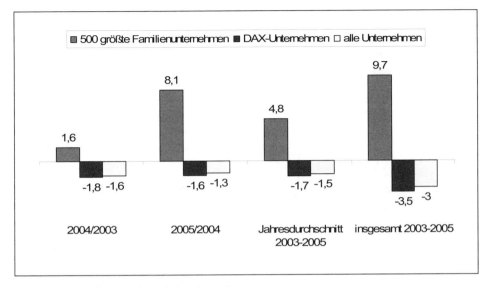

Quelle: Institut für Mittelstandsforschung Bonn

Abbildung 4:   *Entwicklung der Beschäftigtenzahl im Inland für die Jahre 2003 bis 2005 in Prozent*

Deutlich weist auch die Mittelstandsstudie der KfW auf den Zusammenhang zwischen Investitionstätigkeit und der Schaffung von zusätzlichen Arbeitsplätzen hin. Allerdings waren auch auf dem Gebiet der Investitionstätigkeit deutliche Unterschiede zwischen großen und kleinen mittelständischen Unternehmen zu beobachten. Hervorgerufen durch die boomende Exportwirtschaft weisen die großen Mittelständler verstärkte Investitionsaktivitäten auf, während die eher von der Binnennachfrage geprägten kleinen KMU noch entsprechend verhalten investieren. Neben dem konjunkturellen Umfeld erwiesen sich auch die höhere Innovationskraft und die damit einhergehende größere Wettbewerbsfähigkeit von größeren und technologieorientierten Mittelständlern als Triebfeder der Investitionstätigkeit.

Erfreulicherweise hat sich der zunächst überwiegend exportorientierte Wirtschaftsaufschwung im ersten Halbjahr 2007 gefestigt und geradezu lehrbuchmäßig dokumentieren derzeit alle aktuellen Umfragen den Wirkungsmechanismus zwischen Investitionstätigkeit einerseits und der Schaffung neuer Arbeitsplätze andererseits, wie das Ergebnis der Frühjahrsumfrage 2007 des BDI zur Investitionsbereitschaft[9] und Abbildung 5 zur erwarteten Inlandsbeschäftigung bestätigen.

---

9   Demnach wollen in 2007 etwa 34 Prozent der Unternehmen mehr investieren als in 2006 und rund 47 Prozent gleich viel; vgl. o. V. (2007a), S. 3.

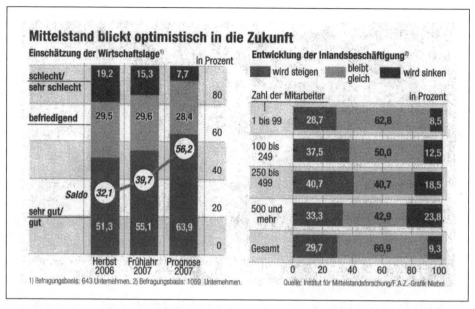

Quelle: FAZ vom 12. Juni 2007, S. 15
Abbildung 5:   *Mittelstand blickt optimistisch in die Zukunft*

3.3   Adäquate Versorgung mit Finanzierungsmitteln als Erfolgsvoraussetzung

Für die erfolgreiche Umsetzung der Investitionskraft im Mittelstand ist jedoch eine adäquate und ausreichende Versorgung mit Finanzierungsmitteln unabdingbar. Auch hier offenbart sich eine gespaltene Entwicklung innerhalb des Mittelstandes. Im Vergleich zu den größeren Mittelständlern litten in der Vergangenheit gerade kleinere Unternehmen unter einer unzureichenden Kreditversorgung. In einer detaillierten Ursachenanalyse stellt die KfW auf Basis des KfW-Mittelstandspanels fest, dass im Jahr 2005 bis zu 24 Milliarden Euro nicht oder verspätet investiert wurden, weil Kreditverhandlungen mit Banken gescheitert waren. Obwohl sich die Finanzierungssituation der KMU in Deutschland insgesamt verbessert hat, ist vornehmlich den kleinen mittelständischen Unternehmen aufgrund der schwachen Eigenkapitalausstattung der Zugang zu langfristigen Bankkrediten noch deutlich erschwert, so dass Investitionen über teure Kontokorrentkredite fristeninkongruent, sozusagen falsch, finanziert werden oder wegen zu hoher Finanzierungskosten einfach unterbleiben.

Die größeren mittelständischen Unternehmen haben zwischenzeitlich erkannt, dass sie über eine Stärkung der Eigenkapitalquote und zunehmende Entschuldung ihre Bonität und damit ihre Finanzierungschancen nachhaltig verbessern können. Mit 61 Prozent weist diese Gruppe innerhalb des Mittelstands die höchste Eigenmittelquote bei der Investitionsfinanzierung auf, wobei sich der durchschnittliche Eigenmitteleinsatz bei Investitionen im Mittelstand in 2005 mit 52 Prozent und neun Prozentpunkten Steigerung gegenüber dem Vorjahr schon erheblich gesteigert hat und somit die wichtigste Finanzierungsquelle für Investitionen darstellt.

Die angesprochene Finanzierungsproblematik postuliert im Allgemeinen die Abhängigkeit mittelständischer Unternehmen von ihren Hausbanken. Aus der Perspektive des Mittelstandes dokumentieren die Marktanteilsquoten des Mittelstandes – sowohl lokal als auch in der Gesamtheit betrachtet – an den Geschäftsdaten der lokalen Finanzinstitute, dass die mittelständische Firmenkundschaft als auch deren Mitarbeiter die Existenzgrundlage für die lokalen Banken bilden. Die stolzen Zahlen der Sparkassen und Genossenschaftsbanken – wie die Abbildung 6 zum Mittelstandsengagement[10] und die Marktanteile (vgl. Abbildung 7) im Privatkundengeschäft[11] belegen, verdeutlichen nachhaltig die „Treiberfunktion" des Mittelstandes für die lokale bzw. regionale Finanzindustrie.

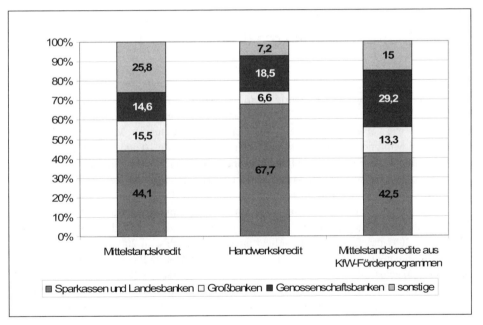

Quelle: DSGV, Geschäftszahlen 2006, S. 9
Abbildung 6: *Mittelstandsengagement*

---

10 Vgl. Deutscher Sparkassen und Giroverband (2006), S. 77.
11 Vgl. Oehler (2003), S. 10.

Bankengruppe	Befragte (Angaben in % des jeweiligen n)	
	Marktanteil Hauptbankverbindungen	
	1996 (n= 560)	2002 (n = 541)
Großbanken	14,2	12,4
Sparkassen	47,0	47,1
GenoBanken	16,9	16,5
Postbank	7,1	5,5
Direktbanken	0,2	0,6
sonstige Banken	14,6	17,9

Quelle: Oehler (2004), S. 181-199
Abbildung 7: *Marktanteile bei Privatkunden mit Hauptbankverbindungen*

Aus diesem Geist der „gegenseitigen Abhängigkeit" sollte sich das Selbstverständnis einer offenen Partnerschaft zwischen Mittelstand und lokalem bzw. regionalem Financier entwickeln. Dass die praktische Realität auf diesem Gebiet noch deutliche Defizite zeigt, wird uns an anderer Stelle noch begegnen.

3.4   Erkennbare Risikofaktoren

Die derzeitig auszumachende Euphorie im Mittelstand darf jedoch nicht darüber hinwegtäuschen, dass vor allem der industrielle Mittelstand Begünstigter des Konjunkturaufschwungs ist und nach wie vor unübersehbare Schwächen in der Struktur des Mittelstandes bestehen. Dass bei 3,4 Millionen mittelständischen Unternehmen gerade 10.000 Firmen einen Umsatz über 50 Millionen Euro erzielen, gilt auch im internationalen Maßstab gemessen als bedenklich geringe Anzahl. Unabhängig von der latenten Gefahr steigender Rohstoff- und Energiepreisentwicklungen und damit auch ansteigender Zinsen, leiden vorwiegend kleine mittelständische Unternehmen unter ihrer schwachen Eigenkapitalausstattung und mangelnder Rentabilität und infolge dessen unter erschwertem Zugang zu Bankkrediten.[12] Die Diagnose Mittelstand 2007 des DSGV[13] verdeutlicht ungeschminkt, dass in 2005 etwa ein Drittel des Mittelstandes ohne Eigenkapital auskommen musste und über 22 Prozent Verluste auswiesen. Aber auch ungelöste Nachfolgeprobleme können bei familiengeführten Unternehmen zum Schwachpunkt werden, da nach Erkenntnissen der Deutschen Bank nur noch gut über 40 Prozent der Unternehmensübergaben an Familienmitglieder erfolgen (vgl. Abbildung 8).

---

[12]   Vgl. Englisch (2007).
[13]   Vgl. Deutscher Sparkassen und Giroverband (2007).

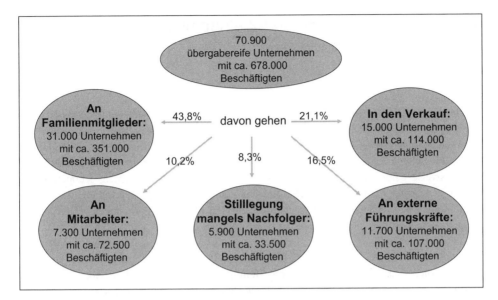

Quelle: Deutsche Bank Research, in: BZ vom 06.05.2007, S. 6
Abbildung 8: *Nachfolgelösungen in deutschen Familienunternehmen*

Ausgedünnt wird der deutsche Mittelstand zudem durch die geringe Zahl an Unternehmensgründungen. Während in den USA etwa elf Prozent der Bevölkerung als Unternehmensgründer agieren, bewegt sich der Anteil in Deutschland nur bei knapp vier Prozent, wobei nach DB Research die besonders rege Gründungsgeneration der 30- bis 39-Jährigen bis zum Jahr 2050 dramatisch wegzubrechen droht. Der abnehmende Umsatzanteil mit Marktneuheiten von knapp sechs auf drei Prozent signalisiert auch Verluste in der Innovationsfähigkeit des Mittelstandes und begründet sich mit Umsetzungsproblemen. Verspätete Unternehmensübergabe und damit einhergehend auch sinkende Risikobereitschaft verhindern die erfolgreiche Umsetzung neuer Ideen in marktgerechte Produkte.[14]

---

[14] Vgl. o. V. (2007b), S. 6.

4.   Lösungsansätze und Zielsetzung der Veröffentlichung

Damit ist sicherlich deutlich geworden, dass der Mittelstand in Deutschland unbestritten noch das Rückgrat der deutschen Wirtschaft bildet, aber – wie angesprochen – durchaus auch Schwächen zeigt, die es zu beheben gilt. So raten die Volkswirte der Deutschen Bank die Innovationsschwäche durch neue Formen der Zusammenarbeit unter den Mittelständlern, wie beispielsweise gemeinsames Entwicklungs- und Projektmanagement (mehr Kooperationen und mehr Interdisziplinarität), zu beheben. Des Weiteren sollten die Forderungen nach Erleichterungen bei der Unternehmensnachfolge und bei Firmenneugründungen nicht nur Gegenstand von politischen Sonntagsreden, sondern auch durch konkrete Maßnahmen in der Entbürokratisierung und der Bereitstellung von ausreichenden und adäquaten Finanzierungsmitteln für junge, innovative KMU für den Mittelstand erlebbar sein. Aber auch die Mittelständler selbst sind gefordert, ihren Beitrag zum Erhalt ihrer Leistungsfähigkeit zu erbringen. Nicht nur die Öffnung für verstärktes technisches Kow-how, auch eine Offenheit gegenüber alternativen Finanzierungsformen könnte dem Mittelstand zu mehr Beweglichkeit und unternehmerischer Freiheit verhelfen. Nach einer repräsentativen Umfrage der DZ BANK halten drei von vier Befragten innovative Finanzierungsinstrumente nicht für nötig (vgl. Abbildung 9).

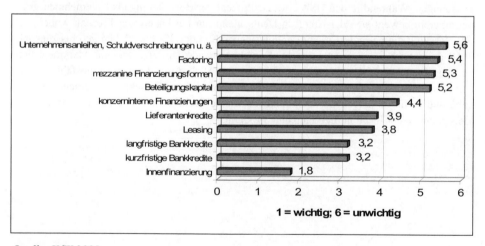

Quelle: KfW 2005
Abbildung 9:   *Bedeutung von Finanzierungsquellen im Jahr 2005*

In den vergangenen zwei Jahren nutzten gerade einmal fünf Prozent Beteiligungskapital und drei Prozent Mezzanine-Kapital. Traditionell bilden Bankdarlehen und Kontokorrentkredite mit 37 Prozent des Finanzierungsvolumens nach Gewinn und Abschreibungen die wichtigste

Finanzierungsquelle.[15] Wenn trotz Aufschwungs und derzeit sinkenden Insolvenzdrucks nach wie vor im Mittelstand bei mehr als 30 Prozent (laut Ernst &Young) die Fremdkapitalquote noch über 90 Prozent beträgt,[16] dann besteht insbesondere im Hinblick auf die Abhängigkeit von Kreditzyklen – wie in der jüngeren Vergangenheit erlebt – dringender Handlungsbedarf, dem gravierenden Mangel an Eigenkapital – auch durch innovative Lösungen – zu begegnen.

Mit der Darstellung der Vielfalt von Finanzierungsmöglichkeiten für den Mittelstand möchten die Autoren und der Herausgeber zur Problemlösung beitragen. Um den Leser in die Gedanken- und Erfahrungswelt eines Mittelständlers hinein zu nehmen, erfolgt in den ersten Beiträgen zunächst eine kurze Bestandsaufnahme zum Mittelstand und zur Perspektive eines mittelständischen Unternehmers hinsichtlich der Anforderungen an die Finanzindustrie im 21. Jahrhundert sowie Überlegungen zum Rating als Grundvoraussetzung für die Erhältlichkeit von Finanzmitteln. In den nachfolgenden Beiträgen finden sich die Antworten der Finanzindustrie durch Vertreter der klassischen Kreditwirtschaft als auch alternativer Financiers. Beiträge über Fördermöglichkeiten des Mittelstandes durch das Land Baden-Württemberg und/oder die KfW runden die institutionellen Möglichkeiten ab.

Mit der Darstellung von Einsatzmöglichkeiten derivativer Instrumente für kleinere und mittelständische Unternehmen werden Grundlagen für innovative Lösungen geschaffen. Der letzte Beitrag wird uns schließlich mit der Zukunft des Mittelstandes beschäftigen und uns mögliche Entwicklungen aufzeigen.

Nachdem sich die selbst auferlegte Zurückhaltung der Kreditwirtschaft in den Jahren 2002 und 2003 bedingt durch außergewöhnlich hohe Risikovorsorge zwischenzeitlich gelegt hat und der konjunkturelle Aufschwung die Renaissance der Mittelstandsfinanzierung einläutete, hat sich die Finanzierungsproblematik für den Mittelstand derzeit sichtlich entspannt. Damit dem Mittelstand in der Zukunft die harten Auswirkungen einer Abhängigkeit von Kreditzyklen erspart bleiben, wurden Spitzenvertreter der Finanzindustrie gebeten, Lösungsvorschläge für mittelständische Unternehmen aus erster Hand zu entwickeln. Mit insgesamt 15 Beiträgen konnte ein bunter Strauß an Überlegungen realisiert werden, um die Vielfalt in der Mittelstandsfinanzierung aufzuzeigen. Wir sind überzeugt, dass durch die praxisnahe Vermittlung des Fachwissens das grundsätzliche Ressentiment gegenüber alternativen Finanzierungsmöglichkeiten ein wenig abgebaut und Interesse an innovativen Lösungen geweckt werden kann.

Allen Mitautoren gilt unser besonderer Dank, dass sie trotz ihrer besonderen beruflichen Belastungen ihr Wissen und ihre Erfahrungen eingebracht haben.

---

15 Vgl. o. V. (2007c), S. 31.
16 Vgl. Bastian (2007), S. B 1.

Literaturhinweise

ACHLEITNER, A.-K./FINGERLE, CH. H. (2004): Finanzierungssituation des deutschen Mittelstands, in: Ann-Kristin Achleitner/Christoph von Einem/Benedikt von Schröder (Hrsg.): Private Debt – alternative Finanzierung für den Mittelstand, Stuttgart 2004.

BASTIAN, N. (2007): Konsolidierung ist angesagt, in: Handelsblatt vom 27.6.2007.

DEUTSCHER SPARKASSEN UND GIROVERBAND (2006): Märkte 2006.

DEUTSCHER SPARKASSEN UND GIROVERBAND (2007): Diagnose Mittelstand 2007.

ENGLISCH, P. (2007): Finanzierungsprobleme bleiben trotz guter Konjunktur, in: Handelsblatt vom 21.3.2007.

FRIEDRICH, H. (2007): Vorrang für Handwerk und Kleinunternehmen, in: FAZ vom 24.4.2007.

GRASS, S. (2007): Fünf Fragen an: Prof. Jörn-Axel-Meyer, in: Handelsblatt vom 21.3.2007.

ICKS, A. (2006): Der Mittelstand in Deutschland, Vortrag vom 12.6.2006 in Berlin.

INSTITUT FÜR MITTELSTANDSFORSCHUNG (2007): Die volkswirtschaftliche Bedeutung der Familienunternehmen. Projektleitung: Frank Wallau und Ljuba Haunschild; Projektbearbeitung: Hans-Eduard Hauser und Hans-Jürgen Woller, Bonn, April 2007.

KFW (2006): KfW-Mittelstandspanel 2006, Frankfurt am Main, November 2006.

KOENEN, J. (2007): SAP setzt im Mittelstand nach, in: Handelsblatt vom 17.1.2007.

MAYER-KUCKUCK, F. (2007): Nippon sucht Nachfolger, in: Handelsblatt vom 16.5.2007.

O. V. (2007A): Mittelständische Unternehmen strotzen vor Optimismus – BDI-Umfrage registriert deutlich steigende Investitionsbereitschaft, in: Handelsblatt vom 12.7.2007.

O. V. (2007B): Der deutsche Mittelstand wird ausgehöhlt, in: Börsen-Zeitung vom 30.5.2007.

O. V. (2007C): Alternativen zum Kredit wenig genutzt, in: Handelsblatt vom 11.4.2007.

OEHLER, A. (2003): „Only you"? – Marktanteile und Migration im Privatkundengeschäft. Erhebliche Unterschiede zwischen den Bankengruppen, Juli 2003.

OEHLER, A. (2004): „Only you"? In: ÖBA 3/2004.

SANIO, J. (2002): Basel II und der Mittelstand, Vortrag anlässlich der Mitgliederversammlung 2002 des Bankenverbandes Baden-Württemberg e.V. am 11.7.2002 in Stuttgart.

Anforderung an die Mittelstandsfinanciers aus Sicht eines mittelständischen Unternehmers

Paul Funk / Manfred Goeke

1. Grundsätzliches

Das Ansehen der Finanzdienstleister in Deutschland ist bei den Mittelständlern und auch in der Bevölkerung allgemein nahezu am Tiefpunkt, und dennoch wird von der Bankwirtschaft die Wahrung der Tugenden Zuverlässigkeit, Korrektheit und Seriosität als unabdingbare Grundvoraussetzung für eine erfolgreiche Tätigkeit erwartet.[1] Dementsprechend artikulieren die Banken in ihren Leitbildern ihr Bekenntnis zur Umsetzung der alten Tugenden und die Wertschätzung der Kunden als zentrale Aufgaben. Zahlreiche Studien bescheinigen der deutschen Bankwirtschaft, dass die Kundenorientierung zwar in prächtigen Hochglanzbroschüren gepriesen wird, aber in der Realität die Eigeninteressen der Finanzindustrie den Kundeninteressen überproportional vorgehen.[2] Wie sich bei Eintritt des Versicherungsfalls die Qualität einer Versicherungsgesellschaft letztlich herauskristallisiert, so offenbart das Verhalten der Banken bei Notlagen eines mittelständischen Unternehmens die tatsächliche Qualität eines Finanzdienstleisters. Und auch in diesem Fall sind die Umfrageergebnisse für die Bankwirtschaft nicht gerade schmeichelhaft.[3]

Offenheit tut Not und gut; in diesem Sinne verstehen die Autoren die Formulierung der Anforderungen an die Finanzindustrie, die Politik als auch an die Gesellschaft als Hilfestellung für ein positives aufeinander Zugehen zum Wohle aller Beteiligter und der Volkswirtschaft.

---

1   Vgl. Hahn (1977), S. 205.
2   Vgl. Mayer-Kuckuck (2007), S. 28; Reppesgaard (2007), S. 3; Maier (2007), S. 20.
3   Vgl. Burgmaier (2007), S. 119 – 125; siehe auch o. V. (2007a), S. 4.

2.   Anforderungen an die Finanzindustrie

2.1   Faire Partnerschaft

2.1.1   Umgang auf „Augenhöhe"

Aus dem Grundverständnis der gegenseitigen Akzeptanz sollten sich nicht nur Bankmitarbeiter auf „Augenhöhe" mit ihren Kunden bewegen, sondern auch kleinere mittelständische Unternehmer als echter Partner und nicht als „Bittsteller" betrachtet werden. In vielen Fällen verstehen die Banken aber nicht einmal das Geschäft ihrer Kunden. So werden in extrem zyklischen Branchen, bei denen einem konjunkturellen Hoch jedes Mal ein Absturz folgt, in der Aufschwungphase die Unternehmen bevorzugt bedient, aber im Abschwung die Kreditlinien rigoros gekürzt. Das heißt, die Banken sind zwar „Meister" in der vergangenheitsbezogenen Bilanzanalyse, verstehen aber wenig von Branchenzyklen, sich ändernden Moderichtungen oder technologischen Veränderungen. Die in der Literatur bereits längst diskutierte Lösung zur Technologiebewertung der Unternehmen durch die Installierung von „Kreditingenieuren"[4] wurde bis heute von den wenigsten Instituten umgesetzt.

Faire Partnerschaft zeigt sich auch im Umgang mit „Bad News". Kreditabsagen gehören zum unternehmerischen Risiko. Kreditabsagen, die nicht näher begründet werden, sind jedoch nicht nur ein Ärgernis, sondern Ausdruck geringer Wertschätzung, die einen nachhaltigen Schatten auf den Führungsstil der betreffenden Bank wirft. Dabei wird nicht nur die Glaubwürdigkeit beschädigt, sondern auch eine große Chance vertan, durch offensive Aufklärung eine eigentlich negative Botschaft in eine positive zu verkehren.

2.1.2   Leben und leben lassen

Ein faires Miteinander ermöglicht eine optimale Risikobewertung. Künstlich hergestellte Finanzierungslücken durch hohe Sicherheitsabschläge lassen zwar einerseits kräftige Zinszuschläge generieren, bedeuten aber letztlich eine unnötige zusätzliche Belastung und im Extremfall sogar eine Existenzgefährdung für den Kreditnehmer. Die möglicherweise damit verbundene Übersicherung des Kreditgebers minimiert darüber hinaus die zukünftigen Sicherstellungsmöglichkeiten des Unternehmers.

---

4   Vgl. Goeke (1988), S. 300.

2.1.3 Keine Politik der „verbrannten Erde"

Im Sinne eines gegenseitigen Geben und Nehmens sollten derartige Praktiken ausscheiden und anstelle kurzfristiger Vorteilsnahme partnerschaftliche sowie langfristig ausgerichtete Beziehungen angestrebt werden. Ebenso sollte die Bankwirtschaft dem derzeitigen „blinden" Verkaufsaktionismus eher abschwören, da auch in diesem Fall nur der Produkterfolg und weniger das Kundeninteresse zählt. Kurzfristige Erfolge werden möglicherweise später mit hohen Vertrauensverlusten bezahlt.

2.2 Transparentes Handeln

2.2.1 Keine versteckten Preise

Ehrlichkeit und Offenheit zählen zu den Grundtugenden, die von Banken und deren Mitarbeitern erwartet werden. Lockangebote mit kostenlosem Girokonto – wie derzeit en vogue – werden durch höhere Preise bei anderen Dienstleistungen und nicht ausgewiesenen Nebenkosten finanziert. Teilweise werden bei Immobilienfinanzierungen namhafter Häuser gewisse Grundgebühren berechnet, die ebenso wenig wie Schätzkosten in die Effektivzinsberechnung eingehen. Am deutlichsten sichtbar wird diese Handlungsweise der Banken im Konsumentenkreditgeschäft. Mit günstigen Konditionen angelockt, werden überteuerte Versicherungen ohne Ausweis in der gesetzlich vorgeschriebenen Preisangabe verkauft.[5] Dass derartiges Verhalten Forderungen nach staatlichen Regulierungen auslöst, ist nicht verwunderlich.

Äußerst bedenklich ist ebenso die Tatsache, dass Banken wiederholt Strafen in Millionenhöhe auferlegt wurden, wie im Fall der verbotenen Preisabsprachen im Zuge der Euro-Einführung[6] oder der vorsätzlichen Täuschung der Anleger durch die US-Investmentbank Merrill Lynch im Jahr 2002. Merrill Lynch hatte nicht nur eine Strafe in Höhe von 100 Millionen US-Dollar zu leisten, sondern auch eine kostenintensive strikte organisatorische Trennung von Research und Investment Banking durchzuführen.[7] Eine Branche, die so leichtfertig mit dem Vertrauen ihrer Kunden umgeht, darf sich über ihr schlechtes Image in der Bevölkerung nicht wundern.[8]

---

5   Verbraucherverbände beklagen teilweise sittenwidriges Verhalten der Banken bei der Kreditvergabe, vgl. Schinde (2007), S. 21.

6   Wegen verbotener Preisabsprache für den Umtausch von Eurowährungen mussten fünf deutsche Banken EU-Bußgelder von 100,8 Millionen Euro bezahlen; vgl. o. V. (2001).

7   Vgl. o. V. (2002).

8   Vgl. o. V. (2006), S. 15

2.2.2   Klare Spielregeln

Wie im Sport erleichtern klare Spielregeln das Zusammenleben. Insbesondere im Kreditgeschäft sollten die Voraussetzungen an die Kreditgewährung und die damit verbundenen
Informationseinholungen und Besicherungsvorstellungen klar formuliert sein, damit die
gegenseitig erwarteten Qualitätsvorstellungen hinsichtlich Schnelligkeit in der Entscheidungsfindung und Bearbeitung problemlos erfüllt werden können. Laufende Unterlageneinn-
forderungen führen nicht nur zu ärgerlichen zeitlichen Verzögerungen, sondern hinterlassen
zudem den Eindruck mangelnder Qualität in der Bearbeitung oder von Defiziten in der fach-
lichen Kompetenz des Kundenberaters. Des Weiteren sollten erkannte Probleme schnell
aufgegriffen, intensiv ausdiskutiert und auf die übliche Verzögerungstaktik verzichtet werden.

2.2.3   Aufklärung über die Rating-Einstufung

Analog zur Verhaltensweise bei einer Kreditabsage wäre auch eine umfassende Aufklärung
über die Rating-Einstufung wünschenswert. Nachdem die mathematisch geprägten Risiko-
modelle der Banken weitgehend die harten Faktoren und damit die Vergangenheitswerte
fokussieren, wäre eine Diskussion um die weichen Faktoren für den Mittelstand vorteilhaft,
da sie einerseits die wahren Erfolgsfaktoren der mittelständischen Unternehmen darstellen
und andererseits durch die Unternehmerpersönlichkeiten maßgeblich beeinflussbar sind. Im
Übrigen ist an dieser Stelle anzumerken, dass diese gleichförmige Ausrichtung der Bankwirtschaft mit ihren ähnlichen Risikomodellen gesamtwirtschaftlich nicht unproblematisch ist, da
sich aufgrund der „Modellgläubigkeit" die gesamte Branche nahezu im Gleichschritt bewegt,
und in Krisenzeiten sozusagen systembedingt eine Selbstverstärkung und Verschärfung der
Situation auslöst. Die Vergangenheit hat uns diesbezüglich immer wieder die Schwächen
derartiger Systemorientierung (zum Beispiel der Börsencrash 1987) und die Vorteilhaftigkeit
besonnenen Verhaltens erfahrener Mitarbeiter aufgezeigt.

2.3   Konstanz in den Handlungen

2.3.1   Klare langfristige geschäftspolitische Ausrichtung

Häufige Strategiewechsel in der geschäftspolitischen Ausrichtung verunsichern nicht nur die
eigenen Mitarbeiter, sondern auch die Kunden. Jahrzehntelange Geschäftsverbindungen
werden leichtfertig aufs Spiel gesetzt und, wie das Beispiel Deutsche Bank in den Umfragen
unter Mittelständlern zeigt, auch deutlich abgestraft.[9] Ebenso ist eine Vorzugsbehandlung von

---

9   Vgl. Drost/Potthoff (2007), S. 21, Hennerkes (2005), S. 360.

Neukunden im Vergleich zu den Bestandskunden unverständlich. Die Banken beklagen zwar einerseits die abnehmende Kundenloyalität, begünstigen jedoch Neukunden anstatt loyale Kunden mit Treueprämien zu belohnen – im Grunde genommen eine „verkehrte Welt".

2.3.2 Kein Kostenmanagement auf dem Rücken der Kunden

Die ungünstigen Kostenstrukturen deutscher Banken im Vergleich zur internationalen Konkurrenz mussten zweifelsfrei korrigiert werden, jedoch nicht auf dem Rücken der Kunden durch deutliche Qualitätseinbußen in der Leistungserbringung. Bereits Hagenmüller formulierte die möglichen Konsequenzen: „Rationalisierung geglückt, Kunde weg". Die negativen Testergebnisse[10] – insbesondere auch gegenüber den Finanzvertrieben – signalisieren den Banken ihre Defizite: mangelnde Berücksichtigung der Kundenwünsche und miserables Zeitmanagement unter anderem aufgrund einer viel zu großen Zahl an zugeordneten Betreuungskunden.[11] Um eine effiziente Mittelstandsberatung zu sichern, sollte dem Zeitfaktor mehr Rechnung getragen und die Zahl der zu betreuenden Kunden pro Berater deutlich gesenkt werden.

2.3.3 Konstanz in der Betreuung

Kundenbindung verlangt Kontinuität, insbesondere in der Betreuung. Geradezu leichtfertig wird seitens der Bankwirtschaft gegen diesen Grundsatz verstoßen. Selbst wenn Umstrukturierungsprozesse einen Personalaustausch erfordern, so ist es für Mittelständler unverständlich, wenn in kurzen Abständen die Berater wechseln und der Aufbau der Beziehung jedes Mal von vorn beginnt. Bis der neue Betreuer die Besonderheiten des Unternehmens erfasst und gegenseitiges Vertrauen aufgebaut hat, steht schon der nächste Wechsel an.[12]

2.3.4 Kein Kreditverkauf an Finanzinvestoren

Während die Kreditwirtschaft den Handel mit Unternehmenskrediten als Innovation in Deutschland feiert, betrachtet der Mittelstand diese Entwicklung eher mit Sorge. Das entgegengebrachte Vertrauen wird zur Handelsware und der Kreditnehmer verliert jeden Einfluss auf die Auswahl des Kreditgebers. Bei unkomplizierten Kreditverhältnissen dürfte diese Konstruktion akzeptabel sein, da wenige Veränderungen zu erwarten sind. Im Falle von verschuldeten oder auch unverschuldeten Leistungsstörungen kann sich die Situation für den

---

10 Vgl. Kort (2004), S. 29.
11 Im Sparkassensektor betreuen Geschäftskundenberater durchschnittlich bis zu 600 oder noch mehr Kunden.
12 Vgl. Hennerkes (2005), S. 365.

Mittelständler möglicherweise dramatisch ändern, wenn die neuen Kreditgeber ihre Bedingungen festlegen (diktieren) oder im Zuge einer Sanierung die Kredite in Eigenkapital umwandeln, und somit die Machtverhältnisse im Unternehmen neu bestimmen.

Ein derartiger Schritt muss nicht immer von Nachteil sein, möglicherweise kann er auch die Rettung aus einer verfahrenen Situation bedeuten.[13] Wenn auch Finanzinvestoren in der Regel eher an kurzfristigem Erfolg ausgerichtet sind und Sanierungen als Mittel zu einem späteren gewinnbringenden Weiterverkauf betrachten, ist es für den Mittelstand zumindest überlegenswert, Klauseln für einen jederzeitigen Kreditverkauf in Kreditverträgen zu akzeptieren.

2.3.5   Kein Bruch bei Übernahmen durch andere Banken

Strukturveränderungen innerhalb der Bankwirtschaft haben in der Regel nicht nur den bereits beschriebenen Personalwechsel zur Folge, vielfach bedeutet es für mittelständische Unternehmen, dass auch sie durch diese Veränderung mehr oder weniger involviert sind. Im günstigsten Fall beschränkt es sich auf verwaltungstechnische Änderungen (neue Kontonummer, neue Bankleitzahl); werden wie im Beispiel der Übernahme der BW-Bank durch die LBBW im Zuge des Integrationsprozesses verdeckte Sicherheitenverstärkung mit einer Änderung der Kontonummer verbunden, addieren sich zusätzliche Kosten (zum Beispiel durch neue Briefbögen) mit einer Qualitätsverschlechterung.[14] Wenn entsprechend des Mottos „neue Besen kehren gut" im Zuge der Neuausrichtung verfahren wird, und zudem deutliche Kulturunterschiede zu Tage treten, wird die bisherige Kunde-Bank-Beziehung einer weiteren Belastung ausgesetzt.

2.4   Identifizierung mit dem Mittelstand

2.4.1   Keine „Regenschirmpolitik"

Es gibt kaum eine Bankengruppe in Deutschland, die sich öffentlich nicht zum Mittelstand bekennt. Traditionell gelten die Sparkassen und die Genossenschaftsbanken als die Financiers des Mittelstandes, aber auch die Commerzbank ernannte sich werbewirksam zur „Mittelstandsbank". Entscheidend für mittelständische Unternehmen ist weniger ein verbales Bekenntnis, sondern eine gelebte Partnerschaft. Insbesondere in schwierigeren Zeiten erwarten die mittelständischen Unternehmen Rückhalt bei ihren Hausbanken und aktive Unterstüt-

---

13   So hat die Deutsche Bank im Jahr 2006 bereits für acht Milliarden Euro deutsche Unternehmenskredite verkauft und die Commerzbank berichtet von einer aktuell erfolgreichen Transaktion in Höhe von zwei Milliarden Euro; vgl. o. V. (2007b), S. 19; Haacke/Burgmaier (2006), S. 66.

14   Im Rahmen der Kontenumstellung ist eine automatische gesamtschuldnerische Haftungserklärung auch bei Anlagekonten wie Festgeldkonten vorgesehen.

zung zur Problemlösung. Die Erfahrungen aus den Jahren 2001 bis 2003 mit der erlebten Kreditzurückhaltung der Bankwirtschaft im Allgemeinen und einem Rückzug der Großbanken (Regenschirmpolitik) aus der Mittelstandsfinanzierung im Besonderen, zeigen heute noch Wirkung, wie die Umfragen zur deutschen Bankwirtschaft verdeutlichen.[15] Dass die Banken ihr Fehlverhalten mit der Einführung neuer Eigenkapitalrichtlinien für Banken (Basel II) begründeten, ist aus heutiger Sicht eher einer gewissen Hilflosigkeit in den Vorstandsetagen zuzuschreiben und dem fehlenden Mut, sich öffentlich zu einer Änderung in der Risikopolitik zu bekennen.

Die Diskussion um risikoadäquate Kreditkonditionen war nicht nur ein notwendiger Lernprozess für Banken und Unternehmer, sie hat sicherlich dazu beigetragen, dass sich der Mittelstand auch selbst mit seinem eigenen Stärken-Schwächen-Profil auseinander setzt, um einerseits die Rating-Beurteilung bei den Banken positiv zu beeinflussen und andererseits die Wettbewerbsposition zu verbessern.

Unabhängig davon bleibt die Erwartungshaltung mittelständischer Unternehmen gegenüber ihren Bankpartnern, dass Problemsituationen intensiv ausdiskutiert und alle Möglichkeiten zum Erhalt des Unternehmens ausgeschöpft werden. Wenn wie im Fall des Modellbahnherstellers Lehmann (LGB) eine Großbank der Zerschlagung eines Traditionsunternehmens dem möglichen Erhalt des Unternehmens und Sicherung der Arbeitsplätze durch Verkauf an einen Finanzinvestor den Vorrang einräumt, bleiben Enttäuschung und Bitternis gegenüber der Bank zurück.[16]

2.4.2 Mitdenken

Wie bereits angesprochen ist das Branchenverständnis bei den Banken stark unterentwickelt. Zudem wird im Extremfall eine ganze Branche unter „Sippenhaft" gestellt und für kreditunwürdig erklärt, ohne Rücksicht auf die individuelle Firmensituation. Wünschenswert wäre auch eine stärke Differenzierung nach Unternehmensgrößen, da selbst innerhalb einer Branche deutliche Unterschiede in der Bedürfnisstruktur festzustellen sind.

Nicht nur in Problemsituationen wünschen sich Unternehmer aktive Diskussionspartner auf Seiten der Bankwirtschaft. Statt aktiven Mitdenkens und der Einbringung von Anregungen und Ideen, pflegen viele Firmenkundenbetreuer – auch zeitlich bedingt – lediglich anlassbezogene Gespräche, die oft nur der Vergangenheitsbewältigung dienen.

Für Diskussionen um die strategische Zukunft fehlt meistens die Zeit und möglicherweise auch die bereits angesprochene fehlende Branchenkenntnis. Nachdem vornehmlich den kleineren mittelständischen Unternehmen ein fundiertes Finanz- und Rechnungswesen fehlt, wären Hilfestellungen bei der Erstellung von Finanz- und Investitionsplänen wünschenswert,

---

15 Vgl. Drost/Potthoff (2007), S. 21.
16 Vgl. le Claire (2007), S. 23.

insbesondere für die Darstellung investitionsbedingter Auswirkungen auf die Gewinn- und Verlustrechnung. Sogenannte „Luxus-Investitionen", zum Beispiel überdimensionale Bürokomplexe, würden dadurch schnell erkennbar und könnten rechtzeitig verhindert werden.

2.5   Weniger Verwaltungsaufwand

Beklagen einerseits die Banken den ihnen gesetzlich auferlegten Verwaltungsaufwand, so ist andererseits festzustellen, dass auch die Bankwirtschaft selbst eine hohe Tendenz zum Bürokratismus aufweist. Unter dem Vorwand Basel II und Rating fordern Banken Unterlagen ein, die insbesondere von kleineren und mittleren Unternehmen aufgrund deren Konzentration auf die rechtzeitige Auftragsabwicklung und deren Personalsituation kaum beizubringen sind. Zudem ist zu hinterfragen, ob die Banken selbst in der Lage sind, die Fülle an Informationen im Rahmen der Kreditentscheidungsfindung zeitgerecht zu bearbeiten und standesgemäß, sachlich fundiert auszuwerten. Eine Reduktion der Informationsbeschaffung auf das Wesentliche würde nicht nur zum Abbau der eigenen Verwaltungslast beitragen, sondern eine deutliche Erleichterung für den Mittelstand bedeuten. Außerdem wäre das Ziel einer möglichst kurzfristigen Entscheidungsfindung leichter zu realisieren.

3.   Anforderungen an den Staat als Mittelstandsfinancier

Einen nicht unwesentlichen Beitrag zur Förderung des Mittelstandes leistet auch der Staat durch seine Förderbank, die Kreditanstalt für Wiederaufbau, und die jeweiligen Förderbanken der Bundesländer durch die Bereitstellung von Sondermitteln in vielfältiger Weise. Mit dem neuen Förderprogramm der KfW (Initiative „kleiner Mittelstand") sollen vor allem die kleinen mittelständischen Unternehmen gefördert werden, die bislang am stärksten den Kreditrestriktionen der Bankwirtschaft ausgeliefert waren. Darüber hinaus leistet der Staat per Kreditleihe (Bürgschaften und Garantien) mittelständischen Unternehmen Liquiditätshilfe. Einen entscheidenden Einfluss auf die Liquiditätssituation von Unternehmen übt der Staat aber auch durch seine Gesetzgebung aus. Dabei kann er sowohl auf die Gewinnerzielungsphase als auch auf die Gewinnverwendungsphase nachhaltig einwirken.

3.1 Anreize zur Gewinnerzielung

Gewinne sind der Motor der Wirtschaft. Gerade mittelständische Unternehmen können ihre Wachstumschancen – und damit verbunden die Schaffung von neuen Arbeitsplätzen – nur realisieren, wenn ausreichende Gewinne zur Thesaurierung zur Verfügung stehen. Denn immer wenn es um die Finanzierung von innovativen Projekten geht, neigt die Bankwirtschaft aus Vorsichtsgründen zur „vornehmen" Zurückhaltung. Aus diesem Grund ist eine konsequente Weiterentwicklung des von der Bundesregierung eingeleiteten Entbürokratisierungs- und Deregulierungsprozesses anzumahnen, damit die angekündigte Einsparung von 60 Millionen Euro[17] auch tatsächlich zur Realität wird. Zur Vermeidung unnötigen Liquiditätsentzugs ist darüber hinaus jegliches Einsparungspotenzial konsequent zu eruieren und unverzüglich umzusetzen.

3.2 Stärkung der Selbstfinanzierung

Zur Stärkung der Selbstfinanzierung sollten auch die Möglichkeiten zur Bildung stiller Reserven für kleine und mittlere Unternehmen eher ausgebaut als – wie im Unternehmenssteuerreformgesetz 2008 geplant – reduziert werden.[18] Dass sich schließlich mit den Neuerungen, wie der Einführung einer Zinsschranke, der Gewerbesteuer-Verstetigung durch Ausweitung der Hinzurechnungstatbestände in der Unternehmenssteuerreform 2008, die Komplexität für die Steuerberechnung weiter erhöht und im Falle längerer Verlustperioden für Unternehmen gar als zusätzliche Belastung darstellt, lässt sich schwer mit den „Sonntagsreden" zur Steuervereinfachung und zur Entbürokratisierung vereinbaren.

3.3 Nachhaltige Förderung der Gewinnthesaurierung

Die jahrzehntelange Benachteiligung einbehaltener Gewinne gegenüber Gewinnausschüttungen und die Anrechnung der Fremdkapitalkosten als Betriebsaufwand begründen unter anderem die hohe Fremdverschuldung deutscher Mittelständler. Mit der zwischenzeitlich steuerlichen Besserstellung der Thesaurierung konnte bereits ein deutlicher Fortschritt erreicht werden, aber um nachhaltig die Investitionsbereitschaft und -fähigkeit zu erhalten,

---

[17] Vgl. o. V. (2007c), S 13.
[18] So beklagt der Normenkontrollrat das Missverhältnis von Aufwand und Ertrag bei geänderten Abschreibungsregeln; vgl. Stratmann (2007), S. 3.

sollte die Einbehaltung von Gewinnen für betriebliche Investitionen auch zukünftig vorrangig behandelt werden, denn nur Investitionen schaffen langfristig Arbeitsplätze und sichern den Wohlstand der Gesellschaft.

3.4 Stärkere Wahrung der Interessen des Mittelstandes auf internationalem Parkett

Ziel des International Accouting Standards Board (IASB) ist es, den Unternehmen mit dem Standard IFRS (International Financial Reporting Standards) eine transparentere und international vergleichbare Berichterstattung zu ermöglichen. Doch nach dem jüngsten Entwurf kommen die Familienunternehmen aufgrund der IAS-Regel 32 in große Schwierigkeiten. Diese Regel betrifft Eigen- und Fremdkapital und definiert Eigenkapital als nicht rückzahlbar und nicht kündbar. Würde dieser Entwurf aus London Gesetz, so würden sämtliche Kapitalanteile der Gesellschafter von Personengesellschaften (OHG, KG oder GmbH & Co. KG) zu Fremdkapital, da nach deutschem Recht die Gesellschafter dieser Rechtsformen ein zwingendes Kündigungsrecht besitzen. Rund 200.000 Personengesellschaften erhielten dadurch ein negatives Eigenkapital, mit möglicherweise unabsehbaren Folgen für den Mittelstand.[19] Im Interesse der deutschen Wirtschaft gilt es auf allen Ebenen mehr Einfluss auf die Entwicklung internationaler Bilanzstandards zu nehmen, um insbesondere den Besonderheiten der mittelständisch geprägten deutschen Wirtschaft gerecht zu werden.[20]

Sorge bereiten auch die vielen ungelösten Nachfolgeprobleme bei mittelständischen Unternehmen. Im Interesse des Erhalts dieser Unternehmen und deren Arbeitsplätze gilt es eine „unternehmensfreundliche" Erbregelung zu finden. Auch hier hat es der Gesetzgeber in der Hand, ob er sich „niedrigen" politischen Instinkten im Sinne einer Neidgesellschaft beugt oder aus sachlogischer Einsicht den Erhalt von Unternehmen priorisiert.

4. Anforderungen an die Gesellschaft

Norbert Walter von der Deutschen Bank fordert zu Recht den Abbau der Neidgesellschaft und die gesellschaftliche Anerkennung der Leistung der Unternehmer. Vornehmlich die mittelständischen Unternehmer tätigen Investitionen und schaffen Arbeitsplätze und damit die

---

19 Vgl. Hennerkes (2006), S. 4.

20 Siehe auch dazu das Interview mit Frank Reuther, Leiter Konzernrechnungswesen von Freudenberg & Co von Sabine Wadewitz: Familienfirmen suchen Anschluss beim IASB, in FTD v. 3.1.07, S. 13.

Grundlage für nachhaltiges Wirtschaftswachstum. Mit der Einführung von unsinnigen Sondersteuern, wie der Reichensteuer, wird Neid nur manifestiert statt abgebaut und den mittelständischen Unternehmen lebenswichtige Liquidität entzogen.

Arbeitsplatzvernichtung oder auch die Verlagerung ganzer Betriebe ins Ausland sind mögliche Folgen einer falsch verstandenen Solidaritätsphilosophie. Vielmehr sollte zur Stärkung der Innovationskraft der deutschen Wirtschaft – neben der bereits angesprochenen Bereitstellung von Fördermitteln – die Zusammenarbeit zwischen Mittelstand und den öffentlich finanzierten Forschungseinrichtungen forciert werden, um den Technologietransfer zu optimieren und unsere Wirtschaft international wettbewerbsfähig zu halten.

5. Aufforderung an die mittelständische Wirtschaft zur Selbstdisziplin

Die Übernahme der gesellschaftlichen Verantwortung muss auch die Prämisse des Handelns der Unternehmer bestimmen, um den Mitarbeitern Identität und Perspektive zu bieten.[21] Ungezügelte Selbstbedienungsmentalität in den Vorstandsetagen deutscher Großkonzerne in den vergangenen Jahren hat dem Ansehen und der Glaubwürdigkeit des gesamten Unternehmertums geschadet und sogar erste Forderungen nach staatlichen Regulierungen geweckt. Durch mehr Selbstdisziplin und Handeln mit Augenmerk wäre die aufkommende „Unternehmerfeindlichkeit" durchaus vermeidbar gewesen. Mit der Bereitschaft zu mehr Transparenz und der Offenheit gegenüber Veränderungen sollten die Mittelständler nicht nur ihre Geschäftspartner, sondern auch die interessierte Öffentlichkeit in ihre Unternehmerwelt mit hinein nehmen, um dadurch auch die verdiente und gewünschte gesellschaftliche Anerkennung und Würdigung zu erfahren.

5.1 Bereitschaft zu mehr Transparenz

Mangelnde Informationsfreudigkeit und Tendenzen zur Verschleierung unangenehmer Entwicklungen erzeugen eher Misstrauen und belasten das Vertrauensverhältnis zwischen Bank und Kunde. Gerade in schwierigen Zeiten reagieren kleinere mittelständische Unternehmen mit bewussten Informationsverzögerungen anstelle offensiver Informationspolitik und Diskussion zur Ursachenbewältigung. Wie die Vergangenheit beweist, blieben Mittelständlern

---

[21] Vgl. Heuskel (2006), S. 16.

leidvolle Erfahrungen auch mit Hausbanken, als diese sich in schwierigen Zeiten der Mitver-antwortung entzogen, nicht erspart.[22] Dennoch bleibt der rechtzeitige Informationsaustausch die einzige Chance für erfolgreiche Problemlösungen.[23]

5.2   Offenheit für Veränderungen

Zahlreiche Studien belegen, dass sich mittelständische Unternehmen generell ungern mit Finanzierungsstrategien und speziell alternativen Finanzierungsformen auseinander setzen.[24] Der Mittelstand finanziert sich traditionell, innovative Finanzierungsinstrumente werden nicht benötigt, lautet noch das Ergebnis der halbjährlichen DZ BANK-Umfrage im Frühjahr 2007.[25] Es ist deshalb nicht überraschend, dass drei Viertel der Mittelständler glauben, dass sich Nachrangkapital nur für größere Unternehmen eignet.[26] Insbesondere global agierende, exportorientierte mittelständische Unternehmen können sich einem Kulturwandel in den Finanzierungsgewohnheiten nicht mehr entziehen. Syndizierungen, Mezzanine-Produkte oder andere strukturierte Finanzierungen und Derivate zur Absicherung von Währungsrisiken dürfen keine Fremdwörter mehr sein. Auch eine stiefmütterliche Behandlung der Eigenkapi-talausstattung kann sich der Mittelstand immer weniger leisten. Schließlich dürfen Offenheit für Kooperationen als auch Aufgeschlossenheit für rechtzeitige Unternehmensnachfolge keine Tabu-Themen mehr sein.

5.2.1   Offenheit nach außen

Laut einer Studie der Deutschen Bank haben Mittelständler zunehmend Probleme, ihre Pro-duktneuerungen umzusetzen. Immer seltener wird es Unternehmen gelingen, Neuheiten allein schnell genug zu entwickeln, zu vermarkten und zu vertreiben. Nur über zeitlich befristete Kooperationen in dafür eigenständigen Projektgesellschaften können die Unternehmen ihre Wertschöpfungsprozesse erfolgreich gestalten. Damit verbunden könne laut dieser Studie der Mittelstand neue Finanzierungsquellen, wie Patentfonds oder Patentverbriefungen für seine Innovationen nutzen, ohne dabei seine Unabhängigkeit zu verlieren.[27] Kleinere Mittelständler der Logistik-Branche haben sich beispielhaft zu einem Netzwerk zusammengeschlossen, um

---

22   Vgl. o. V. (2007a), S. 4.
23   Vgl. Steinbuch (2007), S. 26.
24   Vgl. Paul (2006), S. 32.
25   vgl. o. V. (2007d), S. 11.
26   So das Ergebnis einer Studie der Universität Augsburg über Erfahrungen mit Mezzanine-Kapital, in: HB vom 22.11.2006, S. 27.
27   Vgl. o. V. (2007e), S. 32.

erfolgreich gegen Weltkonzerne zu bestehen.[28] Es gilt also nicht nur innovativ in der Produktentwicklung zu sein; auch Vertrieb und Finanzierung erfordern zunehmend Kreativität und Aufgeschlossenheit für Veränderungen.

5.2.2   Innengerichtete Offenheit

Zahlreiche Studien belegen, dass inhabergeführte Unternehmen in der Regel erfolgreicher als andere Unternehmen agieren, zumindest solange der Firmengründer selbst mit an Bord ist. Oftmals werde der Firmenwert zerstört, wenn Nachfahren das Zepter übernehmen, haben amerikanische Wissenschaftler in einer Studie für die 500 größten US- Unternehmen für den Zeitraum von 1994 bis 2000 festgestellt.[29] Aus dieser Befürchtung heraus verdrängen möglicherweise viele Mittelständler die Thematik einer rechtzeitigen Unternehmensnachfolge und leiden im Eintrittsfall unter den Folgen einer versäumten klaren und rechtzeitig organisierten Nachfolgeregelung.[30] Im Interesse der Erhaltung der Betriebe und der Arbeitsplätze – laut DIHK geht es derzeit in Deutschland um immerhin rund 43.000 Betriebe und 150.000 Arbeitsplätze[31] – ist also eine rechtzeitige Nachfolgeplanung unumgänglich, und sollte deshalb nicht auf die lange Bank geschoben werden.

Insbesondere wenn keine geeigneten Nachfolger innerhalb der Familie vorhanden sind, sollten bei einer intakten Kunde-Bank-Beziehung auch die Bankpartner rechtzeitig in die Suche nach Lösungsmöglichkeiten einbezogen werden.

Fazit

Die Ausführungen verdeutlichen die Vielschichtigkeit in der Beziehungswelt zwischen den mittelständischen Unternehmen und ihren Financiers. Um dem Anspruch einer Partnerschaft auf „Augenhöhe" gerecht zu werden, bedarf es neben großem Sachverstand hoher Sensibilität auf beiden Seiten. Wenngleich dem Firmenkundengeschäft eher das rationale Handeln eines Homo Oeconomicus zugrunde liegt, so dürfte erfahrungsgemäß nicht unterschätzt werden – wie auch eine aktuelle tiefenpsychologische Studie im Auftrag der Comdirect Bank belegt –, dass auch die emotionale Beziehung, also die „gefühlte Beziehung" eine wichtige Rolle spielt. Dem Unternehmer geht es wie dem Privatkunden nicht nur um Geld, sondern vor allem um Werte wie Vertrauen und das Gefühl, ernst genommen zu werden und sicherlich – gerade auch bei Mittelständlern – um Prestige.[32] Im Sinne einer guten Partnerschaft und einer erfolgreichen Zusammenarbeit kann daher allen Beteiligten auch eine angemessene Würdigung der emotionalen Komponente nur angeraten werden.

---

[28]   Vgl. Menn (2006), S. 1.
[29]   Vgl. Storbeck (2007), S. 23.
[30]   Vgl. o. V. (2007f), S. 27.
[31]   Vgl. o. V. (2007f), S. 27.
[32]   Vgl. o. V. (2007g), S. 20.

Literaturhinweise

BURGMAIER, ST. (2007): Banken in Panik, in: Wirtschaftswoche Nr. 20 vom 14.5.2007.

Claire, G. le (2007): Als ob jemand gestorben wäre – Enttäuschung und Entsetzen nach dem Aus für den Modellbahnhersteller LGB, in: Nürnberger Nachrichten vom 28.07.2007.

DROST, F. M./POTTHOFF, C. (2007): Schlusslicht Deutsche Bank in: HB vom 13.2.2007.

GOEKE, M: (1988): Entwicklungstrends bei der Kreditwürdigkeitsprüfung der Banken, in: Beyer, H. T./Schuster, L./Zimmerer, C. (Hrsg.): Neuere Entwicklungen in Betriebswirtschaftslehre und Praxis, Frankfurt am Main 1988.

HAACKE, B./BURGMAIER, ST. (2006): Ungewohnter Druck – Der Handel mit Unternehmenskrediten, in: Wirtschaftswoche Nr. 38 vom 18.09.2006.

HAHN, O. (1977): Die Führung des Bankbetriebs, Stuttgart u. a. 1977.

HENNERKES, B.-H. (2005): Die Familie und ihr Unternehmen, 2. Aufl. Frankfurt am Main 2005.

HENNERKES, B.-H. (2006): Neue Bilanzregeln benachteiligen Familienunternehmen, in: HB vom 31.10.2006.

HEUSKEL, D. (2006): Es ist ein gefährliches Rennen, in: HB vom 02.11.2006.

KORT, K. (2004): Berater der Finanzbranche bekommen schlechte Noten, in: HB. vom 03.06.2004.

MAIER, A. (2007): Banken lassen Privatkunden im Stich, in: FTD vom 14.6.2007.

MAYER-KUCKUCK, F. (2007): Nur noch ein Drittel der Kunden fühle sich von ihrer Bank ehrlich und fair behandelt. In: Studie: Ehrliche Banken halten ihre Kunden und verkaufen mehr, in: Handelsblatt (HB) vom 12.10.2007.

MENN, A. (2006): Kleine Transporteure kommen groß raus – Mittelständler schließen sich zu Netzwerken zusammen, um gegen Konzerne zu bestehen – in: HB vom 20.11.2006.

O. V. (2001): EU: Banken sollen 100 Mio. Euro Bußgeld zahlen, in: die Welt-Online vom 12.12.2001.

O. V. (2002): Analysten-Skandal – Merrill zahlt 100 Millionen Dollar Strafe, in: Spiegel Online vom 21.05.2002.

O. V. (2006): Image der Banken weiterhin miserabel, in: FAZ vom 31.10.2006.

O. V. (2007A): Rückzug statt Hilfe, in: o. V.: Mittelständler kritisieren Bankberatung in Notlagen, in: Börsen-Zeitung vom 21.4.2007.

O. V. (2007B): Commerzbank verkauft Mittelstandsrisiken, in: FAZ vom 02.08.2007.

O. V. (2007C): Bundesregierung will Betrieben 60 Millionen Euro ersparen, in: FAZ vom 25.01.2007.

O. V. (2007D): Deutscher Mittelstand strotzt vor Zuversicht, in: Börsen-Zeitung vom 05.04.2007.

O. V. (2007E): Fachleute raten zu neuen Kooperationsformen, in: HB vom 30.05.2007.

O. V. (2007F): Familienbetriebe haben Nachwuchsprobleme – DIHK sieht 150.000 Arbeitsplätze bei 43.000 Betrieben gefährdet, in: HB vom 07.02.2007.

O. V. (2007G): Der emotionale Bankkunde, in: FAZ vom 23.01.2007.

PAUL, ST. (2006): Die Banken müssen noch eine Menge Aufklärungsarbeit leisten, in: HB vom 27.09.2006.

REPPESGAARD, L. (2007): Vertrauen Sie noch Ihrem Berater?, in: HB. V. 13-15.10.2007.

SCHINDE, S. (2007): Harte Kritik an Banken, in: HB vom 30.01.2007.

STEINBUCH, A. (2007): Transparenz zahlt sich aus, in: HB vom 10.01.2007.

STORBECK, O. (2007): Familienunternehmen – der entzaubert Mythos, in: HB vom 23.07.2007.

STRATMANN, K. (2007): Neue Steuerbürokratie belastet Firmen, in: HB vom 26.03.2007.

Mittelstandsfinanzierung im Wandel: Neue Chancen oder neue Risiken?

Geert Müller-Seubert

1. Aktueller Sachstand

„Panta rhei" – mit diesem klassischen Zitat lässt sich auch der aktuelle Zustand der Mittelstandsfinanzierung in Deutschland zutreffend beschreiben. Denn vor dem Hintergrund des sich rapide verändernden „Drei-Säulen-Modells" des hiesigen Kreditgewerbes einerseits sowie mit Blick auf die zunehmende bonitätsmäßige Differenzierung des deutschen Mittelstandes andererseits sind die traditionellen Beziehungsgeflechte zwischen Kreditwirtschaft und mittelständischen Unternehmen schon längst nicht mehr tragfähig.

1.1 Strukturelle Veränderungen der deutschen Kreditwirtschaft

Betrachtet man zunächst die Veränderungen innerhalb der einzelnen Kreditinstitutsgruppen, so ergibt sich folgendes Bild:

Die Großbanken entdecken – in mehr oder weniger erratischen Sprüngen – ihre Affinität oder ihre Zurückhaltung gegenüber dem Mittelstand. Dabei lassen sich zum einen gravierende Unterschiede zwischen den jeweiligen Leitlinien der Zentrale und deren Handhabung durch die Filiale vor Ort feststellen. Zum anderen ist der Lebenszyklus der einzelnen geschäftspolitischen Strategie zumindest teilweise eher kurzfristiger Natur.

Demgegenüber sind die Sparkassen zwar traditionell regional sehr stark verwurzelt. Allerdings hat der Wegfall der öffentlich-rechtlichen Gewährträgerhaftung zu einer noch stärker betriebswirtschaftlich geprägten Ausrichtung der einzelnen Institute geführt mit der Folge, dass auch hier den Kreditwünschen der mittelständischen Kundschaft eher restriktiv begegnet wird.

Bei den genossenschaftlichen Banken schließlich haben insbesondere die immer noch vorhandenen zahlreichen kleineren Institute oft ihre Risikotragfähigkeit weitgehend ausgeschöpft, sodass die Vergabe neuer bzw. die Verlängerung bestehender mittelständischer Kreditlinien nicht unbedingt im Zentrum geschäftspolitischer Aktivitäten stehen. Auch die gerade im genossenschaftlichen Bereich unverändert anstehenden Fusionen tragen zumindest für den Zeitraum ihrer Umsetzung nicht unbedingt zu einer besonderen Aufgeschlossenheit gegenüber neuen Krediten für mittelständische Firmen bei.

Für alle drei Institutsgruppen gilt zudem, dass nach der immer stringenteren Umsetzung des „Vier-Augen-Prinzips" der früher vorhandene und aufgrund entsprechender Vollmachten auch durchaus erfolgreich agierende individuelle Kundenbetreuer bzw. Filialleiter („one face to the customer") praktisch nicht mehr vorhanden ist. Mithin lässt sich das lange Zeit für die deutsche Kreditwirtschaft typische „Hausbank-Modell" auch aus Sicht der einzelnen Bankengruppen nicht länger in dem bisherigen Umfang fortsetzen.

1.2   Zunehmende Differenzierung des Mittelstandes

Parallel dazu hat sich im Mittelstand die Wahrnehmung eigener Interessen und damit auch die Handhabung eigener Liquiditätsbeschaffung verändert:

Die klassische Einräumung zum Beispiel einer Kontokorrent-Kreditlinie gegen Abtretung aller Forderungen, Übereignung des Warenlagers und Abgabe der – tunlichst noch durch Depot oder Festgeld unterlegten – persönlichen Bürgschaft wird zunehmend von den Unternehmern als nicht mehr adäquat angesehen. Dazu kommt insbesondere bei älteren Firmeninhabern geradezu ein „Elefantengedächtnis" hinsichtlich ihrer Behandlung durch die Hausbank, sodass insoweit häufige Wechsel in der Geschäftspolitik bzw. in der Betreuung zu einer zunehmenden Entfremdung führen.

Auch die bei den Sparkassen und Genossenschaftsbanken unter den Aspekten der Steigerung von Effizienz und Risikotragfähigkeit durchaus sinnvollen Fusionen einzelner Institute bedeuten für die traditionelle lokale und regionale Firmenkundschaft nicht zwangsläufig eine Aufrechterhaltung oder gar eine Verbesserung der bisherigen Kreditbeziehungen. So hat zum Beispiel ein in vierter Generation sehr erfolgreicher mittelständischer Unternehmer trotz seiner langjährigen Mitgliedschaft im Verwaltungsrat der Sparkasse vor Ort nach Durchführung der ersten und Ankündigung einer weiteren Fusion dezidiert nach einer neuen und „verlässlichen" Bank gesucht. Denn er befürchtete – wohl nicht ganz zu Unrecht –, dass er aus seiner ursprünglich privilegierten lokalen Situation mit entsprechend direktem Zugang zu den Kompetenzträgern seiner Sparkasse zunehmend in eine nicht nur räumliche Randlage geraten würde. Und auch bei den im Genossenschaftsbereich unverändert anstehenden Fusionen („ein Markt – eine Bank") befindet sich vor allem der Firmenkunde plötzlich bei einer Bank, die er ursprünglich gerade nicht als Geschäftspartner gewählt hatte. Dies wiederum führt dann häufig zu einem Wechsel in eine ganz andere Institutsgruppe.

Mit Blick auf die sich aus Sicht sowohl der Kreditwirtschaft als auch des Mittelstandes dramatisch verändernde „Hausbank-Beziehung" erscheint interessant, dass zum Beispiel eine große französische und auch in Deutschland sehr aktive Bank bei ihren Firmenkunden – in beiden Ländern – darauf besteht, ab einem Umsatz von 2,5 Millionen Euro eine zweite und ab 5 Millionen Euro eine dritte, jeweils gleichberechtigte Bank hinzuzunehmen. Dies einzig und allein, um eine wechselseitige Abhängigkeit von nur zwei Partnern im Sinne des deutschen Hausbanken-Modells grundsätzlich auszuschließen und stattdessen eine Risikoverteilung auf mehrere Kreditgeber zu erreichen.

2.   Neue Finanzierungskonzepte

Bemerkenswerterweise ist der Mittelstand in Deutschland zumindest in verbaler Hinsicht immer wieder ein Lieblingsthema von Politikern, Wirtschaftsverbänden, Funktionären und last not least von Kreditinstituten. Letztgenannte bezeichnen das Geschäft mit mittelständischer Kundschaft derzeit sogar als „Verdrängungswettbewerb", in dem es auf „langfristige Partnerschaften, innovative Produkte und Branchenkompetenz" (so Martin Blessing in der FAZ vom 01.10.2007) ankommt.

Ob und in welchem Umfang allerdings die häufig recht vollmundigen Ankündigungen der einzelnen Beteiligten auch von entsprechenden Aktivitäten begleitet werden, soll im Folgenden für die Kreditwirtschaft zumindest ansatzweise dargestellt werden.

Dabei sind zunächst unter innovativen bzw. alternativen Finanzierungskonzepten grundsätzlich alle Alternativen zum (klassischen) Bankkredit zu verstehen. Die insoweit zumeist angestrebte Verbesserung der Eigenkapitalquote kann vorrangig durch eine Erhöhung des Eigenkapitals erreicht werden, wobei dem Unternehmen entweder echtes Eigenkapital (zum Beispiel durch neue Einlagen der Gesellschafter oder durch die Aufnahme neuer Gesellschafter) oder Mezzanine-Kapital (zum Beispiel in Form einer stillen Beteiligung oder von Genussrechten) zugeführt wird. Weiterhin ist eine Anhebung der Eigenkapitalausstattung auch durch eine Substituierung von Fremdkapital (zum Beispiel durch Leasing oder Factoring) möglich. Schließlich kann die Finanzierungsstruktur aber auch bei einer unveränderten Eigenkapitalquote durch Verschiebungen im Bereich des Fremdkapitals (zum Beispiel durch die Aufnahme oder den Ausbau von Lieferantenkrediten) optimiert werden.

2.1 Deutsche Kreditinstitute

Die deutsche Kreditwirtschaft macht immer wieder mit Verlautbarungen über „Innovative Finanzierungsinstrumente für den Mittelstand" auf sich aufmerksam. Dabei handelt sich allerdings zumeist um nur sehr partiell nutzbare Dienstleistungen und Produkte.

2.1.1 Großbank

So hat zum Beispiel im Jahr 2004 eine deutsche Großbank zusammen mit Schweizer Partnern für mittelständische Unternehmen mit einem Umsatz ab 50 Millionen Euro einen direkten Zugang zum Kapitalmarkt eröffnet: durch die Refinanzierung eines Pools von Genussscheinen von über 30 erstklassigen Adressen aus dem zentraleuropäischen Mittelstand. Insoweit erforderte die Aufnahme in ein solches diversifiziertes Mittelstandsportfolio zunächst ein generelles Finanzierungsvolumen ab zehn Millionen Euro. Zudem stellte die für jede einzelne Firma bereits im Vorfeld durch eine angelsächsische Ratingagentur notwendige Bewertung der (Kapitalmarkt-)Bonität mit entsprechendem organisatorischen Aufwand und durchaus spürbaren Kosten eine nicht unbeträchtliche Zulassungshürde dar.

2.1.2 Landesförderbank

Zum Jahreswechsel 2004/2005 hat die NRW.BANK als größte Landesförderbank Deutschlands einen neuen Mittelstandsfonds mit einem Gesamtvolumen von 75 Millionen Euro gestartet. Dieser Fonds fokussierte sich auf wachstumsstarke Unternehmen aus dem nordrheinwestfälischen Mittelstand und versorgte diese mit Beteiligungskapital zwischen einer Million und sieben Millionen Euro. Abgesehen von einer gewissen Nachhaltigkeit der regionalen Unternehmensexpansion setzte diese Möglichkeit der Stärkung mittelständischer Eigenkapitalpositionen einen Finanzierungsbedarf im zumindest einstelligen Millionenbereich voraus.

Bereits diese beiden Beispiele zeigen, dass für Unternehmen, die sowohl über einen aus entsprechendem Umsatz resultierenden mittleren Kapitalbedarf als auch über eine erstklassige Bonität verfügen, schon seit einigen Jahren innovative Finanzierungsinstrumente über die gesamte Bandbreite der deutschen Kreditwirtschaft zur Verfügung gestellt werden. Dabei hat hinsichtlich der Höhe des erhältlichen Beteiligungskapitals in den letzten Jahren durchaus eine Anpassung an die Erfordernisse von „kleinen Unternehmen" stattgefunden. So ist zum Beispiel für Investitionsvorhaben, Standortverlagerungen oder Gesellschafterwechsel bei kleinen und mittleren Unternehmen gemäß Definition der EU-Kommission (weniger als 250 Beschäftigte, Jahresumsatz bis zu 50 Millionen Euro) öffentliches Beteiligungskapital zwischen 50.000 und 1.000.000 Euro verfügbar. So begrüßenswert diese Reduzierung des Finanzierungsvolumens auch ist, verbleibt gleichwohl ein nicht zu unterschätzendes Hemmnis durch die sogenannte Eigenkapitalparität: Die individuelle Höhe der Beteiligung richtet sich nach dem wirtschaftlichen Eigenkapital des Unternehmens, das heißt die externe Kapitalzufuhr erfolgt nur in Höhe der jeweils eingesetzten Eigenmittel bzw. des vorhandenen Eigenkapitals. Bei der traditionell schwachen Eigenkapitalausstattung gerade der „kleinen" Unternehmen im deutschen Mittelstand bedeutet dies sehr häufig eine gravierende Einschränkung bei der Inanspruchnahme von Beteiligungskapital.

Neben den Parametern Umsatz und Bonität verdient schließlich noch ein weiteres Kriterium Erwähnung als existenziell für die aktuelle Mittelstandsfinanzierung: die jeweilige Branchenzugehörigkeit. So stoßen mittelständische Betriebe aus den Bereichen Medizintechnik und (Sonder)Maschinenbau sowie als Zulieferer für die Automobilindustrie zumindest nicht auf grundsätzliche Ablehnung hinsichtlich der Einräumung neuer bzw. der Verlängerung bestehender Kreditfazilitäten. Demgegenüber fällt zum Beispiel ein in dritter Generation sehr erfolgreich geführtes Unternehmen aufgrund seiner mehrheitlich betriebenen Aktivitäten unter „Baunebengewerbe" und ist damit von vornherein mit einem fast absoluten „K.o.-Kriterium" für neue Kreditlinien versehen.

Mithin zeigt sich, dass der Etablierung immer neuer mittelstandsspezifischer Fonds, Sonderkontingente und Fördermittel durch die einzelnen Institutsgruppen in der Praxis unverändert zahlreiche Hemmnisse für entsprechende Inanspruchnahmen gerade durch kleine und mittlere Unternehmen mit nur eingeschränkter Bonität gegenüberstehen.

2.2   Ausländische Banken

2.2.1   Banken in Europa

Wenn zunehmend ausländische Kreditinstitute auch ihre Firmenkundenaktivitäten auf Deutschland ausweiten, dann verdient eine solche Entwicklung generell schon besondere Beachtung. Dies gilt umso mehr, wenn es sich bei diesen Banken um renommierte Institute aus unmittelbaren Nachbarländern, wie zum Beispiel Österreich oder Frankreich, handelt. Dabei erscheint beispielsweise für die Expansion französischer Banken als Erklärung der Hinweis auf die in Frankreich im Verhältnis zu Deutschland schon sehr viel weiter fortgeschrittene Neuordnung des nationalen Bankenmarktes nicht ausreichend. Ursächlich für das zunehmende Engagement dürfte vielmehr eine grundsätzlich positive Einschätzung des deutschen Mittelstands sein – mit einem vielleicht mehr unternehmerisch geprägten Ansatz: Entscheidend für die Beurteilung der Kreditwürdigkeit ist primär das Unternehmen als solches und nicht der Umfang der von ihm darstellbaren Sicherheiten. Dementsprechend wird zum Beispiel bei gerade für kleine und mittlere Unternehmen besonders wichtigen Kontokorrent-Krediten nicht auf eine – in Frankreich ohnehin nicht existente – Globalzession abgestellt, sondern hauptsächlich auf eine Unterlegung durch die Zuweisung von Zahlungsverkehr. Dieser ist allerdings konkret definiert (100.000 Euro KK-Linie bedingen monatliche Haben-Umsätze in gleicher Höhe, und zwar nicht erst bei Inanspruchnahme, sondern schon ab Zusa-

ge) und unterliegt hinsichtlich seiner Nachhaltigkeit einem bankinternen Überwachungspro-
gramm. Denn aufgrund der räumlichen Distanz der französischen Bank zu ihren deutschen
Firmenkunden und aufgrund der in aller Regel schlechteren Sicherheitenposition im Verhältnis zu den deutschen Kreditgebern werden die Kontobewegungen als existenzielles Kriterium
für die Beurteilung des aktuellen Zustandes des Kreditnehmers angesehen. Deshalb erfolgt
bei Nichteinhaltung der vereinbarten Zahlungsverkehrrelationen zunächst eine automatische
Überleitung des Engagements von der zuständigen Firmenkundenabteilung an die zentrale
Rechtsabteilung, die bei anhaltend ausbleibenden Umsätzen dann kurzfristig kündigt und
schließlich abwickelt.

2.2.2   Banken in Übersee

Neben europäisch beeinflussten Alternativen der Mittelstandsfinanzierung erscheinen zu-
nehmend nordamerikanische Institute auf dem deutschen Markt, die allerdings einen anderen
Ansatz verfolgen: Geprägt vom angelsächsischen Investment Banking, waren Zielgruppe
zunächst große mittelständische Firmen mit einem Jahresumsatz ab 150 Millionen Euro.
Diesen Unternehmen wurde zu äußerst attraktiven Konditionen eine kapitalmarktgestützte
Finanzierung durch die Ausgabe von Commercial Papers angeboten.

Vor dem Hintergrund der diesbezüglich jedoch überschaubaren und entsprechend umworbe-
nen Kunden begann teilweise eine Umorientierung hin zu kleineren Firmen. So hat eine
nordamerikanische Bank vor einigen Jahren zumindest vorübergehend auch mittelständischen
Unternehmen mit einem Jahresumsatz zwischen 15 und 150 Millionen Euro über sogenannte
forderungsgestützte Finanzierungen Liquidität beschafft. Dieses innovative Finanzierungsinstrument besaß den Vorteil, dass es vorrangig auf die Bonität der Kunden abstellte. Verfügte
also ein Mittelständler (zum Beispiel als Automobilzulieferer) über Forderungen an Kunden
mit guter Bonität (zum Beispiel deutsche Premiumhersteller), die frei von Rechten Dritter
waren, dann konnte er einen Kredit in Höhe von etwa 80 Prozent der Forderungen innerhalb
dreier Bankarbeitstage bekommen, wobei die restlichen 20 Prozent bei Regulierung der Forderung flossen. Voraussetzung waren eine Art Rating des Lieferanten und seiner Kunden
sowie eine umfassende Analyse der Forderungen und etwaiger Ausfälle in der Vergangenheit.
Der besondere Vorzug dieser Finanzierung bestand zum einen in ihrer völligen Unabhängigkeit von bestehenden Bankkontakten und Kreditlinien. Zum anderen konnte der Mittelständler je nach Liquiditätslage selbst bestimmen, wie viel er von der eingeräumten Kreditlinie in
Anspruch nahm. Schließlich verblieb – im Gegensatz etwa zum klassischen Factoring – das
Debitorenmanagement beim Unternehmen, das heißt es erfolgte keine Anzeige gegenüber
dem jeweiligen Schuldner.

Allerdings wurde dieses Kapitalmarktprodukt, das aufgrund seiner mittelstandsgerechten
Losgrößen eine besonders flexible Finanzierungsalternative darstellte, zwischenzeitlich –
möglicherweise wegen zu hoher Transaktionskosten für die Bank bei unterdurchschnittlichen
Inanspruchnahmen der eingeräumten Linien durch die Kunden – wieder vom Markt genommen.

Für die Aktivitäten ausländischer Banken mit deutschen Mittelständlern kann somit festgestellt werden, dass diese einerseits gekennzeichnet sind durch eine besondere Kompetenz bei der Entwicklung mittelstandsspezifischer Kapitalmarktprodukte. Zum Anderen ist aber auch die Vergabe klassischer Bankkredite mit dem traditionellen Ansatz firmen- und nicht primär sicherheitenorientierter Betrachtung zu verzeichnen. Diese Kombination bildet auf Seiten der mittelständischen Unternehmer das Vertrauen, welches gegenüber den deutschen Kreditinstituten und deren Firmenkundenbetreuern in der Vergangenheit leider zu oft abhanden gekommen ist.

2.3   Sonstige Institutionen

2.3.1   Leasing-Gesellschaften

Nachdem sich Leasing schon seit geraumer Zeit in der Großindustrie als interessantes Instrument der Bilanzstrukturierung und als erfolgreiche Finanzierungsalternative durchsetzen konnte, hat es in den letzten Jahren auch im deutschen Mittelstand den klassischen Bankkredit längst von seiner Spitzenposition verdrängt. Ursächlich dafür war jedoch nicht nur der – gerade im Hinblick auf gestiegene Ratinganforderungen der Banken wichtige – Aspekt der Bilanzoptimierung, sondern auch das Angebot spezieller Serviceleistungen durch die Leasing-Gesellschaften. So erfreuen sich beispielsweise bei Fahrzeugen und bei EDV-Produkten Full-Service-Leasingverträge zunehmender Beliebtheit, weil sie die gerade im Mittelstand knappe Ressource Mitarbeiter von der Wahrnehmung nicht unternehmensspezifischer Tätigkeiten entlasten.

2.3.2   Factoring-Unternehmen

Etwas differenzierter stellt sich die Entwicklung beim Factoring als traditionellem Instrument des Forderungsverkaufs dar. Diese – im Ausland sehr verbreitete – Finanzierungsvariante wurde in der Vergangenheit vom deutschen Mittelstand eher reserviert betrachtet, und zwar aus mehreren Gründen: So waren in der Regel die Abschläge auf den Nominalwert der einzelnen Forderung sehr hoch, und zudem musste dem Kunden der Forderungsverkauf mitgeteilt werden, was gerade in den für den Mittelstand typischen sehr persönlichen Kundenbeziehungen nicht unbedingt als vertrauensfördernde Maßnahme angesehen wurde.

Auch durch den Marktauftritt ausländischer Factoring-Unternehmen ist hier allerdings in den letzten Jahren einiges in Bewegung geraten, da mittlerweile speziell auf den Mittelstand zugeschnittene Angebotspakete (niedrige Finanzierungsvolumina, keine generelle Andienungspflicht aller Forderungen, kein Konzentrationsvorbehalt) offeriert werden. Dies hat zu einer deutlich gesteigerten Akzeptanz bei den deutschen Mittelständlern geführt mit der Folge, dass es in einzelnen Branchen inzwischen durchaus als innovativ gilt, sich dieser Finanzierungsvariante zu bedienen.

2.3.3 Private Beteiligungsfonds

Nachdem schon seit längerem die klassische Finanzierung aus Eigen- und Fremdkapital auch für mittelständische Unternehmen nicht mehr ausreicht, um dem zunehmenden Wettbewerbsdruck erfolgreich zu begegnen, wurden in den letzten Jahren zunehmend private Fonds etabliert, um durch die Bereitstellung von Mezzanine-Kapital entstehende Finanzierungslücken zu schließen. Zielgruppe sind allerdings auch hier in aller Regel etablierte mittelständische Firmen mit einem Umsatz ab 20 Millionen Euro und einem Mittelbedarf ab drei Millionen Euro. Dabei resultiert dieses – unabhängig vom jeweiligen Anbieter notwendige – Finanzierungsvolumen vor allem aus den hohen Vorlaufkosten für die Strukturierung der Finanzierung und aus den prozentual erheblichen Einmalkosten für eine Transaktion. Die Kostenstruktur solcher Institutionen macht deshalb eine Art „Mittelständischer-Mini-Beteiligungsfonds" mit Einzelvolumina zum Beispiel zwischen 100.000 und 900.000 Euro und entsprechendem Überwachungsaufwand nahezu unmöglich. Folglich besteht auch hier für kleine und mittlere Unternehmen bereits ein quantitatives Selektionsmerkmal.

2.3.4 Business Angels

Aus dem Bereich außerhalb klassischer Finanzinstitutionen tätiger Financiers sind zunächst anzuführen die „Business Angels".

Bei Business Angels handelt es sich in der Regel um gestandene Unternehmer oder Top-Manager, die sich an einer – oft noch sehr jungen – Firma beteiligen, wobei über die Kapitalbeteiligung hinaus auch eigene Managementerfahrungen und -kontakte eingebracht werden. Oft übernimmt ein Business Angel bei seinem Unternehmenseinstieg auch eine Funktion als Beirats- oder Aufsichtsratsmitglied, um neben der Überwachung der laufenden Geschäfte auch strategische Entscheidungen für die künftige Unternehmensausrichtung beeinflussen zu können. Die zumeist in (regionalen) Netzwerken organisierten Business Angels investieren aus Gründen der naturgemäß auch bei ihnen im Vordergrund stehenden Renditeerwartungen besonders gern in Firmen aus Wachstumsbranchen, wie zum Beispiel Medizintechnik, IT und Life Science/Health Care.

Abgesehen von den aufgeführten Parametern, die als solche bereits den Kreis mittelständischer Unternehmen als Zielgruppe für Business Angels merklich einschränken, stößt zusätzlich der Aspekt externer unternehmerischer Beteiligung nicht unbedingt bei jedem Firmeninhaber auf ungeteilte Zustimmung. Denn wenn auch die traditionell starke emotionale Bindung des Unternehmers an sein (Lebens)Werk ganz allmählich neue Perspektiven zulässt, so wird doch eine Beeinträchtigung der unternehmerischen Entscheidungskraft allenfalls für den Fall der (angestrebten) Unternehmensübergabe akzeptiert.

2.3.5   Privatinvestoren

Der Privatinvestor schließlich ist jemand, der in aller Regel während seiner beruflichen – oft in mittelständischen Unternehmen ausgeübten – Aktivitäten zu Geld gekommen ist. Dieses wird nun nicht so sehr in Aktien und Anleihen angelegt, sondern aus Gründen seiner besonderen Verbundenheit mit dem Mittelstand in entsprechenden Firmen. Dabei handelt es sich häufig um klassische Darlehen zwischen 25.000 bis 200.000 Euro, die ohne Stellung von Sicherheiten mit einem durchaus erträglichen Aufschlag gegenüber den marktüblichen Konditionen für eine Laufzeit von drei bis sechs Jahren gewährt werden. Ein „zusätzlicher Schreibtisch im Büro" wird vom Investor ausdrücklich nicht beansprucht, ihm genügen vielmehr monatlich oder vierteljährlich erstellte Unterlagen zur aktuellen Firmenentwicklung. Wenn auch im Vorfeld der Darlehensvergabe eine ausführliche Analyse des Unternehmens und seines Managements erfolgt, so liegt der besondere Charme – und gleichzeitig die Achillesferse – einer solchen Finanzierung darin, dass es ganz wesentlich auf die „Chemie" zwischen Investor und Unternehmer ankommt. Ist der Investor vom Unternehmer und seinen Managementfähigkeiten überzeugt, schaden auch schlechte Kennziffern nicht. Andererseits hat ein nachweislich erfolgreicher Unternehmer trotz exzellenter Präsentation keine Chance auf Liquiditätszufluss, wenn der Investor – auch aus für Dritte nicht nachvollziehbaren Gründen – persönliche Vorbehalte hat.

Demnach steht auch dieses Instrument alternativer Mittelstandsfinanzierung letztlich nur einem sehr ausgewählten Adressatenkreis zur Verfügung.

3.   Zusammenfassung und Ausblick

Wie dargelegt, erstreckt sich bei der in Deutschland stattfindenden „Mittelstandsfinanzierung im Wandel" die Veränderung auf viele Aspekte: Einer sich nachhaltig umstrukturierenden Kreditwirtschaft steht ein sich immer mehr differenzierender Mittelstand gegenüber. Von den mittelständischen Unternehmen gestellte neue Anforderungen an innovative Finanzierungsinstrumente werden erfüllt durch immer neue Möglichkeiten strukturierter Finanzierungen von traditionellen Kreditinstituten sowie von neu entstehenden Institutionen außerhalb der Kreditwirtschaft.

Dabei ist festzuhalten, dass es *die* alternative Mittelstandsfinanzierung nicht gibt. So kann einerseits ein von seiner deutschen Hausbank zutiefst enttäuschter Mittelständler die Einräumung eines klassischen Bankkredits gegen akzeptable Sicherheit und zu attraktiven Konditionen durch ein Institut aus einem unserer Nachbarländer durchaus als faszinierende Alternative empfinden. Es kann aber auch ein umsatz- und bonitätsstarkes mittelständisches Unternehmen die Offerte eines Kapitalmarktproduktes in maßgeschneiderter Losgröße als herausragend innovativ ansehen.

Allerdings muss festgestellt werden, dass es zumindest ein Kriterium gibt, das unverändert durch den Mittelstand von den Kreditinstituten eingefordert wird: Verlässlichkeit. Dementsprechend kann auch nur das von den Banken bei ihren mittelständischen Kunden nachhaltig erworbene Vertrauen eine solide Basis für den Ausbau ihrer diesbezüglichen Aktivitäten sein. Insoweit muss Nähe nicht unbedingt lokale Nähe bedeuten, sondern vielmehr ein partnerschaftliches Vertrauensverhältnis, innerhalb dessen Meinungen, Informationen, Dienstleistungen und nicht zuletzt Liquidität fließen – panta rhei…

Bedeutung und Auswirkungen des Ratings für die Mittelstandsfinanzierung

Stephan A. Vitzthum

1. Einführung in die Basel-II-Debatte

Der tiefe Fall des Neuen Marktes im Jahre 2001 ließ das von den privaten Haushalten in die Unternehmen investierte Kapital, das während des „Dotcom-Hypes" im Überfluss am deutschen Kapitalmarkt vorhanden zu sein schien, binnen kürzester Zeit noch unter das in Deutschland traditionell niedrige Niveau sinken. Zudem folgte dem Ende der „New Economy" eine lange konjunkturelle Schwächephase, die die Zahl der Unternehmenspleiten in der deutschen Wirtschaft in den Folgejahren auf Rekordniveau steigen ließ. In dieser Phase der knappen Investitionsmittel und der wirtschaftlichen Depression erlangte eine Konzeption zur Überarbeitung bankaufsichtsrechtlicher Bestimmungen ungewohnte und ungewöhnliche Aufmerksamkeit, weil Experten aus Bankwirtschaft und Industrie für den Fall ihrer Umsetzung die Verknappung des klassischen Bankkredits – und damit der wichtigsten Finanzierungsquelle des deutschen Mittelstandes – vorhersagten.

Frühere Reformen des Bankenaufsichtsrechts waren lediglich bei den Experten der betroffenen Banken und der Bankenverbände, bei den mit der Prüfung der Einhaltung der Vorschriften befassten Wirtschaftsprüfern und natürlich bei der Bankenaufsicht selbst auf Interesse gestoßen. Doch zu dieser Zeit schalteten sich selbst Bundeskanzler und Boulevardpresse in die Diskussion um die Konzeption mit ein, die auf den Namen „Basel II"[1] getauft wurde. Im Rahmen dieser Diskussion prognostizierten die Kritiker der Konzeption aufgrund der damit verbundenen Erwartungen hinsichtlich des zukünftigen Kreditvergabeverhaltens der Banken nicht weniger als das Ende des deutschen Mittelstandes. Da dieser als der „Motor der deutschen Wirtschaft" gilt, sorgten solch düstere Prognosen für entsprechendes Aufsehen.

---

1   Auf den Umstand, dass die Konzeption insgesamt aus drei Säulen besteht und die hier dargestellten Regelungen zu den bankaufsichtlichen Eigenkapitalanforderungen lediglich eine dieser drei Säulen betreffen, sei an dieser Stelle hingewiesen.

Nach jahrelangen Diskussionen und zahlreichen Überarbeitungen liefen am 1. Januar 2008 die Übergangsfristen für die Kreditinstitute ab und die gesamte deutsche Kreditwirtschaft hat das Basel-II-Konzept, das zuerst in Form einer EU-Richtlinie (Capital Requirements Directive) zur Verpflichtung für die EU-Mitgliedstaaten wurde und Ende 2006 in Deutschland mit der Solvabilitätsverordnung in das bankaufsichtsrechtliche Regelwerk umgesetzt wurde, verbindlich anzuwenden.

Die folgenden Abschnitte sollen verdeutlichen, warum Basel I der Reform bedurfte, die Basel II mit sich brachte, welche Folgen Basel II für das Kreditrisikomanagement der Banken mit sich bringt und warum Rating für mittelständische Unternehmen ein unausweichliches Thema darstellt, wenn es um die Unternehmensfinanzierung geht.

2.   Basel II – Notwendigkeit und Umsetzung

2.1   Der Weg von Basel I zu Basel II

Das bankaufsichtsrechtliche Prinzip des risikoadäquaten Eigenkapitals wurde in Deutschland bereits mit dem Solvabilitätsgrundsatz (Grundsatz I) von 1962 eingeführt. Im Rahmen der Bestrebungen zur internationalen Harmonisierung des Bankenaufsichtsrechts wurde auf Ebene des Baseler Ausschusses für Bankenaufsicht im Jahre 1988 die Baseler Eigenkapitalvereinbarung verabschiedet – die erst mit der Namensgebung für Basel II ihre inzwischen gängige Bezeichnung „Basel I" erhielt.

Das Prinzip des risikoadäquaten Eigenkapitals koppelt den bankaufsichtlich zulässigen Umfang der bankgeschäftlichen Risiken der Kreditinstitute an deren jeweilige Eigenkapitalausstattung. Zu diesen bankgeschäftlichen Risiken gehören – neben den hier nicht weiter vertieften Marktpreisrisikopositionen – die gewichteten Risikoaktiva. In den Risikoaktiva sind insbesondere die Forderungen des Kreditinstituts, also die mit Ausfallrisiken behafteten Kredite enthalten. Mit der vorzunehmenden Gewichtung wird dem Umstand Rechnung getragen, dass nicht alle Kredite mit demselben Ausfallrisiko behaftet sind und zur Bemessung der Kreditrisiken eine Gewichtung in Abhängigkeit von der Bonität des Kreditnehmers vorgegeben wurde.

Die Kopplung erfolgt durch die Festlegung, dass der Solvabilitätskoeffizient eines Instituts, also das prozentuale Verhältnis zwischen dem Eigenkapital eines Kreditinstituts und seinen eingegangenen Risiken das bankaufsichtliche Minimum von acht Prozent nicht unterschreiten darf.

Eine der zentralen Schwächen von Basel I lag in der zu geringen Differenzierung bei der bankaufsichtlich vorgegebenen Gewichtung der Risikoaktiva. So wurde zwar den Krediten an den Bund und an bestimmte Staaten und Zentralbanken eine Gewichtung von 0 Prozent eingeräumt, Kredite an inländische Kreditinstitute wurden mit 20 Prozent gewichtet und auch die geringeren Risiken bei Realkrediten (50 Prozent) und Bauspardarlehen (70 Prozent) wurden berücksichtigt. Alle anderen Kredite erfuhren jedoch eine einheitliche Gewichtung von 100 Prozent. Dies hatte zur Folge, dass alle privaten Haushalte und alle Unternehmen, unabhängig davon, ob es sich um einen international tätigen Konzern oder ein kleines mittelständisches Unternehmen handelte, mit demselben Bonitätsgewicht in die Ermittlung der Eigenkapitalanforderungen einflossen – eine offensichtliche Diskrepanz zwischen der bankaufsichtlichen Risikobetrachtung einerseits und dem tatsächlichen ökonomischen Risiko der Bank andererseits.

Die identische Gewichtung für sämtliche Unternehmenskredite stellte für die Banken letztlich einen Anreiz dar, die Kreditkonditionierung nicht immer am tatsächlichen ökonomischen Ausfallrisiko auszurichten und stattdessen eine Quersubventionierung von Krediten an Unternehmen mit schlechter Bonität durch Kredite an Unternehmen mit vorzüglicher Bonität vorzunehmen.[2] Die in der reinen Lehre gepredigte höhere Verzinsung als Entgelt für ein höheres Risiko wurde von den Instituten hiermit zumindest teilweise ausgehebelt. Hinsichtlich der Kreditportfoliosteuerung setzte die undifferenzierte Risikobetrachtung zudem keinen Anreiz, die Qualität nach Möglichkeit hoch zu halten. Stattdessen wurden qualitativ hochwertige Forderungen im Rahmen von ABS-Transaktionen ertragreich verkauft, während die weniger lukrativ verkäuflichen, bonitätsmäßig schlechteren Kredite in den Büchern zurückblieben.

Diese gering diversifizierten und mit höheren Risiken ausgestatteten Kreditportfolien leisteten einen negativen Beitrag zur Stabilität des Finanzsektors und standen somit der grundlegenden Zielsetzung der Basel-I-Konzeption entgegen – eine Überarbeitung zur Behebung der Schwächen von Basel I war erforderlich, die Basel-II-Konzeption nahm sich dieser Problematik an.

2.2 Basel II – vom Konsultationspapier zur Solvabilitätsverordnung

Mit Ablauf der Übergangsvorschriften am 31. Dezember 2007 und mit der verbindlichen Anwendung der aus der Basel-II-Konzeption resultierenden Vorschriften durch die deutschen Kreditinstitute ab Januar 2008 wurde der letzte Schritt getan. Die Basel-II-Konzeption hat zuvor einen langen Weg hinter sich gebracht.

---

2   Vgl. Arnold (2001), S. 3ff.

Das erste Konsultationspapier im Jahre 1999 wurde anhand von über 200 Stellungnahmen und nach intensivem Dialog mit dem Bankgewerbe und den Aufsichtsinstanzen einer umfassenden Überarbeitung unterzogen. Im Januar 2001 kam es zur Veröffentlichung des zweiten Konsultationspapiers, mit dem die öffentliche Basel-II-Diskussion in Gang gesetzt wurde. Das dritte Konsultationspapier wurde im April 2003 veröffentlicht. Hierin enthalten war der Kompromiss, der die Basel-II-Debatte wieder ein wenig entspannte und kleinere Unternehmen entlastete. Im Juni 2004 veröffentlichte der Basler Ausschuss die finale Version „International Convergence of Capital Measurement and Capital Standards".

Im Juni 2006 hat die EU unter der Federführung des Committee of European Banking Supervisors (CEBS) mit der „Capital Requirements Directive" das Regelwerk verabschiedet, mit dem die Basel-II-Konzeption zur verbindlich umzusetzenden Richtlinie 2006/49/EG wurde. Diese Umsetzung erfolgte in Deutschland insbesondere durch die Verabschiedung der Solvabilitätsverordnung und ihre Veröffentlichung am 16. Dezember 2006. Sie trat am 1. Januar 2007 in Kraft.

3.   Auswirkungen auf das Kreditrisikomanagement der Banken

3.1   Der neue Stellenwert der Bonität

Die zentrale Neuregelung der Solvabilitätsverordnung sieht vor, dass die Kreditinstitute zukünftig bei der Ermittlung der mit Eigenkapital zu unterlegenden gewichteten Risikoaktiva die kreditnehmenden Unternehmen ihrer Bonität entsprechend zu gewichten haben, statt wie bislang alle Unternehmen einer einheitlichen Gewichtung mit 100 Prozent zu unterwerfen. Unter Risikogesichtspunkten und hinsichtlich der falschen Anreize bei der Portfoliogestaltung stellt dies eine überfällige Anpassung dar.

Der Umstand, dass diese Pläne aus den Reihen der mittelständischen Wirtschaft jedoch zunächst auf massiven Widerstand stießen, lässt sich anhand der Bonitätsunterschiede zwischen großen und mittelständischen Unternehmen und der befürchteten Folgen erklären. Für einen international tätigen Konzern ist in der Regel mit einer erheblich besseren Bonitätsbeurteilung zu rechnen als für den Mittelständler. Da ein Kredit an einen solchen Konzern damit zukünftig zu einer geringeren Eigenkapitalbelastung und somit niedrigeren Kapitalkosten bei gleichem Kreditvolumen führt, kann das Kreditinstitut dem Konzern zukünftig günstigere Kreditkonditionen einräumen. Umgekehrt kann für einen Kredit an ein mittelständisches Unternehmen bei schlechtem Rating die Eigenkapitalbelastung gegenüber der bisherigen

Regelung aufgrund der neu geschaffenen Gewichtungsklasse von 150 Prozent auch noch ansteigen. Die Folge sind erhebliche Differenzen bei der Ausgestaltung der Kreditkonditionen und ein Verdrängungswettbewerb der Kreditanträge um das Eigenkapital der Institute bis hin zur Ablehnung der Kreditanträge von Unternehmen schlechter Bonität, um Kreditvergabekapazitäten zu Gunsten weniger riskanter Engagements vorhalten zu können. Dies trifft die mittelständischen Unternehmen in zweierlei Hinsicht: Erstens konkurrieren sie mit den Großunternehmen auf denselben Märkten und erleiden durch die schlechteren Konditionen in der Finanzierung einen empfindlichen Wettbewerbsnachteil. Zweitens droht die mit Abstand wichtigste Finanzierungsquelle bei sinkender Bonität – beispielsweise im Falle von Liquiditätsengpässen – zukünftig schneller zu versiegen.[3]

Die Diskussionen um die Benachteiligung des Mittelstandes führten zum Kompromiss des sogenannten aufsichtlichen Retailportfolios, der im dritten Konsultationspapier Einzug fand. Danach können Kredite bis eine Million Euro einem Retailportfolio zugerechnet werden, das eine einheitliche Gewichtung von 75 Prozent erfährt. Damit wird dem Effekt Rechnung getragen, dass bei ausreichender Granularität eines Kreditportfolios ein Diversifizierungseffekt eintritt, der bei der Ermittlung der Ausfallwahrscheinlichkeit des Portfolios mindernd wirkt.

Kleinunternehmen im Retailportfolio werden dann nicht unternehmensspezifisch gewichtet und die Gefahr einer Gewichtung von 150 Prozent ist gebannt. Da die Ergebnisse der laufend durchgeführten Auswirkungsstudien (Quantitative Impact Studies – QIS) zudcm noch ankündigten, dass die Neuregelung zu einer insgesamt sinkenden Eigenkapitalbelastung für die Kreditinstitute führen würde, waren die Bedenken schließlich weitestgehend beseitigt und die öffentliche Diskussion um Basel II verstummte.

Doch auch die Ausnahmeregelung für das Retailportfolio ändert nichts an der grundlegenden Änderung, die aufsichtliche Eigenkapitalunterlegung an die Bonität der Kreditnehmer zu koppeln. Zu diesem Zweck werden den Kreditinstituten aufsichtliche Ratingverfahren zur Wahl gestellt.

3.2 Bankaufsichtliche Ratingverfahren

Um das Ziel der bonitätsgerechten Abbildung der Kreditnehmer im Kreditrisikomanagement der Banken zu erreichen, wurden bankaufsichtliche Ratingverfahren entwickelt, die von den Instituten zukünftig für die Bonitätsermittlung ihrer Kreditnehmer verbindlich heranzuziehen

---

3 Diese Zusammenhänge führten auch zu Diskussionen, die hier nicht weiter vertieft, aber doch erwähnt werden sollen. Einerseits die Kontroverse, ob angeschlagene Unternehmen mit diesen Regelungen in die Insolvenz getrieben würden oder ob unabwendbare Insolvenzen dadurch künftig einfach nicht mehr zu lange herausgezögert würden. Andererseits wurde der Basel-II-Konzeption nachgesagt, prozyklisch auf die konjunkturelle Lage zu wirken: In einer Aufschwungphase würde durch bessere Bonitäten eine günstigere Kreditkonditionierung noch ankurbelnd wirken, während eine konjunkturelle Schwächephase durch die Kreditverknappung nur noch verschärft würde.

sind. Die Institute können hierbei zwischen drei Ratingverfahren wählen: dem Standardansatz, dem IRB-Basisansatz oder dem fortgeschrittenen IRB-Ansatz. Hierbei stellt die Entscheidung für die Anwendung eines der Verfahren für die Banken eine grundsätzliche, geschäftspolitische wie auch kreditrisikostrategische Entscheidung dar. Je anspruchsvoller das Verfahren, desto höher sind einerseits die Anforderungen an das Kreditrisikomanagement und desto niedriger fällt anderseits die Eigenkapitalunterlegung der Kreditrisiken aus. Dieser Zusammenhang ist in Abbildung 1 verdeutlicht.

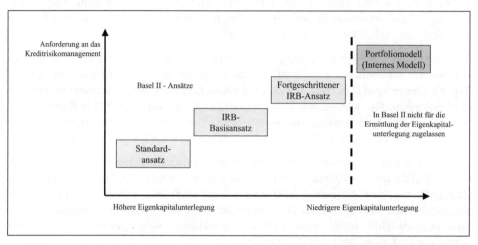

Abbildung 1:   *Aufsichtliche Ratingverfahren im Überblick*[4]

Der zentrale Unterschied zwischen den Verfahren liegt in der Verwendung externer Ratings im Standardverfahren und der Ermittlung institutseigener, interner Ratings in den IRB-Ansätzen.[5] Der Standardansatz stellt insofern nur eine Modifizierung des bisherigen Verfahrens dar, wobei die bisher aufsichtlich vorgegebene Einordnung in bestimmte Risiko- und Gewichtungskategorien zukünftig anhand sogenannter externer Ratings vorgenommen wird. Extern ist hier als Gegensatz zu den bankinternen Ratings zu verstehen, da die externen Ratings nicht vom Kreditinstitut selbst, sondern von Ratingagenturen vorgenommen werden. In den beiden IRB-Ansätzen werden die Einschätzungen des Instituts sowie aufsichtlich vorgegebene Parameter herangezogen, die in Abbildung 2 dargestellt sind.

---

4   Vgl. Füser (2001), S. 16.
5   IRB – Ansatz = „Internal Ratings Based" – Approach

Abkürzung	Bedeutung der Abkürzung	Definition
PD	Probability of Default – Ausfallwahrscheinlichkeit	Einjahresausfallwahrscheinlichkeit für Schuldner einer bestimmten internen Risikoklasse (Rating)
LGD	Loss Given Default – Schadensquote	Verlustquote pro Einheit des Kredites im Falle des Ausfalls des Kreditnehmers
EAD	Exposure at Default – Inanspruchnahme bei Ausfall	beanspruchter Kreditbetrag zum Zeitpunkt des Ausfalls
M	Maturity – Restlaufzeit	Effektive Restlaufzeit des Kredits

Abbildung 2: *Parameter der IRB-Ansätze*

Während im IRB-Basisansatz nur die Ausfallwahrscheinlichkeiten (PD) von der Bank ermittelt und die übrigen Parameter aufsichtlich vorgegeben werden, werden im fortgeschrittenen Ansatz grundsätzlich alle Parameter durch die Bank geschätzt. Von entscheidender Bedeutung zur Abgrenzung zum Standardansatz ist jedoch, dass in den IRB-Ansätzen die bankseitig durchgeführten, internen Ratings maßgeblich sind.

Mit der übergeordneten Zielsetzung einer konsistenten, glaubwürdigen und zutreffenden Quantifizierung von Kreditrisiken im Rahmen der Anwendung bankinterner Ratingverfahren hat der Basler Ausschuss die Anwendung der IRB-Ansätze an die Einhaltung umfassender Mindestanforderungen geknüpft. Hierzu gehören die Ausgestaltung des internen Ratingsystems hinsichtlich der Methoden, Prozesse, Kontrollen, Datenerhebungen und IT-Systeme, der Ratingstruktur und der Anzahl der Forderungsklassen. Es bedarf eindeutiger Indikatoren, die die nachvollziehbare Zuordnung von Krediten zu den Forderungsklassen, die tatsächliche Verwendung der Ratingergebnisse in der Kreditrisikosteuerung und eine umfassende Dokumentation der Verfahren und Prozesse zum internen Rating gewährleisten. Darüber hinaus ist die Anwendung der IRB-Ansätze an die vorherige Zulassung durch die Bundesanstalt für Finanzdienstleistungsaufsicht (BaFin) gebunden.

Als die Solvabilitätsverordnung am 16. Dezember 2006 veröffentlicht wurde, hatte der Großteil der Banken bereits jahrelange Vorbereitungen hinter sich, um mit Inkrafttreten der Regelungen am 1. Januar 2007, spätestens aber nach Ablauf der Übergangsfristen ab 1. Januar 2008 die organisatorischen, technischen und personellen Voraussetzungen geschaffen zu haben, ihr Kreditrisikomanagement nach den neuen Regelungen auszugestalten.

Für eine Vielzahl mittelständischer Unternehmen[6] bedeutete dies bereits im Zuge der sukzessiven Einführung der Ratingverfahren in den Instituten und erst recht nach dem endgültigen Inkrafttreten der Regelungen, sich vor der Kreditvergabe einem Ratingverfahren unterziehen zu müssen, dessen Ergebnis sich auf die Kreditkonditionierung und die Kreditvergabeentscheidung auswirken kann.

Insofern stellt sich aus der Perspektive des Unternehmers im Rahmen der Basel-II-Debatte die Frage, mit welchen konkreten Anforderungen die Kreditinstitute an ihre Kreditnehmer zukünftig herantreten werden und welchen Ratingverfahren sie sich zukünftig unterziehen müssen, bevor es zur Kreditgewährung kommt.

---

6   Für die eine Zuordnung zum Retailportfolio aufgrund der Kreditvolumina nicht in Frage kommt.

4.   Externe und interne Ratings

4.1   Begriffsdefinitionen

Eine einheitliche Definition des Begriffs „Rating" existiert nicht. Es wird sogar für zwei unterschiedliche Sachverhalte verwendet: Einerseits wird die Durchführung einer Bonitätsbeurteilung als Rating bezeichnet, andererseits wird das Ergebnis dieser Beurteilung ebenfalls Rating genannt. Im Nachfolgenden soll der Begriff Rating für die Einschätzung eines Dritten über die Fähigkeit des Schuldners, seinen finanziellen Verpflichtungen fristgerecht und vollständig nachkommen zu können, verwendet werden.

Die Unterscheidung zwischen externen und internen Ratings wurde erstmals im zweiten Konsultationspapier zu Basel II vorgenommen, um zwischen den bankinternen Bonitätsbeurteilungen und den Ratings durch Ratingagenturen zu unterscheiden.

4.2   Mittelstandsratings – intern oder extern?

Anfang der Neunzigerjahre ließen sich mit Standard & Poor's und Moody's die zwei weltweit größten Ratingagenturen mit deutschen Tochterfirmen in Frankfurt am Main nieder. Ein Ratingmarkt existierte zu diesem Zeitpunkt in Deutschland noch nicht, doch die nach den internationalen Kapitalmärkten strebenden deutschen Großkonzerne stellten die damalige Zielkundschaft dar. Rund zehn Jahre später kam es im Zuge der Basel-II-Debatte zu einer Vielzahl von Gründungen deutscher, auf Mittelstandsratings spezialisierter Ratingagenturen, von denen es nur wenige schafften, sich am Ratingmarkt zu halten.

Der Grund für die Schwierigkeiten der Ratingagenturen lässt sich an drei wesentlichen Aspekten zusammenfassen:

■ Die Ratingagenturen müssen von der BaFin als für Risikogewichtungszwecke anerkannt sein, sonst kommen sie für die Verwendung im Standardansatz der Institute nicht in Betracht. Aber auch ohne die umfassenden Anforderungen der BaFin hat der Ratingmarkt eine hohe Markteintrittsbarriere: Ein Rating ist nahezu wertlos, wenn die Ratingagentur unbekannt ist, da sich Investoren nur auf Ratings von Agenturen mit guter Reputation verlassen möchten. Umgekehrt kann eine gute Reputation nur durch eine große Anzahl bereits durchgeführter Ratings mit in der Nachbetrachtung überwiegend korrekt eingeschätzten Ausfallwahrscheinlichkeiten erlangt werden.

▪ Die Kosten für ein externes Rating können von kleinen Unternehmen nicht ohne weiteres gestemmt werden, insbesondere, wenn der Nutzen zweifelhaft ist. Ein positiver Nutzen stellt sich kurzfristig jedoch nur im Falle eines positiven Ergebnisses ein, welches ungewiss ist.

▪ Der Bankkredit ist das mit Abstand wichtigste Finanzierungsinstrument des deutschen Mittelstandes. Doch gerade für dieses Instrument ist das externe Rating nicht zwingend erforderlich. Liegt kein externes Rating vor, wird das Unternehmen bei einer Bank, die den Standardansatz anwendet, entweder wie bisher mit 100 Prozent gewichtet oder im Falle der Zuordnung zum Retailportfolio mit 75 Prozent. Eine Bank, die einen der IRB-Ansätze anwendet, nimmt ohnehin ein internes Rating vor, das zudem noch kostenlos ist.[7]

Dass es trotzdem inzwischen eine Vielzahl mittelständischer Unternehmen mit einem externen Rating gibt, liegt insbesondere an zwei wesentlichen Vorteilen des externen gegenüber dem internen Rating: einerseits die weit reichende Transparenz, die eine externe Ratingagentur dem Unternehmen bietet. Dem Unternehmen werden die Schwächen aufgezeigt und es können konkrete Maßnahmen ergriffen werden, um diese zu beheben. Andererseits die Außenwirkung eines externen Ratings. Während die Ergebnisse des internen Ratings die kreditgewährende Bank nie verlassen, kann das Unternehmen mit der Veröffentlichung eines positiven externen Ratings nicht nur seine Reputation bei Lieferanten, Kunden und am Arbeitsmarkt verbessern, es ermöglicht insbesondere den Zugang zum Kapitalmarkt und einer Vielzahl von Finanzierungsalternativen, für die ein externes Rating unentbehrlich ist.

Die Frage, ob ein mittelständischer Unternehmer besser ein externes Rating in Auftrag geben oder sich eher den bankinternen Analysten anvertrauen sollte, lässt sich insofern nicht ohne Berücksichtigung der individuellen Unternehmenssituation und -planung beantworten. Diese Unternehmenssituation spiegelt sich wiederum im Rating selbst wider, ausgedrückt durch die jeweils zur Anwendung kommenden Kriterien zur Bonitätsbeurteilung.

4.3 Kriterien zur Bonitätsbeurteilung

Für die Beurteilung der Bonität setzen Ratinganalysten – ob für bankinterne Zwecke oder im Rahmen externer Ratings – vordefinierte Kriterien an, deren Zustand sich nach Möglichkeit anhand objektiver Ausprägungsmerkmale beschreiben lässt. Die Einzelergebnisse werden schematisch zum Endergebnis verdichtet, ausgedrückt durch die Zuordnung des Ratingge-

---

7 In diesem Zusammenhang wird häufig argumentiert, dass die Banken die höheren Kosten für den IRB-Ansatz an die Kreditnehmer weitergeben würden und ein internes Rating insofern keineswegs kostenlos sei. Dem lässt sich jedoch entgegenhalten, dass die Preissensitivität der Kreditnehmer zu groß sei, um mit erheblich größeren Margen an den Markt zu gehen. Andererseits kompensieren die IRB-Institute ihre Kosten auch durch die niedrigere Eigenkapitalbelastung.

genstands[8] auf der verwendeten Ratingskala (Buchstaben und/oder Zahlen, meist kombiniert mit Plus- und Minuszeichen zur weiteren Differenzierung), mit dem Zweck, die Ausfallwahrscheinlichkeit auszudrücken.

Einen einheitlichen Kriterienkatalog gibt es nicht, jede Ratingagentur und jedes Kreditinstitut wird leicht abweichende Kriterien mit leicht abweichenden Ausprägungsmerkmalen und unterschiedlichen Gewichtungen verwenden. Gleichwohl hat sich in der Literatur zum Rating in den letzten Jahren abgezeichnet, dass vier Hauptkategorien in die Beurteilung der Bonität mit einfließen: die wirtschaftlichen Rahmenbedingungen eines Unternehmens, seine finanziellen Verhältnisse, die Managementkompetenzen und zum Einsatz kommende Führungsinstrumente sowie die Geschäftschancen und -risiken.

Diese vier Hauptkategorien lassen sich durch eine Vielzahl von Kriterien, sogenannter Ratingindikatoren analysieren, darstellen und beurteilen. Abbildung 3 gibt einen Überblick, welche Themen in diesen Hauptkategorien in der Regel abgedeckt werden sollen, ohne Anspruch auf Vollständigkeit und ohne in die Detailtiefe der tatsächlichen Indikatoren zu gehen, denn auch hinter Begriffen wie der „Wettbewerbssituation" oder dem „Managementumfeld" verbergen sich in Regel wiederum eine Vielzahl unterschiedlicher Indikatoren zur vollständigen Abbildung des Themengebiets und der tatsächlichen Beurteilung dieses Kriteriums.

Wirtschaftliche Rahmenbedingungen	Managementkompetenz/ Führungsinstrumente
■ Wettbewerbssituation ■ Länderrisiken ■ Branchenrisiken	■ Eigentümerstruktur/-stabilität ■ Management ■ Managementumfeld
Finanzielle Verhältnisse	**Geschäftschancen und -risiken**
■ Buchführungsgrundsätze ■ Erträge ■ Cashflow ■ Kapital- und Schuldenstruktur ■ Kapitalbeschaffung und finanzielle Flexibilität	■ Kundenmanagement ■ Produktmanagement ■ Produktionsstandard ■ Absicherung von Haftungsrisiken ■ Innovationsmanagement

Abbildung 3:   *Typische Elemente des Ratings*[9]

So vielfältig die Beurteilungsfelder sind, so unterschiedlich sind auch die zur Anwendung kommenden Ratingindikatoren. Eine abschließende Darstellung ist mangels ausreichender Publizität nicht möglich und angesichts ihres Variantenreichtums zur Darstellung ähnlicher oder identischer Sachverhalte weder sinnvoll noch erhellend. Stattdessen lässt sich anhand der unterschiedlichen Arten von Ratingindikatoren verdeutlichen, mit welchen Ansätzen hier zu den Bonitätseinschätzungen hingearbeitet wird. Ein Merkmal sollten Ratingindikatoren

---

8   Der Ratinggegenstand weicht zwischen externem und internem Rating ab: Während das interne Rating nur die Kapitaldienstfähigkeit in Bezug auf den konkret angefragten Kredit beurteilt, beurteilt das externe Rating die Fähigkeit des Unternehmens seinen Verpflichtungen insgesamt nachzukommen.

9   Quelle: Gleisner/Füser (2003), S. 93.

unabhängig von der im Folgenden dargestellten Differenzierung generell aufweisen: Sie sollten in der Vergangenheitsbetrachtung als Determinanten der Ausfallwahrscheinlichkeit nachgewiesen werden.

In diesem Zusammenhang lässt sich zunächst zwischen quantitativen und qualitativen Ratingindikatoren unterscheiden. Ein quantitativer (bzw. harter) Ratingindikator ist ein Kriterium, das von den am Ratingverfahren beteiligten Personen quantifizierbar, das heißt kardinal messbar, und damit objektiv vergleichbar ist.[10] In der Regel werden insbesondere die im Unternehmen bereits verfügbaren oder leicht ermittelbaren Kennzahlen aus dem Rechnungswesen, Controlling und anderen zentralen Abteilungen als quantitative Indikatoren eingesetzt. Ein qualitativer (bzw. weicher) Ratingindikator ist ein Kriterium, das von den am Prozess der Ratingerstellung beteiligten Personen subjektiv eingeschätzt wird. Eine objektive Vergleichbarkeit der Ausprägung weicher Ratingindikatoren ist damit nicht möglich.[11] Sie werden jedoch benötigt um beispielsweise die Managementkompetenzen in einem Unternehmen in die Betrachtung mit einfließen zu lassen.

Eine weitere Möglichkeit zur Unterscheidung von Ratingindikatoren stellt die Differenzierung in vergangenheits-, gegenwarts- und zukunftsbezogene Ratingindikatoren dar. Dies beruht auf der Tatsache, dass die zu prognostizierende Zukunft durch vergangene Ereignisse und den aktuellen Status Quo maßgeblich beeinflusst wird. So können vergangenheitsbezogene Ratingindikatoren behilflich sein, zu überprüfen, inwiefern frühere Unternehmensplanungen später auch tatsächlich realisiert wurden bzw. von der Unternehmensleitung prognostizierte Sachverhalte auch tatsächlich eingetroffen sind. Diese Erkenntnisse helfen bei der Validierung der aktuellen Unternehmensplanung, die für die zukunftsbezogenen Ratingindikatoren hinsichtlich der Geschäftschancen und -risiken von Bedeutung sind. Sie geben zudem Hinweise zur Managementqualität.

Eine weitere Unterscheidung ist von Bedeutung, wenn der Unternehmer nach Ansätzen zur Verbesserung seines Ratings sucht. Hierbei kann zwischen den unternehmensspezifischen und den unternehmensunabhängigen Ratingindikatoren differenziert werden. Die unternehmensunabhängigen Ratingindikatoren beschreiben das wirtschaftliche und politische Umfeld des Unternehmens oder branchenspezifische Besonderheiten, denen sich der Unternehmer nur durch grundlegende Maßnahmen, wie einer vollständigen Änderung der geschäftlichen Ausrichtung oder der Verlegung des Firmensitzes entziehen kann – grundsätzlich können diese Indikatoren aber als gegeben angesehen werden und der Unternehmer sollte sein Augenmerk zur Ratingoptimierung verstärkt auf die unternehmensspezifischen Ratingindikatoren richten. Innerhalb der unternehmensspezifischen Indikatoren kann noch zwischen den ergebnisabhängigen und den ergebnisunabhängigen Indikatoren unterschieden werden – denn die Optimierung der ergebnisrelevanten Indikatoren wurde auch schon im Rahmen des Strebens nach Gewinn verfolgt. Für den Unternehmer können sich insofern beim Ziel der Ratingoptimierung insbesondere solche Ratingindikatoren als mögliche Schalthebel herausstellen, die in den bisherigen Unternehmenszielen keine oder eine nur untergeordnete Rolle gespielt haben.

---

10   Vgl. Definition in: Behr/Güttler (2004), S.14.
11   Vgl. Definition in: Behr/Güttler (2004), S.17.

Einer solchen Ratingoptimierung stehen jedoch oftmals Strukturen entgegen, die als typische Besonderheiten des deutschen Mittelstandes gelten.

4.4 Auswirkungen mittelständischer Besonderheiten auf das Rating

Die Diskussion um den Mittelstand und Basel II wurde in Deutschland besonders intensiv geführt. Dies liegt wie bereits eingangs dargestellt sicherlich an der enormen Bedeutung des Mittelstandes für die deutsche Wirtschaft. Unterschwellig lässt sich aber auch ein weiterer Grund für die Debatte herauslesen: nämlich eine eher negative Erwartungshaltung, was die Ergebnisse des Ratings der mittelständischen Unternehmen angeht.

Warum das so ist, lässt sich an einigen Charakteristika des deutschen Mittelstands, die im Rahmen der standardisierten Ratingverfahren zu einem eher schlechteren Ergebnis beitragen können, darstellen.

Eines davon ist die im internationalen Vergleich traditionell geringe Eigenkapitalausstattung deutscher Unternehmen. Diese hängt zum einen mit der häufigen Rechtsform der Personengesellschaft zusammen, bei der aufgrund der ohnehin persönlichen Haftung des Gesellschafters bilanziell nicht immer einer strikte Trennung zwischen dem Privatvermögen des Unternehmers und der Haftungsmasse des Unternehmens erfolgt. Andererseits ist die Kreditversorgung in Deutschland im internationalen Vergleich außerordentlich günstig – die Granularität des Bankenmarktes und der daraus resultierende Wettbewerb drücken auf die Margen der Institute – und aufgrund des ebenfalls typisch deutschen Hausbankprinzips ist der Bankkredit auch noch schnell und bequem. Vergleicht man zuletzt auch noch die steuerliche Abzugsfähigkeit von Kreditzinsen mit der steuerlichen Belastung ausgeschütteter Gewinne wird deutlich, warum die Anreize für mehr Eigenkapital in Deutschland in der Vergangenheit nicht sonderlich hoch waren.

Doch der Anreiz zu mehr Eigenkapital steigt stetig. Die großen Unternehmen haben den Kapitalmarkt schon längst für sich entdeckt, die Banken wiederum haben festgestellt, dass sich mit den Provisionen im Beratungsgeschäft mehr Geld verdienen lässt als im Kreditgeschäft mit den geringen Margen. Zudem stellt das Eigenkapital aufgrund seiner Haftungsfunktion eine zentrale Größe bei der Bilanzanalyse dar, die wiederum einen wesentlichen Beitrag zur Interpretation der quantitativen Rating-Indikatoren leistet.

Eine weitere Besonderheit des deutschen Mittelstandes, die einem positiven Rating mitunter entgegenstehen kann, sind die möglichen Folgen der häufig auftretenden Personenidentität von Unternehmer und Eigentümer. Zum einen werden mitunter patriarchalische Managementstrukturen, die so ganz ohne moderne Instrumente des Controllings und der Unternehmenssteuerung auskommen müssen und Zweifel an der Unternehmensfortführung bei altersbedingtem Ausstieg des Unternehmers und Eigentümers mangels angemessener Nachfolgeregelung als Beispiele für negative Auswirkungen auf qualitative Ratingindikatoren genannt.

Zum anderen stellt es ein zunehmend größeres Problem dar, dass die mangelnde Bereitschaft zur Offenlegung unternehmensinterner Informationen und das unbedingte Festhalten am alleinigen Stimmrecht bei den unternehmerischen Entscheidungen und damit an der Rechtsform der Einzelunternehmung oder Personengesellschaft das Unternehmen von den Eigenkapitalinstrumenten des Kapitalmarktes de facto abschneidet.

5. Zusammenfassung und Ausblick

5.1 Zusammenfassung

Das Rating ist für die Unternehmensfinanzierung von zentraler Bedeutung. Unabhängig von der Finanzierungsform (Eigen- oder Fremdkapital) und unabhängig vom Kapitalgeber (Anleger oder Kreditgeber) – jeder Finanzier orientiert sich bei der Entscheidung für oder gegen eine Investition oder Kreditvergabe und hinsichtlich seiner Renditeerwartung am Risiko und damit an der Bonität des betreffenden Unternehmens. Durch die Umsetzung von Basel II wurde das Missverhältnis zwischen ökonomischer Betrachtung und aufsichtsrechtlicher Behandlung des Ausfallrisikos aufgehoben, weshalb auch in der Kreditfinanzierung dieser Zusammenhang nun uneingeschränkt gilt. An dieser grundsätzlichen Erkenntnis ändern auch die Ausnahmeregelungen zum Retailportfolio im Kreditrisikomanagement der Banken nur wenig.

Für die mittelständischen Unternehmen bedeutet dies, in Sachen Finanzierung laufend mit dem Thema Rating konfrontiert zu sein und sowohl bei der Auswahl der Finanzierungsalternativen als auch bei der Kapitalverzinsung von den Resultaten der Ratingverfahren abhängig zu sein.

Diese Zusammenhänge bieten Grund genug, sich als Unternehmer mit der Ratingthematik umfassend auseinander zu setzen und die Ratingoptimierung in die Reihe der Unternehmensziele mit aufzunehmen.

5.2 Ausblick

Das Ende der öffentlichen Basel-II-Debatte war nur zum Teil eine Folge der Einführung der Retailportfolien im dritten Konsultationspapier des Basler Ausschusses. Auch der wirtschaftliche Aufschwung und der deutliche Rückgang der zuvor auf Rekordhöhe befindlichen Zahl der Unternehmenspleiten trugen zu einer verbesserten Stimmung in der mittelständischen Wirtschaft bei. Das darf jedoch nicht darüber hinweg täuschen, dass das Thema Rating auf Dauer ein fester Bestandteil des Unternehmeralltags bleiben wird und dass es in Phasen wirtschaftlicher Schwäche und knapper Kreditmärkte entscheidend für die erfolgreiche Unternehmensfinanzierung und im Extremfall auch für die Unternehmensfortführung sein kann.

Denn das Zusammenwirken von Rating und Finanzierung kann in eine Abwärtsspirale münden: Eine schlechte Finanzierungssituation trägt zu einem schlechten Rating bei, ein schlechtes Rating verschlechtert wiederum die Finanzierungssituation etc. Das Durchbrechen dieser Abwärtsspirale ist eine der zentralen Herausforderungen mittelständischer Unternehmen. Hierfür bieten sich zwei Ansatzpunkte: zum einen die kontinuierliche Ratingverbesserung durch ein aktives Ratingmanagement und zum anderen eine Verbesserung der Finanzierungssituation durch eine stärkere Differenzierung bei der Inanspruchnahme von Finanzierungsalternativen mit der Folge einer geringeren Abhängigkeit vom Bankkredit.

Insofern stellen die Veränderungen durch Basel II und die gestiegene Bedeutung des Ratings gleichermaßen Chance und Risiko für den Mittelstand dar. Zum unberechenbaren Risiko wird es für jene, die die Entwicklungen passiv über sich ergehen lassen. Zur Chance wird es für diejenigen sein, die durch ein aktives Ratingmanagement an den Stellschrauben zu drehen versuchen, die von Spezialisten als Indikatoren für eine nachhaltige Unternehmensentwicklung identifiziert wurden. So können Potenziale gehoben, Schwachstellen beseitigt und das Zusammenwirken von Rating und Finanzierungssituation zu einer Aufwärtsspirale werden.

Literaturhinweise

Bankenaufsichtliche Veröffentlichungen

BASLER AUSSCHUSS FÜR BANKENAUFSICHT: Internationale Konvergenz der Eigenkapitalmessung und Eigenkapitalanforderungen , Juli 1988.

BASLER AUSSCHUSS FÜR BANKENAUFSICHT: Neuregelung der angemessenen Eigenkapitalausstattung, 1. Konsultationspapier vom Juni 1999.

BASLER AUSSCHUSS FÜR BANKENAUFSICHT: Die Neue Basler Eigenkapitalvereinbarung, 2. Konsultationspapier vom Januar 2001.

BASLER AUSSCHUSS FÜR BANKENAUFSICHT: Die Neue Basler Eigenkapitalvereinbarung, 3. Konsultationspapier vom April 2003.

BASLER AUSSCHUSS FÜR BANKENAUFSICHT: Internationale Konvergenz der Eigenkapitalmessung und der Eigenkapitalanforderungen, Juni 2004.

AMTSBLATT DER EUROPÄISCHEN UNION: Richtlinie 2006/49/EG des europäischen Parlaments und des Rates vom 14. Juni 2006 über die angemessene Eigenkapitalausstattung von Wertpapierfirmen und Kreditinstituten, Juni 2006.

BUNDESGESETZBLATT: "Solvabilitätsverordnung vom 14. Dezember 2006 (BGBl. I S. 2926)" – Verordnung über die angemessene Eigenmittelausstattung von Instituten, Institutsgruppen und Finanzholding-Gruppen (Solvabilitätsverordnung – SolvV), Ausfertigungsdatum: 14.12.2006.

Fachliteratur

ARNOLD, W. (2001): Die neuen Baseler Regelungen werden nicht per se zu einer Verteuerung der Kreditvergabe führen, in: Zeitschrift für das gesamte Kreditwesen, Heft 4 v. April 2001, Seite 168-169, Frankfurt am Main 2001.

BEHR, P./GÜTTLER, A. (2004): Interne und externe Ratings. Bedeutung, Entwicklung, Testverfahren; 1. Aufl., Frankfurt am Main 2004.

FÜSER, K. (2001): Basel II – Rating und Auswirkungen auf die Kreditvergabe an den Mittelstand; Vortrag im Rahmen der Veranstaltung National Office AABS – Intelligente Informationstechnologie – Baden-Baden, 25. Juni 2001.

GLEISNER, W./FÜSER, K. (2003): Leitfaden Rating – Basel II: Rating-Strategien für den Mittelstand, 2., überarbeitete und erweiterte Auflage, München 2003.

Landesbanken und Sparkassen – leistungsstarke Partner für den Mittelstand

Günther Merl

1.   Mittelstand und Sparkassen

1.1   Diagnose Mittelstand

„Mittelstand" – das ist wohl einer der in Wirtschaft und Politik meistgebrauchten Begriffe und zugleich einer der vielschichtigsten. So fasst ihn die Europäische Union bei Förderprojekten quantitativ anders als die KfW Bankengruppe oder einzelne Bundesländer. Das Institut für Mittelstandsforschung Bonn (IfM) definiert Mittelstand derzeit als kleine und mittlere Betriebe mit bis zu 500 Beschäftigten und einem Jahresumsatz von bis zu 50 Millionen Euro. Die Sparkassen-Finanzgruppe schließt sich dieser Definition an, geht im Geschäftsleben aber flexibel mit dem Mittelstandsbegriff um: Hier fällt der Handwerksmeister mit einigen Angestellten, der Freiberufler, aber auch das international orientierte Familienunternehmen mit mehr als 100 Millionen Euro Umsatz in den Bereich des Mittelstandsgeschäftes.

Nicht nur Kennzahlen, sondern auch Eigenschaften und Bedürfnisse definieren den Mittelstand als Gruppe. Wesentliches Charakteristikum des Mittelstandes ist die Einheit von Eigentum und Unternehmensleitung, also die enge Verbindung von wirtschaftlicher Existenz und der Führung des Unternehmens. Nicht kurzfristiger Gewinn ist Ziel von Eigentümerunternehmern, sondern langfristige Orientierung. Typisch ist zudem eine enge wirtschaftliche und gesellschaftliche Bindung an den Standort. Auch wenn der deutsche Mittelstand im internationalen Vergleich eine relativ hohe Exportquote aufweist, ist er im Vergleich zu großen Unternehmen wesentlich stärker auf den deutschen Markt ausgerichtet.[1]

---

[1]   KfW, Creditreform, IfM, RWI, ZEW (Hrsg.) 2007, Den Aufschwung festigen – Beschäftigung und Investitionen weiter vorantreiben. Mittelstandsmonitor 2007 – Jährlicher Bericht zu Konjunktur- und Strukturfragen kleiner und mittlerer Unternehmen, Frankfurt am Main. (KfW-Mittelstandsmonitor 2007), S. 100.

1.1.1   Mittelstand – Motor der deutschen Wirtschaft

Der Mittelstand ist die Stütze der deutschen Wirtschaft. Deutschland ist das Land der Familienbetriebe. Nach IfM-Definition gibt es hierzulande rund 3,4 Millionen kleine und mittlere Betriebe. Das sind über 99 Prozent aller umsatzsteuerpflichtigen Unternehmen. Nahezu die Hälfte der Bruttowertschöpfung stammt aus diesen Unternehmen. Das gleiche gilt für die Bruttoinvestitionen. Mit Investitionen in Höhe von rund 70 Milliarden Euro (2005) leistet der Mittelstand als Ganzes einen beachtlichen Beitrag für die deutsche Volkswirtschaft. Rund 70 Prozent der Arbeitnehmer sind hier tätig und sogar 80 Prozent der Auszubildenden. Die mittelständischen Unternehmen sind die treibende Kraft unserer Volkswirtschaft und für Kreditinstitute eine ausgesprochen interessante Kundengruppe.

1.1.2   Wirtschaftliche Situation des Mittelstandes deutlich entspannt

Die wirtschaftliche Lage des deutschen Mittelstandes hat sich seit 2005 deutlich aufgehellt. Vor dem Hintergrund struktureller Verbesserungen in den vergangenen Jahren entfaltete der Konjunkturaufschwung seine positive Wirkung ungehindert. Der Blick in die Zukunft stimmt optimistisch. Denn nicht nur die Umsätze, sondern auch die Aufträge nehmen zu. MIND[2], Untersuchung der Sparkassen-Finanzgruppe zum deutschen Mittelstand, zeigt in der Gesamtheit selbstbewusste und innovative Unternehmen. Noch nie wurde so viel in neue Produkte und Dienstleistungen investiert. Auch bei der Finanzierung zeigt der Mittelstand Stärke. Den weitaus größten Teil ihrer Investitionen bezahlen die Unternehmer über Innenfinanzierung, aus thesaurierten Gewinnen und dem Cashflow. Auch öffentliche Fördermittel spielen weiter eine große Rolle.

Einen Anstieg bei den Investitionsfinanzierungen und eine – besonders erfreuliche – Zunahme bei den Erweiterungs- und Expansionsinvestitionen konstatiert auch die Diagnose Mittelstand 2007 des DSGV.[3] Wichtige Kennziffern der mittelständischen Unternehmen verbessern sich. Zum Beispiel die in der Vergangenheit chronisch geringe Eigenkapitalquote. Sie hat sich deutlich erhöht:[4] von 3,4 Prozent im Jahr 2000 auf etwa 11,7 Prozent im Jahr 2005. Die umsatzstärkste Gruppe des Mittelstandes (Umsatz > 50 Millionen Euro) erreicht mit 26,8 Prozent eine Eigenkapitalquote, die auf international üblichem Niveau liegt. Besonders dünn ist die Eigenkapitaldecke allerdings bei Kleinunternehmen, sie verzeichneten in den

---

2   MIND – Mittelstand in Deutschland – 2006: Aufschwung aus eigener Kraft. Impulse, S-Finanzgruppe, wissenschaftliche Begleitung IfM Bonn. Untersucht werden Mittelständler mit einem Umsatz über 100.000 Euro und weniger als 500 Mitarbeitern.

3   Diagnose Mittelstand 2007, DSGV. Hierbei handelt es sich um eine Analyse der mittelständischen Wirtschaft, die auf Basis der Bilanzdatensammlung der Sparkassen-Finanzgruppe zusammengestellt wird. Hinzu kommen Expertenbefragungen. Bei den Zahlenangaben handelt es sich vielfach um Trendaussagen.

4   Diagnose Mittelstand 2007, DSGV, S. 36 ff.

letzten zehn Jahren auch die meisten Insolvenzen. Etwa ein Drittel der Unternehmen besaß 2005 gar kein Eigenkapital. Mitte der Neunzigerjahre waren es aber noch etwa zehn Prozentpunkte mehr.

Mittelfristig zeigt auch die Gesamtkapitalverzinsung (Summe aus Betriebsergebnis und Zinsaufwand im Verhältnis zur Bilanzsumme) nach oben; sie ist mit gut zehn Prozent (2005) jedoch nach wie vor zu gering. Die Umsatzrentabilität blieb mit reichlich fünf Prozent in etwa stabil. In allen Unternehmensgrößen ist die Personalaufwandsquote in den letzten Jahren gesunken.[5] Gesamtwirtschaftlich von zentraler Bedeutung ist, dass aber fast nur im Mittelstand neue Arbeitsplätze entstanden sind. Damit hat der Mittelstand entscheidend zur deutlichen Verbesserung der Beschäftigungslage in Deutschland beigetragen.[6] Seit 2006 stellen auch wieder manche Großunternehmen per saldo ein. Zugpferd der Arbeitsmarktbelebung bleiben aber die Mittelständler. Trotz aller positiven Signale dürfen die Defizite nicht übersehen werden. So sind die Rentabilität und die finanzielle Stabilität vieler Firmen noch nicht ausreichend.

1.1.3   Gewandelte Rahmenbedingungen stellen Mittelstand vor hohe Herausforderungen

Seine fast sprichwörtliche Flexibilität muss der Mittelstand nicht nur in seinen Güter- und Dienstleistungsmärkten beweisen. Er steht auch einem sich wandelnden Finanzmarkt und Finanzdienstleistungssektor gegenüber. Die Finanzmärkte werden internationaler und der Wettbewerb unter den Banken verschärft sich zunehmend. Hiervon profitiert der Mittelstand: Er wird wieder von einer größeren Anzahl von Finanzierungsanbietern umworben. Diese Entwicklung stärkt die Position des Mittelstandes als Bankkunde. Banken betreiben heute jedoch ein strengeres Risikomanagement. Hohe Kreditausfälle und Wertberichtigungen sowie schlechte Erträge in der zweiten Hälfte der Neunzigerjahre haben dazu geführt. Das ist, wenn auch erst bei genauerem Hinsehen erkennbar, ebenfalls gut für mittelständische Kunden – und gilt unabhängig von den Finanzmarkt-Turbulenzen des Jahres 2007.

Neue aufsichtsrechtliche Vorschriften sind eine Folge der Veränderungen am Finanzmarkt. Die seit 2007 unter dem Begriff Basel II bekannten bankaufsichtsrechtlichen Anforderungen schreiben den Banken vor, dass Kredite risikokonform zu vergeben sind. Banken und Sparkassen müssen anhand von Ratingverfahren die Wahrscheinlichkeit und die Höhe von Kreditausfällen ermitteln und ihre Kreditrisiken entsprechend mit Eigenkapital unterlegen. Deshalb werden auch Mittelständler jetzt „geratet". Ein schlechtes Rating bedeutet: Fremdkapital ist schwerer zu bekommen und teurer. Unternehmen mit guter Bonität können dagegen mit günstigeren Kreditzinsen rechnen. Die gesetzlichen und bankaufsichtsrechtlichen Vorschriften zielen auf eine stärkere Differenzierung der Kredite nach Kundenbonität und Ausfallrisiken. Eine größere Rolle als zuvor spielt deshalb die Analyse der Bilanzsituation und insbesondere der Eigenkapitalausstattung.

---

[5]   Von knapp 21 Prozent im Jahr 2004 auf knapp 20 Prozent 2005.
[6]   KfW-Mittelstandsmonitor 2007, S. 17.

Die gewandelten Rahmenbedingungen stellen mittelständische Unternehmen vor die Aufgabe, die Eigenkapitalbasis weiter zu stärken, die Finanzierung insgesamt auf eine breitere Basis zu stellen und die Finanzstrukturen zu optimieren. Das ist umso dringender, je dynamischer und internationaler das Unternehmensumfeld ist. Der Bankkredit als nach wie vor wichtigste Kapitalquelle in der Außenfinanzierung sollte durch eine intensivere Nutzung alternativer, vor allem kapitalmarktbasierter Finanzinstrumente ergänzt werden. Auf diese Weise verbessern Unternehmen nicht zuletzt ihren Zugang zu Fremdkapital.

Diese Entwicklung macht eine offenere und transparentere Kommunikation zwischen Unternehmen und Finanzinstituten notwendig. Vor allem mit Blick auf Basel II kommt der Mittelstand nicht umhin, höhere Anforderungen an die zeitnahe Offenlegung von Geschäftsinformationen zu erfüllen und zunehmend auch zukunftsbezogene qualitative Daten vorzulegen. Im Gegenzug sind die Banken gefordert, insbesondere die Funktionsweise ihrer Ratingsysteme den betroffenen Unternehmen besser zu kommunizieren.

In Bewegung ist der Markt nicht zuletzt beim Angebot an Finanzierungsinstrumenten und -methoden. Zwei große Trends kennzeichnen die Entwicklung: Produkte werden immer komplexer und die Verbriefung von Forderungen und Verbindlichkeiten nimmt stetig zu. Kapitalmarkt und Kreditmarkt wachsen zusammen.

1.1.4   Globalisierung verändert Finanzierungsbedürfnisse

Mittelständische Unternehmen orientieren sich zunehmend international. Die Auslandsaktivitäten mittelständischer Betriebe haben sowohl im Export als auch in Form von Direktinvestitionen in den letzten Jahren erheblich zugenommen. Dies gilt über alle Branchen hinweg. Bereits rund 20 Prozent der kleinen und mittleren Betriebe erzielen heute Umsätze im Ausland.[7] Insbesondere umsatzstärkere Unternehmen profitieren von der Harmonisierung der europäischen Märkte. Unternehmen mit einem Umsatz von mehr als 2,5 Millionen Euro betrachten das Auslandsgeschäft in der Regel als wesentlichen Teil ihrer Geschäftsstrategie.[8]

Mit dem grenzüberschreitenden Handel wachsen die Ansprüche dieser Firmenkunden an ihre Hausbanken. Die Sparkassen sind dabei nicht nur als Finanzierer, sondern als Allroundpartner im Auslandsgeschäft gefragt. Die Unternehmen fordern Unterstützung bei der Erschließung neuer Absatzregionen, beim Knüpfen neuer Kontakte und zunehmend beim Aufbau von Vertriebsorganisationen, Servicestätten und Produktionsstützpunkten. Sie setzen ein entsprechend hohes Maß an Spezialistenwissen in der Beratung und Kenntnis des Auslandsmarktes voraus. Die Unternehmen fragen passgenaue Finanzierungen und Absicherungen für ihre Exporte, Importe und Direktinvestitionen nach.

---

7   KfW-Mittelstandsmonitor 2007, S. 100, 101.
8   DSGV, Pressemitteilung vom 18.09.2006.

1.2 Sparkassen und Mittelstand – eine klassische „Win-win-Verbindung"

Sparkassen sind dem Mittelstand eng verbunden. Zum einen sind Sparkassen deutschlandweit präsent, auch in ländlichen und strukturschwachen Gebieten. Sie haben den Auftrag, die angemessene und ausreichende Versorgung der Bürger und des Mittelstandes mit geld- und kreditwirtschaftlichen Leistungen auch in der Fläche sicherzustellen. Zum anderen haben Sparkassen eine mittelstandsverwandte Denkweise. Sie kennen ihre Kunden sehr gut. Geschäftsbeziehungen sind oftmals über Jahre und Jahrzehnte gewachsen. Sparkassen können aus diesen Gründen die Bedürfnisse ihrer Kunden, aber auch die Kreditrisiken besser einschätzen. Geschäfte lassen sich so vor Ort schnell und unkompliziert tätigen. Auf grünes Licht von Konzernzentralen müssen Sparkassen nicht warten. Im Idealfall spricht der Sparkassenvorstand mit dem Unternehmer selbst.

Die Nähe der Sparkassen zum Mittelstand resultiert aus ihrem besonderen Status – dem öffentlichen Auftrag, der öffentlichen Rechtsform und der regionalen Verankerung. Sie manifestiert sich im langfristigen Ansatz der Geschäftsbeziehung. Sparkassen begleiten Unternehmen in jeder Phase des Unternehmenszyklus, von der Gründung bis zur Führungsnachfolge. Das Mittelstandsprinzip der Sparkassen ist existenziell. Hinter den kleinen und mittleren Firmen stehen Privatkunden, Zulieferer und Dienstleister. Sie alle bilden zusammengenommen die unverzichtbare Geschäftsgrundlage.

Aufgrund des in der Sparkassen-Finanzgruppe herrschenden Regionalprinzips haben Sparkassen ein Eigeninteresse an einer leistungsfähigen Wirtschaft in ihrem Geschäftsgebiet. Jede Sparkasse steht gewissermaßen in einer symbiotischen Beziehung zu ihrer Region. Was für die regionale Wirtschaft gut ist, ist auch für die Sparkasse gut und umgekehrt.

1.2.1 Sparkassen – die bevorzugten Hausbanken des Mittelstandes

Der Mittelstand ist eine zentrale Kundengruppe der Sparkassen-Finanzgruppe. Sie war und ist bei ihren mittelständischen Firmenkunden stets präsent. Während sich die privaten Großbanken nach hohen Wertberichtigungen im Kreditgeschäft vor einigen Jahren aus der Mittelstandsfinanzierung zurückgezogen hatten, blieb die Sparkassen-Finanzgruppe weiter engagiert. Die Kreditvergabe lag in dieser Zeit deutlich über dem Branchendurchschnitt.

Öffentlich-rechtliche Institute haben in Deutschland einen recht stabilen Marktanteil von 45 Prozent bei der Hauptbankverbindung im Mittelstand.[9] Ganz besonders für kleine Unternehmen sind sie der wichtigste Ansprechpartner. Jede zweite Firma mit einem Jahresumsatz von

---

9   MIND, a. a. O., S. 16.

weniger als 500.000 Euro hat die Sparkasse als Hauptbankverbindung.[10] In Hessen und Thüringen unterhalten gut zwei Drittel der Unternehmen, inklusive Freiberuflern, eine Geschäftsbeziehung zu einer Sparkasse. Hausbank Nummer eins sind sie in diesen beiden Ländern für 41 Prozent.[11]

1.2.2   Sparkassen sind Marktführer im Mittelstandsgeschäft

Die Institute der Sparkassen-Finanzgruppe sind die wichtigsten Partner der mittelständischen Wirtschaft in Deutschland. Sie halten bei der Kreditvergabe mit einem Marktanteil von rund 44 Prozent (2006) den Spitzenplatz bei Selbstständigen und Unternehmen. Der Marktanteil privater Großbanken liegt dagegen nur noch bei gut 15 Prozent.[12] Mehr als zwei Drittel aller Kredite werden von Sparkassen vergeben. Dieses kleinteilige Geschäft ist eine besondere Stärke der Sparkassen. Damit gewinnen sie eine solide und treue Stammkundschaft. Volkswirtschaftlich stärken sie Investitionen und Wachstum.

Der durchschnittliche Kreditbetrag in der Unternehmensfinanzierung, bei Darlehen an Selbstständige und Unternehmen (ohne Wohnungsbau), beläuft sich bei den deutschen Sparkassen auf nur 134.000 Euro.[13] Umso beeindruckender ist die Summe: 2006 haben die 457 Sparkassen Darlehen in Höhe von 38,1 Milliarden Euro[14] neu ausgezahlt, vor allem an den Mittelstand, das war ein Anstieg um 4,3 Prozent gegenüber 2005. Die auf Langfristigkeit angelegte Geschäftsbeziehung findet ihren Ausdruck auch bei den Laufzeiten. Am Bestand der Unternehmenskredite mit einer Laufzeit von mehr als fünf Jahren in Deutschland hat die Sparkassengruppe einen Anteil von 47 Prozent, bei kurzfristigen Krediten ist es lediglich ein Drittel.

Sparkassen engagieren sich auch im Bereich der Existenzgründungen. Seit 1997 hat die Sparkassenorganisation im Rahmen des StartUp-Wettbewerbs fast 9.000 Gründerteams auf dem Weg in die Selbstständigkeit begleitet.[15] Die öffentlich-rechtlichen Kreditinstitute tragen dadurch entscheidend zum Strukturwandel, zur wirtschaftlichen Dynamik und Schaffung wettbewerbsfähiger Arbeitsplätze bei. Dabei gehen sie größere Risiken ein als bei der Finanzierung etablierter Unternehmen. Hier spiegeln sich einmal mehr öffentlicher Auftrag, Gemeinwohlverpflichtung und Selbstverständnis wider.

---

10   Diagnose Mittelstand 2007, DSGV, S. 22.

11   Gregor Böhmer, Sparkassen. Gut für den Mittelstand, Vortrag des Geschäftsführenden Präsidenten des Sparkassen- und Giroverbandes Hessen-Thüringen auf dem fünften Sparkassentag Hessen-Thüringen am 09.11.2006.

12   DSGV-Rechenschaftslegung 2006.

13   Diagnose Mittelstand 2007, DSGV, S. 22.

14   Heinrich Haasis, Bilanzpressekonferenz der Sparkassen-Finanzgruppe am 14.03.2007.

15   StartUp wird zusammen mit dem Stern, dem ZDF und McKinsey veranstaltet. Quelle: Gregor Böhmer, Sparkassen. Gut für den Mittelstand, a.a.O.

1.2.3 Marktbearbeitung der Sparkassen-Finanzgruppe im Mittelstandsgeschäft

Der Markterfolg der Sparkassen-Finanzgruppe ist das Ergebnis der Verbindung von Größe und dezentraler Aufgabenorientierung. Einerseits umfasst die Sparkassen-Finanzgruppe 650 Unternehmen, beschäftigt 377.000 Menschen und weist eine kumulierte Bilanzsumme von rund 3,3 Billionen Euro aus (2006). Andererseits steht sie den Kunden in bundesweit rund 21.800 Geschäftsstellen der Sparkassen, Landesbanken, Landesbausparkassen, Versicherungen, Leasing-, Factoring- und Kapitalbeteiligungsgesellschaften sowie weiterer Verbundpartner zur Verfügung. Hinzu kommen die mobilen Außendienste.

Die Zusammenarbeit innerhalb der Sparkassen-Finanzgruppe beruht auf dem Prinzip der Arbeitsteilung. Dies gilt insbesondere auch für Sparkassen und Landesbanken. Im Mittelstandsgeschäft liegt die Kernkompetenz der Sparkassen im Vertrieb und in der Pflege der direkten Kundenbeziehungen. Die Landesbanken konzentrieren sich dagegen auf die Entwicklung und Bereitstellung von Produkten und Dienstleistungen, die die Sparkassen in diesem Geschäftsfeld unterstützen. Zudem fungieren die Landesbanken als Girozentrale und Refinanzierungsinstitute. Diese Kooperation stärkt die Sparkassen im Wettbewerb. Die Zusammenarbeit beruht auf dem Leistungsprinzip, ein Kontrahierungszwang für die Sparkasse besteht nicht. Durch diese Kooperation von Sparkassen und Landesbanken steht den Kunden der Sparkassen das gesamte Leistungsspektrum einer Großbank zur Verfügung, sei es bei Spezialfinanzierungen oder für Engagements auf internationalen Kapitalmärkten. Ansprechpartner für den Kunden bleibt dabei aber in der Regel der Sparkassenberater.

Exkurs: Das „Neue Verbundkonzept" der Sparkassen-Finanzgruppe Hessen-Thüringen

In der Region Hessen-Thüringen haben sich Sparkassen und Helaba im Jahr 2003 auf ein Geschäftsmodell der wirtschaftlichen Einheit verständigt. Ein gemeinsames Leitbild und das Verbundstatut bilden den formellen Rahmen. Der gemeinsame Marktauftritt ist durch arbeitsteilige Kundenzuständigkeiten und eine abgestimmte Produktpalette gekennzeichnet. Das auf einer gemeinsamen Risikostrategie basierende Risikomanagement erlaubt es, Risiken im Verbund frühzeitig zu identifizieren. Zusätzlich zu den bestehenden Sicherungseinrichtungen der deutschen Sparkassen-Finanzgruppe existiert ein regionaler Haftungsfonds. Die erzielten Ergebnisse werden im Rahmen der Verbundrechenschaftslegung dokumentiert. In diesem Modell hat die Helaba die Rolle der Verbundbank übernommen. Die Verbundbank versteht sich als zentraler Produktlieferant und als Dienstleistungsplattform für die Sparkassen in Hessen und Thüringen. Die positiven Bonitätseinstufungen der führenden Ratingagenturen in Form eines Verbundratings belegen die erfolgreiche Implementierung des „Neuen Verbundkonzeptes".

In diesem Modell der wirtschaftlichen Einheit ist die Leistungsstärke der Helaba im Großkundengeschäft eng verzahnt mit der Kundennähe der Sparkassen. Im Ergebnis verfügt die
Gruppe über ein Leistungsangebot, das die Sparkassen in ihrem Mittelstandsgeschäft optimal
unterstützt und deren Rolle als Mittelstandsfinanzierer stärkt. Wie hoch der Nutzen dieses
Leistungsangebotes für die Sparkassen tatsächlich ist, zeigt sich in der Verbundquote. Sie
liegt über die gesamte Produktpalette bei circa 74 Prozent (2006).

2.   Landesbanken und Sparkassen: Finanzierer, Dienstleister und Berater des Mittelstandes

Im Folgenden wird die Funktion der Landesbanken und Sparkassen als Finanzierer,
Dienstleister und Berater des Mittelstandes genauer beleuchtet – von den klassischen Instru-
menten über moderne Finanzierungsformen und Risikomanagement bis zum Auslandsge-
schäft. Sparkassen und Landesbanken ebnen mit innovativen Produkten dem Mittelstand den
Weg zum Kapitalmarkt. Sie beschaffen Eigenkapital, kreditieren Fremdkapital und stellen
Spezialprodukte bereit. Die Sparkassen identifizieren den richtigen, immer individuellen
Finanzierungs- und Instrumentenmix für den Mittelständler. Und setzen die Lösung in Kooperation mit den Partnern in der Sparkassen-Finanzgruppe um.

2.1   Herausforderung Eigenkapital

Eigenkapital sichert die Existenz eines Unternehmens, signalisiert seine Solidität und erleichtert die Aufnahme weiterer Finanzierungsmittel. Ein niedriger Eigenkapitalbestand kann
hemmend auf Investitionen und Innovationen wirken, auch Kredite sind schwerer zu bekommen bzw. teurer zu bezahlen. Die nachhaltige Stärkung der Eigenmittel hat spätestens
seit Basel II auch für den Mittelstand eine herausragende Bedeutung – eine Herausforderung
für Unternehmen und Finanzdienstleister.

Die Eigenkapitalquote – der Anteil des wirtschaftlichen Eigenkapitals an der Bilanzsumme
und wichtigster Indikator für die Finanzkraft mittelständischer Unternehmen – ist in Deutschland traditionell niedrig. Nach Angaben von Creditreform gelten Unternehmen mit einer
Eigenkapitalquote von 30 Prozent und mehr als solide finanziert. Von diesem Wert ist der
deutsche Mittelstand in seiner Gesamtheit trotz positiver Tendenzen noch weit entfernt.

Was sind die Gründe für die geringe Eigenkapitalquote in Deutschland? Mittelständler finanzieren sich seit jeher hauptsächlich über Kredite ihrer Hausbank. Dank intensiven Wettbewerbs waren diese lange Zeit vergleichsweise preiswert, relativ leicht verfügbar sowie steuerlich und bilanzrechtlich begünstigt. Unternehmen konnten Zinszahlungen vollständig als Betriebsausgaben geltend machen, während die Eigenkapitalbildung durch Thesaurierung von Gewinnen steuerlich unattraktiv war. Eigenkapital galt als zu teuer. Mittel wurden deshalb teilweise außerhalb des Unternehmens geparkt und angelegt. In der Folge hat sich das Verhältnis von Eigenkapitalausstattung und Fremdfinanzierung deutscher Unternehmen im internationalen Vergleich immer weiter zugunsten der Fremdfinanzierung verschoben. Hinzu kommt, dass Familienunternehmen kapitalgebenden fremden Gesellschaftern tendenziell skeptisch gegenüberstehen, da sie ihre unternehmerische Entscheidungsfreiheit nicht aufgeben wollen.

Wie lässt sich die Eigenkapitalquote erhöhen? Ein Weg ist die Aufnahme von Eigenkapital über Kapitalbeteiligungsgesellschaften oder Private-Equity-Investoren. Factoring oder die Verbriefung von Forderungen führen zum Abbau von Verbindlichkeiten, entlasten die Bilanz und sind damit letztlich Maßnahmen zur Erhöhung der Eigenkapitalquote. Zu einem zentralen Finanzierungsbaustein könnten sich hybride Finanzierungsformen wie Mezzanine wegen ihrer sehr flexiblen Ausgestaltungsmöglichkeiten entwickeln. Die Sparkassenorganisation verfügt über alle Instrumente bis hin zum Börsengang als Exitstrategie.

2.2   Klassische Finanzierungsinstrumente

2.2.1   Kreditfinanzierung

Kreditfinanzierung ist nach wie vor ein Kerngeschäftsfeld der Sparkassen. Sie ist zugleich die mit Abstand wichtigste externe Finanzierungsquelle für den Mittelstand. Nach Angaben der Bundesbank macht sie etwa 40 Prozent der Verschuldung aller Unternehmen aus. Der Betriebsmittelkredit hält das Tagesgeschäft in Schwung. Der langfristige Investitionskredit sichert die Wettbewerbsfähigkeit des Unternehmens und leistet einen Beitrag zur Expansionsfähigkeit.

Die Sparkassen-Finanzgruppe ist darauf eingestellt, die (Kredit-)Finanzierung des Mittelstandes unter den veränderten Rahmenbedingungen, insbesondere der erhöhten Bedeutung des Eigenkapitals, zu sichern. Für die Beratung mittelständischer Unternehmen und deren Risikoklassifizierung hat die Sparkassen-Finanzgruppe ein hochwertiges internes Ratingsystem entwickelt: das „Stärken-Potenzial-Profil"[16]. Anhand einer betriebswirtschaftlichen Analyse zeigt es Stärken und Schwächen eines Unternehmens auf. Es schafft so erst die Voraussetzung, dass kleine und mittlere Unternehmen auf die Veränderungen im globalen Wettbewerb eigenverantwortlich reagieren können.

---

16   Ein Produkt der Sparkassen Rating und Risikosysteme GmbH.

Bei der von Basel II geforderten zeitnahen Weitergabe von Informationen im Rahmen des Ratings geht es nicht nur um harte Fakten wie Bilanzkennzahlen und die Gewinn- und Verlustrechnung. Berücksichtigt wird auch eine Vielzahl weicher Faktoren wie wirtschaftliche Rahmenbedingungen, Marktstellung und Geschäftsstrategie, die gesamte Finanzierungsbasis, die Güte des Rechnungswesens und die Qualitäten des Managements, die Leistungsstärke des Controllings, Eigentumsverhältnisse und schließlich die Qualifikation der Mitarbeiter. Die darauf aufbauende Analyse verbessert zum einen die Entscheidungsgrundlagen für den Unternehmer. Zugleich ist das Stärken-Potenzial-Profil Grundlage für Kreditentscheidungen und das risikoadäquate Pricing.

Die individuelle Ratingeinstufung liefert eine Fülle von Hinweisen zum Potenzial und zum Handlungsbedarf der Unternehmen, auch in Bezug auf die Eigenkapitalausstattung. Durch die Erläuterung des Ratingprozesses, der Ratingkriterien und der Ergebnisse werden die Firmenkunden in die Lage versetzt, ihr Geschäft auf die Bonitätsbewertung einzustellen. Die Sparkassen unterstützen im Rahmen der Ratinggespräche die Unternehmen dabei, ihr Liquiditätsmanagement zu verbessern und Möglichkeiten zur Eigenkapitalbeschaffung zu eruieren.

Das Ergebnis lautet: höhere Bonität. Die zahlt sich für beide Finanzierungspartner aus. Das Unternehmen profitiert von niedrigeren Finanzierungskosten, zugleich steigt die Kreditwürdigkeit. Das schafft Spielraum. Die Sparkasse profitiert im Gegenzug von einer soliden Geschäftsbeziehung und muss zur Absicherung des Kredits weniger Eigenkapital hinterlegen.

Für den Mittelstand hat das Thema Rating inzwischen deutlich an Schrecken verloren. Die Unternehmen werten Ratings zunehmend positiv. 28 Prozent der Unternehmen reagieren laut einer Befragung unter Sparkassenkunden überwiegend positiv auf Fragen zum Rating, weitere 27 Prozent sehen es sogar schon als Chance an.[17] Das interne Rating im Zusammenhang mit Basel II ist mittlerweile wesentlicher Bestandteil der Unternehmenskultur im Mittelstand.

Die Anwendung des Ratingsystems der Sparkassen hat weder die Verfügbarkeit noch die Inanspruchnahme von Krediten reduziert. Im Gegenteil, sie war 2006 höher als je zuvor. Die Sparkassen werden die Kreditfinanzierung des Mittelstandes auch weiterhin sichern. Die Landesbanken unterstützen sie im Rahmen der Verbundzusammenarbeit dabei. Sei es durch direkte Kreditvergabe in den oberen Umsatzsegmenten, sei es durch Gemeinschaftskredite.

2.2.2 Leasing

Neben dem klassischen Kredit ist Leasing eine bedeutende Finanzierungsquelle für den Mittelstand. Die Idee, auf die Nutzung und nicht das Eigentum abzustellen, hat in Deutschland in den letzten Jahrzehnten große Relevanz gewonnen. Die steigenden Ausgaben der Leasinggesellschaften für Investitionsgüter zeigen die zunehmende Bedeutung des Mobilienleasings. Mit Leasing lassen sich Investitionen finanzieren, darüber hinaus ist es ein Instrument der strategischen Unternehmensführung. Leasingobjekte werden bei der Leasinggesellschaft

---

17 Diagnose Mittelstand 2007, DSGV, S. 81.

bilanziert, nicht beim Nutzer, und Leasingraten sind steuerlich abzugsfähige Betriebsausgaben. Deshalb stellt Leasing ein bilanz- und finanzstrategisches Steuerungsinstrument dar. Das hat auch positive Auswirkungen auf die Eigenkapitalquote. Leasing bietet Kalkulationssicherheit und nicht zu unterschätzende Liquiditätseffekte. Die Investition bindet kein Kapital, die Investitionskosten werden über die Leasingraten auf die Nutzungsdauer verteilt.

Auch beim Leasing bieten Sparkassen zusammen mit Verbundunternehmen umfassende Beratung, maßgeschneiderte Angebote und innovative Vertragsgestaltungen an. Leasinglösungen lassen sich für fast alle Investitionen darstellen. Eine wichtige Rolle spielt Leasing als Absatzfinanzierungsinstrument. Dabei bieten Verkäufer von Investitionsgütern ihren Kunden die Leasingfinanzierung durch einen Partner an.

2.2.3   Factoring

Factoring hat sich in den letzten Jahren als ein zusätzlicher Baustein der Unternehmensfinanzierung etabliert. Indem Unternehmen ihre Forderungen aus Waren- und Dienstleistungsgeschäften verkaufen, kommen sie selbst schneller zu Liquidität und können ihren Geschäftspartnern längere Zahlungsziele gewähren. Das kann im Wettbewerb ein handfester Vorteil sein. Factoring ist eine seriöse Alternative zum Betriebsmittelkredit. Die Sparkassen bieten ihren Kunden diesen Service gemeinsam mit Factoring-Spezialisten im Verbund an. Das Finanzierungsinstrument Factoring erleichtert die Finanzdisposition und schützt mittelständische Unternehmen vor Forderungsverlusten. Denn das Ausfallrisiko trägt die Factoring-Gesellschaft.

2.2.4   Schuldscheindarlehen

Unternehmen mit guter Bonität bietet die Sparkassen-Finanzgruppe Schuldscheindarlehen an. Bei diesem Instrument handelt es sich um langfristiges, anleiheähnliches Fremdkapital. In den letzten zwei Jahrzehnten haben sich Schuldscheindarlehen als eigenständige Finanzierungsmittel und als Alternative zum klassischen Langfristkredit durchgesetzt. Schuldscheindarlehen sind an keinen speziellen Verwendungszweck gebundene Kredite, die durch eine besondere Urkunde – Schuldschein oder Darlehensvertrag – unterlegt sind. Sie werden in größeren „Portionen" bei Kapitalsammelstellen platziert. Der Zins des Schuldscheindarlehens liegt zwischen dem eines klassischen Kredits und dem einer Anleihe. Für das Schuldscheindarlehen müssen Unternehmen keine Sicherheiten stellen. Landesbanken und Sparkassen finanzieren vor, verbriefen und platzieren bei institutionellen Anlegern. Schuldscheindarlehen sind – im Falle der Verbriefung – ein kleiner Schritt in Richtung Kapitalmarktfinanzierung für mittelständische Unternehmen.

2.3   Moderne Finanzierungsformen

Der deutsche Mittelstand öffnet sich zunehmend auch modernen Finanzierungsformen. Alternative Finanzierungsformen, wie sie in angelsächsischen Ländern bereits selbstverständlich sind, werden den Kredit zwar nicht ersetzen, je nach Größe und Branche von Unternehmen aber künftig verstärkt genutzt werden. Finanzierungsformen wie Nachrangdarlehen, stille Beteiligungen, Genussrechte, Options- und Wandelschuldverschreibungen, aber auch Finanzierungsleasing (als Cashflow-getriebene Projektfinanzierung) eröffnen dem Mittelstand ganz neue Möglichkeiten zur Verbesserung der Bilanzstrukturen.

2.3.1   Mezzanine – „wirtschaftliches Eigenkapital"

Zur Stärkung ihrer wirtschaftlichen Eigenkapitalbasis bieten Landesbanken und Sparkassen mittelständischen Unternehmen die noch recht junge Mezzanine-Finanzierung an. Mezzanine (ital. mezzanino = Zwischengeschoss) ist ein Oberbegriff für hybride nachrangige Finanzierungsmittel. Handelsrechtlich sind Mezzanine zwischen Eigen- und Fremdkapital angesiedelt. Bei der Beurteilung der Unternehmensbilanz werden Mezzanine – je nach Ausgestaltung – als wirtschaftliches Eigenkapital angesehen. Es besteht Nachrangigkeit gegenüber „klassischem Fremdkapital" – wird also erst nach den Forderungen anderer Gläubiger bedient – und Vorrangigkeit gegenüber „echtem Eigenkapital".

Mezzanine ist ein intelligentes Instrument, das besondere Chancen bietet. Denn es kann sehr gut auf den individuellen Unternehmensbedarf zugeschnitten werden und der Geldgeber bekommt kein ausdrückliches Mitspracherecht. Die Finanzierungskosten liegen zwischen Kredit und Kapitalmarkt. Aber Mezzanine ist auch anspruchsvoll. Voraussetzung sind eine gute Ertragslage und gute Geschäftskonzepte. An Sicherheiten gebunden ist Mezzanine nicht. Es eignet sich vor allem für die Finanzierung von Wachstum sowie bei Restrukturierungen.

Mezzanine verbreitert die Finanzierungsbasis, stärkt die Bilanz, verbessert die Bonität des Unternehmens und schafft langfristige Finanzierungssicherheit. Je nach Ausgestaltung erlaubt es trotz seiner Eigenkapitalnähe den steuerlichen Abzug der Finanzierungskosten als Betriebsausgabe.

Für mittelständische Unternehmen eignen sich standardisierte Mezzanine-Formate. Die Landesbank Hessen-Thüringen bietet gemeinsam mit anderen Landesbanken für Firmenkunden der Sparkassen das standardisierte Genussrechtsprogramm „MezzaFine" an. Dabei strukturiert und verbrieft die Helaba die Genussrechte und verkauft sie an institutionelle Investoren. Auf diese Weise erhalten Mittelständler indirekt – über die Sparkassen – Zugang zum Kapitalmarkt. 2006 wurde erstmals ein erhebliches Volumen MezzaFine platziert.

2.3.2   Stille Beteiligungen – echtes haftendes Eigenkapital

Die Sparkassen-Finanzgruppe ist über ihre Beteiligungsgesellschaften Eigenkapitalgeber für den Mittelstand. Auf diesem Feld zeigt sich einmal mehr und besonders deutlich die dem Gemeinwohl verpflichtete Geschäftsphilosophie der Sparkassen-Finanzgruppe. 80 Kapitalbeteiligungsgesellschaften halten über 1.100 Beteiligungen mit einem Volumen von insgesamt einer Milliarde Euro.[18] Die Beteiligungsgesellschaften der Sparkassen-Finanzgruppe haben insbesondere den Mittelstand und die Förderung der lokalen und regionalen Standorte im Blick. Ziel ist nicht die kurzfristige Gewinnmaximierung. Die besondere Kenntnis regionaler Märkte und die daraus resultierende intensive Betreuung der Beteiligungsnehmer sind ein entscheidender Vorteil.

Beispiel Stille Beteiligung: Sie stärkt die Eigenkapitalbasis des Unternehmens, ohne dass sich die Quote der Gesellschafter am Kapital verändert. Durch eine vertragliche Rangrücktrittserklärung wird gegenüber allen Drittgläubigern eine volle Haftung des Stillen Gesellschafters erreicht. Eine Stille Beteiligung ist echtes haftendes Eigenkapital. Einstieg und Rückzahlung erfolgen nach dem Nominalprinzip, das heißt ohne Unternehmensbewertung und ohne Teilnahme an Substanz- und Ertragswertsteigerungen. Steuerlich ist die Vergütung bei der Einkommen- bzw. Körperschaftsteuer Betriebsausgabe. Die zeitliche Befristung der Einlage in Verbindung mit einer Verlängerungsoption bietet für Unternehmen langfristige Verfügbarkeit bei zugleich großer Flexibilität.

Die Stille Beteiligung empfiehlt sich in erster Linie für Unternehmen, die weiteres Wachstum zu finanzieren haben und über eine gefestigte Ertragslage und einen stabilen Cashflow verfügen.

2.3.3   Private Equity und Hedgefonds: Chance oder Risiko?

Private Equity und Hedgefonds können die Palette alternativer Finanzierungsinstrumente ergänzen und abrunden. Sie können am Kapitalmarkt eine wichtige Funktion erfüllen, indem sie Unternehmen mit Risikokapital für Wachstum, Innovationen und Nachfolge versorgen – also der Kapitalallokation dienen. Private Equity und implizite Managementberatung machen vielfach auch Restrukturierungen möglich, die sonst schwer darstellbar wären.

Es ist jedoch kein Zufall, dass der Mittelstand diesem Instrument überwiegend reserviert gegenübersteht. Negative Beispiele einer auf kurzfristige Gewinnmaximierung gerichteten Vorgehensweise vertragen sich nicht mit den Zielen des Mittelstandes. Familienunternehmen wollen nicht in ein von kurzfristigem Renditedenken geprägtes Umfeld geraten. Hedgefonds, die sich beispielsweise den Kauf eines Unternehmens von diesem über erzwungene und übermäßige Kreditaufnahme finanzieren lassen und damit seine Existenz gefährden, passen nicht in die bestehende ordnungspolitische Landschaft. Die Sparkassen-Finanzgruppe fordert zum Schutz mittelständischer Unternehmen mehr Transparenz, Offenlegungspflichten und eine international abgestimmte Aufsicht für Hedgefonds.

---

[18]   http://www.sparkassen-finanzgruppe.de

Auch seriöse und solide Hedgefonds sind eher selten der ideale Partner für den Mittelstand: So kann die von den Investoren verlangte Mitsprache bei der Geschäftspolitik zu Interessenkonflikten führen. Ungewollte Eingriffe in die Unternehmensführung sind nicht auszuschließen. Private-Equity-Lösungen für mittelständische Unternehmen bedürfen einer besonderen Ausgestaltung und der Begleitung durch den richtigen Partner.

2.4   Landesbanken und Sparkassen als Lösungspartner

2.4.1   Partner des Mittelstandes im Auslandsgeschäft

Das Engagement für den Mittelstand endet nicht an den Landesgrenzen. Auch international ist die Sparkassenorganisation für ihre Kunden aktiv. Sie hat die Kapazitäten und Kompetenzen im internationalen Firmenkundengeschäft in den letzten Jahren deutlich ausgebaut, besondere Leistungsträger geschaffen, die alle Etappen eines grenzüberschreitenden Engagements unterstützen können. Insgesamt verfügt die Sparkassen-Finanzgruppe heute über ein starkes, wachsendes Auslandskreditgeschäft mit den entsprechenden Betreuungskapazitäten an vielen internationalen Standorten.

Durch Beratung und grenzüberschreitende kreditwirtschaftliche Unterstützung helfen die Sparkassen und Landesbanken Unternehmen dabei, die geschäftlichen Möglichkeiten im Ausland zu nutzen. Zur Betreuung und Beratung gehört die Suche nach dem passenden Geschäftspartner im Ausland genauso wie die Beschaffung von Informationen zum Standort, die Abwicklung des internationalen Zahlungsverkehrs und die Risikoabsicherung. Mittelständische Unternehmen können auf die gesamte bankübliche Palette an Kredit- und Dienstleistungsprodukten für das Auslandsgeschäft zurückgreifen. Ziel ist, dem Unternehmen im Ausland die gleiche Betreuung zu geben wie zu Hause.

Landesbanken mit ihrem besonderen Auslands-Know-how unterstützen die Sparkassen bei der Kundenberatung, der Strukturierung und Abwicklung von Geschäften.

2.4.2   Außenhandelsfinanzierung

Für den grenzüberschreitenden Warenverkehr bieten Sparkassen und Landesbanken vielfältige Finanzierungs- und Absicherungsmöglichkeiten, die das Auslandsgeschäft erleichtern oder manchmal erst möglich machen. Zentrale Instrumente schonen die Kreditlinien und verbessern die Liquiditätssituation, zum Beispiel im Fall der Forfaitierung zur Exportfinanzierung. Von mittelständischen exportierenden Unternehmen wird in der Regel verlangt, dem Käufer ein Zahlungsziel einzuräumen. Der Lieferant bekommt das Geld für seine Lieferung erst mit erheblicher Verzögerung und trägt zudem das Ausfallrisiko. Eine Alternative für diesen Lieferantenkredit bietet die Forfaitierung. Das exportierende Unternehmen verkauft seine kurz- oder mittelfristige Forderung aus der Warenlieferung oder Leistung via Sparkasse an die Landesbank. Das Geld fließt sofort, aus dem Ziel- wird ein Bargeschäft. Das entlastet die Bilanz, verbessert Liquidität und Bonität, beseitigt Risiken.

Wenn zu einer gebündelten Finanzierung mehrerer Export- oder Importgeschäfte kurz- oder mittelfristiger Natur eine Finanzierung durch Einzelkredite unwirtschaftlich oder der Kreditrahmen ausgeschöpft ist, bietet sich die Möglichkeit der Finanzierung über den AKA-Globalkredit. Der Sparkassenkunde erhält dabei eine feste Kreditlinie auf seinen Forderungsbestand.

Für die mittel- und langfristige Exportfinanzierung von Investitionsgütern eignet sich der Bestellerkredit in besonderem Maße. Er wird in der Regel durch private oder staatliche Kreditversicherungen (zum Beispiel Euler-Hermes) gedeckt. Kreditnehmer ist hier nicht der Exporteur, sondern der Importeur. Landesbanken wie die Helaba vergeben an Kunden exportierender Unternehmen den Bestellerkredit beispielsweise mit einer regulären Laufzeit von drei bis sieben Jahren. Mit dem Kredit bezahlt der ausländische Kunde seine Bestellung beim Sparkassenkunden. Alle erforderlichen Vertragsverhandlungen führt die finanzierende Bank direkt mit dem Importeur oder dessen Bank. Auch der Bestellerkredit macht das Exportgeschäft zum Barzahlungsgeschäft, er belastet die Bilanz nicht und schont die Kreditlinie bei der Sparkasse. Zur Zahlungsabsicherung gegen vertragstypische Risiken halten Sparkassen unterschiedliche Produkte bereit. Dazu zählen Akkreditive, Inkassi und Exportgarantien.

Beim Leasing ist die Sparkassenorganisation ebenfalls seit vielen Jahren international aufgestellt. Für ausländische Kunden, die Produkte deutscher mittelständischer Unternehmen leasen wollen, bieten Sparkassen Finanzierungsmodelle in den wichtigsten europäischen Märkten. Die Deutsche Leasing AG als einer der führenden europäischen Mobilienleasing-Anbieter unterhält neben Deutschland Standorte in 13 europäischen Ländern sowie in den USA und in China. Die Sparkassenorganisation ist damit in der Lage, deutschen Mittelständlern in vielen wichtigen ausländischen Wirtschaftsräumen vor Ort mit Mobilienleasing den Markteinstieg zu erleichtern.

2.4.3 Betreuung und Beratung bei Internationalisierungsvorhaben

Die Sparkassenorganisation will für ihre Kunden auch im Auslandsgeschäft Berater und Dienstleister sein. Dafür unterhält sie zum einen eigene Stützpunkte, zum anderen kooperiert sie mit Partnerbanken.

Das „S-CountryDesk" ist ein internationales Netzwerk, das die Sparkassen-Finanzgruppe mit ähnlich ausgerichteten Banken im Ausland verbindet. Über das „S-CountryDesk" steht mittelständischen Unternehmen die Infrastruktur, das Produktangebot, die lokale Expertise und das Mitarbeiter-Know-how der Partner im Ausland zur Verfügung. Die Banken vor Ort kennen genau die Regeln und Gepflogenheiten im Investitionsland. Die Begleitung erfolgt meist deutschsprachig. Das „S-CountryDesk" ist weltweit tätig, sehr stark in Europa und Asien vertreten, aber auch in den USA und in Kanada, lateinamerikanischen und afrikanischen Ländern, Australien und Neuseeland. Hauptaufgabe des Netzwerks ist die Finanzbegleitung bei Markterschließung und bei Investitionsvorhaben.

Ergänzt wird das „S-CountryDesk" durch die Niederlassungen und Repräsentanzen der Landesbanken. Diese bieten mittelständischen Unternehmen ebenfalls Anlaufstellen für den Aufbau von Geschäftsverbindungen.

Der Europa-Service der Sparkassen-Finanzgruppe, getragen vom DSGV und der Europäischen Kommission, informiert und berät Firmen zu Investitionsrahmenbedingungen und EU-Förderprogrammen. Zudem hilft er bei der Kontaktanbahnung mit geeigneten Geschäftspartnern.

Sämtliche Angebote der Sparkassen-Finanzgruppe im Auslandsgeschäft zielen darauf ab, mittelständische Unternehmen bei ihren Internationalisierungsbestrebungen langfristig zu unterstützen. Gerade auch in diesem Zusammenhang werden Sparkassen ihrer Rolle als Hausbank gerecht. Durch ihre Zusammenarbeit mit den Verbundpartnern unterstützen sie die Betriebe im Sinne einer nachhaltig geprägten Geschäftspolitik.

2.4.4 Zins- und Währungsmanagement

Große Unternehmen sichern sich seit langem mit Derivaten gegen Wechselkurs- und Zinsschwankungen ab. Mit zunehmend internationaler Orientierung und aufgrund volatiler werdender Märkte rückt das Thema Zins- und Währungsmanagement auch bei vielen Mittelständlern immer stärker ins Bewusstsein. Im Vergleich zu einer klassischen Festzinsfinanzierung können Unternehmen ihre Zinslast mit einem aktiven Zins- und Währungsmanagement verringern und ihren Tilgungsplan flexibler gestalten. Hier setzt das Produkt „Client*Plus*" der Helaba an, das mittlerweile bundesweit von knapp 200 Sparkassen genutzt wird. Mit „Client*Plus*" ermöglicht die Helaba Sparkassen, ihren Kunden die gesamte Palette an Derivaten einer internationalen Landesbank anzubieten. Dadurch erhalten auch kleine und mittlere Unternehmen Zugang zu innovativen Produkten des Kapitalmarkts. Die Helaba garantiert im Rahmen dieser Kooperation die professionelle Abwicklung der Derivate und stellt die Sparkassen im Wesentlichen von Dokumentations- und Bewertungsarbeiten frei. Die Sparkassen erhalten damit die Möglichkeit, sich voll auf den Vertrieb der Produkte und die Beratung des Mittelstandes zu konzentrieren.

2.4.5 Pensionsmanagement

In Deutschland wurden Pensionszusagen – anders als im Ausland – jahrzehntelang über in der Bilanz ausgewiesene Rückstellungen finanziert. Neben anderen Schwächen dieser Methode wie Insolvenzgefährdung erwächst mit steigender Bedeutung des Ratings daraus ein Nachteil bei der Kapitalbeschaffung. Denn Ratingagenturen bewerten die Rückstellungen gering, angelsächsische sehen sie sogar als Fremdkapital an. Durch die Auslagerung von Pensionsrückstellungen können Unternehmen ihre Bilanzkennzahlen verbessern und international die Kreditwürdigkeit erhöhen. Dies gilt auch für mittelständische Unternehmen.

Die Sparkassen-Finanzgruppe bietet zur Auslagerung Pensionsfonds oder die rückgedeckte Unterstützungskasse an. Die Ausgliederung von Pensionsrückstellungen auf ein Treuhand-modell ist ein besonders innovatives, von der Helaba entwickeltes Instrument. Damit ist die Sparkassen-Finanzgruppe Hessen-Thüringen innovativer Marktführer in diesem Segment. Über das Verbundangebot „PensionsmanagementPlus" steht dieses Know-how den Sparkassen und damit dem Mittelstandsgeschäft zur Verfügung.

2.4.6   Öffentliche Fördermittel

Öffentliche Fördermittel werden von mittelständischen Unternehmen zunehmend als Finanzierungsinstrument genutzt. Der Anteil der Betriebe, die bereits einmal staatliche Hilfen beantragt haben, lag 2006 bei immerhin 32 Prozent.[19] Das sind sieben Prozentpunkte mehr als noch 2001. Die meisten Antragsteller werden bei der Zuteilung der Fördermittel berücksichtigt. Diese hohe Erfolgsquote ist nicht zuletzt darauf zurückzuführen, dass die Hausbanken ihrer Beratungsfunktion nachkommen. Die Sparkassen und Landesbanken sind auf diesem Gebiet der führende Partner der mittelständischen Unternehmen.

Für die Helaba ist das öffentliche Förder- und Infrastrukturgeschäft integraler Bestandteil des Geschäftsmodells. Es verankert die Bindung der Helaba an das Land Hessen und den Freistaat Thüringen. Über die LTH – Bank für Infrastruktur, eine rechtlich unselbstständige Anstalt in der Landesbank Hessen-Thüringen mit unmittelbarer Gewährträgerhaftung des Landes Hessen, sowie über die fünfzigprozentige Beteiligung an der Investitionsbank Hessen führt die Helaba Förderaufgaben des Landes Hessen aus. In Thüringen ist die Helaba an der Thüringer Aufbaubank (TAB) mit umfangreichen Nachrangmitteln beteiligt. Zudem ist sie an zahlreichen anderen Fördereinrichtungen in Hessen und Thüringen beteiligt, wie zum Beispiel an Bürgschaftsbanken und mittelständischen Beteiligungsgesellschaften oder auch an Fonds wie dem Technologie-Finanzierungsfonds Hessen GmbH oder an einem Private-Equity-Fonds zu Gunsten der mittelständischen Wirtschaft in Thüringen (PET).

---

[19]   MIND 2006, S. 20.

3.   Fazit und Ausblick

Der deutsche Mittelstand ist eine zentrale Kundengruppe der Sparkassen-Organisation. Die Sparkassen gehören traditionell zu den bevorzugten Hausbanken dieser Unternehmensgruppe. Dies ist zum einen auf die regionale Nähe und das kundenspezifische Angebot zurückzuführen. Zum anderen fühlen sich die Mitglieder der Sparkassen-Organisation genauso wie mittelständische Unternehmen dem Primat der nachhaltigen Geschäftstätigkeit verpflichtet. Dieser gemeinsame geschäftspolitische Ansatz ist eine ideale Basis für eine vertrauensvolle, dauerhafte Geschäftsverbindung zwischen Sparkassen und Mittelstand.

Die Mitglieder der Sparkassen-Finanzgruppe unterstützen die Sparkassen in diesem Geschäftsfeld bzw. machen ein erfolgreiches Mittelstandsgeschäft überhaupt erst möglich. Dazu gehört es, Trends im Mittelstandsgeschäft frühzeitig aufzugreifen und bei der Produktentwicklung zu berücksichtigen, beispielsweise im Auslandsgeschäft und bei modernen Formen der Eigenkapitalfinanzierung. In diesem Zusammenhang kommt den Landesbanken eine maßgebliche Rolle zu. Auf der Basis ihres Know-hows im Großkundengeschäft und ihrer internationalen Ausrichtung können sie den Sparkassen für deren Mittelstandsgeschäft eine hochwertige und innovative Produkt- und Dienstleistungspalette zur Verfügung stellen, die weit über das traditionelle Finanzierungsangebot hinausgeht. Die Sparkassen-Finanzgruppe trägt damit maßgeblich zur Förderung des Mittelstandes bei und füllt ihre Rolle als „Allround-Finanzdienstleister" des Mittelstandes voll aus. Dies wird die Position der Sparkassen als Marktführer im Mittelstandsgeschäft auch künftig weiter festigen.

Liquiditätsmanagement im Mittelstand – Banken als Partner

Wolfgang Kuhn / Karl Albert Strecker

Einleitung

Die Ergebnisse sind gut, die Auftragsbücher sind voll und auf dem Konto herrscht gähnende Leere – so oder so ähnlich ergeht es mittelständischen Unternehmen immer wieder. Die Erhaltung der laufenden Zahlungsfähigkeit ist aber eine Existenzbedingung für jedes Unternehmen. Als klassisches Beispiel hierzu kann die Firma Apple Computer genannt werden, die trotz guter Geschäftstätigkeit aufgrund ungenügender Liquidität fast zusammenbrach. Apple hatte zehn Millionen US-Dollar in Vorräte sowie in Forschungs- und Entwicklungsprojekten investiert, hatte aber Schwierigkeiten die monatlichen Gehälter fristgerecht zu bezahlen. Ein neuer Geschäftsführer reduzierte die Lagerhaltung durch Discountpreise für die Händler und beschnitt die kostenintensiven Forschungs- und Entwicklungsprojekte. Das Ergebnis war eine erhebliche Verbesserung der Liquidität, sodass schließlich das Unternehmen nicht nur überlebte, sondern sich zu einem erfolgreichen Global Player etablierte.[1]

Auch heutzutage kämpfen Unternehmen mit solchen Herausforderungen, die sich in den letzten Jahren durch einen permanenten Wandel der ökonomischen Rahmenbedingungen noch verschärft haben. Die Integration weiterer Länder in die Europäische Union geht einher mit zunehmendem Wettbewerb und der Verlagerung von Produktions- und Vertriebskapazitäten. Hinzu kommen länder- und branchenabhängige Konjunkturschwankungen, höhere Volatilität der Wechselkurse, Verteuerung der Rohstoffpreise sowie eine Flut neuer Regelungen, die Einfluss auf das Kosten- und Risikoprofil der Unternehmen und damit auf deren Finanzierungsstruktur haben. Zusammen mit neuen gesetzlichen Vorschriften für Kreditinstitute, wie das Basel-II-Abkommen, beeinflusst diese Entwicklung auch die Konditionen für Unternehmensfinanzierungen. Der Kapitalmarkt reagiert darauf mit entsprechenden Zins- und Renditeforderungen, mitunter auch mit einer Reduktion der Kreditlinien. Ob es sich um die Durchführung von Akquisitionen, die Finanzierung weiteren Wachstums, die Abwendung drohender Insolvenztatbestände oder einfach um die Sicherung der unternehmerischen Existenz handelt, all diese Faktoren erfordern neue oder zumindest neu durchdachte Ansätze im Finanzmanagement der Unternehmen. Professionelles Finanzmanagement, das sowohl zur

---

[1] Vgl. Hohenstein (1994).

Vermeidung von Liquiditätsengpässen wie auch zur Renditesteigerung beitragen kann und finanzielle Risiken gezielt steuert, wird zunehmend zum unternehmerischen Erfolgsfaktor, und damit zum zentralen Geschäftsfeld für Banken im Firmenkundengeschäft. Diejenigen Kreditinstitute, die beispielsweise aktiv bei der Risikoeinschätzung beraten oder beim Bilanzstrukturmanagement bzw. beim Einsatz von Kapitalmarktinstrumenten gestaltend mitwirken, können sich im Wettbewerb um strategisch bedeutsame Kunden deutlich positionieren und ein entsprechendes Alleinstellungsmerkmal aufbauen.

Liquidität

Ein Unternehmen muss jederzeit in der Lage sein, Löhne und Gehälter, Verbindlichkeiten an Lieferanten, Kredittilgungen, Zinsen sowie öffentliche Abgaben und Steuern zu begleichen. Liquidität ist also die Fähigkeit, zu einem bestimmten Zeitpunkt allen fälligen Zahlungsverpflichtungen nachzukommen. Die Sicherung ausreichender Liquidität zu jedem möglichen Zeitpunkt ist für jedes Unternehmen demnach unerlässlich, der Faktor Zeit spielt deshalb eine besondere Rolle. Liquiditätsengpässe – bedingt durch Forderungsausfälle, schlechte Zahlungsmoral der Kunden, hohe Zins- und Tilgungsbelastungen sowie geringe Eigenkapitalausstattung und unzureichende Fremdmittel – können im Extremfall zu Zahlungsunfähigkeit und damit zur Insolvenz führen. Einer Studie der Technischen Universität Ilmenau zufolge ist ein fehlendes Liquiditätsmanagement ursächlich für die meisten Insolvenzen von kleinen und mittelständischen Unternehmen in Deutschland.[2] Auch dies zeigt, wie wichtig eine vorausschauende Planung sowie eine detaillierte Abstimmung mit den Bankpartnern sind.

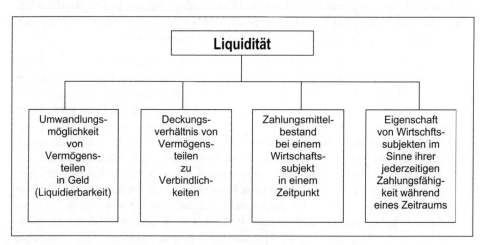

Abbildung 1:   *Bedeutungsdimensionen des Liquiditätsbegriffes*

---

2   Vgl. Dintner (2006).

Neben seiner Bedeutung als jederzeitige Zahlungsfähigkeit wird der Begriff Liquidität auch auf ein Aktivum, einen einzelnen Vermögensgegenstand, bezogen, ferner auf das Deckungsverhältnis von Vermögensteilen zu Verbindlichkeiten und schließlich auf Wirtschaftssubjekte wie Haushalte oder Unternehmen.[3]

Ein Aktivposten wird dann als liquide bzw. flüssig bezeichnet, wenn er schnell und ohne wesentliche Werteinbuße in Geld transferiert werden kann. Diese Fähigkeit bezeichnet man auch als Liquidierbarkeit. Gelegentlich spricht man auch von der Geldnähe eines Vermögensgegenstandes. So sind etwa festverzinsliche Wertpapiere in aller Regel liquider (geldnäher) als Rohstoffvorräte.

Des Weiteren lässt sich die Liquidität eines Unternehmens anhand von Kennzahlen aus der Relation von Vermögensteilen zu Verbindlichkeiten beurteilen. Kennzahlen dieser Art sind:[4]

$$\text{Liquidität 1. Grades} = \frac{\text{liquide Mittel}}{\text{kurzfristige Verbindlichkeiten}}$$

$$\text{Liquidität 2. Grades} = \frac{\text{liquide Mittel + kurzfristige Forderungen}}{\text{kurzfristige Verbindlichkeiten}}$$

$$\text{Liquidität 3. Grades} = \frac{\text{liquide Mittel + kurzfristige Forderungen + Warenbestände}}{\text{kurzfristige Verbindlichkeiten}}$$

Diese Kennziffern sind jedoch meist vergangenheitsbezogen und daher nur wenig geeignet, die künftige Zahlungsfähigkeit von Unternehmen zu beurteilen. Sie beziehen sich auf einen bestimmten Stichtag, geben also keine Auskunft über die Liquidität der Unternehmung in einem Zeitraum. Sie erfassen weder künftige Zahlungsverpflichtungen noch künftige Zahlungseingänge und vernachlässigen darüber hinaus auch etwaige ausnutzbare Kreditlinien der betrachteten Unternehmung.

Die Liquidität einer Unternehmung kann also zeitpunkt- oder zeitraumbezogen gesehen werden. So ist beispielsweise eine Unternehmung zu einem bestimmten Zeitpunkt liquide, wenn sie in der Lage ist, allen Zahlungsverpflichtungen termingerecht nachzukommen, die in dem betreffenden Zeitpunkt fällig werden. Eine Unternehmung ist darüber hinaus in einer bestimmten Periode liquide, wenn sie alle in der betreffenden Periode fällig werdenden Zahlungsverpflichtungen erfüllen kann.

Eine Unternehmung kann auch überliquide sein, wenn die Menge an flüssigen Mitteln so groß ist, dass für sie keine sinnvolle interne Anlagemöglichkeit mehr besteht. Dann ist eine optimale externe Anlage zu prüfen. Eine Überliquidität kann jedoch die Rentabilität eines Unternehmens beeinträchtigen. Aktive Banken stehen deshalb hier mit ihren Kunden in einem ständigen Dialog.

---

3   Vgl. Däumler (2002).
4   Vgl. Wöhe (2005).

Liquidität und Rentabilität

Liquidität und Rentabilität gelten grundsätzlich als konkurrierende Unternehmensziele. Um eine hohe Liquidität, also eine hohe Zahlungsbereitschaft sowie die finanzielle Gesundheit des Unternehmens zu sichern, benötigt das Unternehmen einen entsprechenden Kassenbestand. Andererseits: Wenn man eine zu große Menge Barmittel vorhalten möchte, kann man nicht mehr sinnvoll in neue Projekte investieren, was schließlich eine Reduzierung der Rentabilität und damit einhergehend auch langfristig eine Verschlechterung der Wettbewerbsfähigkeit zur Folge haben kann.

Dieser Zielkonflikt wird anhand von Abbildung 2 nochmals veranschaulicht: je gesicherter die jederzeitige Zahlungsbereitschaft durch hohe Kassenbestände ist, desto niedriger fällt in der Regel die Rentabilität aufgrund eingeschränkter Investitionsmöglichkeiten im eigenen Unternehmen aus.[5]

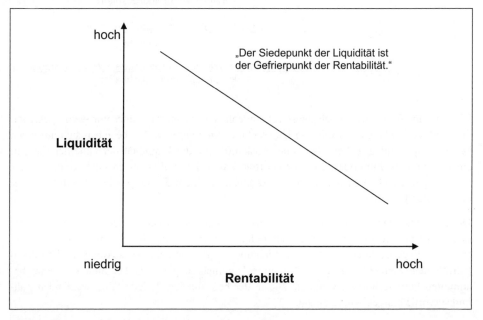

Abbildung 2:   *Zielkonflikt Liquidität versus Rentabilität*

Es ist also eine der wichtigsten Aufgaben im Unternehmen, die vorteilhafteste Relation zwischen Liquidität und Rentabilität langfristig zu realisieren, wobei der eiserne Grundsatz **„Liquidität geht vor Rentabilität"** beachtet werden sollte.

---

5   Vgl. Hohenstein (1994).

Aufgaben des Liquiditätsmanagements

Es können im Wesentlichen vier originäre Aufgaben des Liquiditätsmanagements unterschieden werden:

- Administration der Zahlungsströme und Zahlungsbestände

- Investition der Liquiditätsüberschüsse

- Finanzierung der Liquiditätsdefizite

- Management der Währungs- und Zinsrisiken

Ausgangspunkt für ein effizientes Liquiditätsmanagement ist der Liquiditätsplan. Er dient in erster Linie dazu, den Überblick über die „liquiden Mittel" sowie den Kapitalbedarf des Unternehmens zu erhalten. Obwohl der Liquiditätsplan von vielen Unternehmen vernachlässigt wird, erweist sich eine sorgfältige und detaillierte Planung als Grundlage eines funktionierenden Liquiditätsmanagements, das mindestens genauso wichtig ist wie eine fehlerfreie Buchhaltung oder ein aussagekräftiges Controllingsystem. Weiter benötigt man zur Aufrechterhaltung des finanziellen Gleichgewichts entsprechende Liquiditätsreserven in Form nicht ausgeschöpfter Kreditzusagen sowie bereits eingeräumter Kreditlinien. Andererseits sind auch die Liquiditätsüberschüsse bis zur Inanspruchnahme ertragbringend anzulegen. Schließlich ist es von Vorteil, wenn mögliche Währungs- und Zinsrisiken aktiv gesteuert werden. Die optimale Höhe und Struktur der Liquiditätsreserven sind aber von der Situation im Einzelfall und der Risikoneigung des Unternehmers abhängig.[6]

Ermittlung des Kapitalbedarfs

In der betrieblichen Praxis gehen die im Zusammenhang mit der Fertigung von Produkten anfallenden Auszahlungen in der Regel den Einzahlungen aus dem Verkauf dieser Produkte voraus. Zum Zwecke der frühzeitigen Erkennung etwaiger Liquiditätsengpässe und zur Durchführung einer geordneten Finanzplanung ist eine vorausschauende Betrachtung der Zahlungsströme erforderlich. Hier unterstützen beratungsorientierte Banken ihre Kunden. Die Erfahrung mit einer Vielzahl von Kunden liefert wertvolle Kenntnisse für den Einzelfall.

Die Rechnungselemente, auf denen Kapitalbedarfsrechnung und Finanzplanung aufbauen, sind reine Zahlungsgrößen. Die Berechnung basiert also auf Einzahlungen und Auszahlungen, die den Zugang und Abgang von Kassenbeständen und jederzeit verfügbaren Bankguthaben angeben. Ein- und Auszahlungen sind klar zu unterscheiden von Einnahmen und Ausgaben, die den Geldwert von Verkäufen bzw. Einkäufen abbilden. Wird weder auf Kredit gekauft noch verkauft, so sind Ausgaben mit Auszahlungen und Einnahmen mit Einzahlungen identisch. Zahlt der Käufer eines Gutes aber erst später, so kann der Verkäufer vorläufig zwar keine Einzahlung, jedoch einen Forderungszugang verbuchen, er gibt dem Käufer einen Lieferantenkredit.

---

6   Vgl. Essmann (1996).

Grundlage jeder Finanzplanung ist die Ermittlung des Kapitalbedarfs. Ein Kapitalbedarf entsteht dadurch, dass Ein- und Auszahlungsströme im Zeitablauf nicht deckungsgleich sind. Wenn in einem Betrieb die Auszahlungen pro Periode größer sind als die Einzahlungen, entsteht ein Bedarf an zusätzlichen Geldmitteln, der als Kapitalbedarf bezeichnet wird. Der Kapitalbedarf zu einem bestimmten Zeitpunkt ist also die Differenz zwischen den kumulierten Auszahlungen und Einzahlungen, die in einem bestimmten Zeitraum fällig sind. So fallen beispielsweise bei der Gründung einer Unternehmung oder bei Vornahme von Investitionen zunächst Auszahlungen für den Aufbau der Produktionskapazitäten an (Gründungsphase). Anschließend werden Auszahlungen notwendig, wenn die Produktion anläuft (Anlaufphase). Erst nach einiger Zeit ist schließlich mit Einzahlungen aus den Verkäufen der Produkte zu rechnen (Umsatzphase).

Die während der Gründungs- und Anlaufphase anfallenden Auszahlungen müssen überbrückt werden, da in dieser Zeit noch keine Einzahlungen anfallen. Auch zu Beginn der Umsatzphase überwiegen zunächst noch die kumulierten Auszahlungen, sodass ein Kapitalbedarf bestimmter Höhe zu decken ist. Nach Ablauf einiger Perioden erreichen die kumulierten Einzahlungen den Wert der kumulierten Auszahlungen. Die kumulative Berechnungsmethode ermittelt die Gesamtsumme der Ein- und Auszahlungen bis zu einem beliebigen Zeitpunkt, und zwar mit dem Ziel, einen Überblick über die Entwicklung des Kapitalbedarfs nach Höhe und zeitlicher Verteilung zu gewinnen, sodass rechtzeitig Maßnahmen zur Deckung des Kapitalbedarfs eingeleitet werden können.

Die zuvor beschriebenen drei Phasen sind in Abbildung 3 beispielhaft unter Berücksichtigung der kumulierten Anschaffungsauszahlungen sowie der kumulierten Produktionsauszahlungen und Einzahlungen dargestellt.[7]

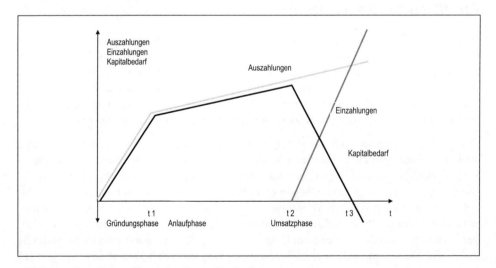

Abbildung 3:   *Entwicklung des Kapitalbedarfs*

---

7   Vgl. Däumler (2002).

Der Kapitalbedarf nimmt bis zum Beginn der Umsatzphase t 2 zu, hier erreicht er auch sein Maximum. Im Anschluss daran sinkt er, da die Einzahlungen stärker steigen als die Auszahlungen. Nach dem Zeitpunkt t 3 wird der Kapitalbedarf negativ, sodass überschüssige Geldmittel zur Verfügung stehen. Dieses Beispiel zeigt, dass der Kapitalbedarf einer Unternehmung in aller Regel im Zeitablauf schwankt.

Abgrenzung von Liquiditäts- und Finanzmanagement

Obwohl das Liquiditätsmanagement primär die Aufgabe hat, dafür zu sorgen, dass das Unternehmen jederzeit in vollem Umfang zahlungsfähig ist, sind sein konzeptioneller Ansatz und Aufgabenbereich weit umfassender aufgrund seiner strategischen Natur. Zudem sind Liquiditäts- einerseits und Kosten- bzw. Ertragsmanagement andererseits nicht nur eng miteinander verflochten, sondern bedingen sich gegenseitig: so bildet zwar die Aufrechterhaltung stets ausreichender Liquidität eine Grundlage für den wirtschaftlichen Erfolg, aber eine strikte gewinnorientierte Unternehmensführung gilt ebenso als Basis für ausreichende finanzielle Mittel aus dem Unternehmensprozess selbst sowie für das zusätzliche Engagement externer Kapitalgeber.

Ein **Finanzplanungssystem**[8] kann folglich funktional in eine lang-, mittel- und kurzfristige Planung sowie eine taggenaue Liquiditätsplanung gegliedert werden, mit dem Ziel, finanzielle Probleme rechtzeitig zu erkennen und zielkonforme Maßnahmen zu bestimmen. Beispielsweise können so größere Kredite oder Eigenkapitalerhöhungen, die normalerweise nicht kurzfristig darstellbar sind, optimal gestaltet oder auch entsprechende Zinssicherungsinstrumente zur Erhaltung der Kapitaldienstfähigkeit bei einem sich abzeichnenden steigenden Zinsniveau vereinbart werden. Mit der Finanzplanung sollen folglich notwendige Aktivitäten frühzeitig erkannt werden, da der verfügbare Handlungsspielraum aufgrund des längeren Zeitraums größer ist. Ferner kann dem Unternehmen auch eine kontinuierliche Entwicklung gegeben werden. Dabei können jedoch Prognoseprobleme auftreten, weil bei einer längerfristigen Vorausschau normalerweise die Informationen relativ unsicher, unvollkommen und ungenau sind.

Demgegenüber weist eine kurzfristige Finanzplanung den Vorteil auf, dass dabei bessere Informationen verfügbar sind. Allerdings ist der Handlungsspielraum geringer.

Das Problem ist also, dass das Unternehmen einerseits eine langfristige Planung braucht, die jedoch andererseits mit Prognoseproblemen verbunden ist. Für die Umsetzung der Planung in Maßnahmen sind aber zuverlässige, konkrete Angaben notwendig. Ferner ist die Forderung zu beachten, dass die Liquidität stets mit Sicherheit zu wahren ist, was detaillierte und verlässliche Informationen bedingt.

Als Lösung dieser gegensätzlichen Eigenschaften bei langfristiger und kurzfristiger Planung bietet sich das System einer **vierstufigen Planung** an. Es erfolgt zunächst eine langfristige Grobplanung als sogenannte Rahmenplanung, aus der Vorhaben für kürzerfristige Planungen

---

8   Vgl. Wöhe (2005).

hervorgehen. Die kürzerfristigen Planungen sind hingegen Detailplanungen, mit denen die künftigen Aktivitäten so genau und sicher bestimmt werden, wie es für die Umsetzung schließlich erforderlich ist.

Die **langfristige Planung** umfasst in der Regel einen Zeitraum von rund fünf Jahren, wobei lediglich Teilperioden von einem Jahr berücksichtigt werden. Als Planungsparameter dienen normalerweise die Plan-GuV-Rechnung, Rentabilitäts- und Cashflow-Größen sowie Kapital- und Vermögensbestände.

Bei der **mittelfristigen Planung** werden auf Basis der langfristigen Finanzplanung konkrete Ziele und Maßnahmen für einen kürzeren Zeitraum ausgearbeitet. Der Planungshorizont umfasst hier normalerweise ein Geschäftsjahr bei vierteljährlicher oder monatlicher Unterteilung. Für die konkret definierten Ziele können aufgrund der relativ hohen Planungssicherheit die entsprechenden Ein- und Auszahlungen im Finanzplan abgebildet werden. Entsprechend stehen hier neben den Planungsparametern Gewinn und Rentabilität primär die Zahlungsströme im Vordergrund.

Als dritte Stufe ist die sogenannte **kurzfristige Finanzplanung** mit einer detaillierten Feinplanung zu nennen. Aufgrund der kurzfristigen Planungsbetrachtung von wenigen Wochen bis zu circa drei Monaten liegen genaue, verlässliche Daten vor. Anhand dieser Informationen werden die zur Liquiditätssicherung unter Beachtung der Rentabilität notwendigen Finanzierungsmaßnahmen bzw. möglichen Finanzanlagen bestimmt. Dazu sind detaillierte Planungen der Zahlungen in der Regel auf Wochenbasis durchzuführen. Weil der Handlungsspielraum kurzfristig relativ begrenzt ist, hat diese Art der Finanzplanung eher einen passiven bzw. sich an Gegebenes anpassenden Charakter, wobei die Planung primär mit Blick auf die Liquidität erfolgt, und die Gewinnhöhe zweitrangig ist. Im Finanzplan dominieren die fest vorgegebenen Zahlungen. Die Anpassungen bei Fehlbeträgen oder Überschüssen werden primär im Finanzbereich vorgenommen, da Einflüsse auf den leistungswirtschaftlichen Bereich nicht möglich oder unerwünscht sind.

Der in dem Formular in Abbildung 4 dargestellte mittelfristige Liquiditätsplan umfasst den Zeitraum eines Kalenderjahres mit monatlichen Planungseinheiten. Es werden neben dem Bestand an flüssigen Mitteln alle für den Betrieb relevanten Zahlungseingänge und -ausgänge erfasst. Als Ergebnis wird ein Liquiditätsüberschuss bzw. ein Liquiditätsdefizit ausgewiesen, wobei auftretende Unterdeckungen den Umfang und die zeitliche Inanspruchnahme von Fremdmitteln bestimmen. Insbesondere der kurzfristige Kreditbedarf kann aus dem Finanzplan abgeleitet werden.

Bei der Aufstellung dieses Liquiditätsplans ist besonders darauf zu achten, dass Fremdmittel termingerecht zurückgezahlt werden und dass eine sorgfältige Abschätzung des Zeitpunkts der Zahlungseingänge und -ausgänge erfolgt. Das frühzeitige Erkennen von Liquiditätsengpässen ermöglicht eine rechtzeitige Gegensteuerung, sodass eine Überschreitung der Kreditlinie vermieden werden kann. Bei starken Soll-Ist-Abweichungen sowohl nach unten als auch nach oben empfiehlt es sich, den Finanzplan zu korrigieren, da für die Ermittlung der optimalen Finanzierungsform und vor allem für die laufende Liquiditätskontrolle eine regelmäßige Fortführung unerlässlich ist.

Mittelfristiger Liquiditätsplan[9]

Angaben in EUR	1. Monat	2. Monat	3. Monat	4. …. 12. Monat
Bestand an flüssigen Mitteln				
Kasse				
Bank				
Zahlungseingänge				
Umsatzerlöse				
Sonstige Einnahmen				
Privateinlagen				
Summe verfügbare Mittel				
Zahlungsausgänge				
Löhne, Gehälter				
Sozialabgaben				
Lieferanten				
Bareinkäufe				
Marketing				
Vertrieb				
Investitionen				
Kreditzinsen				
Kredittilgung				
Miete, Nebenkosten				
Steuern				
Versicherung				
Sonstige Ausgaben				
Privatentnahmen				
Summe Auszahlungen				
Liquiditätsüberschuss / -defizit				

Abbildung 4:   *Mittelfristiger Liquiditätsplan*

Obwohl die kurzfristige Finanzplanung relativ genaue Daten auf Monats- bzw. Wochenbasis liefert, wird die Liquidität jedoch nur im Durchschnitt dieser Perioden als gesichert ausgewiesen. Da die Zahlungsfähigkeit aber täglich gewährleistet sein muss, ist schließlich ein **täglicher Liquiditätsstatus** ebenfalls erforderlich. Durch diese sehr kurzfristige Finanzplanung wird erreicht, dass die Verfügbarkeit der Zahlungsmittel nicht nur im Durchschnitt eines längeren Zeitraumes, sondern auch an jedem Zahlungstag gegeben ist. Damit die Liquidität jedoch termingerecht zur Verfügung stehen kann, müssen für diesen sehr kurzfristigen Prognosehorizont sichere und genaue Daten vorliegen. Der tägliche Liquiditätsstatus ist auf absolute Liquiditätswahrung ausgerichtet, das heißt, es liegt kaum Entscheidungsspielraum vor, und er hat in der Regel keine Rückwirkung auf andere Bereiche, so dass nur Anpassungen im finanziellen Bereich vorgenommen werden. [10]

Folglich wird dieser Status für jeden Zahlungstag erstellt, um die jeweilige Zahlungsfähigkeit unter der Maßgabe einer kostengünstigen Zahlungsmittelbereitstellung zu ermöglichen. Bei

---

9   Vgl. Gabler Wirtschaftslexikon
10   Vgl. Mensch (2001).

der Darstellung des Liquiditätsstatus in Abbildung 5 werden aus Sicherheitsgründen die unsicheren Einzahlungen, die für den Tag zu erwarten sind, nicht angesetzt. Sie fließen jedoch am nächsten Tag – bei erfolgtem Eingang – in den Anfangsbestand ein.

Liquiditätsstatus per tt.mm.jjjj

Anfangsbestand der verfügbaren Zahlungsmittel:	
– Konto Bank 1	+ 250
– Konto Bank 2	– 100
– noch nicht eingereichte Schecks	+ 50
Verfügbare Zahlungsmittel	**+ 200**
Zahlungseingänge:	**+ 150**
Zahlungsausgänge:	
– für Materiallieferungen	– 100
– für Reparaturauftrag	– 50
– für Investition	– 180
Summe Auszahlungen	**– 330**
Liquiditätsüberschuss / -fehlbetrag:	**+ 20**
Kreditlinie:	
– Bank 1	+ 100

Abbildung 5:   *Liquiditätsstatus (Beispiel)*

Bei der Darstellung dieses vierstufigen Finanzplanungssystems handelt es sich lediglich um ein Beispiel. Die Gestaltung muss in aller Regel betriebsspezifisch erfolgen, wobei je nach Kosten-Nutzen-Situation sowie den verfügbaren Planungskapazitäten die Zahl der Ebenen angepasst werden kann.

In den verschiedenen Planungsebenen ist die Bedeutung der beiden Ziele Gewinn bzw. Rentabilität und Liquidität unterschiedlich. Generell gilt, dass kurzfristig der Handlungsspielraum geringer ist („passive Planung") und somit der Liquiditätswahrung eine höhere Bedeutung zukommt. Langfristig steht jedoch ein größerer Handlungsspielraum zur Verfügung („aktive Planung"), sodass dem Gewinnziel größere Bedeutung eingeräumt werden kann.

Lösungsansätze zur Liquiditätserhaltung

Im Folgenden werden einzelne Maßnahmen vorgestellt, die zu einer Erhöhung bzw. Erhaltung der Liquidität eines Unternehmens beitragen können.[11]

---

11   Vgl. Perridon/Steiner (2007).

Bedarfsgerechte Finanzierung

Wer die Liquidität seines Unternehmens sichern will, darf bei der Finanzierung von Investitionen keine Fehler machen. Investitionen in das Anlagevermögen wie beispielsweise von Maschinen oder Grundstücke dürfen nicht zu Lasten der laufenden Liquidität gehen. Das bedeutet, dass diese nicht kurzfristig durch Kontokorrentkredite finanziert werden sollten. Der Kontokorrentkredit ist in aller Regel teurer als eine langfristige Finanzierungsform und dem Grunde nach für kurzfristig anfallende Finanzierungserfordernisse zur Verfügung gestellt. Wird der Kontokorrentkreditrahmen überwiegend für langfristige Investitionen in Anspruch genommen, besteht wenig Spielraum, unerwartete Verzögerungen von Zahlungseingängen oder kurzfristige Liquiditätsengpässe bei Forderungsausfällen ausgleichen zu können.

Forderungsmanagement

Gefahren für die Liquidität entstehen oftmals auch durch nicht fristgerecht bezahlte Kundenforderungen. Deshalb sollte jedes Unternehmen ein sorgfältiges und effizientes Forderungsmanagement installieren. Sowohl die Prüfung der Zahlungsbereitschaft der Kunden als auch eine unverzügliche Rechnungstellung mit konkretem Zahlungsziel sind Grundvoraussetzungen für die Erhaltung der eigenen Liquidität. Kreditinstitute können hierbei für die Unternehmen bei Bedarf im Rahmen des Bankauskunftsverfahrens verlässliche Informationen über die Geschäftspartner einholen sowie entsprechende Brancheninformationen zur Verfügung stellen. Um die termingerechte Zahlungsbereitschaft der Kunden zu steigern, ist auch die Gewährung eines Skontoabzugs als Zahlungsanreiz zu überlegen. Eine nachhaltige Zahlungsüberwachung mit entsprechendem Mahnwesen bis hin zur Einleitung rechtlicher Schritte ist ebenfalls unerlässlich.

In diesem Zusammenhang ist auch das Factoring seitens der Unternehmung zu prüfen. Hierbei werden aufgrund einer vertraglichen Vereinbarung mit einem spezialisierten Finanzierungsinstitut bestimmte Forderungen aus Lieferung und Leistung mit oder ohne Übernahme des Ausfallrisikos laufend verkauft. Diese Finanzierungsform stellt zwischenzeitlich für viele Mittelständler einen wichtigen Bestandteil bei der Unternehmensfinanzierung dar, da durch den Forderungsverkauf dem Unternehmen die entsprechende Liquidität sofort zur Verfügung steht.

Optimierung der Lagerhaltung

Nicht betriebsnotwendige Waren oder Rohstoffe binden Kapital, das alternativ verwendet werden kann. Deshalb sollten nur solche Waren oder Betriebsmittel bevorratet werden, die in absehbarer Zeit benötigt werden. Die Lagerhaltung ist folglich nach dem Prinzip der „optimalen Bestellmenge" auszurichten, bei der die Summe aus Bestell- und Lagerkosten am geringsten ist.

Lieferantenkredite

Eine weitere Möglichkeit zur Steuerung der Liquidität kann eine abgestimmte Verlängerung der Zahlungsziele mit Lieferanten und Dienstleistungsunternehmen darstellen. Im Durchschnitt belaufen sich die Fristen auf ein bis drei Monate, zuweilen aber auch je nach Absatzdauer der gelieferten Waren bis zu sechs Monate.

Soll-Ist-Vergleich als Steuerungsmaßnahme zur Erhaltung der Liquidität

Durch einen aussagefähigen Soll-Ist-Vergleich der Liquiditätsplanung aufgrund einer eingehenden Analyse der Abweichungen kann das Unternehmen auf eine veränderte Lage kurzfristig reagieren. So können beispielsweise umgehend entsprechende Maßnahmen im Vertrieb, im Materialbereich oder in der Produktion umgesetzt werden.

Die einzelnen Handlungsalternativen sind in Abbildung 6 systematisch dargestellt.[12]

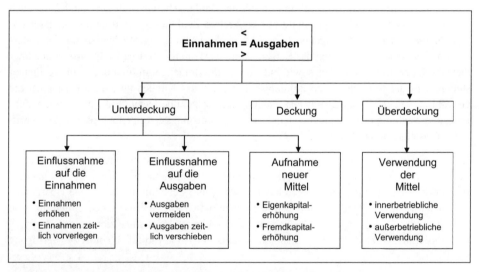

Abbildung 6: *Handlungsmöglichkeiten zur Steuerung der Liquidität*

Übersteigen die Einnahmen die Ausgaben, liegt eine **Überdeckung** vor, die beispielsweise innerbetrieblich für notwendige Investitionen oder Sondertilgungen von Darlehen bzw. außerbetrieblich zur Erhöhung der Bankanlagen oder für eine Beteiligung an einem anderen Unternehmen genutzt werden kann.

---

12   Vgl. Nagel (2002).

Weitaus schwieriger ist es jedoch, wenn die Ausgaben die Einnahmen übersteigen, das heißt eine **Unterdeckung** vorliegt. In diesem Fall müssen bestimmte Maßnahmen ergriffen werden, um diesen Ausgabenüberhang zu eliminieren. Der erste Ansatzpunkt liegt hier wohl bei den Einnahmen, indem man versucht, diese zu erhöhen bzw. vorzuziehen. Daneben kann das Unternehmen Kosten senken oder verschieben, eine Erhöhung des Kontokorrentlimits bzw. eine kurzfristige Überziehung beantragen sowie gegebenenfalls zusätzliche Eigenmittel aufnehmen.

Die Checkliste (Abbildung 7) kann als eine Art Hilfestellung für erforderliche Maßnahmen zur Verbesserung der Liquidität gesehen werden.

Maßnahmen zur Verbesserung der Liquidität

a) im Finanzbereich
- Verkauf von Wertpapierbeständen
- Scheckzahlung statt Überweisung
- Diskontierung von Wechsel

b) im Leistungsbereich
- frühestmögliche Lieferung sicherstellen
- sofortigen Rechnungsausgang veranlassen
- Verbesserung des Mahnwesens
- Reklamationen schneller bearbeiten (Einbehalt durch Kunden vermeiden)
- Senkung der Durchlaufzeiten von Aufträgen
- Verkauf nicht betriebsnotwendiger Vermögensteile
- Senkung der Roh-, Hilfs- und Betriebsstoffbestände
- Aufschieben von Investitionen

c) in Abstimmung mit Lieferanten
- Anzahlungen oder Vorauszahlungen senken
- Verlängerung des Zahlungsziels vereinbaren
- Akzepte anbieten

d) in Abstimmung mit Kunden
- Bar-/Electronic-Cash-Geschäfte fördern
- Skontokonditionen modifizieren
- Zahlungsziel verkürzen
- Anzahlungen oder Vorauszahlungen vereinbaren
- Stellung von Bürgschaften anstelle Einbehalt durch Kunden
- Zahlungstermine durch Abbuchungsverfahren sichern

e) unter Beteiligung der Gesellschafter
- Entnahmen verringern
- Reduzierung von Tätigkeitsvergütungen und Pachten
- Einforderung ausstehender Einlagen sowie gewährter Darlehen
- Kapitalerhöhung durch bisherige bzw. neue Gesellschafter
- Darlehensaufnahme bei Gesellschaftern

Maßnahmen zur Verbesserung der Liquidität

f)   **unter Beteiligung von Kreditinstituten**
   ■ Erhöhung des Kontokorrentrahmens
   ■ Nutzung der Kredit- oder Sicherungsmöglichkeiten öffentlicher Förderprogramme
   ■ besondere Projektfinanzierungsmöglichkeiten prüfen
   ■ Vereinbarung von Tilgungsanpassungen bzw. –aussetzungen
   ■ Verbesserung der Kreditbasis durch Sicherheitenverstärkung
   ■ Leasing oder Miete statt Kauf
   ■ Sale-and-lease-back bei Gebäuden und Anlagen
   ■ Debitorenbestände durch Factoring oder Forfaitierung reduzieren
   ■ Darlehensaufnahme bei Lieferanten oder Kunden (Anzahlungen)
   ■ Vorfinanzierung von Lebensversicherungsansprüchen

Abbildung 7:   *Checkliste Maßnahmen zur Verbesserung der Liquidität*

Banken als Partner von Unternehmen bei der Liquiditätsdisposition

Die Liquiditätsdisposition, die neben der reinen planerischen Vorschau auch die aktive Gestaltung der Zahlungsströme und des Zahlungsverkehrs sowie die Entscheidung über notwendige Ausgleichsmaßnahmen wie Mittelaufnahme oder Mittelanlage umfasst, wird in der betrieblichen Praxis heute als *Cash Management* bezeichnet. Zur Bewältigung dieser taggenauen Überwachung der betrieblichen Zahlungsströme bieten viele Kreditinstitute den Unternehmen auch entsprechende Dienstleistungen an.

So stellen beispielsweise Banken im Rahmen von Electronic-Banking-Anwendungen ihren Firmenkunden spezielle EDV-gestützte Cash-Management-Programme zur Verfügung, die folgende Möglichkeiten umfassen:[13]

■ **Balance Reporting:** elektronischer Kontoauszug, Online-Informationen über alle in- und ausländischen Konten eines Unternehmens,

■ **Money Transfer:** elektronische Vornahme von Zahlungen, Ausgleich von Liquiditätsungleichgewichten durch kurzfristige Kreditaufnahme oder Anlage in Termingeldern bzw. Wertpapieren,

■ **Pooling:** automatische Übertragung der Salden verschiedener Zahlungsverkehrskonten dezentralisierter Unternehmen auf ein Sammelkonto zur leichteren Planung und Disposition der Liquidität sowie zur Vermeidung von Überziehungszinsen,

■ **Netting:** Verrechnung konzerninterner Forderungen und Verbindlichkeiten, so dass lediglich verbleibende Spitzenbeträge auszugleichen sind, um die effektiven Zahlungsströme zu vermindern,

■ **Versorgung mit Informationen:** Zurverfügungstellung von Daten über aktuelle Zinssätze oder Kurse auf den internationalen Finanz- und Devisenmärkten.

---

13   Vgl. Eistert (1994).

Cash-Management-Systeme ermöglichen somit eine kostengünstige und effiziente unternehmens- bzw. konzerninterne Bewirtschaftung der Liquidität.

Darüber hinaus werden die Unternehmen von den Banken bei kurzfristigen Finanzierungen durch die Bereitstellung von Kontokorrent-, Diskont- und Lombardkrediten unterstützt, ebenso werden für kurzfristige Liquiditätsüberschüsse entsprechende Anlageprodukte angeboten. Als weitere Dienstleistung seitens der Kreditinstitute ist auch die Beratung sowie das Angebot bestimmter Produkte zur Minimierung der Zinsaufwendungen durch den Einsatz von Finanzinnovationen wie Swaps, Caps oder Forward Rate Agreements zu nennen. Schließlich werden bei grenzüberschreitenden Aktivitäten oftmals auch Währungsrisiken eingegangen, die durch entsprechende Absicherungsmaßnahmen zu begrenzen sind.

Schlussbemerkung

Das Aufrechterhalten stets ausreichender Liquidität gilt als wesentliche Grundlage für einen nachhaltigen wirtschaftlichen Erfolg. In diesem Sinne wurden in den vorhergehenden Abschnitten die Planung und Kontrolle der Umsätze und Kosten bis hin zur Liquiditätsplanung und Liquiditätssteuerung behandelt. Darüber hinaus zählen aber auch eine professionelle Analyse und Steuerung bestimmter Zins-, Währungs- und Ausfallrisiken als wichtige Voraussetzung für den künftigen Geschäftserfolg auf in- und ausländischen Märkten. Da diese Risiken im Zuge einer fortschreitenden internationalen Arbeitsteilung sicherlich weiter ansteigen werden, bieten Banken bereits heute – neben dem traditionellen Liquiditätsmanagement – im Rahmen eines aktiven Risikomanagements individuelle Strategien zur Minimierung bzw. Optimierung diverser Währungs-, Zins- und Bonitätsrisiken an.

Literaturhinweise

DÄUMLER, C.-D. (2002): Betriebliche Finanzwirtschaft, 8. Aufl., Herne 2002.

DINTNER, R. (2006): Fehlendes Liquiditätsmanagement: Hauptursache für Unternehmensinsolvenzen, in: Hauk, Alexander, Pressemitteilung vom 09.02.2006.

EISTERT, T. (1994): Cash Management Systeme – Funktionen, Strategien, Marktüberblick, Gabler Verlag, Wiesbaden 1994.

ESSMANN, B. (1996): Die Bankbeziehung im Cash Management der Unternehmen, Bank- und Finanzwirtschaftliche Forschung 223, Bern, Stuttgart, Wien 1996.

GABLER WIRTSCHAFTSLEXIKON (2004): Gabler Verlag, 16. Auflage, Wiesbaden 2004.

HOHENSTEIN, G. (1994): Cashflow – Cash Management, Gabler Verlag, 2. Auflage, Wiesbaden 1994

MENSCH, G. (2001): Finanz-Controlling, Oldenbourg Wissenschaftsverlag, München 2001.

NAGEL, K. (2002): Praktische Unternehmensführung, Analysen – Instrumente – Methoden, Verlag Moderne Industrie, Landsberg/Lech, Loseblattsammlung

PERRIDON, L./STEINER, M. (2007): Finanzwirtschaft der Unternehmung, 14. Aufl., München 2007.

WÖHE, G. (2005): Einführung in die Allgemeine Betriebswirtschaftslehre, 22. Aufl., München 2005.

Was bieten Großbanken mittelständischen Familienunternehmen?

Wilhelm von Haller

In globalen Waren- und Finanzmärkten steigen die Anforderungen an mittelständische Unternehmen. Aufgrund ihrer internationalen Vernetzung sind Großbanken besonders für weltweit agierende Mittelständler vorteilhafte Partner.

Die deutschen Familienunternehmen

Eine der hervorstechendsten Eigenschaften der deutschen Unternehmenslandschaft ist die Existenz einer breiten Schicht mittelständischer Firmen, die mit ihren heimischen Standorten eng verwurzelt, dabei aber längst global aufgestellt und international erfolgreich sind. Wenn in Deutschland von Wirtschaft gesprochen wird, geht es fast immer um diesen Mittelstand, der im Land hochgeschätzt und für die Zukunft unverzichtbar ist.

Wenn es ein verbindendes Element des in Größe wie Ausrichtung sehr vielschichtigen Mittelstandes gibt, dann ist es die Tatsache, dass es sich fast ausschließlich um Familienunternehmen, das heißt inhabergeführte Firmen handelt. Diese bilden das Rückgrat der deutschen Wirtschaft und stellen über 95 Prozent aller deutschen Unternehmen, in denen 57 Prozent aller Beschäftigten tätig sind.

Dass die deutsche Wirtschaft derzeit außerordentlich erfolgreich ist, liegt neben der zunehmenden Globalisierung, der Innovationskraft und häufig Technologieführerschaft zu einem großen Teil an den Kraftanstrengungen zur Verbesserung der Wettbewerbsfähigkeit und der unternehmerischen Neuausrichtung in den vergangenen Jahren. Diese ist unter Familienunternehmen meist deutlich leiser als in Großkonzernen vonstatten gegangen. Hier wie dort aber waren diese Anpassungen notwendig. Dank großer Innovationsfreude, dem Aufspüren nachhaltiger Kostensenkungspotenziale sowie der erfolgreichen Erschließung neuer Wachstumsmärkte ist der deutsche Mittelstand ein eindeutiger Gewinner der Globalisierung.

Die Bedürfnisse des Mittelstandes

Viele Unternehmen sehen sich durch die Internationalisierung und Globalisierung der Märkte, durch einen sich beschleunigenden Konsolidierungs- und Konzentrationsprozess quer über alle Industrien sowie durch die Auswirkungen neuer Informations- und Kommunikationstechnologien mit einem hohen Investitions- und Entwicklungsaufwand konfrontiert, der nicht nur neue Anforderungen an ihre Größe an sich, sondern auch an ihre Finanzkraft und Liquiditätssituation entstehen lässt. Die gesamtwirtschaftlichen Entwicklungen bewirken mikroökonomische Veränderungen, die den Markt für Finanzierungen, nach seinen zahlreichen Innovationen der jüngeren Vergangenheit, auch über die nächsten Jahre hinaus bestimmen werden.

So sind Finanzierungsfragen bereits in den vergangenen Jahren zunehmend in den Fokus der obersten Führungsebene gerückt. Kapital ist heute zwar kein knapper, doch auch kein jederzeit für jeden verfügbarer Rohstoff mehr. Es ist vielmehr eine strategische Ressource, die sorgfältig erschlossen und mit Bedacht eingesetzt werden muss.

Im Zuge dieser Entwicklungen hat die Bedeutung des Treasurers deutlich hinzugewonnen. Fußend auf der Hausbankbeziehung, die zumeist seit vielen Jahren bestand und durch persönliche Beziehungen geprägt war, war ein reaktives Finanzierungsverhalten Usus: Zuerst wurde auf höherer Ebene eine Investitionsentscheidung getroffen, danach deckte der Finanzverwalter den Kapitalbedarf in Vertrauen auf die Finanzierungsbereitschaft der Hausbank. Innovative Finanzierungsinstrumente waren nicht notwendig – das Mittel der Wahl war der klassische Bankkredit, während umfangreiche Kreditlinien die Liquiditätslage absicherten.

Dieses Rollenverständnis reicht heute nicht mehr aus. In immer mehr Unternehmen zeigt sich die neue Wahrnehmung auch organisatorisch – das Treasury steht gleichberechtigt neben Controlling und Rechnungswesen. Der Treasurer positioniert sich nach außen als Kunde und nach innen als Dienstleister. Er ist es, der zusammen mit dem Inhaber bzw. Geschäftsführer und CFO für die sachgerechte Darstellung des Unternehmens verantwortlich ist, der die Banken von der Unternehmensstrategie überzeugen und diese proaktiv mit einer Gesamtfinanzierung unterlegen muss.

Die mit dieser Aufwertung verbundene höhere Bedeutung von Finanzierungsfragen hat verschiedene Gründe.

Zum einen deutet sich eine stetig risikoorientiertere Kreditvergabe der Banken an. Das Stichwort „Basel II" steht für ein grundsätzliches Umdenken. In Anlehnung an den Kapitalmarkt wird die Bonität der Unternehmen mit Hilfe des Ratings in Klassen eingeteilt. Stärken – wie etwa profitables Wachstum – und Schwächen – etwa eine niedrige Eigenkapitalausstattung – fließen gleichermaßen in das Rating ein. Kreditzugang und -konditionen hängen entsprechend stärker als früher von der jeweiligen Bonität des Kreditnehmers ab.

Natürlich bleibt der Bankkredit als „Ankerprodukt" auch in Zukunft ein wesentlicher Eckpfeiler der Unternehmensfinanzierung. Doch alternative Finanzierungsformen werden die Gesamtfinanzierung eines Unternehmens zunehmend bereichern.

Erfolgreiche Unternehmer haben ihren Geschäftserfolg in der Regel auch durch innovative Instrumente finanziert: Firmen, die sowohl klassische als auch innovative Finanzierungen nutzen, wuchsen von 2002 bis 2004 im Schnitt um 2,9 Prozent pro Jahr. Unternehmen, die sich ausschließlich durch klassische Instrumente wie den Bankkredit finanzieren, schrumpften dagegen im Schnitt um ein Prozent pro Jahr (Quelle: Studie „Wege zum Wachstum. Volkswirtschaftliche Impulse durch innovative Unternehmensfinanzierung", Ernst & Young, Stuttgart 2005). Inhaltlich bedeutet dies, dass vermehrt ein Abwägen zwischen Liquidität und Profitabilität stattfindet.

Maßgeschneiderte Lösungen sind zunehmend gefragt

Aufgabe einer Bank ist es also, hier Konzepte anzubieten und als strategischer Partner aufzutreten. So sind zum Beispiel Lösungen gefragt, welche stark schwankende Finanzierungsbedürfnisse abfedern. Diese Anforderung gewinnt etwa in Zeiten weiter zunehmender Globalisierung und sich heftig verändernder Rohstoffpreise stetig an Bedeutung. So können im Rahmen von strukturierten Finanzierungen Bausteine integriert werden, die situativ und bedarfsgerecht – zum Beispiel bei einem über ein bestimmtes Niveau hinaus gestiegenen Rohstoffpreis – zusätzliche Liquidität bieten und so mit dem entsprechenden Geschäftsmodell „atmen". Diese Finanzierungen bieten zudem die optimale Plattform, um schnell große Volumina bereitzustellen. Insbesondere in Zeiten stark schwankender Rohstoffpreise oder im Falle anstehender Akquisitionen stellt dies einen klaren Wettbewerbsvorteil dar und ist eine exzellente Basis um schnell weitere Spielräume zu eröffnen.

Strukturierte bzw. syndizierte Finanzierungen haben darüber hinaus den Vorzug, dass sie hinsichtlich vorzeitiger Rückführungsmöglichkeiten und durch die Inanspruchnahme in unterschiedlichen Währungen sehr flexibel gestaltet werden können. Außerdem bieten sie dem Unternehmen ein hohes Maß an Unabhängigkeit, Finanzierungssicherheit und -stabilität.

Die Kunst einer guten Finanzierung besteht darin, ein Paket zu schnüren, das exakt auf den Kunden zugeschnitten ist. Welchen Anteil dann öffentliche Zuschüsse, staatliche Darlehen, klassische Kredite sowie moderne Finanzierungsinstrumente wie Mezzanine und Schuldscheindarlehen haben, hängt von der konkreten Situation des Unternehmens ab – und natürlich vom Know-how der Bank, die es berät.

Eine vernünftige Strategie wird in aller Regel nicht am mangelnden Kapital scheitern. Gerade in Deutschland sind die Rahmenbedingungen für Finanzierungen besonders gut (Quelle: Länderindex der Stiftung Familienunternehmen; Stuttgart 2006). Keine Bank wird ihre Unterstützung verweigern, wenn das Konzept stimmt.

Diese nehmen dabei zunehmend eine Rolle zwischen Risikoträger und Risikomittler ein. Neben der klassischen Risikoträgerfunktion übernehmen die Banken zunehmend den Part des Risikomittlers, um den Unternehmen den indirekten Zugang zum Kapitalmarkt zu erleichtern und ihn über ihre Verbilligungsfunktion, sprich ihr im Markt anerkanntes Ratingsystem, effizienter zu gestalten.

Die durch Basel II forcierten risikosteuernden Instrumente der Banken, die mit Hilfe von Verbriefungen dem Kapitalmarkt zugewandt sind, bieten den Kunden aber noch weitere Vorteile: Sie führen, aufgrund der indirekten Weitergabe von Risiken an die Investoren, zu einer höheren Risikoaufnahmefähigkeit der Banken und damit zu einer leichteren und vor allem stabileren Finanzierung aus Sicht des Kunden. Selbstverständlich bleibt seine Bank für ihn auch bei Kapitalmarktfinanzierungen der direkte und alleinige Ansprechpartner.

Diese Vorteile können Banken bieten, die neben einem guten Rating die Anerkennung der Kapitalmärkte genießen und mit dem nötigen Fachwissen und einer globalen Investorenbasis ihre internationale Platzierungskraft unter Beweis gestellt haben.

Erschließung des Kapitalmarktes als Finanzierungsquelle

Für mittelständische Unternehmen haben sich die Handlungsoptionen in den vergangenen Jahren stark erweitert. So bieten sich heute Finanzierungsmöglichkeiten, die die Flexibilität der einzelnen Unternehmen deutlich erhöhen. Als Beispiele für die Bandbreite der Finanzierung seien hier nur die wichtigsten Ergänzungen zum klassischen Kredit genannt:

■ **Mezzanine:**
   Das Finanzierungsinstrument, das zwischen Fremd- und Eigenkapital eingestuft wird, schont Sicherheiten und stärkt die wirtschaftliche und je nach Ausgestaltung auch die steuerliche Eigenkapitalbasis. Besonders beliebt sind die sogenannten Programm-Mezzanine: Eine große Anzahl von Genussscheinen mittelständischer Unternehmen werden in einem Pool zusammengefasst und anschließend in Tranchen am Kapitalmarkt platziert. Mehrere hundert mittelständische Familienunternehmen haben sich aus diesen Programmen bereits bedient. Mittlerweile sind Tranchen ab 500.000 Euro realisierbar.

   Doch nicht alle „Mezzanine-Produkte", die auf dem Markt sind, erfüllen die entscheidenden Voraussetzungen. Noch wichtiger als limitierte Kündigungsrechte, Zinsaufschub und Verlustbeteiligung ist die Frage, ob andere Fremdkapitalgeber das Mezzanine als wirtschaftliches Eigenkapital, also temporären Ersatz für echtes Eigenkapital, akzeptieren. Nur dann ergeben sich ein zusätzlicher Finanzierungsspielraum auf der Fremdkapitalseite und eine nachhaltig positive Wirkung auf das Kreditrating. Richtige Mezzanine-Produkte verhalten sich auch in Krisensituationen wirtschaftlich eigenkapitalnah – im Ernstfall ist der Anspruch auf Zinsstundungen für den Schuldner eine wichtige Entlastung. Die Produkte werden vermehrt in Situationen eingesetzt, wo starkes Wachstum finanziert wird und die reine Kreditfinanzierung an ihre Grenzen stößt. Immer häufiger setzen aber auch eigenkapitalstarke Mittelständler auf Mezzanine, um ihre Flexibilität, beispielsweise im Falle von anstehenden Akquisitionen, weiter zu erhöhen.

■ **Schuldscheindarlehen:**
   Ein zusehends beliebteres Finanzierungsinstrument sind durch die Bank angebotene, frei handelbare Darlehen, die am Kapitalmarkt direkt bei Investoren platziert werden. Jedoch übersteigt das von Investoren nachgefragte Volumen in den meisten Fällen den Finanzie-

rungsbedarf einzelner Familienunternehmen. Großbanken bieten daher speziell auf den Mittelstand zugeschnittene Verbriefungsprogramme. So können Unternehmen, beispielsweise über das Schuldscheindarlehenprogramm der Deutschen Bank, schon ab 400.000 Euro Liquidität aufnehmen.

Die dem Programm zugrunde liegenden Zinssätze reflektieren das Platzierungsvolumen und das aktuelle Marktumfeld. Der tatsächliche Zinssatz jedes einzelnen Darlehensnehmers richtet sich nach seiner Bonität sowie Laufzeit und Struktur des Darlehens. Ein wesentlicher Vorteil des Schuldscheindarlehens ist die Entlastung der Hausbanklinien durch die Hinzunahme eines weiteren Finanziers (und Risikoträgers), ohne die bisherige Bankverbindung verändern zu müssen. Sowohl Drittbanken als auch institutionelle Anleger wie etwa Versicherungen, die ihr Kreditportfolio diversifizieren wollen, nehmen diese Rolle ein. Anders als Unternehmensanleihen werden Schuldscheindarlehen nicht öffentlich platziert. Grundsätzlich tritt die Bank als Arrangeur der Finanzierung auf und ist während der sogenannten Warehousing-Phase primärer Darlehensgeber, der zunächst – wie bei einem normalen Bankkredit – einen Darlehensvertrag mit dem Kreditnehmer schließt. Die einzelnen Schuldscheindarlehen werden dann gebündelt und im Zuge einer Verbriefung am Kapitalmarkt platziert. Auch hier bleibt die Bank gegenüber dem Kunden weiterhin exklusiver Ansprechpartner.

Schuldscheindarlehen stellen eine attraktive Ergänzung zu Kredit und Unternehmensanleihe dar. So bieten auch sie die Möglichkeit, ein breites Laufzeitband im hohen mittelfristigen Kreditbereich bis zu sieben Jahren abzudecken. Viele Gesellschaften nutzen Schuldscheindarlehen deshalb zur Abdeckung eines Teils ihres langfristigen Fremdkapitalbedarfs. Damit erhalten sie sich zugleich die Kreditspielräume bei ihren Banken zur Begleitung des operativen Geschäfts.

■ **US Private Placement:**
Spezielle Anleihen für institutionelle US-amerikanische ‚buy and hold'-Investoren wie Versicherungen und Pensionskassen werden auch in Deutschland immer beliebter. Eine US-Privatplatzierung bietet mittel- bis langfristige Finanzierungen mit zum Teil auch höheren Volumina und damit entsprechende Planungssicherheit. Attraktiv ist dieses Instrument für große Mittelständler mit sehr guter Marktpositionierung und hohem Bekanntheitsgrad, die eine überzeugende Wachstumsplanung vorweisen können.

Der Unterschied zu einer klassischen Unternehmensanleihe liegt einerseits in leicht geringeren Volumina, andererseits in dem Verzicht auf ein Börsenlisting. Weder die Bilanzierung nach US-GAAP noch nach IFRS ist erforderlich; zudem besteht keine Prospektpflicht. Ein externes Rating wird ebenfalls nicht benötigt.

Gemeinsam mit der Bank wird ein umfassendes Informations-Memorandum zusammengestellt und das Unternehmenskonzept auf einer Roadshow den internationalen Investoren vorgestellt.

Die Emission erfolgt meist in US-Dollar. Über den Einsatz von Cross-Currency-Swaps kann der Emittent indes so gestellt werden, dass er wirtschaftlich den Emissionserlös in Euro erhält sowie Zins und Tilgung in Euro bezahlt. Das bezogen auf deutsche Familienunternehmen signifikante Investoreninteresse sowie die Diskrepanz zwischen der US-Treasury-Zinskurve und der Euro-Swapkurve erlaubten in der Vergangenheit regelmäßig das Erzielen ausgesprochen vorteilhafter Konditionen für die mittelständischen Emittenten.

■ **Unternehmensanleihen:**
Börsennotierte Großkonzerne greifen seit jeher auf das bewährte Finanzierungsmittel des Corporate Bonds zurück. Unternehmen bewegen sich damit in einem etablierten Markt, bauen Reputation auf und können ihre Fremdkapitalquellen diversifizieren.

Für Familienunternehmen wird diese Finanzierungsform zunehmend attraktiver. Ihre Nutzung ist jedoch auch eine strategische Entscheidung. Wer sich am Kapitalmarkt über eine Anleihe finanziert, muss sich öffnen, Zahlen öffentlich präsentieren und mit Analysten diskutieren. Gerade mittelständische Unternehmen schrecken davor aber häufig zurück. Zudem ist ein gewisses Volumen eine Grundvoraussetzung für die Ausgabe einer Anleihe. Mindestens 75 Millionen Euro sollte sie umfassen, um an den Börsen eine gewisse Wahrnehmung und Liquidität sicherzustellen.

Eine Alternative zu Corporate Bonds stellen die sogenannten Hybridanleihen dar. Sie laufen in der Regel extrem langfristig oder zeitlich unbegrenzt und werden nachrangig bedient. Emittenten mögen sie auch aus einem ganz entscheidenden Grund: Hybridanleihen sichern langfristig eigenkapitalähnliche Liquidität zu in der Regel günstigeren Konditionen als Eigenkapital. Nach internationalen Rechnungslegungsgrundsätzen (IFRS) wird eine Hybridanleihe bei entsprechender Ausgestaltung sogar dem Eigenkapital zugeordnet. Auch Ratingagenturen können sie dann zumindest teilweise als Eigenkapital werten, was Vorteile bei der Bonitätsbewertung mit sich bringt. Andererseits gelten entsprechend strukturierte Hybridanleihen in der Steuerbilanz als Fremdkapital mit dementsprechenden Vorteilen.

Erschließung transaktionsbezogener Finanzierungsquellen

Neben der Bereitstellung der vorstehend beispielhaft geschilderten Corporate-Finance-Instrumente, ist die Erwartung eines mittelständischen Kunden an eine Großbank auch die Begleitung mit Lösungen im Bereich Handelsfinanzierungen und Zahlungsverkehr (Transaction Banking).

Gerade die umfassende Betrachtung und Unterstützung von End-to-End-Prozessen in den Bereichen Zahlungsverkehr, Forderungen- und Verbindlichkeiten-Management und Liquiditätssteuerung durch die Spezialisten einer Großbank ermöglicht mittelständischen Unternehmen ein professionelles, ergebnisorientiertes Cash Management. Neben elektronischen, heutzutage in der Regel webbasierten Zugangskanälen, bieten Banken Lösungen zur Konzentration der vorhandenen Liquidität oder zentralen Finanzierung innerhalb der Firmengruppe. So bieten sich einfache und effiziente Möglichkeiten zur Optimierung der Prozesse und des Finanzergebnisses.

Eine Großbank bietet ihren mittelständischen Kunden transaktionsbezogene Lösungen und Dienstleistungen, die neben Zahlungsverkehrskonzepten die intensive Beratung und Absicherung von Risiken, die Optimierung und Nutzung von Chancen und darüber hinaus Handelsfinanzierungen in Ergänzung zu den bisher vorgestellten Finanzierungslösungen beinhalten.

■ **Factoring:**

Zum Gesamtsteuerungsmodell gehört neben der Finanzierung auch ein effizientes Working-Capital-Management. Der erste Schritt sollte immer sein, das eigene Cash Management – also den Eingang und Ausgang von Zahlungen – zu überprüfen. Oft wird viel zu wenig Wert auf die optimale zeitliche Synchronisierung der Zahlungsströme gelegt. In der Praxis lassen sich dadurch substanzielle Vorteile generieren.

Ein Instrument hierbei ist das Factoring. Die Wirkungen eines Forderungsverkaufes auf die Bilanz können signifikant sein. Deutsche Unternehmen binden ihr Working Capital im Schnitt 80 Tage und damit mehr als doppelt so lange wie beispielsweise die britischen Wettbewerber (Quelle: Studie „Working Capital Management – brachliegende Finanzpotenziale in Deutschland", Dr. Wieselhuber & Partner, München 2004). Dies hat zur Folge, dass sie weniger liquide sind und im Vergleich zu den Briten um bis zu 70 Milliarden Euro mehr finanzieren müssen. Hier sollten Unternehmen zunächst ihre eigenen Finanzierungspotenziale nutzen. Durch Factoring und die damit erhöhte Liquidität können Verbindlichkeiten reduziert, die Bilanz verkürzt und das Rating verbessert werden.

Factoring erfüllt darüber hinaus noch eine weitere Funktion im Unternehmen. Der Factor, der die bestehenden Forderungen übernimmt, trägt in der Regel auch das Ausfallrisiko. Factoring kann damit ebenso ein Bestandteil des Risikomanagements im Unternehmen sein.

■ **Supply Chain Finance:**

Immer bedeutender wird für mittelständische Unternehmen die Analyse der gesamten Wertschöpfungskette – gegebenenfalls nicht nur der eigenen Kunden, sondern auch die der Zulieferer –, um entlang des physischen Warenflusses optimale, auf den konkreten Bedarf der Branche des Kunden zugeschnittene Finanzierungsmodelle zu entwickeln. Unter dem Begriff ‚Supply Chain Finance' bieten innovative Finanzierungsprodukte eine Vielzahl von Optimierungsmöglichkeiten, die auch die Interessen und den Bedarf der Geschäftspartner des Bankkunden berücksichtigen. Diese oftmals transaktionsbasierten Finanzierungslösungen haben bei ihrer Entstehung eher den grenzüberschreitenden Bedarf betrachtet, finden heute aber ebenso im Inlandsgeschäft Verwendung.

■ **Trade Finance (kommerzielles Auslandsgeschäft):**

Auch die Im- und Exportgeschäfte ihrer Kunden begleiten Großbanken entlang der gesamten Wertschöpfungskette. Von der Auftragserteilung über die Geschäftsabwicklung bis hin zur Absicherung von Gewährleistungsansprüchen steht der mittelständischen Kundschaft eine breite Palette von Lösungen im Außenhandelsgeschäft sowie im Risikomanagement zur Verfügung. Neben der Analyse der gesamten Risikopositionen und der Implementierung geeigneter Sicherungsstrategien gehören hierzu auch das dokumentäre Akkreditiv- und Inkassogeschäft sowie handelsbezogene Garantien. Zusätzlich gibt es Lösungen, die

zum Beispiel als Forfaitierung oder Bestellerfinanzierung Strukturierungen komplexer und
großer Einzeltransaktionen unter Einsatz von risikominimierenden kurz-, mittel- oder
langfristigen Finanzierungsprodukten vorsehen.

■ **Wertpapierdienstleistungen**:
Spezielle wertpapierbezogene Dienstleistungen für Aktiengesellschaften werden unter
dem Begriff Trust & Securities Services (TSS) zusammengefasst. Hierbei werden auch
mittelständischen Aktiengesellschaften umfassende Beratungs- und Serviceleistungen angeboten, darunter Dienstleistungen im Zusammenhang mit Dividendenzahlungen, Vorbe-
reitung und Durchführung von Hauptversammlungen sowie Koordination und Organisation von Wertpapiertransaktionen (zum Beispiel Aktiensplits, Bezugsrechtsausgaben etc.)

Die Großbank als Partner bei der Globalisierung

Viele deutsche Familienunternehmen sind seit Jahrzehnten international aufgestellt. Doch die
globale Vernetzung gewinnt seit einigen Jahren zusätzlich an Fahrt und wird sich auch in
Zukunft in immer größerem Tempo steigern. Das ist auch eine Herausforderung für die Banken. Denn Firmen erwarten zunehmend eine Betreuung über Ländergrenzen hinweg.

Bei der Expansion ins Ausland ist es entscheidend, die jeweiligen regulatorischen und organisatorischen Besonderheiten nicht nur zu kennen, sondern auch damit umgehen und die nötigen Erfordernisse umsetzen zu können. So unterscheidet sich beispielsweise das in Deutschland praktizierte **Cash Management** ganz erheblich von dem in vielen anderen Ländern und
Kontinenten. Insbesondere in Schwellenländern gelten teilweise „rigide" Bedingungen –
etwa wenn zur Eröffnung eines Kontos in China die Bearbeitung eines zehnseitigen Vertrags
notwendig ist. Nicht nur sprachlich können im Ausland präsente Banken ihre Kunden hier
deutlich entlasten.

Insbesondere die detaillierte Beratung bei Zahlungsbedingungen und Zahlungsinstrumenten
sowie die Erklärung der landesspezifischen Usancen bei Rechnungen ist entscheidend. In
Indien etwa werden diese meist per Scheck beglichen – darauf müssen sich Unternehmen
einstellen, um nicht in Liquiditätsschwierigkeiten zu geraten. Schließlich ist die Überwachung der Zahlungseingänge für Unternehmen elementar. Deshalb stellen Großbanken sicher,
dass Konten mit Hilfe von Cash Management – Lösungen vom Heimatunternehmen aus
gesteuert werden können.

In Europa stehen wir mit der SEPA-Einführung zum 1. Januar 2008 (SEPA = Single Euro
Payments Area = einheitlicher Zahlungsverkehrsraum für Massenzahlungsverkehr in Euro in
der EU) am Anfang einer Revolution der Zahlungsverkehrsabwicklung. Hier wird europäischer Zahlungsverkehr rund um Lastschriften und Überweisungen quasi zu „Europa-
Inlandszahlungsverkehr", wobei die Banken ihren mittelständischen Kunden als wichtige
Partner bei der Beratung auch rund um die fristgerechte technische Umsetzung und der Entwicklung von maßgeschneiderten Mehrwertdienstleistungen zur Seite stehen.

Gerade bei der Betreuung international aufgestellter Unternehmen zeigen sich die Vorteile großer Banken mit einem länderübergreifenden Netzwerk. Die Deutsche Bank beispielsweise ist mit über 73.000 Mitarbeitern in 75 Ländern vertreten und grundsätzlich weltweit unter eigenem Label aktiv. Sie ist dort, wo ihre Kunden Service nachfragen. An einem praktischen Beispiel festgemacht: Die Bank kann ein deutsches Familienunternehmen beim Export an ein thailändisches Unternehmen von der Produktionsvorfinanzierung, über die Risikoabsicherung bis hin zur Erstellung der exportrelevanten Dokumente und der Zahlungsabwicklung unterstützen. Der thailändische Importeur seinerseits wird vor Ort von der Deutschen Bank in Bangkok betreut. In dieser Form kann die international aufgestellte Bank vielfältige Exportaktivitäten in verschiedenen Ländern begleiten.

Ein globaler Betreuungsansatz ermöglicht es Banken, nicht nur ein besseres Verständnis für die Kunden zu entwickeln, sondern auch auf dieser Basis beispielsweise im Kreditbereich rasche Entscheidungen zu treffen. Synergien können in ganz konkreten Fällen genutzt werden – etwa wenn ein Unternehmen im Cash Management in allen europäischen Ländern dieselben Standards und Lösungen vorfindet.

Gleichzeitig können Handelsgeschäfte abgewickelt und abgesichert werden – also alles aus einer Hand. Der professionelle Zugang zur Bank – zu sämtlichen Dienstleistungen und regionalen Märkten – ist über den Firmenkundenbetreuer (Group Relationship Manager) gewährleistet und garantiert dem Kunden die reibungslose Geschäftsabwicklung im globalen Netzwerk des Instituts. Praktisch heißt das: Der Kunde erhält in China genau denselben Service wie an seinem Stammsitz in Bayern oder Nordrhein-Westfalen. Die Bank unterstützt bei der Kontoführung mit standardisierter Dokumentation sowie einheitlichen Konditionen und informiert über Änderungen im wirtschaftlichen Umfeld, die das Unternehmen betreffen. Das heißt, dass auch bei weltweiten Engagements die Kommunikation im Normalfall über den Firmenkundenbetreuer erfolgt. Die Einbindung der, im Falle der Deutschen Bank in 75 Ländern präsenten Kolleginnen und Kollegen vor Ort erfolgt in Abhängigkeit der Aufgabenstellung.

Globales Risikomanagement

■ **Strukturberatung:**
Die Finanzmärkte sehen volatile Unternehmensergebnisse mit Unbehagen. Durch effizientes Risikomanagement können Schwankungen im operativen Ergebnis abgefedert werden; bei externen Schocks kann zuweilen ein funktionierendes Risikomanagement den Fortbestand des Unternehmens sichern. Auch hier bietet die global operierende Großbank aufgrund ihrer regionalen Expertise klare Vorteile.

Währungsschwankungen, aber auch hohe Volatilitäten von Rohstoffen in der jüngsten Vergangenheit haben gezeigt, welcher Gefahr sich Unternehmen aussetzen, die ihre Risiken nicht aktiv managen. Mittelständler müssen in der Lage sein, die Auswirkungen, welche Preisschwankungen beim Einkauf oder Verkauf haben können, abzuschätzen. Denn nicht nur das operative Geschäft, sondern auch Kursschwankungen können signifikante finanzielle Effekte haben.

Ein umfassendes Risikomanagement macht Risiken „auf Knopfdruck" transparent. Dazu gehört zunächst einmal eine umfassende Analyse der Risikofaktoren im Unternehmen. Im Fokus stehen dabei meist die Messung von Marktpreisrisiken mit modernen statistischen Verfahren (Value at Risk), die Organisation von Risikomanagement-Prozessen in Treasury und Risikocontrolling sowie die Entwicklung unternehmensweiter Risikorichtlinien und der Aufbau eines State-of-the-art-Berichtswesens für das Risikomanagement. Die Erfassung der Marktrisiken erstreckt sich von Währungen und Zinsen bis hin zu Rohstoffen, Energiepreisen sowie speziellen Länder- und Debitorenrisiken. Auf dieser Basis entscheidet das Unternehmen dann darüber, welche Instrumente der Absicherung in welchem Umfang verwendet werden.

- ■ **Zins-, Währungs- und Rohstoffmanagement**:
  Während das Management von Währungsrisiken schon immer ein Thema im Risikomanagement mittelständischer Unternehmen war, gewinnt das aktive Managen von Zinsen und Rohstoffen (sowohl die Absicherung als auch die Nutzung von Chancen) wesentliche Bedeutung im Aufgabenfeld des Treasurers. Vom bekannten Devisentermingeschäft bis hin zu komplexen, auf die Bedürfnisse des Kunden zugeschnittenen, derivativen Produkten gibt es hier eine Vielzahl von bedarfsgerechten, maßgeschneiderten Lösungsmöglichkeiten.

Beratungsressourcen für mittelständische Unternehmen

Die Zusammenarbeit zwischen Banken und Unternehmen wird auch wegen der zunehmenden Komplexität der betrieblichen Aufgaben intensiver. Große Banken halten Ressourcen bereit, die Familienunternehmen in vielerlei Hinsicht entlasten können. Das betrifft finanzierungsnahe Bereiche ebenso wie Themen, die weit in die strategische Planung hineinreichen. Konzepte zur betrieblichen Altersvorsorge beispielsweise bieten Familienunternehmen langfristige Planungssicherheit und erleichtern die Kalkulation erheblich. Auch die allumfassende Beratung zur privaten Vermögensanlage, sowie Vorsorge- und Finanzplanung sind für viele Unternehmer eine entscheidende Komponente der Firmenkundenbetreuung.

Ein Beispiel aus dem finanzierungsnahen Bereich sind die *öffentlichen Fördermittel*. Von der Kommune bis zur Europäischen Union gibt es auf praktisch allen Ebenen Staatshilfen oder verbilligte Darlehen für bestimmte Investitionsvorhaben. Diese Fördermittel sind inzwischen flexibler und damit attraktiver geworden. Doch der Dschungel an Zuschüssen oder zinsgünstigen Darlehen ist vielfach nur schwer zu durchschauen.

Der Weg über die Bank, die in den meisten Fällen die Fördermittel beantragt und weiterreicht, ist daher der sicherste Weg, über die besten Angebote informiert zu werden. Gute Mittelstandsbanken kennen die Details der Förderrichtlinien und haben einen guten Draht zu den Förderinstituten. Sie sind in der Lage, ein Gesamtpaket für das Unternehmen zu schnüren, das öffentliche Fördermittel, neue und klassische Finanzierungsformen geschickt miteinander verbindet. Auch wenn es darum geht, eine niedrige Eigenkapitalquote auszugleichen, können Fördermittel einen wichtigen Beitrag leisten.

Corporate Finance für Familienunternehmen

Die Beratungskompetenz einer Großbank geht natürlich deutlich über diese einzelnen Finanzierungsmodelle hinaus. So spielt die Deutsche Bank die führende Rolle im Geschäft der *Übernahmen und Fusionen* in Deutschland (Quelle: Handelsblatt-Artikel „Mittelstand vertraut der Deutschen Bank", 12.04.2007). Das dabei erworbene Know-how zahlt sich für Familienunternehmen aus, seitdem die M&A-Welle auch Europa voll erfasst hat. In 2006 überholten die Europäer bei Fusionen und Übernahmen die traditionell in diesem Bereich sehr aktiven US-amerikanischen Unternehmen. Der Wirtschaftsaufschwung in Deutschland, der Konsolidierungsdruck in vielen Branchen und die Tatsache, dass deutsche Unternehmen seit den Kostensenkungen und Restrukturierungen der vergangenen Jahre besser aufgestellt sind als zuvor, werden der M&A-Tätigkeit in Zukunft weiteren Auftrieb verschaffen.

Kaum eine Entscheidung im Leben eines Unternehmers hat solch weit reichende Auswirkungen, wie der singuläre Entschluss, sein Unternehmen zu verkaufen. Dieser Prozess bedarf der Begleitung durch einen erfahrenen Partner. Hier können Großbanken durch Beratung und Unterstützung, von der Suche nach einem adäquaten Käufer bis zur Anlage der Verkaufserlöse, einen signifikanten Beitrag leisten.

Gleiches gilt selbstverständlich für die Entscheidung, ein anderes Unternehmen zu kaufen und erfolgreich zu integrieren. Nicht selten hat diese großen Einfluss auf Geschäftsmodell und Strategie eines Unternehmens. Banken bieten hier, neben der M&A-Beratung, maßgeschneiderte, strukturierte Finanzierungen, die den Handlungsspielraum nachhaltig optimal bemessen.

Ergänzend dazu eröffnen sowohl Akquisitionen als auch organisches Wachstum die Möglichkeit, Beteiligungskapital aufzunehmen. Der wachsende Zufluss von Private-Equity-Geldern, den wir in der Vergangenheit beobachtet haben, sorgte gerade in Deutschland für einige Unruhe. Die polemische Bezeichnung „Heuschrecken" für private Kapitalgeber gab den Investoren hierzulande ein Image, das sie nicht verdient haben. Wenn ein Private-Equity-Berater einen Mittelständler besucht, ist dies keine Bedrohung, sondern eine zusätzliche Option. Der Kontakt muss aber umfassend vorbereitet sein. Hier kann der erfahrene Bankberater helfen. Speziell unter dem Gesichtspunkt von Wachstumsstrategien sind international agierende Private-Equity-Gesellschaften äußerst interessante Partner, die nicht nur Finanzmittel zur Verfügung stellen, sondern zudem das Unternehmen regelmäßig von ihrem exzellenten Netzwerk profitieren lassen. Auch können sie helfen, wenn sich Industriekonzerne von einzelnen Bereichen trennen und Familienunternehmen als strategische Käufer auftreten wollen.

Nach wie vor gilt: „People make the difference"

Die zunehmende Fülle und Komplexität der Finanzierungsinstrumente stellt nicht nur die mittelständischen Unternehmen in Deutschland, sondern auch die Banken vor Herausforderungen. Eine große Aufgabe für die Banken besteht darin, im Firmenkundengeschäft das

Verhältnis zwischen dem Kundenbedarf auf der einen Seite und der vielschichtigen Produktwelt auf der anderen Seite auszubalancieren. Hierauf hat zum Beispiel die Deutsche Bank mit der Einrichtung von Kunden-Beratungsteams reagiert. Darin ist der Firmenkundenbetreuer dafür verantwortlich, dass die entsprechenden Spezialisten des Deutsche-Bank-Konzerns so eingebunden sind, dass dem mittelständischen Kunden bedarfsgerecht weltweit optimale Lösungen angeboten werden. Hierbei sind seine detaillierten Kenntnisse über das Unternehmen und seine Märkte, aber auch die Möglichkeiten, die die Bank dem Kunden bietet, unverzichtbar.

Die Kunst ist es, die Herausforderungen, vor denen Kunden stehen, frühzeitig zu erkennen, mögliche Probleme reibungslos zu lösen und bisher im Verborgenen gebliebene Chancen aufzuzeigen und zu nutzen. Daher ist es für die Banken von essenzieller Bedeutung, hochqualifizierte Mitarbeiterinnen und Mitarbeiter für ihre Kundenbeziehungen zu gewinnen und ständig weiter in deren Qualifikation zu investieren.

Banking ist und bleibt auch „People Business", was sich nicht zuletzt durch die große Bedeutung von Netzwerken über Branchen und Ländergrenzen hinweg manifestiert. Nur die Bank, die solche internen wie externen Kontakte im Sinne ihrer Kunden einzusetzen vermag, kann diese adäquat begleiten.

Die Anforderungen mittelständischer Unternehmen an ihre Banken werden auch in Zukunft weiter steigen. Nicht alle Institute werden oder wollen dem so umfassend gerecht werden. Jede Bank muss sich für ein Geschäftsmodell entscheiden, das automatisch auch Konsequenzen für Kunden, Prozesse und Produkte nach sich ziehen wird.

Über den Erfolg entscheiden dabei die Menschen allein – durch ihre Ideen, ihren Einsatz, ihr Interesse und ihre Freude an der Kundenbeziehung. Denn eine gute Kunde-Bank-Beziehung ist geprägt von gegenseitiger Offenheit und einem belastbaren Vertrauensverhältnis.

Währungskredite – Einsatzmöglich-
keiten in der Mittelstandsfinanzierung

Norbert Friedrich

1. Einleitende Bemerkungen

Währungskredite spielen in der Finanzierungspolitik von Unternehmen bislang eine einseitige Rolle. Grundsätzlich werden sie von Unternehmen mit weltweiten Aktivitäten eingesetzt, um die Auswirkungen der Volatilitäten im internationalen Geld- und Währungssystem auf ihr Unternehmen zu reduzieren. Denn Unternehmen sind diesen Instabilitäten dadurch ausgesetzt, dass im Zusammenhang mit ihren grenzüberschreitenden Transaktionen entsprechende Geld- und Devisenbewegungen einhergehen. So sind die durch Warenlieferungen, Dienstleistungen, Investitionen oder Finanzanlagen induzierten Währungskäufe und -verkäufe in dem Zeitraum bis zur Rückführung der Beträge in die eigene Heimatwährung des Unternehmens unterschiedlichen Schwankungen der Wechselkurse ausgeliefert.

Durch die Entstehung des europäischen Währungsraums und der Einführung des Euro im Jahr 2000 gehören die mit Export und Import einhergehenden Währungstransaktionen zwischen den europäischen Ländern, welche den Euro eingeführt haben, der Vergangenheit an. Insbesondere die privaten Haushalte und international tätige Unternehmen erfreuen sich nach der abgeebbten „TEURO"–Diskussion an der Existenz des Euro, weil in den Euro–Ländern keine teuren Devisenkäufe und -verkäufe mehr vorgenommen werden müssen sowie vergleichbare Preise für den Kauf und Verkauf von Waren und Dienstleistungen existieren.

Das Hauptaugenmerk bezüglich Währungsaktivitäten richtet sich für international tätige Unternehmen daher auf alle, Staaten die eine landeseigene Währung besitzen. Die zu Beginn angesprochene Einseitigkeit bezieht sich auf die Aussage, dass bei grenzüberschreitenden Transaktionen von Unternehmen in Länder mit eigenen Währungen stets das Währungsrisiko und dessen Absicherung in den Vordergrund gestellt werden, nicht aber die ebenso sinnvolle Betrachtung von Währungschancen. Diese können dann eintreten und von Unternehmen im Euro-Wirtschaftsraum genutzt werden, wenn sie neben dem Euro auch andere Währungen für die Kreditaufnahme in Betracht ziehen, um in einem Währungsmix eine Optimierung der Finanzierungspolitik herbeizuführen.

Der Einsatz von Währungskrediten nicht nur zu Absicherungszwecken, sondern auch zur Mittelbeschaffung eines Unternehmens, wird in den nachfolgenden Ausführungen im Mittelpunkt stehen. Neben dem Ziel, durch Absichern bzw. Hedgen von Währungen im oben angegebenen Sinne Risiken zu vermeiden, also der Betonung des Sicherheitsgedankens, werden weitere Überlegungen angestellt, welche die Rentabilität und Flexibilität von Finanzierungsentscheidungen gleichberechtigt neben der soeben genannten Sicherheit einer Finanzierung positionieren. So ist festzustellen, dass insbesondere der Schweizer Franken aufgrund seines niedrigeren Zinsniveaus gegenüber dem Euro und relativ stabilen Währungsparitäten für die Kreditaufnahme besonders geeignet erscheint.

Diese Währungschancen nutzen Unternehmen und private Haushalte in Deutschland für ihre unterschiedlichen Finanzierungsvorhaben. Im Folgenden werden Währungskredite für die Mittelstandsfinanzierung im Mittelpunkt der Ausführungen stehen.

Nach einer Definition und einem Blick auf das zur Verfügung stehende Zahlenmaterial zum Währungskreditvolumen in Deutschland bzw. im Vergleich zum europäischen Ausland werden Einsatzmöglichkeiten und Motivation für Währungskredite für mittelständische Unternehmen thematisiert und der Schweizer Franken als attraktive Währung für diese Zwecke analysiert. Für die mit Währungskrediten einhergehenden Risiken werden abschließend Absicherungsprodukte und -strategien besprochen.

2. Definition Währungskredite und Abgrenzung zu Carry Trades

Bei Währungsfinanzierungen (Kredite in „fremder" Währung) erhält der im Euroraum ansässige Kreditnehmer seinen Kredit statt in Euro in einer „Fremd"-währung, zum Beispiel in Schweizer Franken, US-Dollar oder Japanischen Yen, wobei der Kreditbetrag bei der Bank für die Auszahlung sofort in Euro konvertiert wird. Zins- und Tilgungszahlungen erfolgen in jener Währung, in welcher der Kredit aufgenommen wurde. Mit den erforderlichen Devisenkäufen sind etwaige Zins- und Kursschwankungen verbunden.

Diese Kredite werden zumeist nur kurzfristig (zum Beispiel drei Monate) zinsgebunden, um die Flexibilität beim Umstieg in eine andere Währung bzw. in den Euro aufrecht zu erhalten. Meist werden sie als „endfällige" Finanzierung angeboten, das heißt während der Kreditlaufzeit erfolgen keine Kapitalrückzahlungen wie zum Beispiel bei Annuitätendarlehen. In der Praxis laufen diese Kredite über viele Jahre. Parallel zu der Währungsfinanzierung wird vor allem bei privaten Finanzierungen zusätzlich ein Tilgungsträger (Sparplan, Lebensversicherung, Fondsgebundene Lebensversicherung, Fondsanteile, Banksparvertrag) angespart, dessen Erlös am Ende der Laufzeit zur Kapitalrückzahlung verwendet wird.

Der wesentliche Vorteil eines Währungskredites liegt in der Ausnutzung eines tieferen Zinsniveaus, da in einigen Währungen Zinssätze für einen Kredit gegenüber einer Euro-Finanzierung günstiger sind. Da aber die Zinsen laufend angepasst werden, ist in Zinssteigerungsphasen ein möglicher Anstieg des Zinsniveaus zu berücksichtigen bzw. zu begrenzen.

Zusätzlich zum Zinsvorteil können auch Währungsgewinne oder -verluste eintreten. Im Fall einer Währungsabwertung ergibt sich bei der Rückzahlung ein Gewinnpotenzial, im Falle einer Währungsaufwertung ein entsprechendes Verlustpotenzial. Wechselkursschwankungen führen somit zu einer entsprechenden Veränderung des Euro-Gegenwertes einer Finanzierung, auch diese sind zu beobachten und mit Absicherungsstrategien zu limitieren.

Währungskredite bzw. -finanzierungen sind nicht zu verwechseln mit den sogenannten „Carry Trades": Während bei Währungskrediten unter anderem der Zinsvorteil der niedrigeren Auslandszinsen genutzt wird, um eine inländische, realwirtschaftlich bezogene Investition günstiger zu finanzieren, gehen Anleger in Carry Trades in hohem Maße spekulativ vor: Sie suchen sich Währungen mit den niedrigsten Zinsen aus und investieren in Finanzanlagen in Ländern mit den höchsten Renditen, unter anderem Staatsanleihen, Emerging-Market-Rententitel oder Aktien, Rohstoffe und Private Equity.

Zusätzlich setzen sie auf entgegenlaufende Währungsentwicklungen, auf eine Abwertung der Kreditwährung gegen ihre Inlandswährung sowie einer Aufwertung der Anlagewährung ebenfalls gegenüber ihrer Inlandswährung.

Bei allen Unterschieden insbesondere hinsichtlich der Risikoneigung zwischen Währungskreditnehmern und Carry Tradern gehen sie gemeinsam von folgender Überlegung aus: Sie setzen mit unterschiedlichen Intentionen darauf, dass die Währung mit dem niedrigsten Zinsniveau nicht wie theoretisch in der Zinsparitätentheorie erwartet bzw. in der von der Deutschen Bundesbank analysierten gedeckten und ungedeckten Zinsparität aufwertet, sondern entweder nur unterproportional aufwertet, konstant verläuft oder ggf. noch abwertet, um neben dem Zinsgewinn auch einen Währungsgewinn zu vereinnahmen.

Nutzer von Währungskrediten suchen einen niedrigstmöglichen Kreditzins in der Währung bei gleichzeitiger Erwartung, dass die theoretisch zu erwartende Währungsaufwertung gegenüber der Inlandswährung nicht eintritt und somit den Zinsvorteil nicht kompensiert, und dies alles mit dem Ziel, günstigere Finanzierungskosten als im Inland zu generieren.

Carry Trader erwarten dagegen einen höchstmöglichen Anlageerfolg, wenn sie in einer Niedrigzinswährung Liquidität aufnehmen, um Finanzanlagen, zum Beispiel den Kauf von Staatsanleihen in einer Hochzinswährung, zu finanzieren, und dabei neben dem Ertrag aus der Zinsdifferenz auch noch einen Währungsgewinn idealerweise aus beiden Währungen abschöpfen zu können.

Wie empirisch fundiert sind nun die Zinsparitätentheorie bzw. die Theorie der gedeckten und ungedeckten Zinsparität? Würden sie in der Realität durchgängig gelten, gäbe es eigentlich kein „Open Window", um über einen längeren Zeitraum Kreditkosten mit Währungskrediten zu minimieren.

3.   Analyse und empirische Befunde zu Risiko- und Ertragspotenzialen von Währungskrediten

Die Zinsparitätentheorie ist ein auf John Maynard Keynes zurückgehendes weit verbreitetes volkswirtschaftliches Modell. Sie liefert erstens einen Erklärungsansatz für Anlegerverhalten: Anleger investieren dort, wo die höchste Rendite erwirtschaftet werden kann. Darauf aufbauend ist die Zinsparitätentheorie zweitens ein in der Außenwirtschaft genutztes kurzfristiges Erklärungsmodell für Wechselkursbewegungen. Sie erklärt Wechselkursbewegungen ausschließlich mit dem Renditeinteresse von Kapitalanlegern. Es lassen sich die gedeckte und die ungedeckte Form der Zinsparität unterscheiden.

Zentrale Grundannahme der Zinsparitätentheorie ist es, dass Anleger dort investieren, wo sie die größte Rendite erwirtschaften können. Verhalten sich Investoren dementsprechend, so wird in einem Zwei-Länder-Fall immer die Währung des attraktiveren Anlagestandorts aufgewertet. Die Zinsparitätentheorie in ihrer Grundstruktur betrachtet als Renditegrößen lediglich den Zins und die Wechselkurserwartungen. Im Folgenden wird statt auf einen Anleger auf einen Kreditnehmer abgestellt, um nicht die Carry-Trade-Gedanken weiterzuverfolgen, sondern die renditeorientierten Hintergründe einer Währungskreditaufnahme.

Die Rendite im Inland entspricht dem inländischen Zins. Die Rendite im Ausland wird dementsprechend auch maßgeblich vom ausländischen Zins beeinflusst. Darüber hinaus ist es für einen inländischen Kreditnehmer jedoch auch von Bedeutung, wie sich der Wechselkurs zwischen in- und ausländischer Währung im Betrachtungszeitraum entwickelt; für den inländischen Kreditnehmer wäre eine Kreditaufnahme im Ausland unter Renditeaspekten dann sinnvoll, wenn die ausländische Währung konstant bleibt oder abgewertet wird, solange sich der Investor im Ausland finanziert.

Die Zinsparitätentheorie modelliert diesen Zusammenhang über die Einführung eines erwarteten Wechselkurses. Diese Variable stellt die Erwartungen des Kreditnehmers über die Höhe des Wechselkurses zum Ende des Betrachtungszeitraums dar, das heißt den Kurs, den der Kreditnehmer als Rücktauschkurs erwartet, bevor er die Kreditaufnahme tätigt.

Wie bereits erwähnt, impliziert eine ungleiche Rendite in In- und Ausland eine bestimmte Wechselkursentwicklung. Ist der Kreditzins im Ausland niedriger als im Inland, so wird die daraus resultierende Kreditaufnahme im Ausland zu einer Abwertung der ausländischen Währung führen, weil die ausländische Währung „verkauft" wird. Im Händlerjargon ausgedrückt hat der Kreditnehmer eine Short–Position in der Währung, die er mit den niedrigeren Auslandszinsen finanziert.

Umgekehrt ausgedrückt in der Sprache der Zinsparitätentheorie: Eine höhere Inlandsrendite wird zu einer Aufwertung der inländischen Währung führen, da Kapital aus dem Ausland abgezogen und im Inland investiert wird. Gemäß der Zinsparitätentheorie lassen sich somit Wechselkursbewegungen aufgrund des Renditestrebens der Anleger erklären.[1]

---

[1]   Vgl. http://de.wikipedia.org/wiki/Zinsparitätentheorie

Die angenommenen Wechselkursänderungen infolge der Anlageentscheidung haben jedoch wieder Rückwirkungen auf die Anlageentscheidung selbst. Dazu ein Beispiel:

Ein Anleger erkennt, dass die Rendite einer Anlage in den USA wegen einer Aufwertungserwartung bezüglich des US-Dollars höher ist als jene in Europa. Er wird demzufolge in den USA investieren, weswegen der US-Dollar aufwertet. Diese Aufwertung jedoch reduziert für die nachfolgenden Anleger die spätere Aufwertungserwartung, da der US-Dollar ja schon vor ihrer Investition aufgewertet hat. Der Prozess des Renditeangleichs kommt erst dann zum Ende, wenn die Renditen beider Anlagen identisch sind. Solange eine der beiden Anlagen rentabler ist, führt die Investition dort zu einer Aufwertung der dortigen Währung und damit zu einem Rückgang der Rendite.

Diese sogenannte Zinsparitätenbedingung muss gemäß der Theorie zu jedem Zeitpunkt erfüllt sein, da jede Abweichung von der Parität ein sofortiges Arbitrageverhalten zur Folge hätte.

Während die dargestellten Gleichgewichtsbedingungen lediglich eine ex ante gleiche Rendite verschiedener Anlagen zeigen können, lassen sich mit der Zinsparitätentheorie auch ex post gleiche Renditen erklären:

Über den Terminmarkt lassen sich zukünftige Wechselkurse absichern. Dies bietet Investoren die Möglichkeit, zukünftige Wechselkurse nicht nur unter Unsicherheit zu erwarten, sondern durch Terminmarktgeschäfte sichern zu können. Ersetzt man in der Gleichgewichtsbedingung nun den erwarteten Wechselkurs mit dem Terminmarktkurs, handelt es sich um ein gesichertes (oder gedecktes) Geschäft. Man spricht daher auch von der gesicherten (gedeckten) Zinsparität.

Die ungedeckte Zinsparität verlangt näherungsweise die Übereinstimmung der erwarteten Wechselkursänderung mit der Zinsdifferenz. Ein Investor kann dennoch versuchen, aus internationalen Zinsdifferenzen Gewinn zu ziehen, indem er beispielsweise auf ein Absicherungsgeschäft am Terminmarkt verzichtet. In diesem Fall hängt sein Gewinn (oder Verlust) jedoch entscheidend von der zukünftigen Änderung des Kassawechselkurses ab. Ein heimischer Investor wird aus einer Anlage in den USA eine Überschussrendite gegenüber einer entsprechenden Anlage im Euro-Raum erzielen, solange ein amerikanischer Zinsvorsprung nicht durch eine Abwertung des US-Dollars gegenüber der Gemeinschaftswährung aufgezehrt wird.

Orientiert er seine Anlageentscheidung an diesem Kalkül, wird er unter diesen Bedingungen sein Portfolio zu Gunsten amerikanischer Wertpapiere umschichten. Wenn eine Mehrzahl von Anlegern derartigen Überlegungen folgt, kommt es zu einem signifikanten Kapitalexport in die USA. Tendenziell resultiert daraus einerseits ein Rückgang der Zinsen in den USA, der einen Kursanstieg der entsprechenden Wertpapiere reflektiert; hinzukommt andererseits eine Aufwertung des US-Dollars, die bei unveränderten Fundamentalvariablen eine Abwertungserwartung für die amerikanische Währung generiert. Beide Entwicklungen werden die Attraktivität der US-Papiere reduzieren und an diejenige entsprechender Anlagen im Euro-Raum angleichen. Der ungedeckten Zinsparität zufolge stellt sich daher mittelfristig ein Gleichgewicht ein, bei dem sich die erwarteten Renditen einer ungesicherten Währungsanlage (in heimischer Währung gerechnet) und einer vergleichbaren Investition in heimischer Währung entsprechen sollten.

Ein Zinsvorsprung amerikanischer Finanzanlagen gegenüber Anlagen am europäischen Markt müsste demnach mit einer erwarteten Aufwertung des Euro im Verhältnis zum US-Dollar verbunden sein. Unterstellt man rationale Erwartungen[2] der Marktteilnehmer und Devisenmarkteffizienz, entspricht die erwartete Wechselkursentwicklung darüber hinaus im Durchschnitt der später tatsächlich eingetretenen, dürften Abweichungen nur rein zufälliger Natur sein.

Tatsächlich hat sich der Euro-Dollar-Wechselkurs aber bei den empirischen Untersuchungen eher entgegengesetzt zur Zinsdifferenz entwickelt: Ein Zinsvorsprung amerikanischer Anlagen gegenüber Anlagen im Euro-Raum beispielsweise war häufig mit einer nachfolgenden Aufwertung des US-Dollars verbunden. Die Wechselkursänderungsrate überstieg darüber hinaus den Zinsabstand im Durchschnitt um ein Vielfaches. Der Kontrast zur Darstellung der gedeckten Zinsparität könnte deshalb kaum frappierender sein.

Fazit auch aus der Sicht der Bundesbank: Die Zinsparitätentheorie wird zumeist empirisch widerlegt. Meist wird dies darauf zurückgeführt, dass auch andere Einflussgrößen als Zinsen und Wechselkurserwartungen die Anlageentscheidung beeinflussen oder dass wichtige Voraussetzungen für die Gültigkeit der Theorie (zum Beispiel das Vorliegen vollkommener Kapitalmärkte) nicht zutreffen.

Die Carry-Trade-Strategie zwischen dem Euro-Raum und den USA haben nach einer Analyse der Bundesbank seit Beginn der Währungsunion eine durchschnittliche annualisierte Rendite von 15 Prozent erzielt, ein Vielfaches der Zinsdifferenz. Die Rendite wird also im Wesentlichen durch die vergleichsweise starken Wechselkursschwankungen determiniert.[3] Während Carry Trader also bewusst volatile Währungsentwicklungen bevorzugen und daraus Zusatzer-

---

2   Vgl. http://de.wikipedia.org/wiki/Rationale_Erwartung: Die Theorie der rationalen Erwartungen ist eine makroökonomische Theorie, die ursprünglich von John F. Muth (1961) und später dann von Robert E. Lucas entwickelt wurde. Er erhielt für diese Theorie 1995 den Wirtschaftsnobelpreis. Die Kernaussage dieser Theorie ist, dass sich rationale Erwartungen nicht systematisch oder vorhersehbar von den Ergebnissen unterscheiden, die auf freien Märkten entstehen (Marktgleichgewicht). Es wird also angenommen, dass Wirtschaftssubjekte in Bezug auf ihre Erwartungen keine systematischen Fehler begehen. In ökonomischen Modellen bedeutet das, dass der erwartete Wert einer Variablen von dem durch den Marktmechanismus entstehenden Wert nur durch einen stochastischen Störterm abweicht. Der Erwartungswert dieses Störterms ist immer gleich Null. Dies impliziert, dass die Wirtschaftssubjekte den Marktmechanismus kennen und die Reaktionen von Angebot und Nachfrage auf sich ändernde Preise antizipieren können. Die Theorie der rationalen Erwartungen wird oft als unrealistisches Modell der Erwartungsbildung kritisiert. Insbesondere werde dabei nicht bedacht, dass Information immer mit Kosten verbunden ist, so die Kritiker. Da rationale Erwartungen vollkommene Information voraussetzen, sei eine optimale rationale Vorhersage zu teuer. Aufgrund der Unsicherheit und Unvorhersehbarkeit der Zukunft seien gänzlich rationale Erwartungen unmöglich. Weiter wird die Annahme kritisiert, dass es auf jedem Markt nur ein Gleichgewicht gibt, welches rationale Wirtschaftssubjekte berechnen können. Im Fall von multiplen Gleichgewichten versagt die Theorie der rationalen Erwartungen.

3   Vgl.
      http://www.bundesbank.de/download/volkswirtschaft/mba/2005/200507mba_wechselkurs_zinsdifferenz.pdf

träge generieren wollen, sind Währungskreditnehmer um ein Vielfaches risikoaverser. Währungskreditnehmer suchen Währungen mit geringen Volatilitäten, deren Zinsdifferenz ebenfalls stabil verläuft, in einem Konvergenzumfeld mit abnehmenden oder geringen Unterschieden zwischen wirtschaftlichen, inflationären und damit geldpolitischen Entwicklungen. In dieser Hinsicht sind die Währungen der osteuropäischen Euro-Beitrittskandidaten in ihrer Entwicklung zum Euro insbesondere für mittelständische Unternehmen aus diesen Ländern interessant. Für deutsche Mittelständler verfügt der Schweizer Franken über entsprechende Vorzüge im Verhältnis zum Euro. Beide Aspekte werden nachfolgend analysiert.

Fazit aus – entgegengesetzter – Sicht einer Währungskreditaufnahme: Währungskredite können über einen längeren Zeitraum kostengünstiger sein. Die theoretischen Überlegungen zur Zinsparität lassen sich in der Realität nicht nachweisen, weil neben allen genannten Aspekten weitere zeitvariable Risikoprämien, Prognosefehler bei rationalen Erwartungen und Prognosefehler bei heterogenen Erwartungen zu berücksichtigen sind.

4.　Währungskredite in Osteuropa, Österreich und Deutschland im Vergleich

Ein Blick auf unsere europäischen Nachbarstaaten insbesondere im Osten zeigt erstaunliche Entwicklungen bei Unternehmen und privaten Haushalten bezüglich des Anteils von Währungskrediten am Gesamtkreditvolumen (siehe Abbildungen 1 und 2): An der Spitze liegen die baltischen Staaten Estland, Lettland und Litauen mit Anteilen von 65 bis 75 Prozent Währungskredite. Nahezu ausschließlich wird der Euro verwendet, zu einem geringen Teil der US-Dollar. Alle drei Staaten streben die Euro-Einführung im Jahr 2010 an. Schwankungen ihrer Währungen gegenüber dem Euro haben sich sukzessive zurückentwickelt. Hingegen sind ihre Inlandszinsen um ein Vielfaches höher als im Euro, also grundsätzlich gute Voraussetzungen für Unternehmen und private Haushalte, um Währungskredite in Euro einzugehen.

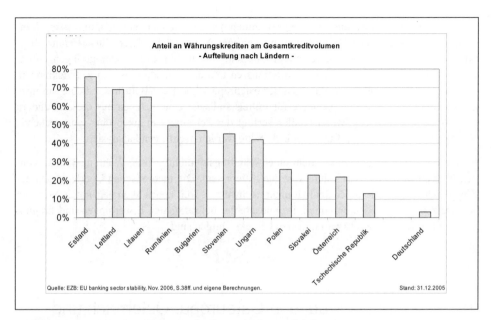

Abbildung 1:   *Anteil an Währungskrediten am Gesamtkreditvolumen*

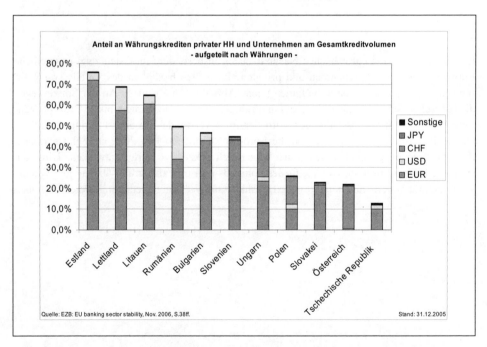

Abbildung 2:   *Anteil an Währungskrediten privater Haushalte und Unternehmen am Ge-*
                   samtkreditvolumen

In Rumänien und Bulgarien betragen die Anteile der Währungskredite (hauptsächlich in Euro) zwischen 45 und 50 Prozent am gesamten Kreditvolumen, auch hier spielen die höheren Inlandszinsen gegenüber dem Euro die entscheidende Rolle. Der Euro–Beitritt ist ebenfalls in den nächsten Jahren geplant.

Slowenien (bis zur Euro-Einführung am 1. Januar 2007) und Ungarn (EU-Beitritt voraussichtlich 2010) verfügen ebenfalls über mehr als 40 Prozent Währungskredite, neben dem Euro wird der Schweizer Franken ausgeprägt genutzt.

Polen, Slowakei und Österreich besitzen Währungskredite zwischen 20 und 30 Prozent am Gesamtkreditvolumen. In der Slowakei dominiert der Euro, nur ganz wenige Kredite in Schweizer Franken sind vorhanden.

In Polen werden Schweizer-Franken-Kredite und Euro-Kredite stark genutzt. Die Kreditkunden haben doppelt profitiert: Der Zloty hat seit Beitritt Polens zur Europäischen Union 2004 nachhaltig aufgewertet, das heißt das auf Euro und Schweizer Franken lautende Kreditkapital bescherte den polnischen Unternehmen und privaten Haushalten Währungsgewinne. Hinzu kommt der positive Zinseffekt, weil sie ihre Kredite mit niedrigeren Euro- und Schweizer-Franken-Zinsen bedienen.

Die Slowakische Krone wurde im November 2005 dem Euro-Wechselkursmechanismus angeschlossen. Sie ist mit einem festen Leitkurs an den Euro gekoppelt, besitzt aber noch eine 30-prozentige Bandbreite. Die Krone wertete ebenfalls gegenüber dem Euro auf. Die Unruhen an den Kapitalmärkten im Zusammenhang mit der US-Immobilienkrise seit Juli 2007 haben den Trend vorläufig gestoppt.

Tschechien besitzt einen Währungskreditanteil von circa 13 Prozent. Mehrheitlich handelt es sich dabei um Euro-Kredite. Tschechien will den Euro im Jahr 2010 einführen, ist aber derzeit nicht im „Eurowarteraum" WKM II (Wechselkursmechanismus). Mit dem EU–Beitritt ist das Land die Verpflichtung eingegangen, den EURO einzuführen.

Als gemeinsames Fazit der Ausführungen zu den Währungskreditanteilen in den osteuropäischen Ländern ist festzuhalten: Allen ist gemeinsam, dass ihre Währungen über die vergangenen Jahre die Entwicklung als Euro-Konvergenzwährungen begonnen, eingeschlagen bzw. schon beendet haben. Entsprechend mussten und müssen die Maastricht-Kriterien angewendet und unter anderem Haushaltsdefizite und Inflation bekämpft werden. Geschieht dies erfolgreich, stabilisiert sich die jeweilige Währung gegenüber dem Euro und es eröffnet sich ein Zeitfenster, in dem sich eine Kreditaufnahme in einer Niedrigzinswährung (EUR, CHF) lohnt, bei nach wie vor hohen Zinsdifferenzen.

Dieses Erklärungsmuster trifft aber nicht für Österreich und Deutschland zu, wo der Euro, wie in weiteren elf europäischen Staaten, im Jahr 1999 zunächst als Buchgeld und am 1. Januar 2002 als Bargeld in Umlauf gebracht wurde (aktuell haben 18 Staaten den Euro eingeführt). Denn es besteht ein großer Unterschied zwischen Österreich und Deutschland: Österreich verfügt über 20 Prozent Währungskredite im Bestand von Unternehmen und privaten Haushalten, in Deutschland sind es nur etwa 2,5 Prozent (siehe Abbildung 3).

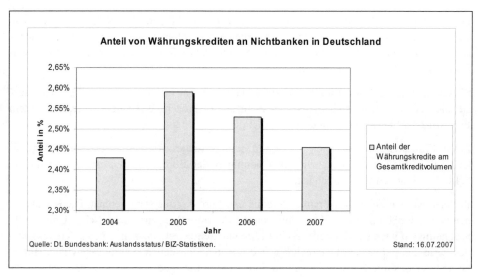

Abbildung 3: *Anteil von Währungskrediten an Nichtbanken in Deutschland*

Währungskredite haben seit Mitte der Neunzigerjahre in Österreich sowohl für private Haushalte als auch für Unternehmen eine große Bedeutung erlangt. Gegenüber den vorgenannten 20 Prozent Währungskreditanteil an der Gesamtkreditvergabe an inländische Nichtbanken in Österreich, was einem Volumen von über 50 Milliarden Euro entspricht (siehe Abbildung 4), liegt der Durchschnittswert für alle übrigen Euro-Länder bei unter fünf Prozent.

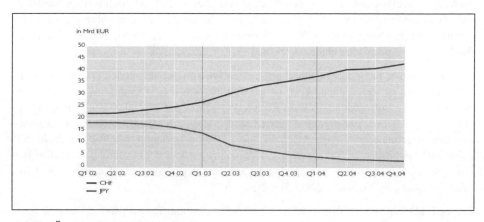

Quelle: Österreichische Nationalbank
Abbildung 4: *Währungsanleihen in Österreich*

Die Währungsstruktur dieser Kredite wird dabei sehr stark durch den Schweizer Franken dominiert. Die Bedeutung des Japanischen Yen ist mittlerweile stark zurückgegangen. Verbindlichkeiten in US-Dollar spielen eine lediglich untergeordnete Rolle.

Obwohl die Frage nach den Gründen für diese Sonderstellung Österreichs letzten Endes offen ist, existieren dennoch mehrere Erklärungsrichtungen. Grundvoraussetzung für die Attraktivität von Währungskrediten ist und war dabei das gegenüber dem Euro niedrigere Zinsniveau im Schweizer Franken und Japanischen Yen. Seinen Ausgangspunkt nahm die Währungskreditentwicklung zunächst in Vorarlberg, wo aufgrund der starken wirtschaftlichen Verflechtung mit der Schweiz und Liechtenstein, unter anderem auch durch viele Grenzgänger, ein Schweizer-Franken-Kredit eine auch ökonomisch sinnvolle Alternative zum Euro-Kredit darstellte. Von Vorarlberg ausgehend breitete sich das Interesse an Währungskrediten zunächst nach Tirol und dann auch in die übrigen Regionen Österreichs aus. Auch heute ist noch ein West-Ost-Gefälle in der relativen Bedeutung von Währungskrediten festzustellen.[4]

Verschiedene Berechnungen ergeben, dass sich die Österreicher durch innovative Finanzierungen in den letzten sechs Jahren neun Milliarden Euro an Finanzierungskosten erspart haben. Auf Deutschland umgelegt hätten sich Unternehmen und private Haushalte im gleichen Zeitraum über 90 Milliarden Euro erspart.[5]

In Deutschland schwankt das Volumen von Währungskrediten, welche von inländischen Kreditinstituten vergeben wurden, in den Jahren 2004 bis 2007 zwischen 60 und 70 Milliarden Euro, Kredite an Unternehmen und öffentliche Haushalte betrugen über 50 Milliarden Euro, Kredite an Privatkunden zuletzt 12,8 Milliarden Euro (siehe Abbildung 5).

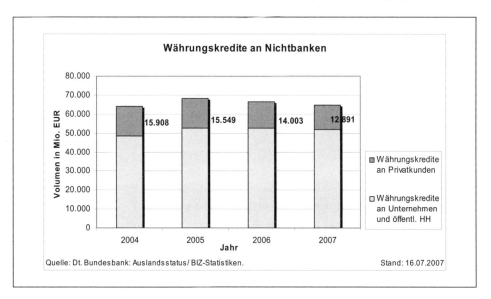

Abbildung 5:　Währungskredite an Nichtbanken

4　Vgl. http://www.oenb.at/de/finanzm_stab/finanzmarktstabilitaet/Systemrisikoanalyse/FWK/fremdwaehrungskredite_in_oesterreich.jsp

5　Vgl. Studie „Chancen und Risiken von Fremdwährungskrediten in Österreich aus gesamtwirtschaftlicher Perspektive"; September 2003, o. Univ.-Prof. H. A. Abele, WU Wien, Inst. für Volkswirtschaftstheorie und -politik, Fachverbandsobmann Komm.-Rat W. K. Göltl, Fremdwährungskreditexperte.

Hierbei dominieren Währungskredite in US-Dollar, die seit 2004 von 21 auf fast 28 Milliarden Euro stiegen. Schweizer-Franken-Kredite nahmen von über 33 auf unter 25 Milliarden Euro stetig ab. Yen- und Pfund-Kredite verharren unter fünf Milliarden Euro (siehe Abbildung 6).

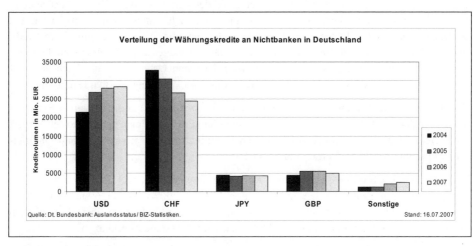

Abbildung 6:   *Verteilung der Währungskredite an Nichtbanken in Deutschland*

5.   Einsatzmöglichkeiten von Währungskrediten in der Mittelstandsfinanzierung

Mittelständische Unternehmen nutzen Währungskredite für unterschiedliche Verwendungszwecke, einige Beispiele aus der Praxis sind nachfolgend aufgeführt.

Ein wichtiges Einsatzgebiet für Währungskredite ist das Exportgeschäft, speziell die Exportfinanzierung. Immer häufiger zwingt der scharfe Wettbewerb auf dem Weltmarkt den Exporteur dazu, auch für eine optimierte Finanzierung zu sorgen. Da er normalerweise nicht die Finanzkraft hat, seinen Abnehmern mehrjährige Zahlungsziele, wie sie bei der Lieferung langlebiger Investitionsgüter gefragt sind, einzuräumen, schaltet er ein Finanzierungsinstitut ein.

Für die mittel- und langfristige Ausfuhrfinanzierung bieten sich in der Bundesrepublik neben den Banken das hierfür geschaffene Spezialinstitut AKA Ausfuhrkredit-Gesellschaft mbH sowie die Kreditanstalt für Wiederaufbau an. Im Interesse des deutschen Exports müssen dabei häufig flankierende Kredite bereitgestellt werden, aus denen primär An- und Zwischenzahlungen für das Exportgeschäft und darüber hinaus oftmals auch die lokalen Kosten finanziert werden; derartige flankierende Kredite werden in der Regel von den Banken über ihre Euromarkt-Stützpunkte in den jeweiligen Währungen herausgelegt.

Ein Währungsrisiko wird dabei ausgeschaltet, indem die erwarteten Erträge in Währung gegen die Zins- und Tilgungszahlungen des Währungskredits gestellt werden.

Für Auslandsinvestitionen generell, aber auch bei ausländische Projektfinanzierungen sowie Beteiligungsfinanzierungen eignen sich Währungskredite zur Ausschaltung des Währungsrisikos. Bei der Projektfinanzierung handelt es sich um die Kreditgewährung für ein Investitionsvorhaben (Projekt), das von einer eigens zu diesem Zweck gegründeten Projektgesellschaft durchgeführt wird. Finanziert wird eine sich selbst tragende wirtschaftliche Einheit. Zur Bedienung des Schuldendienstes wird allein oder zumindest überwiegend auf den Cashflow des Projektes abgestellt. Banken finanzieren Investitionen in Form von Neugründungen, Akquisitionen oder Joint Ventures deutscher und europäischer Unternehmen im In- und Ausland.

Die Beteiligungsfinanzierung (Einlagenfinanzierung) ist die Zuführung von Eigenkapital durch den oder die Eigentümer, wobei die Geldmittel des Unternehmens von außerhalb zufließen. Beteiligungsfinanzierung ist also Eigen- und Außenfinanzierung zugleich. Sie findet stets bei der Gründung einer Unternehmung statt, aber auch später im Rahmen von Kapitalerhöhungen.

Zur Betriebsmittelfinanzierung gehören sämtliche Kapitalbeschaffungsaktivitäten, die für den Erwerb von Betriebsmitteln erforderlich sind. Unter Anwendung des Prinzips der fristenkongruenten Finanzierung kommen hauptsächlich kurz- und mittelfristige Fremdfinanzierungsinstrumente in Betracht. Neben der Inanspruchnahme von Bankkrediten, wie zum Beispiel Kontokorrentkrediten, besitzt die Lieferantenkreditgewährung in einigen Branchen eine besonders herausragende Bedeutung.

Handelsfinanzierungen zeichnen sich meist durch kurze Kreditlaufzeiten aus. Häufig werden Avalkredite und Forfaitierungen bereitgestellt bzw. vorgenommen.

Die Finanzierung von Gewerbeimmobilien im Ausland ist ebenfalls ein Einsatzgebiet für Währungskredite, das gleiche gilt für Anschlussfinanzierungen bzw. Forward-Darlehen.

Festzuhalten gilt: Werden Währungskredite für Finanzierungszwecke in den jeweiligen Ländern und auf deren Währungen lautend aufgenommen, ist das Währungsrisiko aufgrund des in dieser Währung zu erwartenden Returns weitestgehend ausgeschaltet. Der Einsatz von Währungskrediten für Inlandsfinanzierungen zielt auf die Nutzung der Zinsvorteils ab, bei gleichzeitiger Beachtung des Währungsrisikos.

6. Beispielrechnung eines Währungskredits in Schweizer Franken

Welche Ziele verfolgen Firmenkunden bei der Suche nach der optimalen Finanzierung? Sie suchen eine Balance zwischen Rentabilität, Liquidität und Sicherheit herzustellen. Welcher dieser Faktoren am wichtigsten ist, hängt von dem Finanzierungszweck ab. Wenn dabei zum Beispiel die Faktoren Rentabilität und Liquidität im Vordergrund stehen, bietet der Währungskredit die alternative Finanzierungslösung. Denn im Währungskredit sind neben den Chancen auf Kursvorteile günstige Zinskonditionen und Sondertilgungsmöglichkeiten sowie kürzere Laufzeiten gegeben.

Kredite in Währungen wie dem Schweizer Franken und – abgeschwächt aufgrund der höheren Währungsvolatilität – dem Japanischen Yen werden verstärkt von Firmenkunden als Finanzierungsergänzung genutzt. Seit Jahren bieten diese Währungen deutliche Konditionenvorteile, auf die Firmenkunden im Rahmen des Währungskreditmoduls „LuxCredit" der DZ BANK International S. A. über ihre VolksbankRaiffeisenbank Zugriff haben.[6]

Bereits ab 10.000 Euro mit Laufzeiten bis zu einem Jahr oder ab 50.000 Euro bis zu zehn Jahren können Firmenkunden unterschiedliche Tilgungsvarianten in Anspruch nehmen. Bei ungünstigem Währungsverlauf ist eine Devisenabsicherung, ein Wechsel in den Euro oder in eine andere Währung jederzeit möglich.

In einer Modellrechnung werden die Möglichkeiten einer LuxCredit Finanzierung in Schweizer Franken (CHF) als Beimischung und in Abhängigkeit von der Laufzeit deutlich. Bei einer Gesamtkreditsumme von 1.000.000 Euro werden 330.000 Euro in Schweizer Franken zu einem Einstiegskurs von 1,6500 CHF aufgenommen. In den Beispielrechnungen sind unterschiedliche Währungskursentwicklungen und ihre Auswirkungen dargestellt und den Kosten einer Finanzierung in Euro gegenübergestellt. Tilgungen bleiben unberücksichtigt. Als Zinsvorteil des Schweizer-Franken-Kredits gegenüber einem Euro-Kredit werden für die gesamte Laufzeit 1,75 Prozent angenommen. In den Berechnungsbeispielen legen wir einen Euro-Zinssatz von 5,25 und einen Schweizer-Franken-Zinssatz von 3,50 Prozent sowie 360 Zinstage für ein Jahr zugrunde. In der zehnjährigen Betrachtung wird unterstellt, dass alle Zinsvorteile zu Forwardsätzen im Euro angelegt werden.

---

6 Die intensive Beratung erfolgt im genossenschaftlichen Verbund über die Firmenkundenbereiche der VolksbankenRaiffeisenbanken. Die DZ BANK International verwaltet ein Volumen von über sechs Milliarden Euro Währungskredite der VolksbankenRaiffeisenbanken. Das Geschäftsmodell besteht seit 15 Jahren und wurde im Rahmen einer breit angelegten Kundenzufriedenheitsanalyse im Sommer 2007 gemeinsam mit dem TÜV Saarland bewertet, in der neben der Gesamtzufriedenheit mit dem Produkt LuxCredit insbesondere die Aspekte Aufklärung über das Wechselkursrisiko und die Beratungskompetenz der Bankberater in den VolksbankenRaiffeisenbanken überzeugten.

Ausgangssituation der Finanzierung:

Eigenkapital	200.000 EUR
Kredit Währung CHF	330.000 EUR
Kredit EUR	470.000 EUR
Gesamtfinanzierung	1.000.000 EUR

Nach einem Jahr Laufzeit werden bei zwei gegenläufig unterstellten Kursentwicklungen unterschiedliche Rückzahlungsbeträge fällig. Bei einer für den Kreditnehmer positiven Abwertung des Schweizer Frankens um fünf Prozent liegt der Kurs bei 1,7325 CHF. Der Kursgewinn für den Kreditnehmer beträgt dabei 15.714 EUR und der Zinsvorteil gegenüber einem Euro-Kredit 6.325 EUR. Insgesamt steigt, wie die Tabelle zeigt, der Gesamtvorteil einer LuxCredit-Finanzierung auf 22.039 EUR. Wertet der Schweizer Franken hingegen um fünf Prozent auf, beträgt der Kurs 1,5675 CHF. Dabei ergibt sich für den Kreditnehmer ein Kursnachteil von 17.368 EUR und ein geringerer, aber immer noch deutlicher Zinsvorteil von 5.167 EUR. Insgesamt steigen die Mehrkosten im Falle der Rückzahlung auf 12.201 EUR gegenüber einem Euro-Kredit.

Situation nach einem Jahr bei CHF-Abwertung:
Stand der Verbindlichkeiten

Währung CHF	314.286 EUR	Kursgewinn	15.714 EUR
EUR-Kredit	470.000 EUR	Zinsvorteil	6.325 EUR
Rückzahlungsbetrag	784.286 EUR	Vorteil vs. EUR-Kredit	22.039 EUR

Situation nach einem Jahr bei CHF-Aufwertung:
Stand der Verbindlichkeiten

Währung CHF	347.368 EUR	Kursverlust	– 17.368 EUR
EUR-Kredit	470.000 EUR	Zinsvorteil	5.167 EUR
Rückzahlungsbetrag	817.368 EUR	Mehrkosten	– 12.201 EUR

Bei einer zehnjährigen Laufzeit wird, wie das Beispiel zeigt, bei einer Aufwertung des Schweizer Frankens auf 1,5673 sogar der Kursverlust durch den Zinsvorteil kompensiert. Jetzt steht dem Kursverlust von 17.368 EUR ein Zinsvorteil von 64.631 EUR gegenüber. Insgesamt realisiert der Kreditnehmer mit der LuxCredit Finanzierung einen Vorteil von 47.263 EUR. Bei einer Abwertung des Schweizer Frankens auf 1,7325 fällt der Mehrertrag für den Kreditnehmer noch deutlich höher aus. Mit dem Kursvorteil von 15.714 EUR und dem Zinsvorteil von 79.115 EUR beläuft sich der Gesamtvorteil der LuxCredit Finanzierung auf 94.829 EUR.

Situation nach zehn Jahren bei CHF-Aufwertung:
Stand der Verbindlichkeiten

Währung CHF	347.368 EUR	Kursverlust	– 17.368 EUR
EUR-Kredit	470.000 EUR	aufdisk. Zinsvorteil	64.631 EUR
Rückzahlungsbetrag	817.368 EUR	Vorteil vs. EUR-Kredit	47.263 EUR

Situation nach zehn Jahren bei CHF-Abwertung:
Stand der Verbindlichkeiten

Währung CHF	314.286 EUR	Kursgewinn	15.714 EUR
EUR-Kredit	470.000 EUR	aufdisk. Zinsvorteil	79.115 EUR
Rückzahlungsbetrag	784.286 EUR	Vorteil vs. EUR-Kredit	94.829 EUR

Das Finanzierungsbeispiel veranschaulicht, dass der durch die Währungsaufwertung höhere Rückzahlungsbetrag infolge des Kursverlustes hingegen aufgrund des zehn Jahre lang genutzten Zinsvorteils sehr deutlich kompensiert wird. Dabei wird die Währungsentwicklung nicht nur aufgefangen: Gegenüber einem Euro-Darlehen wird der Gesamtrückzahlungsbetrag für den Kreditnehmer sogar signifikant reduziert.

Abbildung 7 verdeutlicht, nach wie vielen Jahren die Währungsaufwertung des Schweizer Frankens in unserer Beispielrechnung durch den Zinsvorteil kompensiert und damit die Gewinnschwelle erreicht oder durchbrochen wird. Die durch die fünfprozentige Aufwertung des Schweizer Frankens verursachten Mehrkosten wandeln sich bereits nach weniger als zweieinhalb Jahren aufgrund des Zinsvorteils von 1,75 Prozent in einen Gewinn.

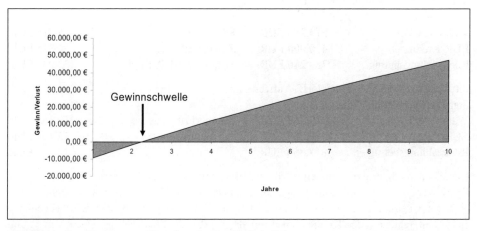

Abbildung 7:   *Break-even-Berechnung für das Beispiel*

7. Der Schweizer Franken als optimale Kreditwährung

Die Gründe für die Nutzung des Schweizer Frankens als sinnvolle Kreditwährung in der Mittelstandsfinanzierung sind vielfältig. Sie manifestieren sich seit der Euro-Einführung und werden aus heutiger Sicht auch zukünftig Bestand haben.

Zunächst ist festzuhalten, dass das Währungsverhältnis des Schweizer Frankens zum Euro ein nachhaltig anderes geworden ist als gegenüber der früheren D-Mark. Dies erläuterte der Präsident der Schweizer Nationalbank (SNB), Jean-Pierre Roth, im September 2007 während eines öffentlichen Vortrags sehr ausführlich, zunächst anerkennend, dass entgegen eigenen eidgenössischen Befürchtungen in der Vergangenheit das internationale Währungssystem durch die Einführung des Euro mehr Stabilität erhielt. Krisen der ehemaligen europäischen Währungen Italienische Lira und Französischer Franc hatten stets zu einer Aufwertung des Schweizer Frankens geführt, der als sicherer Hafen für internationale Anleger galt. Auch die periodischen Krisen des US-Dollars nach Aufhebung des Goldstandards sowie die bestehenden US-Zahlungs- und Handelsbilanzschieflagen bewirkten unter anderem eine Franken-Aufwertung. SNB-Chef Roth sprach von enormen Vorteilen für den Franken aufgrund der entstandenen neuen, stabileren bipolaren Welt, weil das gewachsene Vertrauen international in den Euro dazu geführt hat, dass er ein wichtiges Gegengewicht zur Weltreservewährung Nummer 1, dem US-Dollar, darstellt.

Der SNB-Chef betonte, dass die jahrelangen Schwierigkeiten Schweizer Exporteure auf den internationalen Warenmärkten durch anhaltende Währungsaufwertungen des Frankens nicht mehr bestehen. „*Les conséquences de ces désordres se firent douloureusement sentir pour la Suisse. Le franc – considéré comme un havre de stabilité – était, à l'instar du mark allemand, la victime répétée de crises spéculatives. De plus, étant donné l'étroitesse du marché helvétique, notre monnaie sur-réagissait aux pressions du marché. Le franc montrait ainsi une tendance continue à la revalorisation, ce qui plaçait nos exportateurs en difficulté sur les marchés mondiaux et l'économie suisse affichait des taux de croissance modestes.*"[7]

Die Gemeinschaftswährung hat gemäß Roth größtenteils die Funktion des sicheren Hafens vom Schweizer Franken übernommen, der somit mit seinem engen Geldmarkt aus dem Fokus internationaler Währungsturbulenzen getreten ist, somit entsprechende Kapitalströme mit regelmäßigen Währungsaufwertungen beendet hat, kurzum eine wieder mehr an den nationalen Interessen ausgerichtete Geld- und Währungspolitik für die SNB ermöglicht. Dazu noch einmal das Originalzitat:

„*Par rapport à ce que nous avions pu vivre dans le passé, le changement est remarquable. La BCE a réussi le tour de force consistant à remplacer le choeur discordant des monnaies européennes par une voix unique et claire, celle de l'euro. Une excellente nouvelle pour notre pays...La zone euro est ainsi devenue un havre de stabilité monétaire. L'Europe toute entière en profite, mais également le système monétaire international, car l'euro a acquis la crédibilité et l'assise nécessaires pour offrir une alternative valable au dollar des Etats-Unis. A l'instar du dollar, l'euro est une grande monnaie. Il en a toutes les qualités: un important marché financier offrant des papiers de première qualité, un pouvoir d'achat encore plus stable que ne l'est celui du dollar, des comptes extérieurs équilibrés et non pas un déficit chronique comme celui des Etats-Unis...*"[8]

---

7   L'euro – facteur stabilisateur du système monétaire international – Conférence donnée par Jean-Pierre Roth, Président de la Direction générale de la Banque nationale Suisse A la Fondation Jean Monnet pour l'Europe, Lausanne, 21 septembre 2007, aus:
       ttp://www.snb.ch/fr/mmr/speeches/id/ref_20070921_jpr/source/ref_20070921_jpr.fr.pdf

8   Siehe Fußnote 7.

Es bleibt also noch die Frage zu beantworten, wann die Schweiz dieser erfolgreichen europäischen Währung beitreten wird, welche von ihrem Notenbankchef so gelobt wird. Die negie-
rende Antwort gibt SNB-Chef Roth indirekt. Er spricht die große Diskrepanz in der EU an:
strukturelle Probleme einerseits, eine gemeinsame Währung andererseits. Die politische
Macht liegt noch größtenteils bei den Nationalstaaten, sodass der EU-Binnenmarkt noch
längst nicht hergestellt ist.

Trotzdem erklärt er den Euro und den Schweizer Franken zu engen „Verwandten", was auf
einen auch zukünftigen Gleichklang der Währungen schließen lässt: "...Le franc est au-
jourd'hui moins volatil qu'avant l'apparition de la monnaie unique. Les marchés considèrent
l'euro et le franc, si ce n'est comme des jumeaux, du moins comme des monnaies soeurs..."[9]

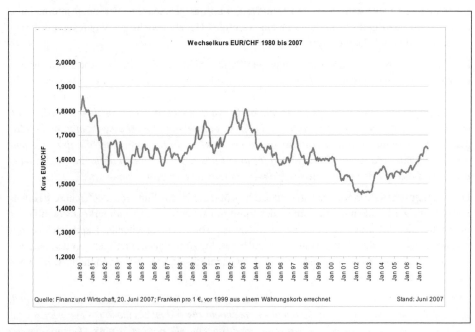

Abbildung 8: *Langfristchart Schweizer Franken 1980-2007*

Die zehnjährige Aufwertungsphase von 1993 bis 2003 – von 1,80 auf 1,45 – war geprägt von
den aufkommenden Zweifeln an den wirtschaftlichen Folgen der Wiedervereinigung, der
Angst um die Stabilität der D-Mark aufgrund der hohen Staatsverschuldung, der Ressenti-
ments im Vorfeld der Einführung der Gemeinschaftswährung sowie des Verlustes der D-
Mark. Mit zunehmendem Vertrauen in den Euro endete der Aufwendungsdruck auf den
Schweizer Franken im Januar 2003. Die nachfolgenden vier Jahre bis 2007 bewegte sich der
Schweizer Franken in der Range 1,50 bis 1,60, seit Januar 2007 überspringt er die Marke
1,60 und erreicht im 4. Quartal 2007 bei 1,68 sein tiefstes Niveau.

---

9   Siehe Fußnote 7.

Es wundert also nicht, dass die Schweizerische Nationalbank sehr entspannt die Währungsentwicklung kommentiert, denn das niedrige Inflationsniveau von aktuell einem Prozent und die erwartete wirtschaftliche Abkühlung im Jahr 2008 lassen auch zukünftig einen Wechselkurs zur Gemeinschaftswährung in dem Band 1,60 bis 1,70 erwarten. Kurz- bis mittelfristig werden Auflösungen von Carry Trades in Schweizer Franken im Umfeld der US-Immobilienkrise und deren Auswirkungen auf andere Assetklassen eine gewisse Aufwertung des Schweizer Franken in ein Kursband 1,55 bis 1,65 verursachen. Aber auch etwaige Währungsbewegungen haben im Schweizer Franken bislang nicht zu extremen Ausschlägen geführt. Im Vergleich mit den Währungen Yen und US-Dollar ist die Volatilität des Schweizer Frankens sehr moderat (siehe Abbildung 9).

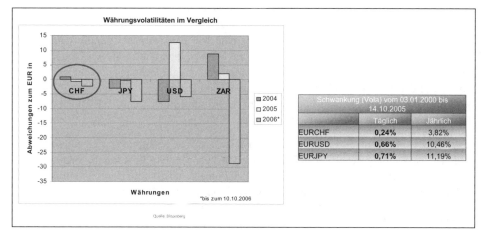

Abbildung 9:   *Währungsvolatilitäten im Vergleich*

8.   Begrenzung der Risiken eines Währungskredits

Der Währungskreditnehmer ist grundsätzlich den folgenden Risiken ausgesetzt: Wechselkursrisiko, Zinsänderungsrisiko, Tilgungsträgerrisiko und dem Risiko der Zwangsumwandlung.

Nachstehend werden Möglichkeiten zur Absicherung des Wechselkursrisikos und Zinsänderungsrisikos aufgezeigt. Zur Absicherung des Wechselkursrisikos werden folgende Instrumente erläutert:

■ Stop-Loss-Limitorder

■ Devisentermingeschäft

■ Devisenoption

Eine einfache Möglichkeit des Währungsmanagements bei Währungskrediten ist die sogenannte Stop-Loss-Limitorder. Durch dieses Instrument kann sich der Kreditnehmer bei den
täglich fälligen Krediten (zum Beispiel beim LuxCredit Call oder LuxCredit Rahmen-Call)
gegen Wechselkursrisiken absichern. Bei dieser Absicherungsmöglichkeit legt der Kreditnehmer beim Abschluss der Limitorder ein Kurslimit fest, bei dessen Erreichen der Währungskredit zurückgezahlt wird. Das bedeutet: Sobald die Währung das festgelegte Limit
erreicht, erfolgt automatisch der Kauf der Devisen für die Rückzahlung des Währungskredits
zuzüglich der bis dahin aufgelaufenen Zinsen.

Durch die Erteilung einer Stop-Loss-Limitorder kann der Kreditnehmer einen für ihn optimalen Zielkurs bestimmen, bei dem der Kredit zurückgezahlt wird. Somit ist es ihm möglich,
eventuelle Kursverluste zu begrenzen sowie noch nicht realisierte Kursgewinne abzusichern
und möglicherweise weitere Kursgewinne zu erzielen. Eine wesentliche Problematik bei
diesem Limitauftrag stellt jedoch die Ungewissheit über den Zeitpunkt der Ausführung dar.
Bereits bei der erstmaligen Berührung des vertraglich vereinbarten Limits wird die Rückzahlung ausgeführt. Dadurch ist es dem Kreditnehmer nicht möglich von einer eventuell späteren
Abwertung der Währung zu profitieren, da der Währungskredit nur bis zum Ausübungszeit-
punkt bestehen bleibt. Darüber hinaus verliert der Kreditnehmer bei Fälligstellung des Kredits seinen Zinsvorteil in der niedriger verzinsten Währung.

Eine weitere Möglichkeit zur Absicherung gegen das Wechselkursrisiko ist der Abschluss
eines Devisentermingeschäfts. Ein Termingeschäft kennzeichnet grundsätzlich das zeitliche
Auseinanderfallen von Verpflichtungs- und Erfüllungsgeschäft. Ein Devisentermingeschäft
beinhaltet die Verpflichtung zweier Kontrahenten (zum Beispiel Bank und Kreditnehmer),

■ an einem bestimmten Tag in der Zukunft,

■ zu einem festgelegten Kurs (Devisenterminkurs),

■ eine vertraglich vereinbarte Summe einer Währung gegen eine andere Währung

zu kaufen bzw. zu verkaufen.

Der Kreditnehmer kennt bei Abschluss des Devisentermingeschäfts sowohl den Fälligkeits-
termin (Ende der Kreditlaufzeit) als auch die Summe der Währung (Kreditbetrag zuzüglich
Zinsen), die er am Ende der Laufzeit gegen Euro kaufen muss. Jetzt stellt sich jedoch die
Frage, welchen Devisenterminkurs der Kreditnehmer bei der späteren Konvertierung von der
Bank erhält.

Als Ausgangspunkt für die Berechnung des Devisenterminkurses dient der aktuelle Kassakurs. Der Terminkurs wird von der Zinsdifferenz zwischen den beteiligten Währungen bestimmt. Je nachdem, wie sich das Zinsniveau der Basiswährung zu dem der variablen Währung verhält, wird der sogenannte Swapsatz bei der Terminkursberechnung entweder als
Aufschlag (Report) zum Kassakurs addiert oder als Abschlag (Deport) von diesem subtra-
hiert.

Grundsätzlich kann der Kreditnehmer durch den Abschluss eines Devisentermingeschäfts das Wechselkursrisiko ausschalten, jedoch begrenzt er dadurch auch seine Chance auf eine günstigere Kursentwicklung in der Zukunft. Diese Kosten bestehen darin, dass der Kreditnehmer durch den im Terminkurs enthaltenen Abschlag seinen Zinsvorteil aufgibt.

Darüber hinaus ist es nur sinnvoll, ein Devisentermingeschäft während der Kreditlaufzeit abzuschließen. Würde der Kreditnehmer direkt mit Abschluss des Kreditvertrags ein Devisentermingeschäft vereinbaren, entginge ihm der Zinsvorteil des Währungskredits über die ganze Laufzeit. Somit wäre der Währungskredit mit sofortigem Abschluss eines Devisentermingeschäfts einem Euro-Kredit gleichgestellt. Das Devisentermingeschäft eignet sich also nur, wenn man es zu einem Zeitpunkt während der Kreditlaufzeit gezielt zur Kurssicherung einsetzt.

Als letzte Möglichkeit des Währungsmanagements bei Währungskrediten wird an dieser Stelle die Devisenoption vorgestellt.

Wie bereits zuvor beschrieben wurde, kann sich ein Kreditnehmer durch den Abschluss eines Devisentermingeschäfts vollständig gegen das Wechselkursrisiko absichern. Dabei ist es ihm aber aufgrund der Erfüllungsverpflichtung nicht möglich, an einer günstigeren Wechselkursentwicklung am Ende der Laufzeit zu partizipieren.

Durch Devisenoptionen kann ein Kreditnehmer ebenfalls sein Wechselkursrisiko absichern. Doch im Gegensatz zu Devisentermingeschäften ist es ihm durch Devisenoptionen möglich, von einem für ihn positiven Kursverlauf zu profitieren.

Bei Optionen unterscheidet man generell zwischen dem Kauf einer Option (Long-Position) und dem Verkauf einer Option (Short-Position). Prinzipiell wird ein Kreditnehmer, der seinen Währungskredit absichern möchte, immer an mehr Sicherheit interessiert sein. Infolgedessen wird hier nur die Long-Position, also der Kauf einer Option, betrachtet. Dabei lässt sich der Kauf einer Devisenoption wie folgt definieren:

Beim Kauf einer Devisenoption hat der Käufer das Recht, aber nicht die Pflicht,

- eine im Voraus bestimmte Summe an Währung gegen eine andere Währung,

- jederzeit während der Laufzeit (amerikanische Option) oder nach Ablauf der Optionsfrist (europäische Option),

- zu einem vereinbarten Devisenkurs (Basispreis),

entweder zu kaufen (Call-Option) oder zu verkaufen (Put-Option).

Für dieses Recht muss der Käufer in der Regel zwei Tage nach Abschluss der Option eine Prämie an den Verkäufer zahlen. Folglich gibt es beim Kauf einer Devisenoption zwei verschiedene Optionstypen: Devisen-Calls und Devisen-Puts, wobei sich die Begriffe Call und Put im Folgenden auf die Auslandswährung beziehen. Beim Kauf einer Devisenkaufoption (zum Beispiel CHF-Call) erwirbt der Käufer das Recht, Auslandswährung (CHF) gegen Inlandswährung (EUR) zu kaufen. Dagegen hat der Käufer einer Devisenverkaufsoption (zum Beispiel JPY-Put) das Recht, JPY gegen EUR zu verkaufen. Da in unserem Fall der

Kreditnehmer seinen Kredit in Fremdwährung zurückzahlen muss, benötigt er am Ende der Kreditlaufzeit Devisen. Somit kann sich ein Fremdwährungskreditnehmer nur durch den Kauf einer Devisenkaufoption (Long-Call-Position) gegen das Wechselkursrisiko absichern.[10]

Durch die Wahlmöglichkeit der Ausübung oder Nichtausübung einer Devisenkaufoption kann sich der Kreditnehmer jeweils für die aus seiner Sicht günstigste Situation entscheiden und ggf. zusätzlich zur Kurssicherung noch Kursgewinne erzielen. So wird er bei Fälligkeit eines

Long-Calls die Option nur ausüben, wenn der Marktpreis (Kassakurs) über dem Basispreis der Option liegt. Hingegen lässt er die Option verfallen, falls der Marktpreis unter dem Basispreis notiert, da er jetzt die Währung günstiger am Markt beziehen kann.

Grundsätzlich unterscheidet man zwischen börsengehandelten Devisenoptionen und nicht standardisierten Devisenoptionen, die von Banken angeboten werden. Die börsengehandelten Devisenoptionen sind weitgehend standardisiert, wobei ihre Fälligkeiten an der EUREX jeweils auf den dritten Freitag der Monate März, Juni, September und Dezember fallen. Hinsichtlich der Kontraktgröße hat man hier eine ähnliche Problematik wie bei den Futures, da sie erst ab einer gewissen Mindestgröße bzw. einem ganzzahligen Vielfachen davon gehandelt werden. Im Gegensatz dazu sind nicht standardisierte Devisenoptionen für das Währungsmanagement bei Währungskrediten besser geeignet, da hier ab entsprechend großen Beträgen der Nennwert und Verfalltag frei wählbar sind.

Zur Begrenzung des Zinsrisikos in einem Währungsdarlehen wird an dieser Stelle als einziges Instrument der Cap vorgestellt.

Ein Cap ist eine vertragliche Vereinbarung zwischen zwei Kontrahenten, die dem Cap-Käufer eine Zinsobergrenze sichert, weshalb ein Cap auch als Zinsbegrenzungsvertrag bezeichnet wird. Für diese Zinsbegrenzung hat der Cap-Käufer dem Cap-Verkäufer zu Beginn der Cap-Laufzeit eine Prämie zu zahlen. Bei einem Cap wird an den jeweiligen Roll-over-Terminen während der Cap-Laufzeit ein Referenzzinssatz (zum Beispiel LIBOR) mit der vertraglich fixierten Zinsobergrenze verglichen. Falls der Referenzzinssatz an einem Roll-over-Termin höher als die Zinsobergrenze war, erhält der Cap-Käufer vom Cap-Verkäufer eine nachträgliche Ausgleichszahlung für diese Roll-over-Periode.

Somit kann ein Kreditnehmer durch den Kauf eines Caps seinen Zinssatz während der Cap-Laufzeit nach oben begrenzen, wobei er weiterhin von fallenden bzw. auf niedrigem Niveau verbleibenden Zinsen profitiert. Demnach sind Caps für die Absicherung von variabel verzinsten Währungskrediten sehr geeignet. Bei Caps handelt es sich generell um OTC-Produkte, die nicht an Börsen gehandelt werden. Die jeweiligen Ausstattungsmerkmale sind nicht standardisiert und können zwischen den beteiligten Kontrahenten frei vereinbart werden.

---

[10] Auf die Möglichkeit des Kaufs einer Verkaufsoption in Inlandswährung (zum Beispiel EUR-Put), die für den Kreditnehmer zum gleichen Ergebnis wie eine vergleichbare Kaufoption in Auslandswährung führen würde, wird bewusst nicht eingegangen, da hier nur Optionen in Währung betrachtet werden.

9.   Schlussbemerkungen

Im Kontext des umfangreichen Themas Mittelstandsfinanzierung spielt der Währungskredit in Deutschland bislang noch eine Nebenrolle. Als „Hauptdarsteller" tritt er hingegen insbesondere in Österreich und osteuropäischen Ländern auf.

Durch die Beimischung des Schweizer Frankens ergeben sich für mittelständische Unternehmen neue Optimierungsmöglichkeiten für Finanzierungskonzepte. Dabei ist selbstverständlich festzuhalten, dass dem Einsatz des Währungskredits eine ausführliche Analyse der in Frage kommenden Währung, ggf. der Absicherungsinstrumente und des Finanzierungszwecks, vorausgehen muss.

Der Schweizer Franken hat zwischen 1993 und 2003 seine Funktion als Fluchtwährung angesichts der Abschaffung der D-Mark und des Starts der kritisch beäugten Gemeinschaftswährung eingenommen und kräftig aufgewertet. Zwischen 2003 und 2007 wertet der Schweizer Franken unter anderem als Vehikelwährung für Carry Trades nachhaltig ab, auch die gewonnene Stärke und das Vertrauen in den Euro unterstützen diesen Trend. Im Zuge der US-Immobilienkrise und ihren vielfältigen Auswirkungen auch auf die internationalen Aktienmärkte werden viele Carry Trades zurückgeführt – der Schweizer Franken dürfte sich aus dem übertriebenen Abwertungstrend verabschieden.

Ziel der Schweizer Geldpolitik bleibt es, im „Windschatten" des starken Euro eine stabile Währungsentwicklung zu fördern und bei niedrigerer Inflation und auch niedrigeren Geldmarkt- und Kapitalmarktzinsen gegenüber dem Euro das eidgenössische Wirtschaftswachstum auch zukünftig zu unterstützen.

Mezzanine – ein Eckpfeiler der Unternehmensfinanzierung

Roland Jetter

1. Einleitung

Mezzanine ist das Zauberwort für die Mittelstandsfinanzierung schlechthin. Nachdem allein die Veröffentlichungen der vergangenen drei Jahre seit Auflegung des ersten standardisierten Mezzaninefonds im Jahr 2004 Regale füllen, darf als allgemein bekannt vorausgesetzt werden, dass es sich bei Mezzanine um eine Kapitalform zwischen Eigen- und Fremdkapital handelt, dessen Wortstamm aus dem italienischen (mezzanino = Zwischengeschoss) kommt.

Die Ausführungen erheben nicht den Anspruch einer systematischen Ausarbeitung zum Thema „Mezzanine", sondern wollen dem interessierten Unternehmer aus Sicht eines Praktikers helfen, sich eine attraktive Marktentwicklung nutzbar zu machen. Dabei geht es weniger um eine Momentaufnahme eines sich rasant entwickelnden Segments der Unternehmensfinanzierung. Vielmehr sollen die Chancen dieses Marktes beschrieben und aufgezeigt werden, wie Mezzanine optimal für die Unternehmensfinanzierung eingesetzt werden kann.

Bei „Mezzanine" handelt es sich um alten Wein in neuen Schläuchen, da es die unterschiedlichsten Formen stiller Beteiligungen und Nachrangdarlehen schon lange gibt.

Der Anstoß zum Wachstum kam um die Jahrhundertwende einerseits von Banken, die ihre Produktpalette ausbauten. Gleichzeitig zeigte der Finanzmarkt hohes Interesse an mittelständischen Unternehmensrisiken, zu denen die Verbriefung von Mezzanineforderungen und deren Platzierung den Weg ebneten. Zum Durchbruch verhalf 2004 das Pionierprodukt „PREPS", das die schweizerische Capital Efficiency Group aus Zug zusammen mit der HypoVereinsbank auf den Markt gebracht hat.

Wenngleich diverse Fonds Mezzanine bereits ab 0,5 Millionen Euro anbieten, konzentriert sich der Artikel auf den Kernmarkt um die zwischenzeitlich 15 Verbriefungen, deren Volumensuntergrenze pro Vertrag bei zwei Millionen Euro und im Durchschnitt bei circa sechs Millionen Euro liegt (Quelle: FINANCE März 2007). Dies begrenzt den Kreis „geeigneter" Unternehmen zwar auf Umsatzklassen ab circa zehn Millionen Euro, von diesen hat aber erst ein kleiner Teil die Option Mezzanine geprüft.

Zum Zeitpunkt der Erstellung dieses Artikels Mitte 2007 handelt es sich bei Mezzanine um einen etablierten Käufermarkt, das heißt, den nachfragenden Unternehmen steht ein breites Angebot unterschiedlichster Produkte gegenüber mit der Konsequenz, dass einerseits der Unternehmer große Chancen hat, eine optimale Lösung zu erhalten, andererseits damit zu rechnen ist, dass die aktuell auftretenden Risiken auf Sicht zu einer Verknappung oder zumindest Verteuerung des Angebotes führen.

Entwicklungen am Finanzierungsmarkt aus Sicht des Mittelstandes

Es sind die Rahmenbedingungen des Finanzierungsmarktes, die Unternehmen verstärkt veranlassen, die Aufnahme mezzaniner Mittel ins Kalkül zu ziehen.

Einerseits kann man in einigen Entwicklungen Belastungen für die Unternehmensfinanzierung sehen:

▪ Das traditionelle deutsche Hausbankprinzip, das eine über die jeweiligen (kurzfristigen) wirtschaftlichen Interessen hinausgehende Verbundenheit zwischen Unternehmenskunde und Bank begründet hat, ist zu Gunsten einer oft kurzfristigen Risiko- und Ertragskalkulationen unterliegenden „normalen" Lieferantenbeziehung zurückgetreten.

▪ Vielen Unternehmen ist noch in bester Erinnerung, wie sich Ende der Neunzigerjahre die Großbanken aus dem Mittelstandsgeschäft zurückgezogen haben und Kredite häufig nur noch in Verbindung mit Provisionsgeschäft vergeben wurden. Auch wenn sich heute nahezu alle Banken als „Mittelstandsbanken" verstehen und Kredite – auch dank der Möglichkeit der Weiterveräußerung oder Ausplatzierung von Risiken – wieder großzügig vergeben werden, kann die „Volatilität des Bankenverhaltens" im Falle einer schwierigeren Risikosituation schnell zu restriktiverem Verhalten führen.

▪ Die anhaltende Konsolidierung am Bankenmarkt beeinflusst zudem die Finanzierungsbereitschaft. So verschwanden fusionsbedingt Banken vom Spielfeld, was durch den Auftritt neuer Wettbewerber aus dem Ausland erfreulicherweise zumindest kompensiert wurde.

▪ Kritisch gesehen wird die Politik der Banken, insbesondere in Risikosituationen ihre Kredite zu verkaufen, mit der Folge, dass der Unternehmer plötzlich spezialisierte Financiers am Tisch hat, deren Interesse nicht selten in Richtung „Kapitalbeteiligung" geht. Bei neuen Kreditverträgen ist es für den Bankkunden schwierig, diese Abtretbarkeit auszuschließen.

Andererseits gibt es positive Entwicklungen, die das Erreichen einer strategiekonformen Finanzierung erleichtern:

▪ Das vor kurzem noch als Schrecken an die Wand gemalte „Basel II", das heißt die Verpflichtung für Banken, Risiken bonitätsabhängig mit Eigenkapital zu unterlegen, hat die Kommunikation mit den Unternehmen über deren wirtschaftliche Entwicklung intensiviert. Damit hat sich das Berichtswesen weiterentwickelt und den Unternehmen fällt es leichter, den Finanzpartnern die Basis für positive Finanzierungsentscheidungen zu bieten.

■ Damit greifen angelsächsische Usancen Platz, die einen renditebezogenen Ansatz fahren und somit auch Unternehmen die Refinanzierung erleichtern, die unter dem klassischen risiko- und sicherheitenbezogenen Ansatz Probleme hätten.

■ Der deutsche Mittelstand ist zum bevorzugten Ziel des internationalen Finanzmarktes geworden. Neben direktem Engagement über Private Equity bieten platzierte Mezzaninefonds eine gute Gelegenheit zum Engagement. Die zu beobachtende Professionalisierung der Unternehmen hinsichtlich Controlling, Planung und Transparenz gegenüber Finanzpartnern erleichtert den Zugang zu diesen neuen Finanzmärkten.

■ Das Zinsniveau ist anhaltend niedrig, die Zinskurve flach und die Spreads sind bezüglich der Bonität eng, was längerfristige Finanzierungen attraktiv macht.

Zumindest was die mezzanine Finanzierung betrifft wird die „Renaissance der Mittelstandsfinanzierung" bekräftigt.

2. Kriterien mezzaniner Finanzierung

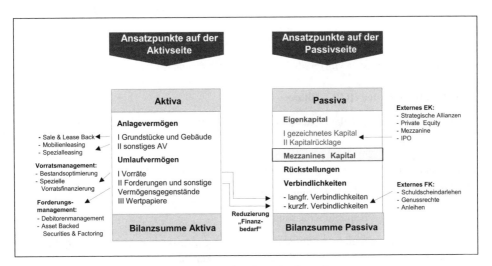

Abbildung 1:   *Finanzierungsalternativen für den Mittelstand –*
Optimierung durch aktives Bilanzstrukturmanagement

Abbildung 1 zeigt das Zusammenspiel unterschiedlicher Finanzierungsbausteine auf. Bereits hier wird deutlich, dass Mezzanine in größerem Zusammenhang zu sehen und entsprechend zu bewerten ist.

Folgend werden die Produkte nach unterschiedlichen Kriterien dargestellt:

a) Qualität hinsichtlich der Positionierung zwischen Eigen- und Fremdkapital

Wesentliches Unterscheidungsmerkmal ist die „Eigenkapitalqualität", wobei der Nutzen fallbezogen zu gewichten ist:

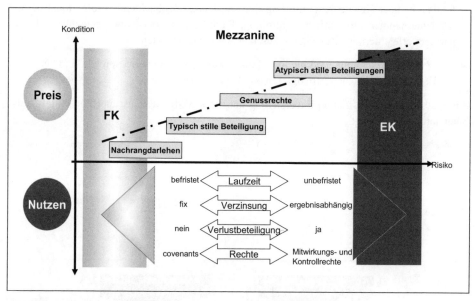

Abbildung 2: *Preis und Nutzen als Entscheidungskriterium*

b) Behandlung in der HGB – Bilanz

Voraussetzungen für die Bilanzierung von Mezzainekapital als Eigenkapital nach HGB sind:

◼ Nachrangigkeit

◼ Teilnahme am Verlust bis zur vollen Höhe

◼ Erfolgsabhängigkeit der Vergütung und

◼ Langfristigkeit der Kapitalüberlassung

Wenn die Kriterien kumulativ erfüllt sind, dann kann ein Ausweis in einem gesonderten Posten „Genussrechtskapital" als letzter Posten des Eigenkapitals erfolgen.

c) Bewertung aus Sicht der Banken

Banken bewerten mezzanine Mittel in zweierlei Hinsicht: Zum einen geht es um die qualitative Einstufung und damit die Beeinflussung des Ratings des Unternehmens. Der Blickwinkel der Banken lässt sich wie in Abbildung 3 dargestellt zeigen.

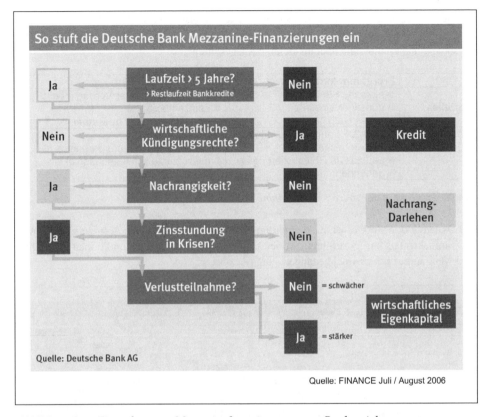

Abbildung 3: *Einstufung von Mezzaninefinanzierungen aus Bankensicht*

Zwischenzeitlich ist die ursprünglich enge Bewertung der Eigenkapitalqualität bei den Banken etwas in den Hintergrund getreten. Zunehmend gewürdigt werden Vertragsbestandteile, die im Krisenfalle die Interessen der Banken berühren können wie Covenants, Kündigungsmöglichkeit, Zinszahlungsanspruch und Weiterveräußerungsmöglichkeit.

Zum anderen ist es positiv für Banken dass – unabhängig von der Nachrangigkeit –für Mezzanine keine Besicherung erforderlich ist, was die entsprechende Basis der Kreditgeber erweitert. Dieser Effekt – richtig eingesetzt – kann als Katalysator für die gesamte Fremdfinanzierung werden.

d) Programm-Mezzanine versus individuelle Ausgestaltung

Als „Programm-Mezzanine" werden folgend Modelle verstanden, die nach einheitlichen Kriterien als Genussschein ausgereicht und meistens auch über den Kapitalmarkt als CDO (Collateralized Debt Obligations) refinanziert werden. Beispiele sind PREPS (HypoVereinsbank) und Equinotes (Deutsche Bank und IKB).

Individual-Mezzanine wird insbesondere von Beteiligungsgesellschaften – hier oft in Ergänzung zur direkten Beteiligung – und privaten Kapitalsammelstellen wie „family-offices"
angeboten, und erlaubt eine überaus flexible Ausgestaltung.

	Programm-Mezzanine	Individual-Mezzanine
Vorteile	■ einfache Struktur ■ günstiger Zinssatz ■ klares Ratingraster	■ maßgeschneiderter Vertrag möglich ■ Laufzeitflexibilität ■ Bonität individuell bewertbar

Nachteile	■ kein Spielraum für individuelle
	  Erfordernisse
	■ Laufzeit an Refinanzierung
	  gebunden
		■ meist teurer
		■ hohe Mitspracheanforderungen
		■ meist starke Erfolgsabhängigkeit

Tabelle 1: *Vergleich Programm-Mezzanine/individuelle Ausgestaltung*

Die Dynamik des Marktes ist auf den harten Wettbewerb zwischen den Anbietern verbrieften
Mezzaninekapitals zurückzuführen, wobei in dessen Folge auch die Konditionen des Indivi-
dual-Mezzanines stark zurückgegangen sind.

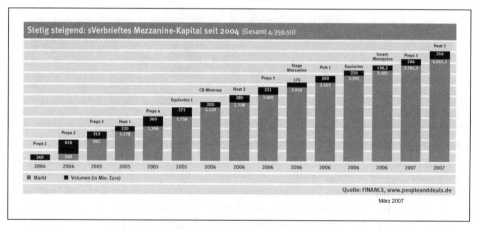

Abbildung 4: *Verbrieftes Mezzaninekapital seit 2004*

e) Banknahe oder unabhängige Anbieter

Sowohl CDO–refinanzierte Tranchen als auch „Evergreen-Fonds", die von der Refinanzierung her gesehen keine feste Laufzeit haben und damit freier in der Vereinbarung von Tilgungsmodalitäten bzw. erforderlichenfalls Verlängerungen sind, können bankennah oder
unabhängig sein. Auch hier gibt es Unterschiede, die individuell zu gewichten sind.

Während bankennahe Fonds den Vorteil haben können, dass die Abstimmung mit Bankkrediten direkter ist und eine zumindest moralische Verpflichtung im Falle einer Anschlussfinan-
zierungsthematik besteht, kann eine aus Sicht der Bank kumulierte Risikobetrachtung den
Finanzierungsspielraum belasten bzw. führt die Aufnahme dieser Mittel nicht zu dem er-

wünschten Liquiditätserfolg. Diese Argumentation kann für bankenunabhängige Finanzierungsbausteine entsprechend umgekehrt gewertet werden. Dieses Kriterium wird in der Bewertungsdiskussion häufig unterschätzt:

f) Kosten und administrative Anforderungen

Gemeinhin erwartet der Mezzaningeber in unterschiedlicher Gewichtung und Kombination die Vergütungselemente:

- Disagio und Bearbeitungsgebühr zu Beginn

- Kosten der Due Diligence beim Unternehmen (Voraussetzung für nahezu alle Programme)

- Basisverzinsung

- erfolgsabhängige laufende Komponente (auch alternativ zur Basisverzinsung)

- nachträgliche Vergütung, um die laufende Belastung gering zu halten (Pay in kind)

- Equity-Kicker (analog zur Steigerung des Unternehmenswertes während der Laufzeit)

- laufendes Monitoring

- im Falle negativer Abweichung bzw. Verfehlens der Covenants eine sogenannte Waver-Fee als Preis für das „Stillhalten"

In der Summe können sich die über den Zins und eine eventuelle Erfolgskomponente hinausgehenden Positionen leicht auf über fünf Prozent addieren, sodass der Basiszins zwecks Kalkulation und Vergleich der Alternativen entsprechend zu modifizieren ist.

Vor dem Auftreten der am Kapitalmarkt refinanzierten Programme, als Mezzanine überwiegend von Beteiligungsgesellschaften in Kombination mit dem klassischen Beteiligungsgeschäft oder als Puffer bei Leverage-Finanzierungen ausgereicht wurde, lag die Gesamtverzinsung zwischen der angestrebten Eigenkapitalrendite und dem Kapitalmarktzins für langfristige Darlehen. Der funktionierende Wettbewerb hat zwischenzeitlich dazu geführt, dass das Unternehmen die Nachrangigkeit de facto nahezu umsonst bekommt.

Wer – wie der Autor – an die langfristige Wirkung der Marktgesetze glaubt, kommt nicht umhin, die derzeitige Preissituation als Folge eines aus Sicht der Unternehmen bestehenden hoch attraktiven Käufermarktes zu sehen.

g) Sonstige vertragliche Bedingungen

Der Mezzanine-Geber wird seine Interessen durch Informations- und Handlungsrechte abzusichern suchen, um sein Risiko einzugrenzen. Häufig sind dies beispielsweise:

- Verpflichtung zur Einhaltung von wirtschaftlichen Zahlen/Relationen (Covenants, siehe unten)

- ein verbindliches Informationssystem

- Definition zustimmungspflichtiger Geschäfte

■ Nachbesicherungsrecht, wenngleich dies dem Mezzanine-Gedanken widerspricht und im Bedarfsfalle auch schwer durchzusetzen ist

■ Regeln für den Eigentümerwechsel (Change of Control)

■ in selteneren Fällen Anspruch auf einen Sitz im Aufsichts- oder Beirat

h) Besonders hervorzuheben sind als Vertragsbestandteile Covenants, die meist an den folgenden Finanzkennzahlen festgemacht werden.

$$\text{Eigenkapitalquote} = \frac{\text{Eigenkapital}}{\text{Bilanzsumme}} \times 100$$

(als Indikator für die Bilanzstabilität)

$$\text{Gearing} = \frac{\text{(zinstragendes) Fremdkapital}}{\text{Eigenkapital}}$$

$$\text{Verschuldungsgrad} = \frac{\text{Finanzverbindlichkeiten}}{\text{EBITDA}}$$

(Tilgungs- und Zinszahlungsfähigkeit)

Bei der Festlegung der Covenants sieht sich das Unternehmen häufig damit konfrontiert, dass die zum Zwecke des Nachweises der eigenen Bonität gern gezeigte gute Perspektive zu „engen" Covenant-Vorstellungen seitens des Mezzaninegebers führt. Hier ist auf einen ausreichenden „Headroom", das heißt Spielraum gegenüber der Planung, sowie bei Stichtagsgrößen die Zugrundelegung einer Zeitreihe von Werten zur Vermeidung von Problemen bei zyklischer Entwicklung zu achten. Die Gefahr einer Kündigung im Falle eines Covenantbruchs kann das mit der Aufnahme dieser Mittel angestrebte Ziel einer Stabilisierung der Finanzierungsstruktur ins Gegenteil verkehren.

Lässt sich die Festlegung von Covenants nicht verhindern oder zumindest weit fassen ist sicherzustellen, dass Eskalationsstufen wie Zinserhöhung und folgend Besicherung im Falle des Covenantbruchs eingebaut werden.

i) Formen der Rückführung

Bei den über Verbriefung refinanzierten „Standardangeboten" ist zumeist der gesamte Betrag am Ende der Laufzeit fällig. Auch wenn die Marktführer dem Unternehmen in Aussicht stellen, zu gegebener Zeit erforderlichenfalls eine Auffanglösung zu bieten, ist das keine solide Perspektive. Besser sind hier individuelle Vereinbarungen, die Tilgungsmodalitäten bzw. Verlängerungsoptionen erlauben.

Kritisch zu beurteilen sind die zahlreichen Fälle, in denen sich Unternehmen mit mehreren Mezzaninetranchen – teils von bis zu vier unterschiedlichen Finanziers – eingedeckt haben. Wenn es nicht vorzeitig – wie bereits geschehen – zu Unternehmenskrisen kommt, dann wird zumindest das Anschlussfinanzierungsrisiko spätestens zwei Jahre vor Ablauf zum Problem, sofern die Mittel nicht „angespart" wurden oder eine andere Lösung wirtschaftlich machbar ist.

Positive Rückführungsszenarien sind beispielsweise

- aus dem Cashflow der finanzierten Investitionen

- auffangen durch bestehende Verbindungen, wenn sich der Finanzierungsspielraum des Unternehmens positiv entwickelt hat

- Verkauf des Unternehmens bzw. IPO oder auch

- Ersatz durch vergleichbare Finanzierungsbausteine

3. Für welche Unternehmen und Finanzierungsanlässe ist Mezzanine geeignet?

Mezzanine ist kein Allheilmittel, zumal zumindest die am Kapitalmarkt refinanzierten zins-günstigen Programme hohe Bonitätsanforderungen (Investmentgrade!) verlangen, was aber, wie Krisenfälle bereits im ersten Jahr der Laufzeit zeigen, nicht immer konsequent umgesetzt wurde. In vielen Fällen kann Mezzanine helfen, die Refinanzierungsstruktur zu verbessern. Dabei täuscht der noch geringe prozentuale Anteil an der Unternehmensfinanzierung (laut einer Studie der Universität Augsburg bei rund vier Prozent), da die Volumensentwicklung rasant ist und Mezzanine als Katalysator für Finanzierungspakete und Neuordnungen der Passivseite der Unternehmen eingesetzt wird.

Typische Beispiele sind:

- Das Unternehmen will die Eigenmittel stärken ohne gleichzeitig Gesellschafterrechte einzuräumen. Dies ist insbesondere dann sinnvoll, wenn die Unternehmensstrategie nur eine temporäre Unterstützung erfordert und die positiven Effekte, die „richtiges" Eigenka-pital hat (Haftung/Bedienung nur, wenn ein entsprechender Gesellschafterbeschluss ge-fasst wird) und die unternehmerische Partnerschaft des Beteiligungsgebers nicht ge-wünscht wird. Hierzu zählen klassische Wachstumsfinanzierungen sowie Konstellationen bei Akquisitionen.

- Die mit der Aufnahme mezzaniner Mittel verbundene Ratingverbesserung kann die Position gegenüber den anderen Finanzierungspartnern stärken bzw. hebt das Standing des Unternehmens am Markt. Die Wirkung der Zugehörigkeit zu einem Mezzanineprogramm kann sowohl positiv (Bonitätsmerkmal) als auch kritisch bewertet werden. Letzteres dann, wenn der Fonds – wie bereits geschehen – in die Schlagzeilen gerät.

- Das Unternehmen stärkt seine Position gegenüber den bestehenden Bankpartnern und hat die Chance, die Mehrkosten einer Mezzaninefinanzierung durch eine Senkung der Zinsen für vorrangige Mittel zumindest teilweise zu kompensieren. Mit neuen unbesicherten Mitteln ist es in unterschiedlichen Fällen gelungen, die gesamte Passivseite der Unternehmensbilanz strategiekonform neu zu strukturieren.

- Veränderungen auf der Gesellschafterseite, mag es eine Nachfolgeregelung oder auch die Ablösung bisheriger Beteiligungspartner sein, bedeuten stets einen Einschnitt in die Unternehmensstruktur und Herausforderung für die Finanzierung. Dies, weil der Übergang der Unternehmensführung bzw. Kontrollfunktion einher geht mit bilanziellen Veränderungen und oft auch Finanzierungsnotwendigkeiten auf Unternehmensebene. Mezzanine kann hier neben der eigenmittelstärkenden Finanzierung das Unternehmensrating direkt über verbesserte Quoten und indirekt über eine Verifikation der Unternehmensplanung im Rahmen des Due-Diligence-Prozesses stabilisieren.

- Gerade bei Inhaberunternehmen trifft man die Situation an, dass persönliche Bürgschaften mangels Bereitschaft der Banken, diese auch bei veränderter Struktur freizugeben, weiter Bestand haben. Diese Entflechtung von Gesellschaft und Gesellschafter, was durchaus im Sinne des „Corporate-Governance-Gedankens" sein kann, wird im Prozess der Aufnahme mezzaniner Mitteln gern mitgeregelt.

- Last but not least kann es Unternehmen in zyklischen Branchen wie dem Maschinenbau helfen, Finanzierungsstabilität über längere Fristen zu erlangen.

4.   Was im Prozess der Aufnahme mezzaniner Mittel zu beachten ist

Der „Dschungel" an Anbietern und Finanzierungsinstrumenten macht es dem Unternehmen schwer, das für die spezifische Unternehmenssituation richtige Angebot zu identifizieren und optimal für seine Zwecke einzusetzen. Der optimale Prozess fängt lange vor der Entscheidung für Mezzanine an und lässt sich idealtypisch folgendermaßen darstellen.

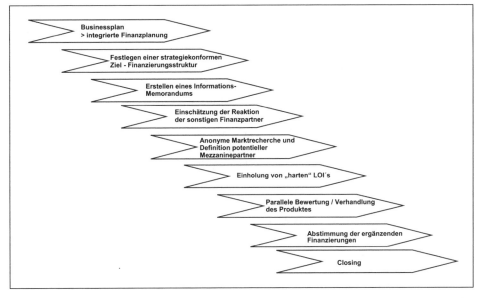

Abbildung 5:   *Schematische Darstellung eines Prozesses der Aufnahme mezzaniner Mittel*

1. Mehrjahresfinanzplan, abgeleitet aus einem Businessplan

   Wenngleich mittelständische Unternehmen unter dem Druck des Wettbewerbs und der Anforderungen der Banken erkennbar ihre Controllingsysteme sowie die Unternehmensplanung weiterentwickelt haben, reichen diese Systeme zumeist nicht aus, Basis für ein längerfristiges Finanzierungskonzept zu bieten. Die dringend zu empfehlende Erarbeitung eines Businessplanes bietet nicht nur die Basis für die Ermittlung des Finanzierungsbedarfs und darauf aufbauend die mögliche Entscheidung für ein konkretes Modell, sondern „trainiert" das Unternehmen auch für die Verhandlungen mit potenziellen Mezzaninepartnern und dem sonstigen Finanzierungsumfeld.

2. Definition einer Zielfinanzierungsstruktur und Festlegung des Mezzaninebedarfs

   Mezzanine ist kein isoliert zu behandelndes Produkt, vielmehr ist es bestens geeignet, eine Eckpfeilerfunktion zu übernehmen und damit die zusätzlichen Kosten durch ein höheres Maß an Stabilität (qualitativer Faktor) und Zinssenkungspotenzial dank der steigenden Bonität zu kompensieren. Dabei sind die positiven Effekte der durch die Finanzierung ermöglichten Investitionen sowie die Verbesserung der Positionierung am Markt noch nicht berücksichtigt.

3. Erstellung eines Informationsmemorandums

   Besteht beim Unternehmen Klarheit bezüglich der Zielstruktur, empfiehlt es sich, dies in einer Unternehmenspräsentation für den Finanzmarkt zusammenzufassen. Hiermit hat das Unternehmen die Chance, eigene Stärken und Perspektiven herauszuarbeiten und gleichzeitig aufzuzeigen, wie Herausforderungen beispielsweise des Marktes (Globalisierung) bzw. der Technologie begegnet werden. Damit kann der Entscheidungsprozess bei den

Finanzinvestoren unterstützt und im Sinne des Unternehmens gesteuert werden, was sich sowohl im zeitlichen Ablauf als auch in der Bonitätsbeurteilung und damit in der Konditionsgestaltung positiv niederschlägt.

4. Abschätzung der Reaktion der sonstigen Finanzpartner (Verträge, Covenants)
Sofern die Aufnahme mezzaniner Mittel nicht mit einer Neustrukturierung der gesamten Unternehmensfinanzierung verbunden ist, sind die Wechselwirkungen antizipativ zu beachten. Eine Analyse der bestehenden Finanzierungsvereinbarungen bringt gelegentlich interessante Erkenntnisse zum Vorschein. So bestehen nicht selten „verdrängte" Verpflichtungen der Gesellschafter, werden Sicherheitenvereinbarungen übersehen oder auch die Sensibilität insbesondere von Banken beim Auftreten neuer „Finanziers" falsch eingeschätzt.

5. Anonyme Marktrecherche und Definition potenzieller Mezzaninepartner
Die Vielzahl der Produkte und Anbieter erfordert eine Vorauswahl geeigneter Partner. Gegen eine direkte Ansprache des breiten Marktes spricht nicht nur der Aufwand, sondern auch die Gefahr, dass eine Adresse am „kommunikationsfreudigen" Finanzmarkt zerredet wird. Besser ist hier die Einschaltung einer Beratung, die einerseits den Markt übersieht oder auch Optionen anonym klären kann und andererseits im Gegensatz zu den Produktanbietern uneingeschränkt die Interessen des Unternehmens vertritt.

6. Einholung von „harten" LOIs (Letter of Intent)
Mit den vorab selektierten zwei bis drei Adressen sollten in konzentrierten Verhandlungen aussagekräftige LOIs, die sämtliche entscheidungsrelevanten Faktoren enthalten und wenig Spiel für „Nachbesserungen" seitens des Mezzanineinvestors lassen, ausgehandelt werden. Nach Entscheidung für einen Anbieter muss gemeinhin für einen Zeitraum von zwei bis drei Monaten eine Exklusivität oder eine Pönale für den Fall der Nichtabnahme zugesagter Mittel akzeptiert werden.

7. Parallele Bewertung und Verhandlung
Bei der Umsetzung ist es von Vorteil, wenn der Mezzaninegeber über einen Fonds verfügt, der eine zeitlich freie Auszahlung erlaubt. In diesem Fall ist die Abstimmung mit den weiteren Finanzierungsbausteinen besser zu lösen. Bei über den Kapitalmarkt refinanzierten Mitteln ist hingegen der Auszahlungszeitpunkt nur bedingt steuerbar, denn selbst beim Marktführer PREPS, der Anfang 2007 bereits den sechsten Fonds platzierte, lag zwischen den einzelnen Tranchen jeweils ein Zeitraum von bis zu einem halben Jahr.

8. Abstimmung der ergänzenden Finanzierungen
Die Koordination mit den bestehenden bzw. ergänzend erforderlichen Finanziers ist sensibel und bedarf der konsequenten Abstimmung. Banken werden die Aufnahme mezzaniner Mittel einerseits positiv bewerten, da dadurch die Bilanzstruktur des Unternehmens gestärkt, „sicherheitenschonend" neue Liquidität zur Verfügung steht und – sollte es sich bei dem Investor um eine „Nichtbank" handeln – die Bank unter dem Aspekt Risiko versus mögliches Provisionsgeschäft eine bessere Relation erreicht. Andererseits ist ein weiterer Finanzpartner im Spiel, der im Krisenfall ein den Interessen der Banken widersprechendes Verhalten an den Tag legen kann.

9. Closing

Sind die Verträge in trockenen Tüchern und ist die Auszahlung sowie die damit verbundene Verwendung bzw. Umschuldung umgesetzt, hat das Unternehmen einen üblicherweise fünf bis sieben Jahre laufenden Vertrag. Während der Laufzeit sind nicht nur die Covenants zu beachten, sondern darüber hinaus ist daran zu denken, dass spätestens zwei Jahre vor Ablauf der Mittel Banken nicht mehr die Unkündbarkeit der Mittel, sondern vielmehr die Fälligkeit in den Mittelpunkt ihrer Betrachtung stellen und damit die Rückzahlung bzw. die Anschlussfinanzierung geklärt werden muss.

5. Ausblick

Ohne Zweifel hat sich Mezzanine in Deutschland etabliert und ist ein geeignetes Instrument, um die Finanzierung stabiler zu machen und Unternehmen an den Kapitalmarkt heranzuführen. Das sehen die Unternehmen ebenso, wie eine Umfrage der Wirtschaftswoche vom März 2007 belegt. Dort liegt die Bedeutung von Mezzanine unter den bankfremden Finanzierungsformen nach Leasing, Thesaurierung und Lieferantenkrediten auf dem vierten Platz, vor Private Equity und weit vor Factoring.

Aktuelle Untersuchungen der IKB zeigen, dass sich Unternehmen, die mezzanine Finanzierungen aufgenommen haben, besser als das Marktumfeld entwickeln. Auch äußern sich die Unternehmer mit der getroffenen Finanzierungsentscheidung meist zufrieden.

Die Nagelprobe steht für Mezzanine jedoch in zweifacher Hinsicht noch aus. Wie verhält sich der Mezzaninemarkt, wenn die Ausfälle über die kalkulierten vier Prozent auf die Laufzeit bezogen hinausgehen sollten? Und funktioniert die Anschlussfinanzierung, wenn beginnend mit dem Jahr 2011 die ersten Verbriefungsprogramme zur Rückzahlung anstehen?

Diesen Herausforderungen kann möglicherweise dadurch begegnet werden, dass sich ein Mezzaninemarkt für schwächere Bonitäten entwickelt, der bei entsprechend höherer Verzinsung und strengeren Covenants höhere Risiken tragen kann.

Die Erfolgsgeschichte der vergangenen Jahre stimmt zuversichtlich, dass Mezzanine auch in Zukunft ein Eckpfeiler der Finanzierung sein wird.

Leasing als attraktive Alternative zur Kreditfinanzierung für den Mittelstand

Tugba Gencer / Holger Elsner

1. Motive für den Einsatz von Leasing im Mittelstand

Durch zahlreiche Ausfälle im Kreditbereich sind in den vergangenen 10 bis 15 Jahren viele Banken in eine starke Schieflage geraten. Hauptgrund war zum großen Teil eine zu leichtfertige Kreditvergabe an Unternehmen. Daher verhielt sich die Branche in der Folge bei der Kreditvergabe deutlich restriktiver, was vor allem mittelständische Unternehmen zu spüren bekommen haben. Die Bankenlandschaft fokussierte sich vermehrt auf Bilanzkennzahlen und die Finanzstruktur des zu finanzierenden Unternehmens. Da diese bei vielen Mittelständlern unter den gewünschten Anforderungen lagen, kam es zu einer "Kreditklemme", die vor allem Investitionen und somit auch das Wachstum der Unternehmen hemmte. Erst in den vergangenen zwei bis drei Jahren entschärfte sich dieser Zustand und die Kreditvergabe der Banken passte sich wieder den benötigten Finanzierungsmitteln an.

Dieser Zustand wird allerdings nur von kurzer Dauer sein. Unter den stark regulierenden Rahmenbedingungen (Arbeitsrecht, Verwaltungsrecht, EU-Bestimmungen etc.) wird zukünftig die unternehmerische Selbstbestimmung stark eingegrenzt. Gleichzeitig werden die neuen Eigenkapitalvorschriften nach Basel II in vielen Unternehmen die Kreditmittel verteuern und so zu einer erneuten Kreditklemme bzw. einer Verschärfung der Finanzierungssituation führen.[1] Hauptaugenmerk liegt heute auf dem Rating, welches sich zum großen Teil an der Eigenkapitalquote der Unternehmen orientiert. Im Durchschnitt liegt diese im Mittelstand im Jahr 2006 bei 18 Prozent, bei den kleinen- und mittelständischen Unternehmen sogar unter 10 Prozent. Nach der Mittelstandsdiagnose des DSGV haben sogar etwa 35 Prozent der mittleren und kleineren Unternehmen faktisch kein Eigenkapital mehr.[2]

Das heutige Agieren und Reagieren auf Märkten ist von großer Flexibilität geprägt. Dies setzt nicht nur schnelle Reaktionen in den Unternehmen voraus, sondern erfordert darüber hinaus individuelle, angepasste und flexible Finanzierungsmöglichkeiten. Kreditfinanzierungen

---

[1] Vgl. BDL (o. J.), S. 10.
[2] Vgl. DSGV (2006), S. 32.

bieten dies nur zum Teil. Im Mittelstandsgeschäft greifen standardisierte Kreditverträge, die durch hohe Besicherungen und wenig individuellen Spielraum flexibles finanzielles Agieren schwierig machen. Wer als Unternehmen auf dem Markt jedoch nur reagiert und zu spät handelt, wird den neuen Marktbegebenheiten hinterher sein. Daher ist es gerade für den immer stärker wachsenden Mittelstand von enormer Bedeutung, seine Finanzierungskosten so gering wie möglich zu halten und durch flexible Finanzierungsangebote den schnellen Trendwechseln und der rasanten technischen und wirtschaftlichen Veralterung zu begegnen.

Die optimale Alternative zu den klassischen Finanzierungsformen, insbesondere der Kreditfinanzierung, stellt daher Leasing dar. Im Vergleich zu anderen alternativen Finanzierungsformen hat sich Leasing vor allem während der „Kreditklemme" ausgezeichnet und mittlerweile greifen mehr als 50 Prozent der Unternehmen darauf zurück.[3] Auch in den angesprochenen zukünftigen Herausforderungen kommt Leasing eine bedeutende Rolle zu.

Die Vorteile, die Leasing dabei gegenüber einer Kreditfinanzierung so interessant werden lassen, sind weit gestreut. Einer der Hauptgründe liegt dabei in der enorm hohen Flexibilität dieser Finanzierungsform. Sowohl der Leasingnehmer als auch der Leasinggeber (/-gesellschaft) kann die Kaufverhandlungen für das Investitionsgut selbst führen. Ebenso kann frei vereinbart werden, wer später für die Wartung und Instandhaltung verantwortlich ist. Dasselbe gilt für die jeweilige Höhe des Nutzungsentgelts während der Leasingzeit, wie lange das Leasingobjekt genutzt werden soll und wie es nach dem Ende der Vertragszeit weiterverwertet wird.[4] Dabei bezieht sich Flexibilität nicht nur auf den Vertragsbeginn, sondern ist auch während der Vertragsdauer (zum Beispiel durch Vorziehen von Zahlungen, Anpassungen von Zahlungen) und am Ende dieser (durch Kauf, Rückgabe, Verlängerung oder Austausch des Investitionsobjekts) gegeben. Im Kreditfinanzierungsbereich sind diese Gestaltungsmöglichkeiten, wenn überhaupt, nur bedingt möglich.

Darüber hinaus kommt beim Leasing auch eine gewisse Passgenauigkeit zur Geltung. Leasingnehmer können hier entsprechend ihren spezifischen Bedürfnissen festlegen, welches Investitionsgut angeschafft werden soll, zu welchem Zeitpunkt dies geschehen soll und welcher Lieferant in Frage kommt. Dabei profitieren sie zusätzlich vom Fachwissen der Leasinggesellschaft. „Als professionelle Investoren sind diese ausgewiesene Kenner der Investitionsgütermärkte und verfügen über umfassende Objektkompetenz."[5] Aber auch eine verstärkte Einbindung von Leasing in die Finanzierungsstruktur des Unternehmens hat Vorteile. So verbessern sich aufgrund der Bilanzneutralität wesentliche relative Bilanzkennzahlen.

Einem mittelständischen Unternehmen bietet sich Leasing somit als ideale Finanzierungsform an. Untermauert wird dies durch zahlreiche weitere Faktoren, die nach einem kurzen leasinganalytischen Teil näher vorgestellt werden.

---

3   O. V. (2007).
4   Vgl. Deutsche Leasing (2007a).
5   BDL (o. J.), S. 6.

2. Begriffliche Grundlagen des Leasing

Um die leasingtypischen Vorteile, die zu einer hohen Attraktivität dieser Finanzierungsform führen, darstellen zu können, bedarf es grundlegender Kenntnisse von Leasing. Der Begriff Leasing ist dem angloamerikanischen Rechtssystem entlehnt, in dem "lease" bzw. "to lease" so viel bedeutet wie „Miete" oder „Pacht" bzw. „mieten, vermieten, verpachten". Eine allgemein gültige deutsche Übersetzung besteht jedoch bis heute nicht, sodass sich zahlreiche Begriffsdefinitionen herauskristallisiert haben. In der deutschsprachigen Literatur wird unter Leasing allgemein das Mieten von Anlagegütern verstanden,[6] wohingegen es finanzwirtschaftlich als „die Nutzungsüberlassung eines Investitionsobjekts gegen Entgelt durch einen außenstehenden Finanzier oder Eigentümer"[7] bezeichnet wird.

In der deutschen Gesetzgebung ist das Leasing – im Gegensatz zur Miete oder Kauf – nicht verankert.[8] Vielmehr hat es der Gesetzgeber der laufenden Rechtsprechung überlassen, geeignete Rahmenbedingungen für das Leasing festzulegen. Hierbei ist vor allem die Qualifizierung des Leasingvertrags als „Mietvertrag mit kaufrechtlichen Elementen"[9] hervorzuheben. Im Zivilrecht ist ein Leasingvertrag als „gemischter Vertrag" zwischen einem Miet- (§§ 535-597 BGB) und einem Kaufvertrag (§§ 433-515 BGB) einzuordnen. Es werden zwar vorrangig mietrechtliche Vorschriften angewendet, die es jedoch je nach Ausgestaltung der vertraglichen Vereinbarungen im Einzelfall zu überprüfen gilt.

Leasing ist typischerweise dadurch gekennzeichnet, dass der Leasinggeber dem Leasingnehmer ein bewegliches (Mobilienleasing) oder ein unbewegliches (Immobilienleasing) Wirtschaftsgut zeitlich befristet überlässt. Dafür kann der Leasinggeber ein Entgelt, die Leasingrate, verlangen. Diese wird im Vertragsverhältnis vereinbart und bleibt über die gesamte Vertragsdauer konstant. Die Teilbereiche, durch die sich die Höhe der Leasingrate zusammensetzt, lassen sich wie folgt aufgliedern:

- Zins-/Kostenkomponente

- Amortisationskomponente

- Gewinnkomponente

Tritt beim Leasinggeschäft der Hersteller oder Händler bzw. eine Tochtergesellschaft von ihm als Leasinggeber auf, so handelt es sich um direktes Leasing. Von indirektem Leasing wird dagegen gesprochen, wenn es sich um eine Dreiecksbeziehung handelt (Leasinggeber-Leasingnehmer-Hersteller), bei der bestimmte Leasinggesellschaften (Kreditinstitute, Versicherungen) ins Vertragsverhältnis eintreten.

---

6 Vgl. Wöhe (1993), S. 790.
7 Tacke (1999), S. 1.
8 Nur im Verbraucherkreditgesetz taucht Leasing unter der Bezeichnung „sonstige Finanzierung" auf.
9 Vgl. BGH NJW (1986), S. 19 f.

Ein Vorteil, den eine Leasinginvestition mit sich bringt, ist die Bilanzierung des Investitionsobjekts beim Leasinggeber (unter Einbehaltung bestimmter Normen). Da es im Handelsrecht keine Vorschriften zur Bilanzierung von Leasingobjekten gibt, ergeben sich die Zurechnungskriterien aus dem Steuerrecht nach § 39 AO:

„Wirtschaftsgüter sind dem rechtlichen Eigentümer zuzurechnen (Abs. 1), sofern nicht ein anderer als wirtschaftlicher Eigentümer anzusehen ist (Abs. 2 Nr. 1.)"

Um eine Bilanzierung beim Leasinggeber zu erreichen, ist nach der aktuellen Rechtsprechung die Bedingung, dass die Grundmietzeit des Leasingvertrags zwischen 40 und 90 Prozent der betriebsgewöhnlichen Nutzungsdauer (Abschreibungsdauer) liegen muss. Der Leasingnehmer ist fortan zur Zahlung seiner Leasingraten verpflichtet, die er steuerlich voll als Betriebsausgabe in seiner GuV ansetzen kann. Abschreibungen werden dagegen beim Leasinggeber vorgenommen.

In der Literatur gibt es eine hohe Anzahl verschiedener Systematisierungskriterien, nach denen Leasing in verschiedene Grundformen eingeteilt werden kann. Bei einer Fokussierung auf den finanzwirtschaftlichen Aspekt sind zwei Grundformen entscheidend: das Operate- und das Finanzierungs-Leasing.

3. Grundformen des Leasing

3.1 Operate-Leasing

Unter Operate-Leasing (auch: Operating Leasing) wird die kurzfristige Nutzungs-/Gebrauchsüberlassung bestimmter Wirtschaftsgüter verstanden. Dabei handelt es sich bei Operate-Leasingverträgen im Sinne der §§ 535 ff. BGB um annähernd „übliche" Mietverträge. Ihre wichtigsten Merkmale sind dabei:[10]

■ kurzfristige Laufzeiten (meist Tage, Wochen oder wenige Monate)

■ eine jederzeitige Kündbarkeit unter der Einhaltung evtl. Kündigungsfristen. Eine Kündigung zieht dabei keine Konventionalstrafe nach sich.

■ das Verbleiben der Wartungs- und Instandhaltungspflicht beim Leasinggeber sowie

■ der Verbleib des Objektrisikos (Amortisations-/Investitionsrisikos) beim Leasinggeber (er trägt somit auch die Gefahr des zufälligen Untergangs).

---

[10] In Anlehnung an Kroll (2004), S. 21 ff.

Die kurzfristigen Laufzeiten (sehr oft endet der Vertrag innerhalb 40 Prozent der betriebsge-wöhnlichen Nutzungsdauer) stellen dabei die Nutzung des Objekts in den Vordergrund. Für mittelständische Unternehmen stellt diese Leasingform daher eine Alternative für Objekte dar, deren Anschaffung sich für sie selbst nicht lohnt bzw. das Unternehmen von einem schnellen technologischen Fortschritt ausgeht und sich somit über kurzfristige Laufzeiten optimal an diesen anpassen will. Der Leasingnehmer geht bei dieser Vertragsform somit keine Gefahren bezüglich der technischen und wirtschaftlichen Veralterung ein. Vor allem durch die hohe Flexibilität dieser Vertragsvariante kann das Operate-Leasing für mittelständi-sche Unternehmen sehr interessant werden.

Da Operate-Leasingverträge jederzeit kündbar sind, trägt der Leasingnehmer nur einen Teil der Gesamtinvestition über seine Leasingraten.[11] Der Leasinggeber ist somit gezwungen, den Leasinggegenstand mehrmals zu vermieten (Second-Hand-Leasing), um seine Kosten zu decken. Es kommt daher vor allem auf die Drittverwendungsfähigkeit des Leasingobjekts an. Als Beispiele für geeignete Operate-Leasinggüter sind Wohn- und Bürogebäude, Allround-Lagerhallen oder auch Kraftfahrzeuge zu nennen. Nach der Rechtsprechung ist dabei das Leasingobjekt beim Operate-Leasing grundsätzlich dem Leasinggeber zuzurechnen.[12]

Eine besondere Rolle kommt dem Operate-Leasing dabei vor allem bei international ausge-richteten Unternehmen zu. Da diese vermehrt nach den internationalen Bilanzierungsrichtli-nien bilanzieren und geratet werden, gelten für sie die Vorschriften des IFRS/IAS bzw. US-GAAP bzgl. ihrer Leasingaktivität. Das Operate-Leasing hat für den international orientierten Mittelständler den Vorteil, dass diese Leasing-Grundform durch IFRS/IAS bzw. US-GAAP in der Weise anerkannt wird, dass der Leasingvertrag beim Leasinggeber aktiviert werden muss, wodurch das Unternehmen zahlreiche Vorteile (zum Beispiel Bilanzverkürzung) genießen kann.[13]

Da beim Operate-Leasing der Leasinggeber als Investor auftritt, wird das Operate-Leasing auch als Investitionsalternative bezeichnet, wo hingegen das Finanzierungs-Leasing eine Finanzierungsalternative darstellt und somit im direkten Wettbewerb zur Kreditfinanzierung steht.

3.2   Finanzierungs-Leasing

Wenn im deutschen Sprachgebrauch von Leasing gesprochen wird, ist in der Regel das Fi-nanzierungs-Leasing gemeint. Dabei geht es im Gegensatz zum Operate-Leasing um die Frage, wie eine bevorstehende Investition finanziert werden soll. Das Finanzierungs-Leasing

---

11   Vgl. Kroll (2004), S. 20.
12   Vgl. Baar/Streit (2001), S. 41.
13   Vgl. Deutsche Leasing (2007b), 25.08.06, www.deutsche-leasing.de

kann somit auch als Sonderform der Fremdfinanzierung angesehen werden[14] und wird somit nahezu ausschließlich zur Finanzierung von Investitionsgütern verwendet.[15]

Kennzeichen für das Finanzierungs-Leasing sind insbesondere:

- ■ mittel- bis langfristige Laufzeiten (die aufgrund der wirtschaftlichen Zuordnung beim Leasinggeber zwischen 40 und 90 Prozent der betriebsgewöhnlichen Nutzungsdauer liegen)

- ■ Während der Grundmietzeit/Vertragslaufzeit besteht hier eine weitgehende Unkündbarkeit für beide Vertragspartner.

- ■ Im Gegensatz zum Operate-Leasing liegt bei dieser Vertragsform die Wartungs- und Instandhaltungspflicht beim Leasingnehmer.

- ■ Der Leasinggeber wälzt das Investitionsrisiko zumindest anteilig auf den Leasingnehmer ab. Die Gefahr des zufälligen Untergangs liegt folglich beim Leasingnehmer. Dem höheren Risiko des Leasingnehmers steht in der Praxis jedoch in der Regel ein deutlich geringeres Nutzungsentgelt entgegen.

- ■ Im Unterschied zum Operate-Leasing – bei dem der Leasingnehmer nur einen Teil der Amortisation der Gesamtinvestitionskosten erbringt – findet beim Finanzierungs-Leasing zum großen Teil die vollständige Amortisation durch den Leasingnehmer statt.

- ■ Eine Gemeinsamkeit zwischen Operate- und Finanzierungs-Leasing stellt der beidseitige Wunsch nach der Bilanzierung beim Leasinggeber dar.

Bei einer genauen Betrachtung kann allgemein gesagt werden, dass der Zweck des Finanzierungs-Leasings in der Übertragung des Wirtschaftsguts und der Ausübung der Finanzierungsfunktion durch den Leasinggeber liegt. Als Beispiele für geeignete Finanzierungs-Leasinggüter sind Maschinen oder Immobilien zu nennen. Eine Unterscheidung erfolgt hier hinsichtlich mobiler und immobiler Wirtschaftsgüter. Bei ersteren handelt es sich im Allgemeinen um Laufzeiten bis etwa sieben Jahren, wo hingegen immobile Wirtschaftsgüter bis zu 30 Jahren Laufzeit aufweisen können.

---

[14] Leasing ist als Kreditsubstitut unter die Investitionsmittelbeschaffung der Aussenfinanzierung eingeordnet.
[15] Vgl. Gabele/Kroll (1992), S. 16 f.

4.   Leasingmarkt in Deutschland

4.1   Anwendungsbereiche für den Mittelstand

Grundsätzlich kann durch ein mittelständisches Unternehmen, analog zur Kreditfinanzierung, jedes materielle als auch immaterielle Wirtschaftsgut geleast werden. Gesetzliche Vorschriften oder Einschränkungen gibt es nicht. Allerdings haben sich über die vergangenen Jahre bestimmte Leasingkategorien zu Kerngruppen herauskristallisiert.

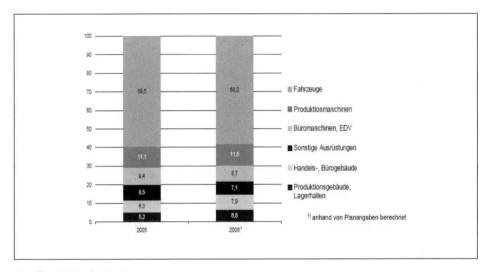

Quelle: BDL, ifo Institut
Abbildung 2:   *Leasingkategorien in Prozent*

Dabei haben die Wirtschaftsgüter eines gemeinsam: die sogenannte Drittverwendungsfähigkeit. Das heißt, es sind Güter, die nicht allein vom Leasingnehmer genutzt werden können. Eine Ausnahme bilden hier speziell auf den Leasingnehmer zugeschnittene/konzipierte Leasingobjekte (spezielle Kühltürme, bestimmte Fertigungsstraßen etc.). Auf Grund ihrer Eigenschaften können diese nur von *einem* Leasingnehmer verwendet werden. Daher wird hier auch von Objekten des Spezialleasings bzw. vom Spezialleasing gesprochen.

Gut zu erkennen ist, dass die größte Bedeutung nach wie vor das Fahrzeug-Leasing hat. Mittlerweile ist in Deutschland fast jedes zweite Fahrzeug geleast.[16] Vor allem in Unternehmen kann dieses Instrument sinnvoll zur Umgehung von Gehaltserhöhungen eingesetzt werden, indem Arbeitnehmern ein Firmenwagen zur Verfügung gestellt wird.

---

16   Vgl. Wittrock (2007), S. B1.

Eine weiterer Anwendungsbereich des Leasing kommt in sogenannten Sale-and-lease-back-Verträgen zum Vorschein. Ihr häufigster Einsatzgrund ist die Liquiditätsbeschaffung oder die Hebung stiller Reserven. Dabei verkauft ein mittelständisches Unternehmen zunächst dem Leasinggeber einen Gegenstand (meist Immobilien), um diesen sogleich von ihm zurückzuleasen. So wird gebundenes Kapital verflüssigt und ermöglicht dem Unternehmen somit den nötigen finanziellen Spielraum um weiteres Wachstum zu schaffen. Darüber hinaus lässt es sich allerdings auch dazu einsetzen, um beispielsweise Akquisitionen oder Pensionslasten zu schultern sowie im Rahmen von Nachfolgeregelungen Vermögen steueroptimal zu übertragen.[17]

4.2   Entwicklung der Leasinginvestitionen

Obwohl bereits im Jahr 1877 durch die Firma Bell Telephone Company das Leasing in die „Neuzeit" übertragen wurde, kam es in der Bundesrepublik Deutschland erst 1972 zur Gründung der ersten Leasinggesellschaft. Bereits im Jahr 2006 hat sich der damalige Anteil von zwei Prozent an den gesamtwirtschaftlichen Investitionen auf nahezu 20 Prozent verzehnfacht. Besonders erstaunlich ist dabei der Anteil des Mobilienleasing an den Ausrüstungsinvestitionen, der nahezu 25 Prozent beträgt.

Quelle: Statistisches Bundesamt, ifo Institut
Abbildung 3: *Leasinganteil an den gesamtwirtschaftlichen Investitionen in Prozent*

---

17   Siehe dazu Ostermann (2006), S. 6 ff.

Nach Angaben des Bundesverbands Deutscher Leasing-Unternehmen betrugen die Neuinvestitionen im Jahr 2006, die über Leasing finanziert wurden, 54,1 Milliarden Euro (nach Prognosen gehen Leasinggesellschaften für das Jahr 2007 von einem Neugeschäft von 57 Milliarden Euro aus).

Bisher sind vor allem der Dienstleistungsbereich, das verarbeitende Gewerbe und der Handel Hauptleasingkunden und machen nahezu 70 Prozent des Neugeschäftvolumens aus. Doch auch die öffentliche Hand, die das größte und bisher wenig ausgeschöpfteste Potenzial aufweist (Leasingquote beträgt erst elf Prozent), entdeckt immer mehr das Leasinggeschäft. Mittlerweile sind in einigen Bundesländern die Polizeiflotten geleast – im Februar 2005 ist Sachsen-Anhalt auf Leasingfahrzeuge umgestiegen – und auch die Bundeswehr hat durch die Erneuerung ihres Fuhrparks mittels Leasing eine Initialzündung ausgelöst.[18]

Die besondere Bedeutung des Leasings kommt heute vor allem im Mittelstand in der Fremdfinanzierung zur Geltung. Wird nur das Verhältnis von Darlehens- und Leasingfinanzierungen ohne die Innenfinanzierungskraft betrachtet, so ergibt sich eine Leasingquote von knapp über 50 Prozent.

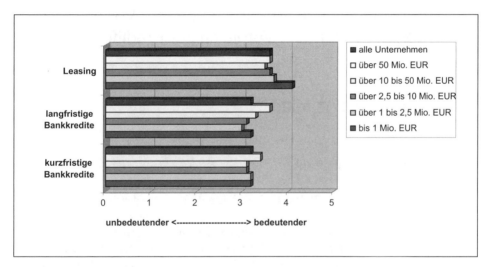

Quelle: KfW (2006), S.69
Abbildung 4:   *Derzeitige Bedeutung von Finanzierungsquellen nach Unternehmensgröße auf einer Skala von 1 bis 5, mit Änderungen entnommen.*

Wie Abbildung 4 zu entnehmen ist, hat Leasing vor allem bei mittelständischen Unternehmen einen hohen Stellenwert. Unternehmen mit einer Größe bis zehn Millionen Euro, also der wesentliche Anteil des deutschen Mittelstands, nimmt das Operate- und Finanzierungs-Leasing in einem größeren Umfang als kurz- oder langfristige Bankkredite in Anspruch. Dies ist neben den Vorzügen von Leasing auch auf die strengen Kreditvergaberichtlinien der Ban-

---

[18]   Vgl. Städtler (2005), S. B1.

ken zurückzuführen. Diese Behauptung lässt sich durch die Kreditaufnahme von Unternehmen mit einer Größe ab zehn Millionen Euro belegen. In der Regel haben diese Unternehmen nicht in dem Ausmaß wie der Mittelstand unter Eigenkapitalschwäche und schlechten Bilanzkennzahlen zu leiden. Daher wird der Kreditantrag nicht so häufig wie bei kleineren Unternehmen abgelehnt. Trotz dessen nehmen neben mittelständischen auch größere Unternehmen Leasing verstärkt in Anspruch und sehen diese Finanzierungsform als attraktive Alternative zum Kredit. Dieser Wachstumstrend und die somit parallele Verdrängung der Kreditfinanzierung werden sich in den kommenden Jahren sicherlich verstärken.

Um diejenigen mittelständischen Unternehmen, die bisher auf eine Anwendung des Leasing verzichtet haben, die Vorzüge dieser Finanzierungsform, vor allem im Vergleich zu einer klassischen Kreditfinanzierung, nahe zu bringen, werden im Folgenden die typischen Leasingeigenschaften analysiert und zur besseren Entscheidungsbildung aufbereitet.

5. Leasingtypische Merkmale und ihre Vorteile für den Mittelstand im Vergleich zur Kreditfinanzierung

5.1 Qualitative Aspekte

5.1.1 Bilanzstruktureffekt

Vor allem durch die neue Basel-II–Richtlinie und dem damit verbundenen erweiterten Rating hat Leasing in der letzten Zeit an neuer Bedeutung gewonnen. Das Hauptargument vieler Leasinganbieter ist der breitere Verschuldungsspielraum durch positivere Bilanzkennzahlen. Auch für viele Leasingnehmer hat dieses Argument eine hohe Priorität. Durch die überwiegende Bilanzierung des Leasingobjektes beim Leasinggeber wird die Bilanz des Leasingnehmers nicht verlängert. Wenn die Kreditwürdigkeitsprüfung nun auf Basis von Verschuldungskennzahlen durchgeführt wird, ergibt sich für den Leasingnehmer ein besseres Rating und demzufolge ein höherer Kreditrahmen. Dieser Effekt ermöglicht einem mittelständischen Unternehmen eine beträchtliche Erweiterung seines unternehmerischen Handlungsspielraums.

5.1.2   Schonung des Eigenkapitals – Erhalt der Substanz im Unternehmen

Bei einer Kreditfinanzierung wird das anzuschaffende Investitionsgut nur bis zu 60 bis 80 Prozent der Anschaffungs- bzw. Herstellkosten, je nach Art des angeschafften Gutes, beliehen. Den Restbetrag muss der Unternehmer aus Eigenmitteln, sprich Eigenkapital aufbringen. Es wäre theoretisch auch eine volle Fremdfinanzierung denkbar. Diese setzt allerdings eine sehr gute Bonität voraus und ist somit nicht für die Masse aller Unternehmen realisierbar. Bei einer Leasingfinanzierung hingegen ist die Grundidee, das Investitionsgut zu 100 Prozent fremd zu finanzieren. Dabei hat der Leasingnehmer keine weiteren Sicherheiten und auch keine Eigenmittel zu erbringen. Im Ergebnis wird das Eigenkapital des Leasingnehmers geschont und kann für weitere Investitionen eingesetzt werden. Gerade für den eigenkapitalschwachen Mittelstand ist diesem Aspekt eine große Bedeutung zuzuweisen.

5.1.3   Senkung von Transaktionskosten

Transaktionskosten sind die Kosten, die während der Anbahnung des Vertrages, der Vertragslaufzeit und am Ende des Vertrages für die Informationsbeschaffung und Kommunikation der Vertragsparteien anfallen.

Im Vergleich der beiden Finanzierungsformen Kredit und Leasing kann nicht abschließend beurteilt werden, welche höhere Transaktionskosten verursacht, da diese von der Individualität des Kreditvertrages bzw. Leasingvertrages abhängen. Während der Nutzungsphase geht der Kontakt des Investors zur Leasinggesellschaft stark zurück. Wohingegen der Kreditnehmer regelmäßige Informationen über seine wirtschaftliche Situation erbringen muss. Am Ende der Vertragslaufzeit kann die mögliche Verwertung des gekauften Investitionsgutes jedoch im Leasingbereich nochmals hohe Kosten verursachen. Bei der Leasingfinanzierung ist die Höhe dieser Kosten von der Vertragsvereinbarung abhängig. Der Kreditnehmer hat jedoch beispielsweise nach Ablauf der Zinsbindung seines Kredites nochmals hohe Transaktionskosten für die Zinsprolongation zu erbringen. Der mittelständische Unternehmer kann über die Abwägung der aufgeführten Überlegungen für den Einzelfall entscheiden, ob seine Transaktionskosten für Leasing oder Kredit höher ausfallen werden.

5.1.4   Beratungsleistungen der Leasinggesellschaft

Leasingunternehmen bieten potenziellen Leasingnehmern überwiegend zusätzliche Beratungsleistungen an. Da Leasinggesellschaften durch ihre Spezialisierung über gute Fachkenntnisse verfügen, können Fehlentscheidungen vermieden und somit adäquate Lösungen für den Nachfrager ausgearbeitet werden. Es werden aber auch Dienstleistungen angeboten, die über den Kauf hinausgehen und dem Mieter nicht zusätzlich berechnet werden: Beim Mobilienleasing können etwa durch die Zwischenschaltung von Leasinggesellschaften günstigere Einkaufspreise oder bei größerer Mengenbestellung Einkaufsrabatte bzw. günstigere Bestellbedingungen realisiert werden. Des Weiteren besteht die Möglichkeit, Wartungs- und Versicherungsservice sowie bei einem Fuhrparkleasing „Full-Service" in die Vertragsbedingungen aufzunehmen. Serviceleistungen beim Immobilienleasing umfassen zum Beispiel den Grundstückserwerb, die Planung und Errichtung des Gebäudes und Verwaltungstätigkeiten während der Mietzeit.

Die bessere Marktübersicht, Fachkompetenz und Nachfragemacht des Leasinggebers kann die Anschaffungs- bzw. Herstellkosten senken. Da Leasingunternehmen oft über günstigere Refinanzierungsmöglichkeiten als der Unternehmer verfügen, können die Leasingkosten somit verringert werden.[19] Gleichermaßen wird dem Unternehmen das Problem der Verwertung des Leasingobjektes erleichtert. Leasinggesellschaften können durch ihre ausgeprägte Marktkenntnis das Objekt zu höheren Preisen verkaufen. Durch die oben genannten Kompetenzen und Serviceleistungen des Leasinggebers können die laufenden Folgekosten deutlich reduziert werden. Für solche Leistungen erheben Leasinggesellschaften in der Regel keinen Aufpreis, da diese Entgelte in den Leasingraten einkalkuliert sind.

5.1.5   Flexibilitäts- und Effizienzeffekte

Der mittelständische Unternehmer ist in seiner Entscheidung, ob er Dienstleistungs- und/oder Serviceangebote der Leasinggesellschaft in Anspruch nimmt, völlig frei. In einem Leasingvertrag ist es weitgehend frei wählbar, ob der Leasingnehmer oder Leasinggeber die Kaufverhandlungen für das Investitionsgut führt. Daneben sind die Fragen, wer später für die Wartung und Instandhaltung verantwortlich ist, wie lange das Objekt zur Verfügung stehen soll und wie es nach Ende der Vertragslaufzeit weiterverwendet wird, flexibel vereinbar. Diese Flexibilität räumt einem mittelständischen Unternehmen große Freiräume für die Investitionsgestaltung ein.

Falls sich das mittelständische Unternehmen für ergänzende Dienstleistungen der Leasinggesellschaft entscheidet, kann dieses die laufende Wartung geleaster Maschinen oder medizinischer Geräte bis zur Übernahme des kompletten Fuhrpark- oder IT-Managements auf die Leasinggesellschaft übertragen. Gerade die aktuellen Marktbedingungen zwingen Unternehmen sich auf ihre Kernkompetenzen zu konzentrieren, um gewinnbringend arbeiten zu können. Hierbei bietet Leasing die Chance durch gezieltes Outsourcing von Bereichen, die nicht zum Hauptgeschäftsfeld des Mittelständlers gehören, Effizienzgewinne zu erzielen.

5.1.6   Verbesserte Kalkulationsgrundlage des Leasings

Die Ermittlung aller direkten und indirekten Kosten einer Investition stellt für viele kleine und mittelständische Betriebe aufgrund fehlender steuerrechtlicher und finanzmathematischer

---

19   Vgl. Gabele/Kroll (1992), S. 136.

Kenntnisse eine große Herausforderung dar.[20] Durch die klar vereinbarten Leasingleistungen ist es einem Leasingnehmer allerdings jederzeit möglich, seine unternehmerischen Planungen auf der Basis bekannter und konstanter Verpflichtungen wahrzunehmen. Grundsätzlich ist dies aber kein Vorteil des Leasing, da der Investor bei einer Darlehensfinanzierung auch über klare Planungsgrundlagen verfügt. Wenn aber das Zinsänderungsrisiko mitbetrachtet wird, stellt sich heraus, dass Leasing die bessere Kalkulationsgrundlage bietet. Bei einer Kreditfinanzierung kann der Investor zwar Zinsen festschreiben und variable Zinsen durch geeignete derivative Instrumente absichern, aber unter dem Strich wird diese Alternative teurer als etwa die Vereinbarung von festen Leasingraten für 15 Jahre (was im Immobilienleasing nicht unüblich ist).

In der Praxis ist das oben genannte Argument für viele Leasingnehmer von großer Bedeutung. Gerade in Verbindung mit den zukünftigen (Full-)Service-Leasingverträgen kommt dem Argument der verbesserten Kalkulationsgrundlage eine besondere Bedeutung zu. In diesem Fall zahlt der Mittelständler nur eine Rate und deckt damit, zum Beispiel im Rahmen eines Fuhrparkmanagementvertrages, die Anlagenbuchhaltung ab und muss die laufenden Kosten nicht mehr einzeln kontrollieren, buchen und zur Zahlung anweisen.

5.1.7 Bewertung der qualitativen Aspekte

Eine anschließende Bewertung der qualitativen Aspekte und deren Vorteilhaftigkeit muss im Einzelfall unter Beachtung der spezifischen Umstände des jeweiligen Mittelständlers erfolgen. Eine bewährte, aber relativ aufwendige Methode zur Bewertung qualitativer Faktoren stellt die Nutzwertanalyse dar.[21] Sie sollte bei wichtigen Entscheidungsproblemen verwendet werden. Weniger bedeutende Entscheidungen können mit Hilfe von Checklisten getroffen werden.

5.2 Quantitative Aspekte

5.2.1 Liquiditätseffekt – „Pay as you earn"-Effekt

Unter quantitativen Parametern werden Aspekte verstanden, die sich monetär, also in Euro-Größen, darstellen bzw. ausdrücken lassen. Im Folgenden werden hierzu einige Beispiele näher beleuchtet. Ein wichtiger quantitativer Vorteil des Leasings liegt in der Kapitaleinsparung. Durch die Investitionstätigkeit des Leasinggebers fällt für den Leasingnehmer ein geringerer Kapitalbedarf im Vergleich zu einer Kreditfinanzierung an. Da der Leasingnehmer kein Eigenkapital zu Beginn der Investition aufbringen muss, erzielt dieser einen positiven Liquiditätseffekt.

---

[20] Vgl. Kratzer/Kreuzmair (1997), S. 116 f.
[21] Vgl. Blohm/Lüder/Schäfer (2006), S. 177.

Der sogenannte „Pay as you earn"-Effekt ist ein beliebtes Werbeargument der Leasingbranche und lässt sich unter dem Oberbegriff „Liquiditätseffekt" einordnen. Da die Leasinggesellschaft die Finanzierung des Investitionsobjektes übernimmt, kommt es zum Investitionszeitpunkt nicht zu einem Liquiditätsentzug oder/und einer Ausweitung der Fremdfinanzierung.[22] Über die Leasingraten werden die Investitionskosten nach dem „Pay as you earn"-Effekt vielmehr über die Zeitspanne verteilt, in der mit dem Leasingobjekt Erträge erwirtschaftet werden.

Ein Unterschied zur Kreditfinanzierung besteht darin, dass die Leasingraten nur die Verringerung des Marktwertes des Objekts während der Nutzungsdauer repräsentieren und nicht wie beim Kauf die gesamten Anschaffungskosten aufgebracht werden müssen. Der Leasingnehmer zahlt beim Leasing also nur für das, was er während der Leasingdauer wirklich nutzt. Beim Kauf hingegen wird das Eigentum an dem Investitionsgut erworben. Der Käufer kann damit die Nutzungsdauer des Investitionsobjektes frei wählen und ihm steht bei einer Verwertung des Objektes der volle Restwert zu. Für ein mittelständisches Unternehmen bietet Leasing somit die Möglichkeit, den Auszahlungen der Investition die Einzahlungen gegenüberzustellen und eine liquiditätsschonende Anschaffung zu realisieren.

5.2.2   Steuerliche Aspekte

■ **Gewerbesteuer:** Leasingverträge bringen bis zur Unternehmensteuerreform 2008 große steuerliche Vorteile, da die Leasingrate bis zu diesem Zeitpunkt komplett als Betriebsausgabe von der Bemessungsgrundlage der Gewerbesteuer abzugsfähig ist. Durch die Reformmaßnahmen wird dieser Vorteil allerdings minimiert. Zukünftig werden Leasingraten nicht mehr voll abzugsfähig sein. Beim Mobilienleasing müssen 20 Prozent der Leasingrate dem Gewinn aus Gewerbebetrieb (§ 7 GewStG) zu 25 Prozent wieder hinzugerechnet werden (effektiver Hinzurechnungsfaktor: fünf Prozent). Das Immobilienleasing ist dagegen stärker betroffen und muss 75 Prozent des Finanzierungsanteils zu 25 Prozent der Bemessungsgrundlage der Gewerbesteuer hinzurechnen (effektiver Hinzurechnungsfaktor 18,75 Prozent). Diese Hinzurechnungsklauseln lassen den gewerbesteuerlichen Vorteil der Leasingraten zwar kleiner werden, aber schaffen den Vorteil nicht ganz ab, da Leasingraten zukünftig zwar nicht in vollem Umfang, aber trotzdem zu einem gewissen Teil als Betriebsausgabe die Gewerbesteuerbemessungsgrundlage schmälern.

■ **Körperschaftsteuer:** Der Körperschaftsteuersatz wird nach der Unternehmensteuerreform auf 15 Prozent gesenkt (neuer § 23 Abs. 1 KStG). Für die Finanzierungsarten Leasing und Kredit hat dies, außer einer niedrigeren Körperschaftsteuerlast, keine weiteren Auswirkungen. Im Falle der Körperschaftsteuer kann weder von der Vorteilhaftigkeit eines Kredites, noch von einer Begünstigung von Leasing die Rede sein. Für beide Finanzierungsformen wirkt sich die Körperschaftsteuer in gleichem Maße aus, sodass es in diesem Fall eine neutrale Behandlung von Kredit und Leasing gibt.

---

22   Vgl. Deutsche Leasing (2007c).

■ **Grunderwerbsteuer:** Die Grunderwerbsteuer fällt bei einem Kauf oder Verkauf von immobilen Wirtschaftsgütern an. Beim Immobilienleasing kann grundsätzlich bei einer Beteiligung des Leasingnehmers an der Objektgesellschaft die Grunderwerbsteuer erheblich vermindert oder sogar ganz vermieden werden. Bei einem Kreditkauf hingegen ist diese Art der Steuer immer aufzubringen, wodurch sich ein steuerlicher Vorteil von Leasing ergibt.

Es ist aber zu beachten, dass die Grunderwerbsteuer auch den Leasingnehmer treffen kann. Dies ist der Fall bei:

- der Ausübung einer Kaufoption (Ankaufsrecht) in Höhe der Steuer auf den Kaufpreis, der umso höher ausfällt, je höher der Restwert gewählt wird
- „Sale-and-lease-back"-Verträgen zum Vertragsbeginn, wenn der Leasingnehmer nicht an der Objektgesellschaft beteiligt ist (die Bemessungsgrundlage errechnet sich aus dem Kaufpreis für das Grundstück und Gebäude) und
- beim Verkauf eines eigenen Grundstücks oder der Einräumung eines Erbbaurechts zugunsten der Leasinggesellschaft, um das Grundstück mit dem darauf zu errichtenden Gebäude anschließend zurückzuleasen.

Da mittelständische Unternehmen fast ausschließlich vorsteuerabzugsberechtigt sind, wird die Umsatzsteuer nicht näher betrachtet, da es sich um einen durchlaufenden Posten handelt.

5.2.3   Vertriebseffekte für mittelständische Unternehmen

Angenommen, ein mittelständisches Unternehmen will seinem Kunden eine speziell angefertigte Maschine verkaufen. Durch die bereits ausgeschöpften Kreditlinien oder durch die Ablehnung des Kreditantrags kann der Kunde die Maschine nicht bezahlen. Da es sich um eine Spezialanfertigung handelt, kommt auch kein anderer Käufer in Frage. Hier bietet Leasing eine attraktive Lösung. Neben dem unternehmensinternen Einsatz, kann der Mittelständler Leasing auch als Absatzförderinstrument nutzen. Somit ist es ihm möglich, seinem Kunden neben qualitativ hochwertigen Waren und Dienstleistungen eine optimale Finanzierung durch eine Leasinggesellschaft anzubieten. Der Mittelständler genießt dann neben den unternehmensinternen Vorteilen von Leasing auch einen Vertriebsvorteil.

5.2.4   Bewertung der quantitativen Aspekte

Anhand der Fülle von Faktoren kann erkannt werden, dass die Entscheidung für Leasing anhand mehrerer Aspekte geprüft werden muss. Um die vorteilhaftere Investition herauszufinden, haben sich verschiedene Rechenmethoden etabliert. So gibt es den Liquiditätsvergleich mit Hilfe der Barwertmethode, den totalen Liquiditätsvergleich sowie den Kostenvergleich. Die erste Methode vergleicht die Barwerte bei Kauf und Leasing miteinander. Der Schwachpunkt besteht aber darin, dass sie eine Identität von Soll- und Habenzinsen voraussetzt. Dieser Punkt ist beim Liquiditätsvergleich verbessert worden. Diese Methode berücksichtigt Struktur-, Zins- und Steuereffekte, benötigt dafür aber leistungsfähige Rechner und ist insgesamt sehr aufwendig. Der Schwachpunkt der letzten Methode ist, dass auch nicht ausgabewirksame Kosten integriert sind.

5.3   Abschließende Gegenüberstellung

Werden alle finanzierungsspezifischen Besonderheiten des Leasings betrachtet, kann mit Recht gesagt werden, dass diese Finanzierungsform eine attraktive Alternative zur Kreditfinanzierung darstellt. Vor dem Hintergrund der immer fokussierteren Kreditvergabe nach Ratingkennzahlen kann dieses Instrument somit vor allem für eigenkapitalschwache Mittelständler einen optimalen und attraktiven Finanzierungsersatz darstellen.

Es sind die charakteristischen Vorteile, die Leasing zu einer zentralen strategischen Antwort erfolgreicher Unternehmen auf die Herausforderung der Zukunft machen: Die mit Leasing verbundene Flexibilität, die Schonung der Liquidität, die Verbesserung der ratingrelevanten Bilanzkennzahlen sowie die effizienzsteigernde Auslagerung des gesamten Investitionsprozesses verschaffen Unternehmen die notwendigen Freiräume, um sich auf den Wandel der Umfeldbedingungen angemessen vorbereiten zu können.[23]

6.   Das Leasinggeschäft vor dem Hintergrund der Unternehmensteuerreform 2008 (Stand: Sommer 2007)

6.1   Auswirkungen der Unternehmensteuerreform auf das Leasingverhalten mittelständischer Unternehmen

Das Ziel der Reformmaßnahmen ist die „Steigerung der Attraktivität des Standortes Deutschland für Direktinvestitionen bei gleichzeitiger Bekämpfung von Steuergestaltungsmöglichkeiten."[24] Dies soll durch eine Senkung der Steuerbelastung bei Kapitalgesellschaften von derzeit knapp 39 Prozent auf unter 30 Prozent erreicht werden. Konzerninterne Verlagerungen

---

23 Vgl. BDL (o. J.), S.11
24 SPD Bundestagsfraktion (2006), S. 1.

von Steuersubstrat ins Ausland sollen dabei durch Erweiterung der gewerbesteuerlichen Hinzurechnung und durch die Einführung einer Zinsschranke vermieden werden. Allerdings wird die Gesamtsteuerentlastung auf fünf Milliarden Euro begrenzt sein. Dabei stellen die Gegenfinanzierungsmaßnahmen für mache Unternehmen und Branchen, insbesondere die Leasingbranche, die Vorteile der Steuersatzsenkungen in den Hintergrund.

Um das Finanzierungsverhalten mittelständischer Unternehmen genau analysieren zu können, muss neben den steuerlichen Änderungen für das Leasinggeschäft auch die Alternativfinanzierung Kredit betrachtet werden. Bisher ist im Rahmen der Kreditfinanzierung nach § 8 Nr. 1 GewStG vorgeschrieben, dass Kreditzinsen dem Gewinn aus Gewerbebetrieb (§ 7 GewStG) wieder zur Hälfte als Dauerschuldzinsen zuzurechnen sind und damit die Bemessungsgrundlage für die Ermittlung der Gewerbesteuerlast erweitern. Zukünftig plant die Bundesregierung diesen Umstand zu ändern. Im Rahmen des geplanten Wegfalls der Gewerbesteuer als Betriebsausgabe soll § 8 Nr. 1 GewStG dahingehend geändert werden, dass die Kreditzinsen nur noch zu 25 Prozent als Dauerschuldzinsen hinzurechnungspflichtig sind und führt damit zu einer geringeren Bemessungsgrundlage der Gewerbesteuerlast. Eine weitere Neuerung ist, dass diese Hinzurechnung nur zum Tragen kommt, sofern die Summe aus den Hinzurechnungsbestandteilen des § 8 Nr.1 GewStG den Betrag von 100.000 Euro übersteigt (Freibetrag). Aus Sicht des Kreditnehmers ist diese Finanzierungsvariante somit seit dem 01.01.2008 steuerlich attraktiver.

Der zweiten Finanzierungsform Leasing war es bisher steuerlich erlaubt, die Leasingraten als Aufwand voll abzusetzen. Die geplante Unternehmensteuerreform sieht allerdings vor, § 8 Nr. 7 GewStG zu ändern und analog § 8 Nr. 1 GewStG zukünftig eine Hinzurechnung der Finanzierungsanteile zum Gewinn aus Gewerbebetrieb einzuführen. Dabei sollen 20 Prozent bei den mobilen sowie 75 Prozent bei den immobilen Wirtschaftsgütern pauschal der Gewerbesteuerbemessungsgrundlage hinzugerechnet werden. Diese Hinzurechnungsfaktoren beziehen sich auf die sogenannten Finanzierungsanteile der Leasingraten.[25] Die Höhe des Finanzierungsanteils hängt jedoch von zahlreichen Faktoren ab, insbesondere von der Laufzeit des Leasingvertrages, vom Finanzierungszins und dem durchschnittlich gebundenen Kapital. Bei der überwiegenden Mehrzahl der Leasingverträge liegen die Finanzierungsanteile laut dem Bundesverband Deutscher Leasing Unternehmen deutlich niedriger und zwar in einer Größenordnung von circa 13 Prozent bei Mobilien und circa 50 Prozent bei Immobilien.[26]

Wird die steuerliche Belastung der beiden Finanzierungsarten in ein Verhältnis gesetzt, kristallisiert sich heraus, dass der Finanzierungsaufwand für Leasinggeber und Leasingnehmer (kumuliert) zukünftig das 2,5-Fache einer vergleichbaren kreditfinanzierten Investition beträgt.[27] Es bleibt aber anzumerken, dass der direkte Vergleich der Steuerbelastung von Leasing und Kredit aus Sicht des mittelständischen Unternehmens durch die unterschiedlichen Effekte der einzelnen Reformmaßnahmen beim Mobilienleasing fast immer im Gleichgewicht befindet. Je nach Vertragsgestaltung kann das Mobilienleasing im Vergleich zum Kredit

---

[25] Vgl. Referentenentwurf, S. 49.
[26] Vgl. BDL (2007b), S. 3.
[27] Vgl. BDL (2007c), S.1.

sogar eine niedrigere Gesamtsteuerbelastung aufweisen.[28] Für das Immobilienleasing kann diese Aussage allerdings nicht getroffen werden, da der Hinzurechnungsfaktor bei 75 Prozent liegt und somit höher als beim Mobilienleasing ist.

Die steuerliche Benachteiligung des Leasings durch die Unternehmensteuerreform 2008 wird die Investitionsentscheidungen des Mittelstandes sicherlich in ein neues Blickfeld rücken. Es bleibt aber abzuwarten wie stark die Nachfrage durch die Reformmaßnahmen gedämpft wird, denn neben der steuerlichen Komponente müssen bei einer Leasingfinanzierung weitere Gesichtspunkte betrachtet werden. Es darf nicht vergessen werden, dass 85 Prozent der Leasingkunden aus dem Mittelstand stammen[29] und sich der Vorzüge von Leasinggeschäften bewusst sind.

6.2   Folgen der Reformmaßnahmen für die Angebotsstruktur der Leasinggesellschaften

Durch die geplanten Reformmaßnahmen werden künftig Leasingnehmer und Kreditnehmer durch die pauschale Hinzurechnung von Leasingraten zum Gewerbeertrag gleichgestellt. Auf der anderen Seite wird der Leasinggeber aber nicht analog zum Kreditgeber nach § 19 GewStDV berechtigt, den Aufwand für die Refinanzierung dem Gewerbeertrag nicht hinzuzurechnen, das heißt, die Leasinggesellschaften genießen das „Bankenprivileg" nicht, was eine Doppelbesteuerung zur Folge hat. Leasinggesellschaften stehen am Markt im Wettbewerb mit Banken, die Kredite zur Investitionsfinanzierung ausreichen. Unternehmer, die in ihrem Betrieb geleaste Wirtschaftsgüter einsetzen, konkurrieren mit Unternehmen, die ihre Investitionen mit Krediten finanzieren. Aus Gründen der Wettbewerbsneutralität, sowohl auf Anbieter- als auch auf Nachfragerseite, ist es daher geboten, Leasinggesellschaften nicht gegenüber Banken zu benachteiligen. Die Bundesregierung hat eine Öffnung des § 19 GewStDV in Aussicht gestellt, allerdings haben Leasinggesellschaften kaum Interesse an der Anwendung der strengen Bankregeln des KWG, weshalb von der Einführung einer „Regulierung light"[30] die Rede ist.

Eine weitere Reformmaßnahme ist die geplante Zinsschranke nach § 4 h EStG. Durch diese Maßnahme wird es Unternehmen zukünftig nur noch erlaubt sein, Zinsaufwendungen, die den Saldo aus Zinsaufwand und Zinsertrag übersteigen, zu 30 Prozent vom EBITDA als Aufwand abzusetzen. Um vor allem Unternehmen zu schützen, die keine steuerlichen Gewinnverlagerungen vornehmen, ist vorgesehen eine sogenannte ESCAPE-KLAUSEL einzuführen. Danach soll es eine Freigrenze in Höhe von einer Million Euro geben. Zudem fällt ein Unternehmen, das keinem Konzern angehört, nicht unter die Anwendung der Zinsschranke.

---

[28]   Vgl. Kroll, M. (2007), S.18f.
[29]   Vgl. BDL (2007a).
[30]   BDL (2007d), S.2.

Für konzernzugehörige Unternehmen kann bei gleichen Eigenkapitalquoten innerhalb des Konzerns ebenfalls eine Anwendung vermieden werden.

Das Leasinggeschäftsmodell hat aus betriebswirtschaftlichen Gründen und nicht aus geschäftspolitischen Gründen (um zum Beispiel Steuersubstrat ins Ausland zu verlagern) hohe Fremdkapitalquoten. Die Zinsschranke erweist sich im Standard-Mobilienleasing aufgrund der dort vergleichsweise geringen Zinsanteile nicht als Problem. Im Immobilienleasing sowie bei bestimmten Großimmobilien (zum Beispiel Kraftwerken) bleibt jedoch rund die Hälfte des Zinsaufwandes auf Dauer steuerlich nicht abzugsfähig.

Die geplanten Reformmaßnahmen werden die Angebotsstruktur von Leasinggesellschaften grundlegend verändern und deutsche Gesellschaften gegenüber ausländischen Wettbewerbern benachteiligen. Es bleibt abzuwarten, ob demzufolge Leasinggesellschaften und damit Steuersubstrat ins Ausland abwandern. In jedem Fall müssen Leasinggesellschaften die höhere Steuerbelastung einpreisen, was somit besonders den Mittelstand treffen würde und ihn eventuell zum Umdenken bei seiner Finanzierungsstruktur bewegt.

7.   Zukünftige Entwicklung des Leasinggeschäfts nach der Unternehmensteuerreform 2008

Sollte es zu diesen Änderungen kommen, wird das erhebliche Folgen für das Finanzierungsverhalten mittelständischer Unternehmen haben sowie die Leasingbranche vor große Herausforderungen stellen. Die Leasingwirtschaft ist mittlerweile der „größte Investor in Deutschland"[31] und vor allem der Mittelstand realisiert seine Investitionen zu einem großen Teil über Leasing. Es wird von einer Diskriminierung des Leasings gegenüber anderen Investitionsformen gesprochen, da Leasing beim Mittelstand mittlerweile bedeutender ist als der klassische Kredit.[32] Zukünftig werden mittelständische Unternehmen größere Probleme mit Investitionsfinanzierungen haben, da ein wesentliches Kreditsubstitut – Leasing – in erheblichem Maße benachteiligt wird.

---

[31]   BDL (2006)
[32]   Vgl. Schulz/Westebbe (2006)

Mittelständische Unternehmen und Freiberufler schätzen einfache Lösungen. Deshalb war Leasing in Deutschland auch 45 Jahre erfolgreich.[33] Ein Vergleich mit den USA zeigt, dass für Leasing in Deutschland noch ein großes Potenzial vorhanden ist. Die Leasingquote in den USA beträgt derzeit 30 Prozent, wohingegen Leasing sich in Deutschland nur auf rund zwei Drittel des vergleichbaren US-amerikanischen Werts summiert. Für die deutsche Leasingwirtschaft ist dies ein zusätzlicher Ansporn, ihren Verbreitungsgrad in Deutschland weiter zu steigern. Für 2007 hat die Leasingbranche ein Neugeschäft von 57 Milliarden Euro prognostiziert und geht auch weiterhin von positiven Wachstumsaussichten aus. Demgegenüber steht die Unternehmenssteuerreform 2008, die „eine Bürokratieorgie ist und das Bremsspuren erzeugen wird."[34]

Literaturhinweise

BAAR, S./STREIT, B. (2001): Leasing oder Kauf mobiler Investitionsobjekte, Herne/Berlin 2001.

BGH (1986): Die Qualifizierung des Leasingvertrags als „Mietvertrag mit kaufrechtlichen Elementen" wurde vom BGH in der Neuen Juristischen Wochenschrift bekannt gegeben bzw. erwähnt, S. 19 f.

BLOHM, H./LÜDER, K./ SCHÄFER, CH. (2006): Investition, 9.Aufl., München 2006.

BUNDESVERBAND DEUTSCHER LEASING-UNTERNEHMEN (2006): Leasing-Markt wächst um 8%, Pressemitteilung vom 29.11.2006, unter Internet-URL: http://www.leasingverband.de

BUNDESVERBAND DEUTSCHER LEASING-UNTERNEHMEN (2007A): Leasing-Wirtschaft, Pressemitteilung vom 15.05.2007, unter Internet-URL: http://www.leasingverband.de

BUNDESVERBAND DEUTSCHER LEASING-UNTERNEHMEN (2007B): Stellungnahme zum Referentenentwurf, Schreiben des BDL vom 23.02.2007 an Herrn Eduard Oswald, den Vorsitzenden des Finanzausschusses des Deutschen Bundestages, Berlin 23.02.2007.

BUNDESVERBAND DEUTSCHER LEASING-UNTERNEHMEN (2007C): BDL-Leasing News, Neuer Steinbrück-Vorschlag willkürlich und falsch gerechnet, Ausgabe März 2007.

BUNDESVERBAND DEUTSCHER LEASING-UNTERNEHMEN (2007D): Rundschreiben des BDL , AZ.: 2/017 Bilanz- und Steuerfragen, Koalition einigt sich auf Änderungen zum Unternehmenssteuerreformgesetz, 16.Mai 2007.

BUNDESVERBAND DEUTSCHER LEASING-UNTERNEHMEN (O. J.): Informationsbroschüre „ Leasing heute – Wissenswertes rund um Leasing".

DEUTSCHE LEASING (2007A): Leasing-Vorteile: Zehn gute Gründe für Leasing, unter Internet-URL: http://www.deutsche-leasing.de

DEUTSCHE LEASING (2007B): Operate-Leasing: Optimales Rating bei Bilanzierung über IFRS/IAS oder US-GAAP, unter Internet-URL: http://www.deutsche-leasing.de

---

[33] Städtler (2007).
[34] Städtler (2007).

DEUTSCHE LEASING (2007C): Leasing Vorteile – 10 gute Gründe für Leasing, unter Internet-URL: http://www.deutsche-leasing.de

DEUTSCHER SPARKASSEN- UND GIROVERBAND (2006): Erfolgsmodell Mittelstand: Verankert in Deutschland – Auf Wachstumskurs in der Welt, Bonn 2006.

GABELE, E./KROLL, M. (1992): Leasing als Finanzierungsinstrument, Wiesbaden, 1992.

KFW BANKENGRUPPE (2006): Unternehmensbefragung 2006, Frankfurt am Main, September 2006.

KRATZER, J./KREUZMAIR, B. (1997): Leasing in Theorie und Praxis, Wiesbaden 1997.

KROLL, M. (2004): Finanzierungsalternative Leasing, 3. Aufl., Stuttgart 2004.

KROLL, M. (2007): Vorteilhaftigkeit von Leasingverträgen für Leasingnehmer nach der Steuerreform 2008, Teilnehmerunterlagen 8.LeaSoft-Leasing-Symposium, 24.April 2007.

O. V. (2007): Alternativen zum Kredit wenig genutzt, in: "Handelsblatt" vom 11.04.2007.

OSTERMANN, K. (2006): Immobilienleasing: Baustein für intelligente Finanzierungslösungen, in: Spectrum 01/2006, S. 6.

SCHULZ, H.-G./WESTEBBE, F. (2006): Brief des Vorstands des Bundesverbands Deutscher Leasing-Unternehmen an Eduard Oswald, den Vorsitzenden des Finanzausschusses des Deutschen Bundestages, Berlin 15.05.2006.

SPD BUNDESTAGSFRAKTION (2006): Mehr Steuern für Deutschland – Reform der Unternehmensbesteuerung, Einigung der Politischen Arbeitsgruppe vom 17.11.2006.

STÄDTLER, A. (2005): Der Staat als Leasingkunde holt nur allmählich auf, in: "Frankfurter Allgemeine Zeitung" vom 27.04.2005, S. B1.

STÄDTLER, A. (2007): Die Leasingbranche bis zum Jahr 2012, Ifo-Institut, Teilnehmerunterlagen 8. LeaSoft-Leasing-Symposium, 24.April 2007.

TACKE, H.-R. (1999): Leasing, 3. Aufl., Stuttgart 1999.

WITTROCK, O. (2007): Branche fürchtet Zugriff der Steuer, in: "Financial Times Deutschland" vom 02.03.2007, Beilage: Leasing, S. 1.

WÖHE, G. (1993): Einführung in die Allgemeine Betriebswirtschaftslehre, 18. Auflage, München 1993.

REFERENTENENTWURF der Unternehmenssteuerreform 2008 vom 14.03.2007, unter Internet-URL: http://www.bundesfinanzministerium.de

ABS – ein innovativer Ansatz für den Mittelstand?

Andreas Pesch

1.   Einleitung

Da immer mehr Unternehmen selbst mit ihrer langjährigen Hausbank die Erfahrung machen müssen, dass bestehende Kreditlinien gestrichen oder wesentlich restriktiver als zuvor vergeben werden, suchen die Unternehmer nach neuen, alternativen Finanzierungsformen. Nicht selten kommt in diesem Zusammenhang die Rede auf die Finanzierung durch sogenannte Asset Backed Securitisation (ABS). Während vielen Unternehmern – oder zumindest deren jugendlichem Finanzchef – der Begriff ABS an sich noch geläufig ist, besteht über die Struktur einer ABS-Transaktion bzw. die möglichen Vor- und Nachteile dieser Finanzierung landläufig noch Unklarheit. Im Folgenden soll daher zunächst ein Überblick über die Finanzierungsform ABS und deren mögliche Vor- und Nachteile gegeben werden. In einem weiteren Schritt sollen dann konkrete Problemstellungen angesprochen werden, die bei der Umsetzung von ABS-Transaktionen im mittelständischen Bereich immer wieder auftreten.

2.   Aufbau einer ABS-Transaktion

Wie funktioniert also ABS? Die Grundidee besteht darin, einen Bestand an sich nicht am Markt liquider Vermögenswerte, wie zum Beispiel ein Forderungsportfolio, zu verbriefen, das heißt diese „Assets" in Gestalt von Wertpapieren an den Kapitalmärkten handelbar zu machen (dieser Verbriefungsvorgang wird auf Englisch als „Securitisation" und die Wertpapiere als „Securities" bezeichnet). Die so begebenen Wertpapiere sind mit den verbrieften Vermögensgegenständen unterlegt (englisch „backed"). Die im Rahmen von ABS-Programmen im Mittelstand begebenen Wertpapiere sind meist kurzfristige Inhaberschuldverschreibungen (englisch „Commercial Papers") oder mittel- bis langfristige Anleihen (englisch „Medium Term Notes" oder „Bonds").

Grundbaustein einer jeden ABS-Transaktion ist das in einem Unternehmen vorhandene Forderungsportfolio. Besonders geeignet für eine ABS-Finanzierung sind hierbei die Forderungen aus Lieferungen und Leistungen, welche bei vielen mittelständischen Unternehmen einen gewichtigen Teil ihrer Bilanzsumme ausmachen. Der beste Finanzierungseffekt wird erzielt, wenn dieses gesamte Forderungsportfolio eines Unternehmens in die ABS-Transaktion einbezogen werden kann. Welche Forderungen allerdings konkret für die Verbriefung in Frage kommen, ist nicht zuletzt eine Kostenfrage und muss im Rahmen der Strukturierung gemeinsam mit dem Arrangeur der Transaktion (zumeist eine Bank) erarbeitet werden. Häufig sind Mittelstands-ABS Angebote auf bestimmte Forderungsklassen, wie zum Beispiel Euro-Forderungen gegen inländische Schuldner, beschränkt.

Die für die Finanzierung ausgewählten und für geeignet befundenen Forderungen (das „Portfolio") werden an eine ausschließlich hierfür bestimmte Zweckgesellschaft (englisch „Special Purpose Vehicle" oder „SPV") verkauft, die in der Regel ihren Sitz im Ausland hat. Dem verkaufenden Unternehmen fließt als Finanzierung der für die Forderungen gezahlte Kaufpreis zu. Dieser ergibt sich aus dem Nominalwert der verkauften Forderung abzüglich bestimmter Kaufpreisabschläge, die der Bonitätsverbesserung bzw. der Risikoabsicherung des Portfolios dienen. Jede ABS-Transaktion zielt nämlich darauf, dass die ankaufende Zweckgesellschaft bzw. die Kapitalmarktinvestoren lediglich das Insolvenzausfallsrisiko der jeweiligen Forderungsschuldner (Bonitätsrisiko) der verbrieften Forderungen tragen, während das Unternehmen weiterhin für den tatsächlichen Bestand der Forderungen einzustehen hat (Veritätsrisiko).

Die Höhe der notwendigen Kaufpreisabschläge wird daher auf Grundlage der vom Unternehmen vorgelegten Daten über die historische Entwicklung des Portfolios nach finanzmathematischen Modellen errechnet, die von internationalen Ratingagenturen wie Standard & Poor's oder Moody's speziell für den ABS-Markt entwickelt worden sind. Üblicherweise werden im Rahmen der Transaktion virtuelle „Rückstellungskonten" für zukünftige Forderungsausfälle und Forderungsverwässerungen gebildet, die durch die Kaufpreisabschläge gespeist werden.

Die Höhe der jeweiligen Abschläge ist nicht statisch, sondern kann sich im Laufe der Transaktion in Abhängigkeit von der Entwicklung des Forderungsportfolios verbessern oder verschlechtern. Die tatsächliche Höhe der Kaufpreisabschläge – und somit indirekt auch der Finanzierungseffekt – hängt also von verschiedensten Parametern ab und kann daher erst im Rahmen der Strukturierung endgültig bestimmt werden.

Anders als zum Beispiel beim Factoring wird die Verwaltung und Einziehung der verkauften Forderungen bei ABS-Mittelstandstransaktionen nicht durch die Zweckgesellschaft, sondern unverändert durch das forderungsverkaufende Unternehmen durchgeführt. Die bestehende Debitorenbuchhaltung und die Inkassopolitik brauchen also nicht geändert zu werden. Auch muss die Forderungsabtretung nicht offen gelegt werden, wodurch das bestehende Vertrauensverhältnis zu den Kunden gewahrt bleibt.

Die Zweckgesellschaft, welche die Forderungen des Unternehmens aufgekauft hat, refinanziert sich durch die Emission von Wertpapieren (englisch „Asset Backed Commercial Papers" oder „ABCP"), welche sich durch ein sehr gutes Kapitalmarktrating und – damit einhergehend – durch eine niedrige Verzinsung auszeichnen. So werden ABCP mit einem „AA"-Rating am Kapitalmarkt üblicherweise ungefähr in Höhe des EURIBOR verzinst. Dieses niedrige Zinsniveau wiederum kommt dem forderungsverkaufenden Unternehmen zugute, da der von der Zweckgesellschaft an die Kapitalmarktinvestoren zu zahlende Zins wirtschaftlich vom forderungsverkaufenden Unternehmen getragen wird und den größten Kostenanteil einer ABS-Finanzierung darstellt. Es ist jedoch anzunehmen, dass aufgrund der derzeitigen Kreditkrise in den USA ein gewisses Misstrauen der Investoren gegenüber Verbriefungsprodukten besteht, da eine „Kontaminierung" der Wertpapiere durch ausfallgefährdete Darlehen befürchtet wird. Entsprechend werden ABCP mit einem Rating von „AA" derzeit ca. 10 bis 20 Basispunkte höher verzinst als vor Beginn der Kreditkrise.

Einige ABS-Zweckgesellschaften, die sogenannten Multiseller-Conduits, kaufen Forderungen von einer Vielzahl von Unternehmen aus verschiedenen Branchen an, die sie dann gebündelt verbriefen. Dadurch wird für die begebenen Wertpapiere eine höhere Risikostreuung erreicht, was sich wiederum in einem besseren Rating und damit in einer niedrigeren Verzinsung niederschlagen kann.

Die Zweckgesellschaft verwendet die auf die gekauften Forderungen eingehenden Zahlungen der Kunden, welche vom Unternehmen vereinnahmt und an die Zweckgesellschaft abgeführt werden müssen, um die Rückzahlungsansprüche der Investoren aus den Wertpapieren zu befriedigen. Typisch für ABS-Transaktionen ist hierbei ein rollierendes Verfahren, das heißt, es werden monatlich fortlaufend neue Wertpapiere emittiert, die mit den jeweils neu entstandenen Forderungen des Unternehmens unterlegt sind. Hierdurch stellt sich die ABS-Finanzierung nicht als nur einmalige Auszahlung eines Kaufpreises, sondern als eine auf mehrere (in der Regel fünf oder sieben) Jahre angelegte ständige Bereitstellung von Liquidität dar.

3.   Abgrenzung zum Factoring

Der Verkauf von Forderungen zur Finanzierung ist in Deutschland schon lange als Factoring bekannt und üblich. Daher taucht bei vielen Unternehmern die Frage auf, wo überhaupt die Unterschiede zwischen Factoring und ABS liegen.

Prinzipiell sind sich beide Finanzierungsformen sehr ähnlich; nicht umsonst wird ABS auch als Kapitalmarkt-Factoring bezeichnet. Dennoch gibt es einige wesentliche Unterschiede. Zunächst betrifft dies die Größe des finanzierbaren Forderungsvolumens: Während ABS in der Regel erst ab 20 bis 30 Millionen Euro verbriefbarem Forderungsbestand ökonomisch sinnvoll ist, kann Factoring auch schon bei sehr kleinen Forderungsportfolien durchgeführt werden. Hierbei muss erwähnt werden, dass sich in den letzten Jahren die von ABS-Arrangeuren geforderten Forderungsvolumina deutlich nach unten bewegt haben. Nach oben hin sind bei ABS so gut wie keine Grenzen gesetzt, weil sich die Zweckgesellschaft nahezu unbegrenzt am Kapitalmarkt refinanzieren kann, während beim Factoring gewisse Beschränkungen hinsichtlich des maximalen Transaktionsvolumens gelten, die im wesentlichen von der Finanzkraft des Factors abhängen.

Auf der Kostenseite dient bei der Refinanzierung am Kapitalmarkt für ABCP als Ausgangspunkt für die Verzinsung wie bereits ausgeführt meist ein Wert in Höhe des EURIBOR (Sondereffekte aufgrund der derzeitigen Kreditkrise einmal außen vor gelassen), während die Factoringanbieter meist auf Basis einer Kontokorrentverzinsung, einem Risikoabschlag und einer umsatzabhängigen Servicegebühr kalkulieren.

Ein weiterer Unterschied zwischen ABS und Factoring liegt in der Methodik der Risikobewertung bzw. der Auswahl der finanzierbaren Forderungen: Während beim Factoring in der Regel auf bestimmte und einzeln benannte Schuldner mit guter Bonität abgestellt wird, erfolgt bei ABS ein Bewertungsansatz über das ganze Portfolio hinweg. Erhöhte Risiken bestimmter Schuldner werden so durch die Vermengung mit anderen Risiken nivelliert. Dieser Ansatz kann und wird in vielen Fällen zu einer besseren Risikoeinschätzung und somit zu günstigeren Finanzierungskosten führen.

Beim Factoring wird zudem häufig die Debitorenbuchhaltung und der Forderungseinzug vom Factor übernommen, sodass es zu einer Offenlegung der Transaktion kommt. Bei ABS hingegen ist eine solche Offenlegung nicht üblich. Bei Kundenbeziehungen, die von langjährigem Vertrauen geprägt sind, kann letzteres ein nicht zu unterschätzender Vorteil von ABS sein.

4.   Mögliche Vorteile einer ABS-Finanzierung

4.1   Kosten

In der Regel sind die Refinanzierungskosten am Kapitalmarkt geringer als die Zinsen für ein Bankdarlehen. Andererseits fallen für die Strukturierung und die Verwaltung eines Forderungsportfolios sowie für die Beratung durch Banken, Rechtsanwälte und Wirtschaftsprüfer zusätzliche Transaktionskosten an, die bei einem Bankkredit vernachlässigbar sind. Letztere Kosten sind jedoch stark von der besonderen Komplexität der Transaktion und der Bonität des zu verbriefenden Forderungspools abhängig und können daher nicht exakt quantifiziert werden. Aufgrund von Skaleneffekten machen die hohen Einmal- bzw. Anlaufkosten jedoch

ABS-Finanzierungen vor allem bei niedrigen Forderungsbeständen unattraktiv, während größere Forderungsvolumina mit geringeren Finanzierungskosten einhergehen. Nach einer Studie von *Hommel* (*Hommel/Schmittat/Petersen/Altenkirch*, Gutachten zur Verbriefung von Unternehmens-, Factoring- und Leasingforderungen in Deutschland, 2005, erhältlich über: http://www.true-sale-international.de) ergibt sich, dass attraktive Finanzierungskonditionen insbesondere bei Verbriefungsvolumina ab circa zehn Millionen Euro aufwärts erreicht werden können. Bei einem solchen Forderungsbestand errechnet *Hommel* im Mittel bei Verteilung der fixen Kosten über einen Zeitraum von fünf Jahren eine Gesamtzinslast für eine ABS-Finanzierung von circa 5,25 Prozent über EURIBOR. Da die seit dem 1. Januar 2008 für die Banken geltenden Eigenkapitalvorschriften (Basel II) für Risiken aus ABS-Transaktionen eine geringere Eigenkapitalunterlegung verlangen als für ungesicherte und direkt an Unternehmen ausgereichte Kredite, ist mit einer positiven Auswirkung auf den Preisunterschied zwischen ABS-Produkten und anderen klassischen Finanzierungsprodukten zu rechnen.

Grundsätzlich hängen die Kosten einer ABS-Finanzierung anders als beim Bankkredit nicht in erster Linie von der Bonität des Forderungsverkäufers, sondern von der Bonität des Forderungsportfolios ab. Da die Verwaltung der Forderungen jedoch beim Unternehmen verbleibt, bieten die arrangierenden Banken ABS trotzdem nur solchen Unternehmen an, die eine Mindestbonität aufweisen, da bei einer Insolvenz des Forderungsverkäufers die Gefahr besteht, dass Zahlungen, die auf verkaufte Forderungen eingehen, der Insolvenzmasse zugeschlagen werden.

Die durch die Verbriefung seiner Handelsforderungen gewonnenen Liquidität kann ein Unternehmen einerseits für Investitionen verwenden, wobei sich bei der Investition in höher rentierende Vermögenswerte sogar die Eigenkapitalrendite verbessern kann. Im Gegensatz zur Kreditfinanzierung fließen bei ABS-Transaktionen dem Unternehmen Fremdmittel zu, ohne die Bilanz zu verlängern. Die Liquidität kann aber auch zur Tilgung von Fremdkapital genutzt werden, um die Eigenkapitalquote zu verbessern. Diese Verbesserung der Eigenkapitalquote kann wiederum zu einer Verbesserung des eigenen Ratings und damit auch zu besseren Kreditkonditionen bei den Banken führen. Es ist allerdings zu beachten, dass viele Banken mittlerweile bei ihren Analysen die Effekte einer ABS-Transaktion wieder „herausrechnen" und dementsprechend alleine auf Grundlage der verbesserten Eigenkapitalquote nach ABS keine besseren Kreditkonditionen gewähren. Die Durchführung einer ABS-Transaktion an sich hat sich jedoch bei vielen Bankanalysten als eigenes „indirektes" Qualitätsmerkmal etabliert, da bekannt ist, dass die ABS-strukturierenden Banken ihrerseits streng darauf achten, ABS ausschließlich bei bonitätsstarken und gut organisierten Unternehmen einzusetzen.

Die erwähnte Bilanzentlastung lässt sich jedoch nur dann erreichen, wenn es zu einer Übertragung des (Ausfall-)Risikos auf die Zweckgesellschaft kommt (englisch „True Sale"), die Forderungen dementsprechend nicht mehr in der Bilanz ausgewiesen werden müssen und dies auch vom Abschlussprüfer so akzeptiert wird. In diesem Zusammenhang ist auf die Stellungnahme des Instituts der Wirtschaftsprüfer IDW RS HFA 8 vom 1. Oktober 2002 nebst Nachtrag vom 9. Dezember 2003 hinzuweisen, in der verschiedene Kriterien, welche – im Rahmen der Bilanzierung nach HGB – für oder gegen einen True Sale sprechen, dargestellt werden. Diese Stellungnahme hat zu einer Verschärfung der Bilanzierungsbestimmungen geführt, sodass der gewünschte Bilanzeffekt nur bei einer sorgfältigen Strukturierung der ABS-Transaktion erreicht werden kann. Für die Bilanzierung nach IFRS oder US-GAAP gelten jeweils eigene Vorgaben. In der Praxis der ABS-Strukturierung für mittelständische Unternehmen ist jedoch zu beobachten, dass die Frage des Bilanzabgangs der Forderungen nicht mehr im Mittelpunkt des Interesses der Unternehmen steht, sondern vielmehr als angenehmer Nebeneffekt angesehen wird.

4.2   Indirekter Zugang zum Kapitalmarkt

Ein weiterer Vorteil von ABS liegt darin, dass auch solche Unternehmen einen indirekten Zugang zum Kapitalmarkt erhalten, der ihnen aufgrund mangelnder Größe oder Bonität sonst verwehrt wäre. Der Markt für ABS-Papiere zeichnet sich hierbei durch eine außerordentliche Liquidität und Stabilität – auch in den Zinskonditionen – aus. Ein weiterer Vorteil ist die anonyme Natur der ABS-Papiere: Da die Investoren in der Regel keine Kenntnis darüber haben, welche Forderungen oder Unternehmen konkret hinter den gehandelten Papieren stehen, ist der Markt für ABCP grundsätzlich nicht besonders anfällig für wirtschaftliche Krisen einzelner Unternehmen bzw. Branchen. Hierdurch ist gewährleistet, dass die an einem ABS-Programm teilnehmenden Unternehmen auch langfristig mit einer stabil niedrigen Verzinsung der Wertpapiere kalkulieren können. Eine Sondersituation hat sich wie bereits ausgeführt durch die Kreditkrise in den USA ergeben, welche den Verbriefungsmarkt insgesamt etwas in Mitleidenschaft gezogen hat.

4.3   Debitoren- und Risikomanagement

Als weiterer positiver (Neben)Effekt kann angesehen werden, dass im Rahmen der Strukturierung von ABS-Transaktionen häufig Missstände im eigenen Debitorenmanagement bzw. Inkassowesen aufgedeckt werden, deren Behebung zu einer weiteren wirtschaftlichen Stärkung der Unternehmensfinanzen führen kann. Die Professionalisierung und Standardisierung des Debitorenmanagements ist also ein nicht zu unterschätzender Zusatznutzen von ABS.

Nicht zu vernachlässigen ist natürlich auch der Transfer von Forderungsrisiken im Unternehmen auf den Forderungsankäufer, denn gerade die mangelnde Zahlungsmoral vieler Kunden und die damit einhergehende Liquiditätsbelastung kann zu einem großen Problem für mittelständisch geprägte Unternehmen werden.

4.4   Unabhängigkeit

Gerade im Mittelstand besteht eine gewisse Abneigung, sich über Private-Equity-Investoren oder über die Börse Eigenkapital zu beschaffen, da dabei die unternehmerische Unabhängigkeit aufgegeben werden muss und gleichzeitig eine weitreichende Verpflichtung zur Transparenz besteht. Durch die Hinwendung zu innovativen und dabei kapitalmarktnahen Produkten wie ABS kann die Refinanzierungsbasis gerade für solche Unternehmen verbreitert werden, die zum Beispiel durch ein starkes Wachstum an die Grenze der herkömmlichen Kredit- und Eigenmittelfinanzierung geraten, ohne dass diese dabei die eigene Unabhängigkeit aufgeben müssen.

5.   Mögliche Nachteile einer ABS-Finanzierung

5.1   Strukturierungsaufwand

Nach den bisher aufgezeigten Vorteilen von ABS wird mancher Unternehmer sich fragen: Was kann mich von dieser attraktiven Finanzierung noch abhalten, welche Nachteile gibt es?

Hier ist zunächst der im Vorfeld zu leistende und aufgrund der Komplexität des Verfahrens nicht zu leugnende Strukturierungsaufwand zu nennen. Die Aufarbeitung von bis zu drei Jahre alten Buchhaltungsdaten, die Implementierung entsprechender EDV-Systeme sowie die rechtliche, steuerliche und bilanzielle Prüfung der Transaktion binden auch auf Seiten des Unternehmens viel Arbeitskraft und gehen mit hohen Anfangsinvestitionen einher.

Daher wurden noch bis vor wenigen Jahren ABS-Transaktionen erst ab einem Portfoliovolumen von circa 50 Millionen Euro verbriefbarer Forderungen als sinnvoll erachtet. Mittlerweile haben sich jedoch viele Banken für die Entwicklung auf den gehobenen Mittelstand zugeschnittener und weitgehend standardisierter ABS-Lösungen entschieden und ermöglichen damit eine attraktive Finanzierung auch schon ab einem Portfoliovolumen von nur 15 bis 20 Millionen Euro.

In der Praxis hat sich gezeigt, dass eine Strukturierung noch kleinerer ABS-Transaktionen aus Kostengründen mit einem sehr hohen Maß an Standardisierung einhergehen muss, was für die meisten Unternehmen wiederum bedeutet, dass von dem – von vornherein schon sehr begrenzten – Forderungsportfolio nur noch ein geringer Teil für die Finanzierung über ABS zur Verfügung steht.

5.2   Historische Entwicklung des Forderungsportfolios

Ein weiterer Nachteil von ABS liegt darin, dass nach den Anforderungen des Kapitalmarkts bzw. der Ratingagenturen eine schlechte historische Performance des Forderungsportfolios durch entsprechende „Rückstellungs"- bzw. Reservenbildung aufgefangen werden muss. Da die zugrunde liegenden finanzmathematischen Modelle recht unflexibel ausgestaltet sind, führen die entsprechenden Berechnungen für Branchen, bei denen Wertminderungen und Verwässerungen von Forderungen sehr häufig sind, zu hohen Kaufpreisabschlägen, welche ABS als Finanzierungsinstrument von vornherein ausscheiden lassen.

5.3   EDV

Aufgrund des notwendigen detaillierten Berichtswesens mit Bezug auf das verkaufte Forderungsportfolio stellt die Anpassung und Erweiterung des EDV-Systems des forderungsverkaufenden Unternehmens eine nicht zu unterschätzende Herausforderung dar. Hierbei sind – gerade bei mehreren verkaufenden Unternehmen innerhalb eines Konzerns – unterschiedliche Buchhaltungssysteme miteinander über Schnittstellen zu verbinden. Gleichzeitig sind aus verschiedenen historischen und aktuellen Datenbeständen die von den Ratingagenturen und Banken geforderten Informationen zu ermitteln.

Aus Sicht der Buchhaltung muss die EDV zwischen den eigenen und bereits verkauften Forderungen unterscheiden; außerdem ist bei eingehenden Zahlungen sicherzustellen, dass diese den verkauften Forderungen entsprechend zugeordnet und dann an die Zweckgesellschaft bzw. den Forderungsankäufer weitergeleitet werden können.

Das EDV-Berichtswesen und die Kennzeichnung der Forderungen wird regelmäßig durch einen hierfür von der arrangierenden Bank beauftragten Wirtschaftsprüfer überprüft.

5.4   Kaufpreisabschläge und Credit Enhancement

Wie bereits ausgeführt werden ABCP am Kapitalmarkt mit einem sehr guten Rating von „A" oder sogar „AA" gehandelt. Um das rechnerische Ausfallrisiko eines verkauften Forderungsportfolios zumindest finanzmathematisch soweit so verringern, dass es diesem guten Rating entspricht, sind ergänzende Maßnahmen zur Bonitätsverbesserung notwendig (das sogenannte „Credit Enhancement"). Hierbei kommen sowohl strukturimmanente Absicherungen als auch Sicherungszusagen durch Dritte sowie Absicherungen durch den Forderungsverkäufer selbst in Frage, wobei letztere in der Regel eine True-Sale-Bilanzierung der Transaktion verhindern.

Strukturelle Absicherungen werden, wie oben dargestellt, durch eine Übersicherung der ABCP erreicht, das heißt vereinfacht dargestellt werden auf Grundlage eines verkauften Forderungsvolumen im Nominalwert von 100 Werteinheiten ABCP im Nominalwert von zum Beispiel nur 90 Werteinheiten begeben. Die verbleibende Differenz von 10 Werteinheiten wird in der Transaktion als Kaufpreisabschlag einbehalten und in virtuelle Reservekonten eingestellt. Selbst wenn in diesem Fall bis zu zehn Prozent der Forderungen ausfallen, können die ABCP-Investoren mit einer vollen Rückzahlung des eingesetzten Kapitals rechnen. Ist schon das reale, historisch ermittelte Ausfallrisiko des Portfolios sehr hoch, so müssen systembedingt auch die Kaufpreisabschläge hoch sein, um ein gutes Kapitalmarktrating zu rechtfertigen. Die ABS-Finanzierung wird damit für das Unternehmen allerdings häufig wirtschaftlich uninteressant.

Einen wichtigen Risikogesichtspunkt bildet auch der Diversifikationsgrad des Forderungsportfolios, denn nur bei ausreichender Homogenität ist das Ausfallrisiko des Gesamtportfolios im Vergleich zu den Ausfallrisiken der einzelnen Schuldner vergleichbar niedriger. Viele mittelständische Unternehmen (beispielsweise Automobilzulieferer oder Lebensmittelhersteller, die ausschließlich mit großen Discountern kontrahieren) wickeln allerdings große Umsatzvolumina mit nur wenigen Auftraggebern ab: Es bilden sich sogenannte Klumpenrisiken. In diesen Fällen führt häufig kein Weg an der Einbindung einer ABS-spezifischen Warenkreditversicherung vorbei, was wiederum erhöhte Finanzierungskosten für das Unternehmen mit sich bringt.

6. Praktische Erfahrungen mit ABS-Transaktionen im Mittelstand

6.1 Erstellung der Forderungshistorie als unterschätztes Problem

Neben den in Abschnitt 5 aufgezeigten grundsätzlichen Probleme oder Nachteilen, die ABS-Finanzierungen an sich betreffen, haben sich in der Umsetzung ganz bestimmte Probleme gezeigt, die vor allem bei der Strukturierung von ABS-Finanzierungen im Mittelstand immer wieder auftreten.

Hierzu gehört unter anderem die Aufbereitung der Forderungshistorie: Jede ABS-Transaktion beruht wie bereits erwähnt darauf, dass die Kapitalmarktinvestoren nur die Bonitätsrisiken und das forderungsverkaufende Unternehmen die Veritätsrisiken der verbrieften Forderungen tragen. Häufig bleiben Forderungen nicht deswegen unbezahlt, weil der jeweilige Schuldner insolvent ist, sondern weil sie von dem Schuldner bestritten werden, weil es zu Abzügen wegen vorhandener oder angeblicher Sachmängel kommt oder weil der Schuldner Skontoabzug beansprucht. Diese Vorgänge werden gemeinhin als „Forderungsverwässerungen" bezeichnet, für die ausschließlich der Forderungsverkäufer einzustehen hat.

Um die im Portfolio vorhandenen Bonitäts- und Veritätsrisiken einschätzen zu können, fordern die Arrangeure von ABS-Transaktionen grundsätzlich rückwirkend für in der Regel 36 Monate historische Daten an, in denen neben dem Forderungsbestand und dessen Entwicklung auch die aufgetretenen Forderungsverwässerungen und -ausfälle detailliert abgebildet sein müssen.

Hier stellen sich im Mittelstand ernstzunehmende praktische Probleme, wenn es durch die Aus- oder Eingliederung von einzelnen Betrieben „Brüche" in der Forderungshistorie gibt. Auch eine in dem Erhebungszeitraum durchgeführte EDV-Umstellung ohne Datenübernahme der Altbestände kann hier eine Hürde darstellen. Sofern die Buchhaltung auf einer durch externe Dienstleister bereitgestellten EDV-Lösung betrieben wird, ist das Unternehmen für die Aufarbeitung der Daten auf die Kooperationsbereitschaft des externen Anbieters angewiesen bzw. hat diesen für die Datenaufbereitung gesondert zu bezahlen.

Sehr häufig sind die darzustellenden Forderungsverwässerungen im bisherigen Reporting eines Unternehmens gar nicht enthalten oder werden nur summarisch oder jährlich überwacht, ohne dass sie einzelnen Forderungen oder Forderungsbeständen zugeordnet werden können. Auch aus dem jeweiligen buchhalterischen Umgang mit Teilzahlungen, mit dem Storno von bestehenden Belegen oder mit Korrekturbuchungen können in der historischen Datendarstellung Werte auftreten, die nach den finanzmathematischen Modellen der Ratingagentur die Kaufpreisabschläge in extreme Höhen treiben. Nach deren Vorgaben richten sich nämlich diese Abschläge – vereinfacht ausgedrückt – meist nach dem schlechtesten ermittelten Wert der Forderungsausfälle und –verwässerungen der letzten drei Jahre.

Einzelne Fehler oder Inkonsistenzen in der Datenerhebung können also erhebliche finanzielle Auswirkungen haben, sodass gerade im Mittelstand oft in Einzelprüfungen von den betreffenden Sachbearbeitern Fehler herausgearbeitet werden müssen. Ein Beispiel hierzu aus der Praxis: Ein Auszubildender gibt bei der Erfassung von Belegen eine siebenstellige Rechnungsnummer anstatt des eigentlich vierstelligen Rechnungsbetrages ein. Der Fehler wird erst einige Monate später durch eine Stornobuchung korrigiert. Bei der Datenaufbereitung im Rahmen der ABS-Strukturierung wird diese Stornobuchung jedoch als Forderungsausfall im siebenstelligen (!) Bereich ausgewiesen und würde damit zu sehr hohen Kaufpreisabschlägen und damit zu einer erheblichen Verteuerung der Finanzierungskosten führen. Gerade im Mittelstand ist eine aufwendige manuelle Nacharbeit solcher Inkonsistenzen in der Forderungshistorie oft unabdingbar.

6.2 Ressourcenbindung

Bei traditionellen mittelständischen Unternehmen ist die Personaldecke in der Führungsebene oft knapp. Controlling, Buchhaltung und teilweise auch EDV-Betreuung liegen in der Verantwortung einiger weniger Personen. Eine rasche und konzentrierte Umsetzung der ABS-Transaktion ist daher notwendig. Schon die Erstellung der Jahresabschlüsse kann so viele Ressourcen binden, dass die gleichzeitige Strukturierung einer ABS-Transaktion unmöglich wird; häufig wird daher ein Zeitraum nach Beendigung der Jahresabschlussarbeiten für die Strukturierung der ABS-Transaktion zu bevorzugen sein.

Im Gegenzug sind allerdings auch die Entscheidungswege im Mittelstand im Vergleich zu Großkonzernen kurz, was zum Beispiel die Datenaufbereitung durchaus erleichtern kann. Praktische Erfahrungen zeigen jedoch, dass ohne rückhaltlose Unterstützung des ABS-Projektes durch die Geschäftsführung und/oder die Eigner des Unternehmens diese Finanzierungsform schnell zum Scheitern verurteilt ist.

6.3 Debitorenmanagement

Das Debitorenmanagement im Mittelstand erfolgt häufig auf Vertrauensbasis oder ist „Spezialwissen" einzelner Mitarbeiter. Der Kapitalmarkt bzw. die ABS-Arrangeure fordern jedoch regelmäßig genau festgelegte Richtlinien, Arbeitsanweisungen, Vertretungsregelungen und Kompetenzzuordnungen in Form einer sogenannten „Credit and Collection Policy". Die Dokumentation des tatsächlich gelebten Debitorenmanagements in Papierform bereitet einen zusätzlichen Arbeitsaufwand, geht jedoch in der Regel auch mit einem – im Nachhinein von vielen Unternehmen als äußerst positiv eingeschätzten – Lernerfolg einher.

6.4 Bankenabhängigkeit

Werden die Erlöse aus einer ABS-Transaktion verwendet, um andere Banklinien zurückzuführen, so wird die ankaufende Zweckgesellschaft faktisch schnell zum größten Geldgeber des Unternehmens, was eine erhöhte Verantwortung auch für diese Bank mit sich bringt. Wenn es mehrere Hausbanken gibt, sind Regelungen in Globalkonzessionsverträgen, Bankenpoolverträgen und eventuelle „Financial Covenants" in anderen Kreditverträgen zu beachten, da in einer ABS-Transaktion häufig ein Großteil des vorhandenen Umlaufvermögens veräußert wird.

6.5   Vertragsdokumentation und Sprache

Auch wenn eine gewisse Entwicklung hin zur Verwendung auch der deutschen Sprache festzustellen ist, fordert der Kapitalmarkt häufig (auch) eine englischsprachige Vertragsdokumen-
tation für die ABS-Transaktionen. Die komplizierten Verträge überfordern nicht nur aufgrund
der sprachlichen Barriere, sondern auch wegen des nur eingeschränkten Verständnisses des
Kapitalmarktrechts und/oder des anglo-amerikanischen Rechtssystems die Hausanwälte des
Unternehmens, sodass die Einschaltung hierauf spezialisierter Kanzleien notwendig werden
kann. Da aus steuerlichen Gründen die forderungsankaufenden Zweckgesellschaften in Off-
Shore-Standorten wie den Cayman-Inseln oder den britischen Kanalinseln angesiedelt sind,
wird ABS von manchen Unternehmern sogar von vornherein als unseriös angesehen.

6.6   Abtretbarkeit von Forderungen

Der Verkauf von Forderungen an eine Zweckgesellschaft setzt natürlich voraus, dass die
Forderungen rechtlich frei abtretbar sind. In den allermeisten Fällen werden die Abnehmer
des Unternehmens in Ihren Einkaufsbedingungen ein Abtretungsverbot wirksam vereinbart
haben. Allerdings ist nach § 354a HGB eine Forderungsabtretung dennoch wirksam, wenn es
sich bei dem zugrundeliegenden Vertrag für beide Seiten um ein Handelsgeschäft handelt. Da
aber der Forderungsschuldner auch nach einer möglichen Offenlegung der Abtretung durch
die Zweckgesellschaft schuldbefreiend weiter an das Unternehmen leisten kann, sind ggf. in
der Strukturierung besondere Regelugen für die einem Abtretungsverbot unterliegenden
Forderungen (insbesondere für den Krisenfall) mit aufzunehmen.

Soweit das Unternehmen (auch) an Privatkunden liefert, was zum Beispiel im Versandhandel
der Fall sein kann, so sind der Zweckgesellschaft bei Abtretung der Forderungen aufgrund
der erforderlichen Bestimmbarkeit auch die Daten der privaten Forderungsschuldner mitzu-
teilen. Dem können ggf. die Regelungen des Bundesdatenschutzgesetzes entgegenstehen,
welches die Weitergabe von personenbezogenen Daten einschränkt. In diesen Fällen muss
ggf. ein besonderer Datentreuhänder in die Transaktion eingebunden werden.

6.7 Debitorenstruktur

Neben der Aufteilung des Forderungsportfolios in in- und ausländische Schuldner setzt ABS wie bereits unter Abschnitt 5.4 ausgeführt eine weitgehende Diversfierzierung des Forderungsportfolios voraus. Unternehmen, die nur wenige Abnehmer haben, sind daher in der Regel nicht für ABS geeignet. Dies gilt sogar dann, wenn die einzigen Abnehmer selbst eine hohe Bonität aufweisen, wie dies im Fall der Automobilhersteller oder Einzelhandelsketten der Fall ist.Ggf. kann hier die Teilnahme an einem Factoring-Programm die bessere Lösung sein.

Viele deutsche mittelständische Unternehmen sind stark exportorientiert. Häufig ist in diesem Zusammenhang mangels rechtlicher Prüfung den Unternehmen nicht sicher bekannt, welchem nationalen Recht die Forderungen gegen ausländische Schuldner überhaupt unterliegen. Da viele ausländische Rechtsordnungen, wie zum Beispiel die französische, an die Abtretung von Forderungen hohe formelle Anforderungen stellen, ist die Einbeziehung solcher – d.h. einer fremden Rechtsordnung unterliegender – Forderungen in eine ABS-Transaktion meist nur auf Grundlage zusätzlicher rechtlicher Gutachten möglich, was die Transaktion verteuert. Jedes mittelständische Unternehmen, welches eine ABS-Finanzierung in Erwägung zieht, tut also gut daran, zunächst überschlägig zu ermitteln, welcher Teil seiner Forderungen auf inländische Schuldner entfällt und auf wie viele verschiedene Länder sich die verbleibenden Forderungsschuldner verteilen. So lässt sich rasch ermitteln, ob das notwendige Forderungsvolumen (siehe unten) vorhanden ist oder nicht.

6.8 Volumen

Wichtigste und grundlegende Voraussetzung einer ABS-Transaktion ist ein ausreichend großer verbriefbarer Forderungsbestand von mindestens circa 15 bis 20 Millionen Euro. Um unliebsame Überraschungen zu vermeiden, sollte der Unternehmer hierbei nicht davon ausgehen, dass alle Forderungen aus Lieferungen und Leistungen, die in der Bilanz ausgewiesen sind, auch verbrieft werden können. Durch die Aussonderung von ausländischen Debitoren oder wegen der Begrenzung von Klumpenrisiken (vgl. Abschnitt 6.7) kommen regelmäßig Forderungen in nicht unerheblichem Umfang für die Verbriefung gar nicht in Frage. In der Praxis hat sich gezeigt, dass für Unternehmen mit einem Jahresumsatz von weniger als 200 Millionen Euro die Strukturierung einer attraktiven Finanzierung über ABS meist nicht möglich ist. Der ABS-Markt ist jedoch in stetiger Bewegung, sodass auch kleinere Unternehmen mit grundsätzlichem Interesse an ABS sich regelmäßig über die aktuellen Mindestanforderungen der Banken, vor allem hinsichtlich des notwendigen Forderungsvolumens, für eine ABS-Finanzierung informieren sollten.

7.   Zusammenfassung

Es ist nicht auszuschließen, dass die Banken unter dem Einfluss von Basel II die risikoadjus-tierte Kreditvergabe weiter forcieren werden. Ein vorausblickender Unternehmer kann sich schon heute darauf vorbereiten. Das Kapital oder die Liquidität muss dabei als wichtiger Rohstoff angesehen werden, bei dem eine „Lieferantenstreuung" nur durch einen Finanzie-rungsmix herbeigeführt werden kann. Ein Bankenmix allein genügt hierfür nicht, da schon bei Wegfall einer Kreditlinie ein Domino-Effekt auftreten kann, welcher ein Unternehmen im schlimmsten Fall bis in die Insolvenz treibt.

Einen entsprechend großen Bestand an Forderungen aus Lieferungen und Leistungen voraus-gesetzt, kann ABS eine sehr interessante Finanzierungsalternative sein. Das Unternehmen muss allerdings gewillt sein, sich auf diese Finanzierungsform einzulassen. ABS kommt derzeit erfahrungsgemäß nur für den „gehobenen Mittelstand" mit einem jährlichen Umsatz-volumen von mindestens circa 200 Millionen Euro oder mehr in Frage, wobei eine Tendenz hin zu kleineren Forderungsvolumina erkennbar ist.

Bei der Auswahl des ABS-Anbieters sollte auf eine ausreichende Erfahrung mit derartigen Transaktionen gerade im Mittelstand geachtet werden. Auch ist gerade bei äußerst günstig erscheinenden Angeboten zu hinterfragen, welche Komponenten (zum Beispiel rechtliche Dokumentation, EDV-Unterstützung, Wirtschaftsprüfer) durch die erhobene Arrangierungs-gebühr schon abgedeckt und welche Kosten noch zusätzlich zu erwarten sind.

ABS stellt weder eine neue „Wunderwaffe" zur Kapitalbeschaffung im Mittelstand noch einen Rettungsanker für bonitätsschwache Unternehmen dar, sondern ist ein vor allem im Ausland seit langem bewährtes, attraktives Spezialprodukt, welches als zusätzliche Finanzie-rungsquelle im gehobenen Mittelstand stets geprüft werden sollte, wenn die in diesem Beitrag genannten Bedingungen mit Hinblick auf das vorhandene Forderungsportfolio zumindest weitgehend erfüllt sind.

Literaturhinweise

CHEVALIER, S. (2005): Asset-Backed Securitisation – Keine Zeit zu verlieren, Finance, 10/2005, Sonderbeilage S.18-19.

HOMMEL, U./SCHMITTAT, J./PETERSEN, M./ALTENKIRCH, G. F. (2005): Verbriefung von Handelsforderungen als Finanzierungsinstrument für den Mittelstand, Finanzbetrieb, 06/2005, S. 389-398.

ROSENFELD, K./ZIESE, ST. (2006): ABS und Mittelstandsfinanzierung, Zeitschrift für das gesamte Kreditwesen, 19/2006, S. 1058-1060.

SCHMEISSER, W./LEONHARDT, M. (2007): Asset-Backed Securities – Forderungsverbrie-fung für den gehobenen Mittelstand als Finanzierungsalternative, DStR, 04/2007, S. 169-174.

Mittelstandsförderung des Landes Baden-Württemberg

Ernst Pfister

Mittelstand und Handwerk bilden das Rückgrat der baden-württembergischen Wirtschaft. Das Handwerk, die kleinen und mittleren Industrie-, Handels- und Dienstleistungsunternehmen sowie die Freien Berufe stellen 75 Prozent aller Erwerbstätigen und 80 Prozent aller Ausbildungsplätze im Land. Ziel der Mittelstandspolitik der Landesregierung ist es deshalb, die Wettbewerbsfähigkeit dieser kleinen und mittleren Unternehmen zu erhalten und zu stärken. Dies geschieht zunächst über die Schaffung mittelstandsgerechter Rahmenbedingungen, wie zum Beispiel durch Bürokratieabbau und Bundesratsinitiativen zur Senkung von Steuern und Abgaben. Darüber hinaus fördert die Landesregierung nach dem Prinzip der Hilfe zur Selbsthilfe die kleinen und mittleren Unternehmen auch finanziell. Die wichtigsten Bereiche unserer Mittelstandsförderung, die im Mittelstandsförderungsgesetz vom 19. Dezember 2000 begründet sind, möchte ich im Folgenden vorstellen.

1. Berufliche Aus- und Weiterbildung

Unsere Gesellschaft befindet sich in einem tief greifenden Wandel von der Industrie- zur Wissensgesellschaft. Damit einhergehend wird die Qualifikation der Menschen mehr noch als bisher zu einem entscheidenden Wettbewerbsfaktor für die Unternehmen und zu einem wesentlichen Standortfaktor für ein Land wie Baden-Württemberg.

Das Wirtschaftsministerium fördert insbesondere den Bereich der beruflichen Ausbildung mit mehreren Programmen. Im Jahr 2006 hat das Wirtschaftsministerium ein Sonderprogramm für zusätzliche Ausbildungsplätze eingeführt. Im Rahmen dieses Programms erhalten Betriebe, die zusätzliche Ausbildungsplätze für Altbewerber zur Verfügung stellen, einen Zuschuss in Höhe des Sechsfachen der jeweiligen monatlichen Brutto-Ausbildungsvergütung. Altbewerber sind Jugendliche, die nicht direkt nach Abschluss der Schule einen Ausbildungsplatz

finden. Diesen Jugendlichen, die in das Berufsleben eintreten wollen und deren Übernahme-
chancen sich ohne Förderung von Jahr zu Jahr verschlechtern, eine Perspektive zu geben, ist
enorm wichtig. Das Förderkriterium der Zusätzlichkeit ist im Übrigen dann erfüllt, wenn der
Betrieb mit dem zu fördernden Ausbildungsplatz mehr Ausbildungsplätze anbietet als im
Durchschnitt der zurückliegenden drei Jahre. 2006 hat die Landesregierung im Rahmen dieses Sonderprogramms 1.745 zusätzliche Ausbildungsplätze gefördert, davon 57 Prozent im
Bereich der Industrie- und Handelskammern (IHK) und 35 Prozent im Handwerk. Das För-
dervolumen betrug 5,6 Millionen Euro.

Ein weiterer Schwerpunkt im Bereich der Förderung der beruflichen Ausbildung ist die sogenannte Verbundausbildung. Ein Ausbildungsverbund liegt dann vor, wenn die in den Ausbil-
dungsordnungen vorgeschriebene fachpraktische Ausbildung in einem Partnerbetrieb (durch-
führender Betrieb) durchgeführt wird, weil der Betrieb, der den Ausbildungsvertrag
abgeschlossen hat (Stammbetrieb), diese nicht oder nur mit einem wirtschaftlich unvertretbar
hohen Aufwand vermitteln kann. Entsprechendes gilt für die Vermittlung von zusätzlichen
Qualifikationen, die von der zuständigen Kammer als berufsbildungspolitisch sinnvoll bestä-
tigt werden. Für die Zusatzkosten der Ausbildung in dem Partnerbetrieb kann der Stammbetrieb einen Zuschuss erhalten. Die der Förderung zugrunde zu legende Zeit im durchführen-
den Betrieb darf dabei maximal die Hälfte der gesamten Ausbildungsdauer betragen.

Ein anderes Programm dient der Förderung der Übernahme von Lehrlingen aus Konkursbe-
trieben in neue Ausbildungsbetriebe. Im Rahmen des Förderprogramms erhalten kleine und
mittlere Betriebe einen Zuschuss für jedes Ausbildungshalbjahr, wenn sie Auszubildende
weiter ausbilden, deren ursprünglicher Ausbildungsbetrieb in Konkurs ging. Voraussetzung
der Förderung ist, dass die Fortführung der Ausbildung im laufenden Ausbildungsjahr erfolgt
und keine Verringerung der Anzahl der Auszubildenden gegenüber dem vorangegangenen
Ausbildungsjahr stattfindet.

Neben den genannten reinen Ausbildungs-Förderprogrammen unterstützt das Wirtschaftsministerium die berufliche Aus- und Weiterbildung in den Bildungszentren der Wirtschaftsorganisationen. In Baden-Württemberg gibt es ein flächendeckendes Netz dieser überbetrieblichen Aus- und Weiterbildungsstätten in Trägerschaft der Wirtschaft. In über 100 Bildungszentren befinden sich circa 500 Werkstätten und circa 600 Seminarräume, in denen
überbetriebliche Ausbildungslehrgänge sowie Fort- und Weiterbildungsmaßnahmen stattfin-
den. Daran können Beschäftigte aus allen Betrieben des Mittelstandes teilnehmen.

Innerhalb des dualen Berufsausbildungssystems kommt den überbetrieblichen Ausbildungs-
lehrgängen eine besondere Bedeutung zu. In diesen Lehrgängen werden als Ergänzung zu der
betrieblichen Ausbildung moderne und aufwändige Produktions- und Verfahrenstechniken
vermittelt, die aufgrund unzureichender technischer oder personeller Ausstattung in den Betrieben nicht vermittelt werden können. Die Lehrgänge tragen zu einem einheitlicheren Aus-
bildungsniveau, zur Erhöhung der Chancengleichheit und zur Erhöhung der Mobilität der
Teilnehmer bei.

Der rasante technische Fortschritt zwingt aber auch Gesellen, Facharbeiter und Führungskräfte aus der mittelständischen Wirtschaft, ihr Fachwissen ständig anzupassen. Gerade im kaufmännischen Bereich gibt es einen hohen Weiterbildungsbedarf. Diesem tragen die überbetrieblichen Berufsbildungszentren durch ein Angebot an modernen und effizienten Lehrgängen Rechnung.

Um die mittelständische Wirtschaft beim Betrieb ihrer Bildungszentren zu entlasten, gewährt das Wirtschaftsministerium den Wirtschaftsorganisationen (Innungen, Kammern, Verbände) oder deren Selbsthilfeeinrichtungen (gemeinnützige Vereine und GmbHs) nicht rückzahlbare Zuschüsse. Diese gestalten sich wie folgt:

- Investitionen in überbetriebliche Berufsbildungsstätten (Grunderwerb, Neubau, bauliche Modernisierung, Erstausstattung und Modernisierung der vorhandenen Ausstattung) werden mit Zuschüssen von bis zu 30 Prozent gefördert.

- Die Weiterentwicklung überbetrieblicher Berufsbildungszentren zu Kompetenzzentren (Personal- und Sachkosten, Investitionen) wird mit Zuschüssen von bis zu 30 Prozent gefördert.

- Die laufenden Kosten der überbetrieblichen Ausbildungslehrgänge werden mit Festbetragszuschüssen gefördert. Des Weiteren werden die Kosten der notwendigen Übernachtungen bezuschusst.

- Weiterbildungsmaßnahmen, sogenannte Fachkurse, sowie Maßnahmen zum Erhalt oder zur Steigerung der Zahl von Ausbildungsplätzen werden ebenfalls gefördert.

2. Technologieförderung

Die Technologieförderung bildet traditionell einen Schwerpunkt der Mittelstandsförderung in Baden-Württemberg. Denn gerade die kleinen und mittleren Unternehmen (KMU) sind maßgebliche Impulsgeber für Innovationen, indem sie sowohl eigene neue Produkte und Verfahren entwickeln als auch eine Dienstleistungs- und Zulieferfunktion für andere, meist große Unternehmen einnehmen.

Innovationen, die im Wesentlichen auf Erkenntnissen aus Forschung und Entwicklung (FuE) aufbauen, sind vor allem für die stark exportorientierte Wirtschaft des Landes von besonderer Bedeutung. Innovationen können nicht verordnet werden, sondern es sind die Unternehmen selbst, die über die Inangriffnahme und Umsetzung von Innovationen entscheiden. Angesichts der bekannten größenbedingten Schwächen kleiner und mittlerer Unternehmen ist es notwendig, diese in ihrer Innovationsfähigkeit zu unterstützen. Dabei kommt den jeweiligen Rahmenbedingungen, die staatlicherseits beeinflusst bzw. gesetzt werden, eine besondere Bedeutung zu.

Immer komplexer werdende Technologien zwingen insbesondere kleinere Unternehmen ohne eigene FuE-Abteilung zu Kooperationen mit anderen Unternehmen, aber auch mit Forschungseinrichtungen. Eine leistungsfähige, an dem Bedarf der Wirtschaft orientierte Infrastruktur, vor allem im Bereich der anwendungsorientierten Forschung steht daher im Mittelpunkt der Technologiepolitik und -förderung der Landesregierung. So zeichnet sich Baden-Württemberg durch 29 wirtschaftsnahe, außeruniversitäre Forschungseinrichtungen aus, zu denen

- 15 Institute und Einrichtungen der Fraunhofer-Gesellschaft,

- 13 technologie- bzw. branchenorientierte Vertragsforschungseinrichtungen an den Universitäten und

- 2 (Groß-) Forschungseinrichtungen der Helmholtz-Gemeinschaft (Forschungszentrum Karlsruhe (FZK); Forschungszentrum Stuttgart und Lampoldshausen des Deutschen Zentrums für Luft und Raumfahrt (DLR))

gehören.

Während die Fraunhofer-Gesellschaft und die Einrichtungen in der Helmholz-Gemeinschaft von Bund und Ländern im Verhältnis 90:10 grundfinanziert werden, trägt das Land die institutionelle Förderung der Vertragsforschungseinrichtungen selbst. Zusätzlich wird das Wirtschaftsministerium zur Überbrückung der Distanz zwischen der unternehmerischen Praxis und der Forschung im Rahmen eines zweijährigen Modellprojekts Innovationsgutscheine an kleine Unternehmen mit weniger als 50 Beschäftigten ausgeben. Damit sollen zunächst circa 800 Innovationsvorhaben angeschoben werden. Bei erfolgreichem Abschluss des Modellvorhabens soll das Instrument der Innovationsgutscheine im Rahmen eines Förderprogramms längerfristig in der Mittelstandsförderung des Landes verankert werden. Ein innovierendes Unternehmen wird sich mit Hilfe der Innovationsgutscheine Unterstützung am nationalen als auch am internationalen Forschungsmarkt einkaufen können. Das Modellvorhaben wird wissenschaftlich begleitet werden, um die Optimierung von Informations-, Beratungs- und Verwaltungsprozessen bereits in der Pilotphase zu gewährleisten. Ausgegeben werden Innovationsgutscheine zu 2.500 Euro (Innovationsgutschein A) für wissenschaftliche Tätigkeiten im Vorfeld einer innovativen Produkt- oder Prozessentwicklung, zum Beispiel Technologie- und Marktrecherchen, Machbarkeitsstudien, Werkstoffstudien, Studien zur Fertigungstechnik etc. und zu 5.000 Euro (Innovationsgutschein B) für umsetzungsorientierte Forschungs- und Entwicklungstätigkeiten, die darauf ausgerichtet sind, innovative Produkte und Prozesse bis zur Marktreife auszugestalten, zum Beispiel Konstruktionsleistungen, Prototypenbau, Design, Produkttests zur Qualitätssicherung, Umweltverträglichkeit etc. Beide Innovationsgutscheine sind kombinierbar, sodass eine Förderung von bis zu 7.500 Euro gewährt werden kann. Die Förderung deckt beim Innovationsgutschein A bis zu 80 Prozent, beim Innovationsgutschein B bis maximal 50 Prozent der Kosten ab, die dem Unternehmen von der beauftragten Forschungs- und Entwicklungseinrichtung in Rechnung gestellt werden.

Außerdem ist ein Programm zur Förderung von Neueinstellungen von Hochschulabsolventen in Unternehmen mit maximal 100 Beschäftigten geplant. Dieses Programm „Innovationsassistent" soll im Jahr 2008 realisiert werden.

Ein wichtiger Partner der Landesregierung im Bereich Beratungen und Entwicklungsvorhaben von kleinen und mittleren Unternehmen ist das Netzwerk der Steinbeis-Stiftung, das aus über 400 fachlich orientierten Transferzentren besteht. Insgesamt betreibt die Steinbeis-Stiftung weltweit über 700 solcher Zentren und erzielte daraus 2006 einen Gesamtumsatz von 110 Millionen Euro. Ihre Einrichtungen sind überwiegend an Hochschulen angesiedelt und nutzen die dortigen Einrichtungen gegen Gebühr. Sie müssen sich selbst tragen. Seit Ende 2005 bietet die Steinbeis-Stiftung zudem kostenlose Kurzberatungen für kleine und mittlere Unternehmen an.

Zahlreiche Technologiezentren bzw. Softwarezentren und Bioparks bieten für technologieorientierte Gründer und junge Unternehmen im Umfeld von Hochschulen eine erste Heimstatt („Inkubator") für die Startphase.

Kooperative Ansätze und Maßnahmen haben in den letzten Jahren an Bedeutung gewonnen. Dies gilt zum einen für die verstärkte Förderung von Verbundforschungsprojekten zwischen Unternehmen, Hochschulen und Forschungseinrichtungen. Hierfür stehen aktuell Mittel unserer Landesstiftung Baden-Württemberg zur Verfügung, die über Ausschreibungen vergeben werden und besonderen gemeinnützigen Randbedingungen unterliegen. Fördermittel fließen dabei nur für die Leistungen der beteiligten Institute und Forschungseinrichtungen. Über die technologieorientierten Darlehensprogramme der L-Bank, die auf investive Maßnahmen abzielen, bietet das Land aber auch einem selbstständig agierenden Unternehmen günstige Finanzierungsmöglichkeiten.

In den letzten Jahren sind außerdem zahlreiche Kompetenznetze und Netzwerkeinrichtungen wie die Medien- und Filmgesellschaft (MFG), BioPro oder Photonics e. V. entstanden. Auch in der laufenden Legislaturperiode stellt die Bildung weiterer regionaler bzw. landesweiter Netzwerke bis hin zu Clustern entlang der gesamten Wertschöpfungskette einen technologiepolitischen Schwerpunkt der Landesregierung dar.

3. Förderung der Existenzgründung und Unternehmensnachfolge

Im Rahmen der Existenzgründungsinitiative des Landes werden von der ifex (Initiative für Existenzgründungen und Unternehmensnachfolge), die als zentrale Koordinierungs- und Förderstelle des Wirtschaftsministeriums fungiert, überbetriebliche Maßnahmen entwickelt und gefördert. Ziel ist die Information, Qualifizierung und Beratung von Gründern sowie die Beratung und Schulung von Multiplikatoren. Die Maßnahmen der ifex richten sich in gleichem Maße an Gründer neuer Unternehmen sowie an Übernehmer bestehender Unternehmen.

Die ifex hat sich in den nunmehr zwölf Jahren ihres Bestehens als Marke etabliert und verfügt über ein breites Spektrum an Kooperationspartnern. Hierzu zählen Kammern, Verbände, Wirtschaftsförderungseinrichtungen, Hochschulen, Schulen, Behörden und Vertreter der Privatwirtschaft. Mit konzeptioneller und finanzieller Unterstützung der ifex hat sich in Baden-Württemberg ein diversifiziertes Informations-, Qualifizierungs- und Beratungsangebot entwickelt, mit dem das Land im europaweiten Vergleich der Gründungsinitiativen einen Spitzenplatz einnimmt. Dies wird zum Beispiel deutlich am 2006 erstmalig durch die europäische Union vergebenen European Enterprise Award. Europaweit wurde die ifex aus 600 Initiativen unter die ersten zwölf Spitzenplätze gewählt und hat in der Kategorie „unternehmerischer Wegbereiter" den ersten Platz belegt.

Damit das an den Schulen und Hochschulen erworbene Wissen und kreative Ideen verstärkt auch in marktfähige Produkte umgesetzt werden, muss es zunächst gelingen, eine nachhaltige Kultur der Selbstständigkeit zu etablieren und das Thema Entrepreneurship nachhaltig an den Schulen und Hochschulen zu verankern. Daher setzen eine Reihe von Maßnahmen der ifex an diesem Punkt an. Hierzu zählen beispielsweise:

■ landesweite Unternehmensplanspiele an den Schulen und Hochschulen des Landes, an denen auch regelmäßig Teams der Berufsakademie Stuttgart teilnehmen

■ die Förderung von Schüler- und Juniorenfirmen

■ die landesweite Förderung von Gründerverbünden und Inkubatoren an den Hochschulen. Aktuell werden in 12 Projekten, an denen 27 Hochschulen beteiligt sind, über 1.000 innovative Gründerinnen und Gründer betreut.

■ die Förderung von Qualifizierungsmaßnahmen zum Thema Entrepreneurship an Hochschulen

Der Generationswechsel in den Betrieben ist neben der Förderung von Neugründungen eine weitere große Herausforderung, der wir uns zunehmend stellen müssen. Bei rund 45.000 bis 60.000 Unternehmen in Baden-Württemberg mit rund 600.000 Arbeitsplätzen steht in den nächsten fünf Jahren die Unternehmensnachfolge an. Der Nachfolger muss dabei immer häufiger extern, also außerhalb der Familie, gefunden werden. Während zwischen 1997 bis 2002 noch rund drei Viertel der Nachfolger aus der eigenen Familie kamen, sind es nach neuesten Untersuchungen nur noch 43 Prozent (IfM Bonn).

Die Landesregierung leistet hier mit einem Zwölf-Punkte-Programm in Zusammenarbeit mit den Wirtschaftsorganisationen und Fördereinrichtungen Hilfestellung. Das Programm umfasst insbesondere:

■ Informations-, Qualifizierungs- und Beratungsangebote für Übergeber und Übernehmer sowie Nachfolge-Moderatoren der Kammern

▪ Darlehensprogramme und verbesserte Bedingungen bei der Bürgschaftsübernahme und bei Beteiligungen. Im Jahr 2006 flossen zum Beispiel über 50 Prozent des Darlehenvolumens der L-Bank für Existenzgründer/innen in Existenzgründungen durch Übernahmen.

4.   Unternehmensberatung

Mittelständische Unternehmen haben vielfach Defizite in den Bereichen Finanzierung, Betriebswirtschaft, Erschließung neuer Märkte, Nutzung geeigneter Technologien, Verfügbarkeit anwendungsorientierter Wirtschaftsinformationen usw. Um die Wettbewerbsfähigkeit kleiner und mittlerer Unternehmen zu erhalten und zu steigern, ist oftmals Unterstützung von externen Beratern notwendig und sinnvoll. Die langjährige Erfahrung zeigt, dass Unternehmen, die Beratungen in Anspruch nehmen, leistungsfähiger und am Markt erfolgreicher sind.

Die geförderte Unternehmensberatung ist nach wie vor eines der wichtigsten und wirksamsten Instrumente der Mittelstandsförderung. Ihr Ziel ist es, Leistungsreserven zu mobilisieren, die Ertragskraft zu steigern und die Anfälligkeit der Unternehmen gegen innere und äußere Einwirkungen zu reduzieren oder ganz zu beseitigen.

Jährlich werden rund 15.000 geförderte Beratungen durchgeführt. Sie werden von den Handwerkskammern, Industrie- und Handelskammern und sonstigen Wirtschaftsorganisationen angeboten und finden sowohl in Form von kostenfreien oder wesentlich verbilligten Kurzberatungen als auch in Form bezuschusster Intensiv- bzw. Spezialberatungen statt.

Die Kurz- und Spezialberatungen werden im Rahmen von Landesprogrammen und im Rahmen eines Bundesprogramms gefördert. Speziell im Handwerk stehen zum Beispiel organisationseigene Berater in den Bereichen Betriebswirtschaft, Technik, Formgebung, Messen und Ausstellungen, Umweltschutz, EU-Angelegenheiten, Export, Qualifikationsberatung für Frauen sowie Organisations- und Personalentwicklung zur Verfügung.

Die Förderung von Intensiv- und Spezialberatungen erfolgt vor allem über das sogenannte Coaching-Programm. Im Mittelpunkt dieses Programms stehen die Beratungsbereiche Innovation, Energieeffizienz, demografischer Wandel, Standortentwicklung und Unternehmensübergabe. Es wird aus europäischen Mitteln finanziert.

5.   Außenwirtschaftsförderung

Die Erschließung neuer Märkte im Ausland wird zunehmend auch für mittelständische Unternehmen wichtig, die sich bisher auf heimische Märkte konzentriert haben. Denn im Zuge der Globalisierung und des wachsenden europäischen Binnenmarkts werden in Zukunft insbesondere diejenigen Unternehmen erfolgreich sein, die über den lokalen, regionalen und nationalen Tellerrand hinaus auch ins europäische oder internationale Ausland schauen und dorthin expandieren. Ganz im Sinne des Beschäftigungsmotors Mittelstand werden dadurch neue Jobs geschaffen und die bestehenden Arbeitsplätze im Land gesichert. Allerdings besitzen kleine und mittlere Unternehmen auch bei der Expansion ins Ausland größenbedingte Nachteile.

Das Land Baden-Württemberg unterstützt die Aktivitäten der mittelständischen Exportwirtschaft deshalb mit einem umfangreichen Förderinstrumentarium, das grundsätzlich auch den Dienstleistungsunternehmen zur Verfügung steht.

In zahlreichen Veranstaltungen vermitteln die Wirtschaftsorganisationen, Banken wie zum Beispiel die LBBW und Baden-Württemberg International (BWI) zunächst das Know-how, das insbesondere für mittelständische Unternehmen oft Voraussetzung für ein Engagement auf fremden Märkten ist. Außerdem wird den baden-württembergischen Firmen ein umfassendes Exportberatungsprogramm hinsichtlich der Markterschließung angeboten, das im Auftrag des Wirtschaftsministeriums vom RKW durchgeführt wird.

Im Rahmen offizieller Landesbeteiligungen, die von BWI durchgeführt werden, wird die Teilnahme mittelständischer Unternehmen an Auslandsmessen gefördert, sei es in der Form einer Gemeinschaftsbeteiligung oder in der Form einer Katalogausstellung. Daneben wird die Messeteilnahme mittelständischer Unternehmen durch ein Gruppenbeteiligungsförderprogramm finanziell unterstützt, das BWI abwickelt. Das Programm setzt die Teilnahme von mindestens drei mittelständischen Unternehmen mit eigenem Stand an einer Auslandsmesse ihrer Wahl voraus.

Zudem bieten von BWI veranstaltete Kontakt- und Kooperationsbörsen den teilnehmenden Unternehmen die Gelegenheit, vor Ort neue Geschäftskontakte bis hin zur Gewinnung von Vertriebs- und Kooperationspartnern zu knüpfen. Eine besonders effiziente Veranstaltungsform stellen die ebenfalls von BWI durchgeführten Technischen Symposien dar, bei denen baden-württembergische Unternehmen vor einem gesondert eingeladenen Zuhörerkreis einen Fachvortrag über die von ihnen angewandten Technologien und Produktionsentwicklungen halten. Diese Veranstaltungen, die in Jahresprogrammen zusammengefasst sind, werden auch in für Dienstleistungsunternehmen wichtigen Auslandsmärkten durchgeführt, wie zum Beispiel in Mittel- und Osteuropa, im Nahen und Mittleren Osten und im Asiatisch-Pazifischen Raum. Teilweise werden sie spezifisch auf Dienstleistungsunternehmen zum Beispiel in den Bereichen Umwelttechnik, Infrastruktur-Projektplanung und Projektmanagement zugeschnitten.

Weiterhin übernimmt die L-Bank im Exportförderprogramm Bürgschaften für Exportgarantien der Hausbank und/oder Kredite der Hausbank zur Vorfinanzierung von Exportgeschäften. Bei den Sonderfinanzierungen Ausland geht die L-Bank Beteiligungen an Kreditgeschäften der Hausbank mit ausländischen Banken und Kunden ein. Dieses bestehende Förderinstrumentarium wird ständig entsprechend den Bedürfnissen der Praxis angepasst. Besondere Aufmerksamkeit genießt hierbei die Markterschließung in zukunftsorientierten Wachstumsbranchen wie etwa den modernen Informations- und Produktionstechnologien, den Bereichen Umwelt, Gesundheitswirtschaft und Biotechnologie. Beispielsweise wurde mit Fördermitteln des Landes beim Landesverband der Baden-Württembergischen Industrie (LVI) die Plattform Umwelttechnik geschaffen. Ihre Hauptaufgabe besteht in der firmenübergreifenden Vermarktung unseres großen Potenzials an Umwelttechnologien und -dienstleistungen im Ausland sowie der Beschaffung von Projektinformationen.

Experten gehen davon aus, dass im internationalen Dienstleistungshandel überproportionale Wachstumsraten zu erwarten sind, wobei Baden-Württemberg vor allem bei den zukunftsträchtigen Dienstleistungen – Forschung und Entwicklung (FuE), Architekten- und Ingenieurdienstleistungen, Umwelt- und Industrieprüfdienstleistungen, Datenverarbeitungsdienste, Freizeit- und Gesundheitsdienstleistungen sowie dem Transport- und Logistikbereich – ein besonderes Wachstumspotenzial aufzuweisen hat. Die Landesregierung verstärkt daher die Förderung der Informationsgewinnung und der Beratung für Ingenieur- und Planungsdienstleistungsunternehmen in Baden-Württemberg. So wird bei der IHK Region Stuttgart die Koordinierungsstelle ProServ zur Heranführung von Unternehmen an Projekte internationaler Organisationen wie EU und Weltbank gefördert.

6.   Finanzhilfen, Bürgschaften und Beteiligungen

Die einzelbetriebliche finanzielle Wirtschaftsförderung der Landesregierung verfolgt einen branchenübergreifenden Ansatz. Zur Verbesserung der Kapitalversorgung gewährt das Land Finanzhilfen in Form von zinsgünstigen Darlehen, Zuschüssen und Bürgschaften an Unternehmen der mittelständischen Wirtschaft.

Die Förderlandschaft Baden-Württembergs ist von einer überschaubaren Anzahl von Institutionen geprägt, die eng kooperieren und ihre Förderprogramme miteinander verzahnt haben. Die einzelnen Förderinstitutionen haben sich auf unterschiedliche Aufgabengebiete spezialisiert. Die L-Bank ist als Förderbank des Landes unter anderem für die Förderprogramme zur Fremdfinanzierung von Neugründungen und Betriebsübernahmen zuständig. Zudem erleichtert sie als Risikopartner der Hausbanken in Zusammenarbeit mit der Bürgschaftsbank Baden-Württemberg Mittelstandsfinanzierungen.

Für mittel- bis langfristige Fremdfinanzierungen bietet die L-Bank die Gründungs- und Wachstumsfinanzierung (GuW) als Standardprogramm sowie die spezialisierten Förderinstrumente Entwicklungsprogramm Ländlicher Raum (ELR) und Regional- bzw. Technologieförderung an. Für den kurz- bis mittelfristigen Fremdkapitalbedarf stellt die L-Bank mit der Liquiditätshilfe ein flexibles Förderinstrument zur Finanzierung zur Verfügung.

Zur Stärkung der Finanzierungsbereitschaft der Hausbanken besteht die Möglichkeit einer zusätzlichen Bürgschaftsübernahme durch die L-Bank in einem Volumen von über einer Million bis fünf Millionen Euro bzw. durch die Bürgschaftsbank Baden-Württemberg in einem Volumen bis einer Million Euro. Die Antragstellung erfolgt bei allen Programmen zur Fremdfinanzierung im sogenannten Hausbankverfahren. Dabei tritt der Antragsteller nicht direkt, sondern über eine Bank oder Sparkasse, mit der er bereits zusammenarbeitet, an die Förderinstitute heran. Die Hausbank übernimmt die Antragstellung, schließt die notwendigen Verträge ab und sorgt für die Auszahlung der Fördergelder.

Neben den Finanzhilfen und Bürgschaften ist für die Landesregierung die Bereitstellung von Beteiligungskapital ein zentraler Baustein der Finanzierung mittelständischer Unternehmen. Studien belegen, dass Unternehmen, die mit Beteiligungskapital arbeiten, ihren Unternehmenswert, ihren Umsatz und die Beschäftigung stärker steigern als traditionell finanzierte Gesellschaften. Gerade für die Gründung und das Wachstum von Technologieunternehmen ist Eigenkapital eine notwendige Voraussetzung.

Landesregierung, L-Bank und die Mittelständische Beteiligungsgesellschaft (MBG) haben deshalb in den vergangenen Jahren das Angebot in der Eigenkapitalfinanzierung konsequent ausgebaut. Die L-Eigenkapital-Agentur (L-EA) der L-Bank unterstützt mit ihrem L-EA Venture Fonds junge High-Tech-Unternehmen in der besonders risikoreichen Frühphase mit Kapital und Know-how in den Bereichen Informationstechnologien und Biotechnologie. Der L-EA Mittelstandsfonds finanziert Wachstums- und Übernahmeprojekte mittelständischer Unternehmen. Mit ihrem Beteiligungsgarantieprogramm bietet die L-Bank privaten Beteiligungsgebern eine Risikopartnerschaft an, in dem sie ihnen einen Teil des Risikos abnimmt.

Das Land selbst hat sich im EMBL Technology Fund, Heidelberg, engagiert, der vorrangig in die Frühphase von Life-Science-Unternehmen finanziert.

Das Wirtschaftsministerium unterstützt die MBG bei der Beteiligungsfinanzierung seit Jahren mit Zuschüssen zur Verbilligung der Entgelte, die Existenzgründer und Übernehmer für eine Beteiligung an die MBG zahlen. Darüber hinaus kann die MBG im Rahmen des von ihr verwalteten Risikokapitalfonds des Landes stille Beteiligungen für aussichtsreiche und besonders innovative, aber mit hohem Risiko behaftete Vorhaben vergeben. Der Schwerpunkt liegt auch hier in der Frühphasenfinanzierung.

Seit Mitte 2005 bietet die MBG in Kooperation mit den Sparkassen oder Genossenschaftsbanken des Landes mittelständischen Unternehmen Beteiligungskapital bis 2,5 Millionen Euro an. Diese Kooperation schließt eine Angebotslücke bei Beteiligungen zwischen 1 und 2,5 Millionen Euro, die bisher von renditeorientierten privaten Anbietern nicht eingegangen werden bzw. von der MBG nicht übernommen werden konnten. Die Beantragung einer stillen Beteiligung kann sowohl über die Hausbank als auch direkt bei der MBG erfolgen.

Die KfW Mittelstandsbank als Katalysator in der Mittelstandsfinanzierung

Peter Klaus

1.   Einleitung

Der Mittelstand ist und bleibt das Rückgrat der deutschen Wirtschaft: über 99 Prozent der Unternehmen zählen zum Mittelstand, erwirtschaften etwa 42 Prozent des Gesamtumsatzes aller Unternehmen und sorgen für zwei Drittel der Beschäftigung in Deutschland. Gerade der industrielle Mittelstand weist in Deutschland eine – auch gegenüber den Großunternehmen – überdurchschnittliche Produktivität auf und gehört in vielen Bereichen zu den weltweiten Marktführern. Diese wichtige Rolle für Wachstum und Beschäftigung in Deutschland kann der Mittelstand nur ausfüllen, wenn seine Finanzierung reibungslos läuft.

Nachdem in den letzten Jahren viele mittelständische Unternehmen über Finanzierungsprobleme berichteten, hat sich die Finanzierungssituation vieler kleiner und mittlerer Unternehmen aktuell wieder aufgehellt. Allerdings haben immer noch nicht wenige – insbesondere kleinere und junge Unternehmen – zu kämpfen. Gründe dafür liegen im Strukturwandel des Finanzmarktes, der eine Anpassung bisher gewohnter Finanzierungsstrukturen erforderlich macht. Aus Sicht der KfW Mittelstandsbank stellen diese Veränderungen auf den Finanzmärkten eine Herausforderung für die Mittelstandsförderung dar. Sie sind Anlass, das Förderinstrumentarium zu überprüfen und an neue Erfordernisse anzupassen. Die Veränderungen bieten aber auch neue Chancen, weil zum Beispiel Finanzinnovationen genutzt werden können, um die Förderpolitik effizienter zu gestalten und neue Finanzierungsmöglichkeiten für den Mittelstand zu eröffnen.

Dieser Beitrag soll aufzeigen, wie sich die Mittelstandsfinanzierung verändert hat und wie die Mittelstandsförderung der KfW die Möglichkeiten nutzt, die sich infolge der Veränderungen auf den Finanzmärkten ergeben, um dem Mittelstand den Zugang zur Finanzierung offen zu halten und die notwendigen Anpassungen an die neue Situation zu erleichtern. Dabei wirkt die Förderung der KfW häufig als Katalysator, der Entwicklungen anstößt, die eine Weiterentwicklung für die Finanzmärkte an sich bedeuten und dem Mittelstand zu Gute kommen. Im folgenden Abschnitt geht es zunächst um die traditionellen Finanzierungsstrukturen im

Mittelstand sowie um den Umbruch und dessen Konsequenzen für die Mittelstandsfinanzierung. Anschließend wird auf die Rolle und Förderstrategie der KfW Mittelstandsbank eingegangen.

2.   Traditionelle Finanzierungsstrukturen im deutschen Mittelstand

Das deutsche Finanzsystem war in der Vergangenheit – und ist es auch bis heute – stark ban-
kenorientiert. Hierzu haben die rechtlichen und steuerlichen Rahmenbedingungen beigetragen, aber auch eine Geschäftsführungs- und Finanzierungskultur, die relevante Informationen
nur im engsten Unternehmenskreis hielt, in dem häufig auch die entsprechenden Entscheidungen getroffen wurden. Unter diesen Rahmenbedingungen konnte sich das typisch deutsche „Hausbankprinzip" entfalten: Es beruht auf einer langfristigen und auf persönlichen
Beziehungen angelegten Verbindung zwischen Unternehmen und Bank. In einer solchen
gewachsenen Beziehung erhalten Banken einen guten Einblick in die Unternehmenslage, die
finanziellen Verhältnisse des Unternehmens und die Qualitäten des Managements.

Für den Mittelstand hatte das Hausbankprinzip zur Folge, dass der Zugang zu Bankkrediten
leichter und günstiger möglich war als in anderen Ländern. Die Aufnahme von Fremdkapital
wurde für mittelständische Unternehmen in Deutschland zudem durch den (dank geringer
Konzentration) scharfen Wettbewerb zwischen den Banken, breit ausgebaute und differen-
zierte öffentliche Förderinstrumente sowie gute Besicherungsmöglichkeiten erleichtert. Insgesamt konnte sich der Mittelstand deshalb in der Vergangenheit meist günstig und einfach
über langfristige Bankkredite finanzieren. Die direkte Finanzierung über den Kapitalmarkt
war daher für die Unternehmen in Deutschland meist keine attraktive Option. Dies hat mit
dazu geführt, dass der Kapitalmarkt in Deutschland – zumindest für kleine und mittlere Unternehmen – unterentwickelt ist.

Die günstige Fremdfinanzierung über Bankkredite hat auch dazu beigetragen, dass die Bildung von Eigenkapital bei kleinen und mittleren Unternehmen vernachlässigt wurde: Der
Durchschnitt der Eigenkapitalquote mittelständischer Unternehmen in Deutschland liegt
gemäß der KfW-Bilanzanalyse 2003 bei 27,0 Prozent, wobei der Median der Eigenkapitalquote nur einen Wert von 17,2 Prozent aufweist. Dies zeigt, dass die Streuung der Quote sehr
hoch ist und viele kleinere Unternehmen mit nur wenig Eigenkapital ausgestattet sind.[1] Betrachtet man international harmonisierte Größen, die einen Vergleich zwischen einzelnen
Ländern erlauben, so zeigt sich, dass im Euro-Raum-Durchschnitt die Eigenkapitalquote

---

[1]   Vgl. Plattner (2006).

mittelständischer Kapitalgesellschaften etwa bei 35 Prozent und in den USA bei 45 Prozent liegt, während Deutschland nur auf einen Wert von 18 Prozent kommt.[2]

In der Vergangenheit kamen kleinere Unternehmen in Deutschland offenbar auch mit relativ weniger Eigenkapital als in anderen Ländern aus. Weil das Finanzierungsumfeld aber in Bewegung geraten ist und sich in den kommenden Jahren weiter verändern wird, konnten die Finanzierungsstrukturen nicht dauerhaft so bleiben.

3.   Umbruch im Finanzsektor und Konsequenzen für den Mittelstand

Vor allem seit Mitte der Neunzigerjahre haben sich die Rahmenbedingungen auf den Finanzmärkten deutlich geändert: Der weltweite Globalisierungstrend hat sich gerade auf den Finanzmärkten besonders schnell durchgesetzt. Gründe dafür waren vor allem die rasante Entwicklung der Informations- und Kommunikationstechnologie sowie eine zunehmende Liberalisierung und Deregulierung. Der Wandel auf den Finanzmärkten verdeutlicht sich auch in der weltweiten Harmonisierung der Rahmenbedingungen des Finanzsektors. Ausdruck dessen ist beispielsweise die Einführung der gemeinsamen europäischen Währung, vereinheitlichte Rechnungslegungsvorschriften oder neue aufsichtsrechtliche Richtlinien (zum Beispiel die Baseler Eigenkapitalrichtlinien für Kreditinstitute). Schließlich ist zu beobachten, dass sich das Verhalten der Anleger geändert hat: Risikobereitschaft und Rentabilitätsgesichtspunkte rücken stärker in den Vordergrund, die Präferenz für Sicherheit dagegen nimmt ab.

Auf dem deutschen Bankenmarkt haben die geschilderten Entwicklungen zu einem steigenden Wettbewerbsdruck geführt. Dabei stehen die deutschen Kreditinstitute von mehreren Seiten unter Druck: Die Anteilseigner vor allem der privaten Kreditbanken verlangen höhere, international übliche Renditen, Einleger verlangen hohe Verzinsungen, Kreditnachfrager fordern zinsgünstige Kredite. Außerdem hat die Kapitalmarktorientierung des deutschen Finanzsystems zugenommen, was unter anderem dadurch zum Ausdruck kommt, dass gute Schuldner die Banken zunehmend umgehen und mehr und mehr die Kapitalmärkte direkt in Anspruch nehmen.

Die Informations- und Kommunikationstechnologie hat nicht nur zur Globalisierung und damit zur Verschärfung des Wettbewerbs im Finanzsektor beigetragen. Sie hat auch die Durchsetzung der Ratingkultur in Deutschland forciert, in dem sie es den Banken und Sparkassen ermöglicht, komplexe Ratingverfahren zu nutzen, mit denen individuelle Ausfallwahrscheinlichkeiten für jedes einzelne (Kredit-)Engagement bestimmt werden können. Davon

---

2   European Commission (2004).

ausgehend sind sie in der Lage, individuelle Risikomargen zu ermitteln, die die (erwarteten) Risikokosten der Kreditvergabe abdecken. Dies erlaubt die Spreizung der Kreditkonditionen nach Bonitäten – ähnlich wie bei der Konditionendifferenzierung für Anleihen. Mittlerweile haben nahezu alle Bankengruppen flächendeckend moderne Ratingsysteme eingeführt.

Angesichts des gestiegenen Wettbewerbsdrucks und der Möglichkeiten, Einzelrisiken besser beurteilen zu können, sind die Kreditinstitute kosten- und risikobewusster geworden. Sie fordern im Rahmen der Kreditvergabe an kleine und mittlere Unternehmen neben mehr und aussagekräftigeren Informationen auch tendenziell mehr Sicherheiten und Eigenkapital für eine positive Kreditentscheidung.[3] Die mittelständischen Unternehmen nehmen dies als eine Verschärfung der Kreditvergabepraxis wahr und die Klagen mittelständischer Unternehmen über Finanzierungsprobleme reißen nicht ab: Bei der jährlichen Unternehmensbefragung der KfW in Zusammenarbeit mit Wirtschaftsverbänden berichteten im Jahr 2006 immer noch knapp 33 Prozent der Unternehmen, dass die Kreditaufnahme im letzten Jahr schwieriger geworden sei.[4] Besondere Schwierigkeiten haben weiterhin Klein- und Kleinstunternehmen bis einschließlich 2,5 Millionen Euro Jahresumsatz. In dieser Gruppe waren etwa 45 Prozent der Unternehmen von wachsenden Problemen bei der Kreditfinanzierung betroffen.

Um im Finanzmarktwandel zu bestehen, müssen viele Mittelständler ihre Finanzierungsstrategien überdenken und ihr Handeln an die stärkere Kapitalmarktorientierung des Finanzsystems anpassen. Dabei sollten sie sich mit der Ratingkultur vertraut machen und versuchen – auch im Austausch mit der Hausbank – ihr Rating durch geeignete Maßnahmen positiv zu beeinflussen. Vor allem aber müssen viele kleine und mittlere Unternehmen ihre Finanzierungsstruktur optimieren, indem sie ihre Eigenkapitalposition stärken und vermehrt Finanzierungsalternativen zum Bankkredit in Betracht ziehen.

4.   Die Rolle und Förderstrategie der KfW Mittelstandsbank

In einer Marktwirtschaft sind die Zahl und die Größenstruktur der Unternehmen das Ergebnis von privaten Wettbewerbsprozessen. Staatliche Eingriffe zugunsten mittelständischer Unternehmen – wie die Mittelstandsförderung der KfW – bedürfen daher einer Begründung: Nur wenn Marktversagen vorliegt, sind Staatseingriffe zu befürworten. Als Tatbestände von Marktversagen im Hinblick auf kleine und mittlere Unternehmen sind wettbewerbspolitische Gründe, Informationsasymmetrien und positive externe Effekte zur Rechtfertigung einer speziellen Mittelstandsförderung zu nennen:

---

3   Zum Einfluss der Eigenkapitalquote auf die Kreditentscheidung vgl. Reize (2005).
4   Vgl. Plattner/Plankensteiner (2006).

(1) Wettbewerbspolitische Gründe: Eine hohe Wettbewerbsintensität lässt sich nur dann dauerhaft erhalten, wenn eine Vielzahl leistungsfähiger kleiner und mittlerer Unternehmen den Wettbewerb stetig aufs Neue belebt. Sich selbst überlassene Gütermärkte in einer Marktwirtschaft neigen jedoch zur Konzentration und Vermachtung. Marktmacht und ihr anschließender Missbrauch bedeuten für die Konsumenten Nachteile durch höhere Preise bzw. Qualitätsminderungen. Weiter kann der dynamische Wettbewerb geschwächt und der Strukturwandel von Volkswirtschaften verlangsamt werden. Eine Politik, die für eine ausgewogene Größenstruktur sorgt, trägt somit zur Sicherung eines funktionsfähigen Wettbewerbs bei.

(2) Informationsasymmetrien: Kleine und mittlere Unternehmen, Gründer und Innovatoren sind von asymmetrischer Informationsverteilung und ihren Folgen besonders betroffen. Bei kleinen Unternehmen besteht eine größere Intransparenz als bei Großunternehmen, da es sich für potenzielle Kapitalgeber einerseits meist nicht lohnt, Kosten für einen wesentlichen Abbau der Informationsdifferenz aufzuwenden. Andererseits haben kleine Unternehmen weniger Möglichkeiten, glaubhaft zu signalisieren, dass sie ein geringes Risiko darstellen (zum Beispiel durch ein externes Rating). Bei der Finanzierung von mittelständischen Innovatoren sind die Probleme besonders stark ausgeprägt, da die Risiken der Projekte im Vergleich zur normalen Unternehmensfinanzierung höher sind und von den Kapitalgebern nur sehr eingeschränkt objektiv eingeschätzt werden können. Folge sind im Vergleich zu Großunternehmen in der Regel schlechtere Finanzierungskonditionen bzw. eine Zurückhaltung von Kapitalgebern bei Finanzierungen von Gründern, etablierten Mittelständlern sowie Innovatoren.[5] Mit Hilfe der Förderpolitik können diese Nachteile ausgeglichen werden.

(3) Positive externe Effekte: Innovationen haben positive Externalitäten, das heißt, ihre gesamtwirtschaftliche Rentabilität (Nutzen) ist höher als die einzelwirtschaftliche. Die durch die Innovationen generierten Nutzensteigerungen von Konsumenten und anderen Produzenten kann der Innovator aber meist nicht vollständig für sich realisieren. Vor allem bei kumulativen Innovationen profitieren häufig Konkurrenten von der Forschungs- und Entwicklungstätigkeit der Innovatoren. Da Unternehmen jedoch nur in dem Maße bereit sind, in Forschung und Entwicklung zu investieren, wie es ihnen auch gelingt, die Früchte hieraus für sich selbst zu sichern, wird der gesamtwirtschaftliche Nutzen, der über die privaten Erträge hinaus geht, nicht berücksichtigt. Die Konsequenz ist, dass das Innovationspotenzial aus gesamtwirtschaftlicher Sicht unzureichend ausgeschöpft wird. Da kleine und mittlere Unternehmen sowie Neugründungen im Vergleich zu Großunternehmen häufig eine relativ hohe Innovationstätigkeit aufweisen, ist eine spezifische staatliche Unterstützung von Innovationen insbesondere von mittelständischen Unternehmen zur Korrektur der Marktsteuerung sinnvoll.

Die Mittelstandsförderung der KfW knüpft an den Folgen des Marktversagens an und versucht, die bestehenden Nachteile kleiner und mittlerer Unternehmen bei der Finanzierung auszugleichen. Diese größenbedingten Finanzierungsnachteile resultieren neben den Markt-

---

5   Vgl. Reize (2005).

versagenstatbeständen auch aus der Tatsache, dass bei kleinvolumigen Finanzierungen die Bearbeitungskosten ein relativ hohes Gewicht haben, was zu einer ungünstigen Aufwands-Ertrags-Relation führt. Außerdem haben mittelständische Unternehmen oft nur wenige Möglichkeiten, ihre Geschäftsrisiken zu diversifizieren und damit zu reduzieren. Ferner haben sie in der Regel gegenüber Kreditinstituten und anderen Financiers weniger Verhandlungsmacht. Schließlich haben kleine Unternehmen auch keinen direkten Zugang zum Kapitalmarkt und sind auf einige wenige Finanzierungsinstrumente – hauptsächlich den Bankkredit – angewiesen. Auch aus diesen Gründen sehen sich kleine Unternehmen systematisch schlechteren Konditionen im Kreditgeschäft gegenüber als Großunternehmen.

4.1 Grundsätzliche Ansatzpunkte der KfW-Mittelstandsförderung

Um einen Ausgleich der Größennachteile der mittelständischen Unternehmen zu erreichen, bietet die Förderung den Unternehmen einerseits günstige Finanzierungsmittel an, andererseits wird ein besserer Zugang für kleine und mittlere Unternehmen zu Finanzierungen durch Risikoübernahme und die Erschließung neuer Finanzierungsquellen erreicht. Dabei setzt die Mittelstandsförderung der KfW vor allem an der Investitionstätigkeit der kleinen und mittleren Unternehmen an. Denn mit den investierenden Unternehmen werden die dynamischeren und grundsätzlich wettbewerbsfähigeren Unternehmen gefördert. Vor allem diese Unternehmen sind es, die die Wettbewerbsintensität erhöhen und den Strukturwandel befördern und damit die marktwirtschaftliche Ordnung stärken.

Das wichtigste Instrument der Mittelstandsförderung ist der langfristige günstige Förderkredit zur Finanzierung von Investitionen. Durch die Investitionsförderung kommen die Mittelständler in den Genuss von Kreditzinsen, die am unteren Ende der Marktspanne liegen und können sich so zu annähernd gleichen Konditionen finanzieren wie Großunternehmen. Somit werden größenbedingte Finanzierungsnachteile korrigiert. Leistungswirtschaftlich bedingte Nachteile (zum Beispiel mangelnde Produktivität oder riskante Unternehmensführung) sollen damit nicht kompensiert werden. Ein wichtiger Aspekt ist die Marktkonformität des Instruments: Bei den Förderkrediten kommt prinzipiell das „Durchleitungsprinzip" zur Anwendung. Demnach werden die Förderkredite nicht von den staatlichen Förderinstituten direkt vergeben, sondern über ein „durchleitendes" Kreditinstitut, das gegen Zahlung einer Bankenmarge auch das Ausfallrisiko übernimmt. Dieses Verfahren stärkt die Hausbankbeziehung des Unternehmens und gewährleistet die Wettbewerbsneutralität der Förderbank. Der Marktmechanismus wird nicht beeinträchtigt: Es wird auf diese Weise sichergestellt, dass eine marktmäßige Selektion förderwürdiger Vorhaben erfolgt. Weil die durchleitende Bank das Risiko trägt, wird sie eine sorgfältige Bonitätsprüfung und Projektbeurteilung durchführen. Hierzu ist sie auch (abgesehen von bestimmten Segmenten wie zum Beispiel Mikrofinanzierung bzw. Kleinstkrediten) meist besser in der Lage als staatliche Institutionen, da sie den Kunden in der Regel kennt und die Marktchancen seiner Investition besser einschätzen kann.

Im Gegensatz zu einer reinen Zuschussförderung oder auch einer steuerlichen Begünstigung wird das Eigeninteresse des geförderten Unternehmens bzw. Gründers an einem Erfolg der Transaktion durch die Kreditfinanzierung gestärkt, weil er Zins- und Tilgungspflichten nachkommen muss. Dies reduziert die „Fehlerquote" und Mitnahmeeffekte der Förderung. Ein weiterer Vorteil zinsgünstiger Förderkredite liegt darin, dass die Darlehensförderung einen geringen bürokratischen Aufwand verursacht: Sie fügt sich in ohnehin notwendige Finanzierungsvorgänge ein, daher ist der (Mehr-)Aufwand für den Antragsteller gering.

4.2   Innovative Förderansätze der KfW Mittelstandsbank

Es reicht für Förderbanken heute nicht aus, sich allein auf „klassische" Förderinstrumente wie den Förderkredit zu verlassen. Vielmehr ist es überaus wichtig, den Mittelstand bei der Anpassung an neue Entwicklungen im Zuge des Finanzmarktwandels zu unterstützen. Insbesondere geht es darum, den mittelständischen Unternehmen möglichst schnell den Zugang zu neuen Finanzierungsinstrumenten zu eröffnen bzw. die Kreditvergabe an kleine und mittlere Unternehmen für die Kreditinstitute noch attraktiver zu machen.

4.2.1   Ansatz am Finanzierungssystem

Neue, innovative Förderansätze setzen meist nicht am individuellen Unternehmen bzw. am Einzelkredit, sondern an den Rahmenbedingungen des Finanzierungssystems an. Ziel ist es, eine breitenwirksamere und effizientere Förderung dadurch zu erzielen, dass Effizienz und Anpassungsfähigkeit des Finanzierungssystems als Ganzes gesteigert werden. Die KfW Mittelstandsbank wirkt hier häufig als Katalysator für die Entwicklung von Märkten oder die Erschließung von Marktsegmenten für den Mittelstand.

Förderung des Verbriefungsmarktes

Ein Beispiel für einen solchen innovativen Förderansatz ist die Förderung des Kreditverbriefungsmarktes. Kreditinstitute können die Risiken eines Mittelstandskreditportfolios an eine Zweckgesellschaft übertragen, die auf das Portfolio Wertpapiere begibt und diese an institutionelle Investoren verkauft. Weil ein großer Teil des Ausfallrisikos auf den Kapitalmarkt verlagert wird, können die Banken ihre Eigenkapitalbelastung senken. Auf diese Weise erhalten die Kreditinstitute neuen Spielraum in der Kreditvergabe an kleine Unternehmen. Für die Mittelstandsförderung ist es deshalb sinnvoll, die Entwicklung des Verbriefungsmarktes für Mittelstandskredite zu fördern: Die KfW hat mit der Bereitstellung ihrer Verbriefungsplattformen einen sehr erfolgreichen Standard geschaffen, der der Verbriefung von Mittelstandskrediten in Deutschland einen großen Schub gegeben hat. Der Mittelstand erhält somit einen indirekten Zugang zum Kapitalmarkt, der dazu führt, dass ein erweitertes Kreditangebot zu günstigeren Konditionen zur Verfügung steht (vgl. Kasten).

Gleichgewicht im Kreditmarkt unter Berücksichtigung von Verbriefungen

Die Verbriefungen von Mittelstandskrediten erhöhen den Kreditvergabespielraum der Banken. Entsprechende Nachfrage an Kreditfinanzierungen vorausgesetzt, können die Banken diesen Spielraum zu verstärkter Kreditvergabe an kleine und mittlere Unternehmen (kmU) nutzen und auf diese Weise die Kreditvergabe an kmU ausweiten. Dies zeigt Abbildung 1:

Die Kreditangebotskurve (A) stellt in Abhängigkeit vom Kreditzins das Volumen von Krediten dar, die kmU angeboten werden. Die Kreditnachfragekurve (N) beschreibt, wie viel Kreditvolumen in Abhängigkeit vom Zins die kmU nachfragen. Im Schnittpunkt ergibt sich ein Kreditmarktgleichgewicht als Ausgleich von Angebot und Nachfrage (Punkt P). Dies stellt den Ausgangspunkt der Betrachtung dar, also die Situation ohne Verbriefungen.

Durch Verbriefungen werden Risikoaktiva aus dem Kreditmarkt ausplatziert und an den Kapitalmarkt abgegeben. Die breitere Streuung und Diversifikation der Kreditrisiken senkt die Risikokosten und damit die Zinsen, die für die angebotenen Kredite verlangt werden. Gleichzeitig besteht durch die Abgabe von Risikoaktiva die Möglichkeit, nun wieder neue Kredite zu vergeben. Zudem stellen Verbriefungen häufig einen günstigen weiteren Refinanzierungskanal dar, wodurch die Kosten und Zinsen nochmals gesenkt und die angebotenen Kreditvolumina erhöht werden. In Abbildung 1 verschiebt sich durch diese Effekte die Kreditangebotskurve nach rechts unten.

Zusammengenommen führen die genannten Effekte dazu, dass im Ergebnis durch Kreditverbriefungen das vergebene Kreditvolumen steigt und der Zinssatz sinkt. Der Punkt P' markiert das neue Kreditmarktgleichgewicht nach Verbriefung.

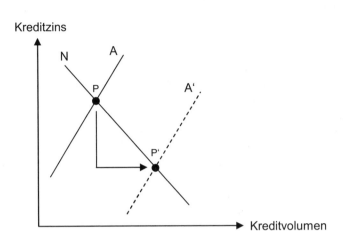

Abbildung 1:   *Wirkung von Verbriefungen auf dem Markt für Mittelstandskredite*

KmU profitieren von Verbriefungen, da ihnen ein erhöhtes Kreditangebot zu geringeren Zinsen verglichen mit der Situation ohne Verbriefung zur Verfügung steht. Dies wird letztlich dadurch ermöglicht, dass sich durch Verbriefungen für kmU ein indirekter Kapitalmarktzugang eröffnet.

Investition in verbriefte Kredite als Förderansatz

Die KfW kann über den Transfer von Portfoliorisiken an den Kapitalmarkt hinaus selbst als Investor in bestimmte risikoreiche Teile von Portfolien auftreten und damit die Durchführung von Verbriefungen erleichtern. Dadurch wird der indirekte Zugang zum Kapitalmarkt für die Zielgruppen der Förderung weiter verbessert. Außerdem trägt die KfW damit als Marktmacher auch zur Etablierung eines sich selbst tragenden liquiden Sekundärmarktes bei.

Die Verbriefung lässt sich prinzipiell auch zur Übernahme von Risiken im Förderprozess ex ante einsetzen: So ist es grundsätzlich möglich, dass die Förderbank der Hausbank bereits vor der Kreditvergabe zusagt, Risiken aus aufzubauenden Kreditportfolien zu übernehmen und anschließend zu verbriefen. Folge ist, dass die Kreditvergabebereitschaft der Kreditinstitute aufgrund der zukünftigen Risikoentlastung zunimmt. Dabei lassen sich Förderziele durch zu definierende Portfoliokriterien explizit berücksichtigen, sodass die Kreditvergabe in Bereichen zunimmt, die förderpolitisch erwünscht sind. Allerdings sind dazu effiziente, standardisierte Produkte und Instrumente nötig sowie einheitliche Prozesse, die die Risikomessung, die Bearbeitung und das Reporting betreffen, welche aber oft noch nicht flächendeckend gegeben sind.

Förderung der Standardisierung im Kreditgeschäft

Ein weiterer Ansatz der Förderung bezieht sich daher auf die Unterstützung der Kreditinstitute bei der Standardisierung des Kreditgeschäfts. Durch die Bündelung der Kreditbearbeitung und die Herstellung standardisierter (Förder-)Kreditprodukte lassen sich aber nicht nur Verbriefungen leichter durchführen. Wichtig ist vor allem, dass die Kosten auf Seiten der Kreditinstitute drastisch sinken. Dies liegt im Interesse des Mittelstandes, denn durch eine Kostensenkung wird dieser Geschäftsbereich für Banken und Sparkassen wieder attraktiver: Vor allem bei kleinteiligen Krediten an kleine und Kleinstunternehmen besteht ein ungünstiges Verhältnis zwischen Bearbeitungskosten und Erträgen, sodass die Banken und Sparkassen hier tendenziell besonders zurückhaltend agieren. Die KfW arbeitet daher gemeinsam mit interessierten Banken und Sparkassen an Lösungen. Hier zeigt sich, dass die Aufgabe der KfW als Förderbank auch darin besteht, nach Möglichkeiten zu suchen, die Entwicklung des Bankensystems voranzubringen und damit die Kreditvergabe an Mittelständler attraktiver zu machen.

Marktentwicklung: Schaffung neuer Finanzierungsmöglichkeiten für den Mittelstand

Neben den Ansätzen am Finanzierungssystem insgesamt arbeitet die KfW Mittelstandsbank daran, dem Mittelstand Zugang zu Finanzierungsinstrumenten zu eröffnen, die bisher nicht oder nur eingeschränkt zur Verfügung stehen. Angesichts der schwachen Eigenkapitalausstattung vieler kleiner und mittlerer Unternehmen stehen hier Finanzierungsmöglichkeiten im Fokus, die den Unternehmen helfen können, ihre Finanzierungsstruktur zu verbessern. Dabei ist an eigenkapitalähnliche Mittel in Form von Mezzanine-Kapital sowie an Beteiligungskapital zu denken.

Im Bereich Mezzanine-Kapital hat die KfW mit der Produktlinie Unternehmerkapital ein Angebot an Nachrangdarlehen geschaffen, das mezzanine Mittel auch für kleinere Mittelständler und solche mit schwächerer Bonität bereitstellt. Diese Unternehmen haben trotz des mittlerweile umfangreichen Angebots am Markt nur einen eingeschränkten Zugang zu Mezzanine-Produkten. Weiterhin hat die KfW ein Programm zur Bereitstellung von Genussrechtskapital aufgelegt. Diese Finanzierungsmittel sind so ausgestaltet, dass sie das (handelsbilanzielle) Eigenkapital des antragstellenden Unternehmens unmittelbar erhöhen. Das KfW-Genussrechtsprogramm ist Teil der Initiative „Eigenkapital für den breiten Mittelstand", die versucht, ein Marktsegment im privaten (Beteiligungs-)Kapitalmarkt für den breiten Mittelstand zu schaffen, da für den „normalen" Mittelstand bisher nur wenige adäquate Angebote existieren.

4.3   Optimierung der klassischen Förderinstrumente

Neben der Entwicklung der neuen, innovativen Förderansätze bleiben die „klassischen" Instrumente – wie der Förderkredit – natürlich auch im Fokus der Mittelstandsförderung. Denn der Bankkredit wird auch in Zukunft die wichtigste externe Finanzierungsquelle für kleine und mittlere Unternehmen bleiben. Die KfW Mittelstandsbank muss daher auch bei den „klassischen" Instrumenten auf den Strukturwandel im Finanzsektor reagieren und die Instrumente überarbeiten und weiterentwickeln, um sie an die neuen Gegebenheiten anzupassen.

Der Einzug der Ratingkultur in Deutschland hat dazu geführt, dass die meisten Kreditinstitute risikogerechte Konditionen in der Kreditvergabe auch an mittelständische Unternehmen eingeführt haben. Dies ist durchaus positiv für den Mittelstand, da nun auch Unternehmen mit einem schlechteren Risikoprofil wieder leichter Kredite erhalten können, wenn auch zu einem höheren Preis. Wenn Banken und Sparkassen aber – wie in der Vergangenheit üblich – bei der Förderkreditvergabe eine vom Risikogehalt des individuellen Engagements unabhängige Marge erhalten und gleichzeitig dank des technischen und methodischen Fortschritts individuelle Risikoprämien berechnen können, die sich an der Bonität, der Laufzeit und der Besicherung ausrichten, kann es für die Kreditinstitute sinnvoll sein, Risiken durch Kreditrationierung zu begrenzen. Das heißt wenn die individuellen Risikokosten durch die Einheitsmarge nicht mehr abgedeckt werden, ist es für die Kreditinstitute nahe liegend, dem Unternehmen den Förderkredit zu verweigern, da sie andernfalls Verluste erwirtschaften. Der klassische Förderkredit musste deshalb an die neuen Bedingungen angepasst werden. Aus diesem Grund hat die KfW im April 2005 in den meisten gewerblichen Förderprogrammen risikogerechte Zinskonditionen eingeführt. Der Zinssatz wird unter Berücksichtigung der Bonität des Unternehmens sowie der Werthaltigkeit der für den Kredit gestellten Sicherheiten – das heißt risikogerecht – von der Hausbank in von der KfW Mittelstandsbank vorgegebenen Preisklassen festgelegt. So wird sichergestellt, dass gerade viele schwächere mittelständische Unternehmen wieder Zugang zum Förderkredit haben. Gleichzeitig wird mittels des risikogerechten Zinssystems der KfW die noch nicht ganz vollständig flächendeckende Verbreitung der risikoadäquaten Bepreisung im Geschäft mit kleineren Krediten beschleunigt – auch hier wirkt die KfW somit als Katalysator.

Weiterhin hat die KfW bereits vor einigen Jahren zur Vereinfachung des Förderweges und zur Senkung der Transaktionskosten erfolgreich den Vertrieb der Förderkredite durch das Instrument der Globaldarlehen ergänzt. Dabei handelt es sich um großvolumige Darlehen an Kreditinstitute, die daraus – unter Beachtung bestimmter vorgegebener Kriterien – eine Vielzahl von Kleinkrediten an mittelständische Unternehmen vergeben können. Globaldarlehen sind für Banken und Unternehmen nicht nur wegen der einfacheren Abwicklung, sondern auch wegen der großen Flexibilität attraktiv; so erlauben sie zum Beispiel an den Abschreibungsverlauf des Investitionsgutes angepasste Finanzierungen.

Der Einsatz moderner Technologien auf allen Stufen des Förderweges trägt schließlich dazu bei, den gesamten Produktvertrieb kostengünstiger und damit für alle Beteiligten attraktiver zu gestalten. Bausteine sind etwa der elektronische Kreditantrag oder die Datenfernübertragung zwischen Förder- und Durchleitungsbank. Darüber hinaus führt eine kundenorientierte Beratung durch die KfW mit zu einer Senkung der Transaktionskosten.

5.   Förderprodukte der KfW Mittelstandsbank

Die beschriebene Förderstrategie der KfW Mittelstandsbank findet ihren Ausdruck in dem Finanzierungsproduktangebot der KfW Mittelstandsbank für kleine und mittlere Unternehmen. Es besteht aus den Säulen Fremdkapital, Mezzanine- und Beteiligungskapital (vgl. Abbildung 2).[6] Es ist damit so konzipiert, dass fast jede Art von Fremd- oder Eigenkapitalbedarf eines Unternehmens damit abgedeckt werden kann. Ergänzt wird das Finanzierungsangebot durch Informations- und Beratungsleistungen.

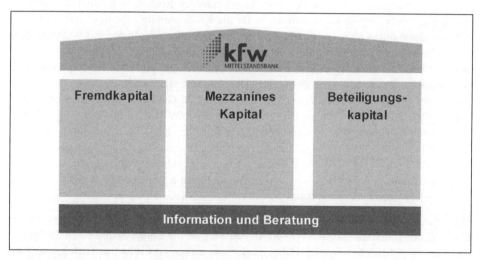

Abbildung 2:   *Angebotsspektrum der KfW Mittelstandsbank*

---

6   Die Aktivitäten der KfW hinsichtlich der Verbriefung stellen kein direktes Angebot an mittelständische Unternehmen dar – diese kommen den Unternehmen indirekt zu Gute – und fehlen aus diesem Grund in der Übersicht.

Angebot an Fremdkapital

Im Bereich der Kreditfinanzierung ist zunächst der Unternehmerkredit zu nennen. Im Rahmen des Förderprogramms können Gründer und bestehende mittelständische Unternehmen maximal zehn Millionen Euro erhalten und Investitionen sowie Betriebsmittel finanzieren. Der Unternehmerkredit zeichnet sich durch eine lange Laufzeit, festen Zins und günstige Konditionen aus. Der Zinssatz wird unter Berücksichtigung der Bonität sowie der Werthaltigkeit der Sicherheiten risikogerecht von der Hausbank in den vorgegebenen Preisklassen festgelegt. Die Hausbank kann sich bei der Finanzierung von Investitionen zudem – wenn das Risiko der Kreditvergabe ihr zu hoch erscheint – zu 50 Prozent von der Haftung freistellen lassen, das heißt, die KfW Mittelstandsbank trägt die Hälfte des Risikos.

Bei Existenzgründungen mit geringem Kapitalbedarf kommt das Programm KfW-StartGeld der KfW Mittelstandsbank in Betracht. Mit StartGeld können Existenzgründer, Freiberufler und junge Unternehmen, die nicht älter als drei Jahre am Markt tätig sind, einen Kredit von maximal 50.000 Euro bei einer 80-prozentigen Haftungsfreistellung für die durchleitende Bank erhalten. In diesem Förderprogramm sind seit dem 1. Januar 2008 die bisherigen Förderprogramme StartGeld und Mikro-Darlehen zusammengefasst. Die Programmkonditionen – u. a. durch einen günstigen Zinssatz, monatliche Tilgungsleistungen und dem jederzeitigen kostenfreien recht zur außerplanmäßigen Rückzahlung gekennzeichnet – sind besonders auf die Belange von Existenzgründern und jungen kleinen Unternehmen mit geringem Kreditbedarf ausgelegt.

In strukturschwachen Gebieten der Gemeinschaftsaufgabe steht auch das günstige ERP-Regionalförderprogramm zur Verfügung. Wie im KfW Unternehmerkredit kommen hier risikogerechte Zinssätze zur Anwendung. Die Kreditobergrenze beträgt 0,5 Millionen Euro und kann in bestimmten Fällen bei Vorhaben in den neuen Bundesländern überschritten werden.

Angebot an Mezzanine-Kapital

Mezzanine-Kapital wird über die Programmfamilie Unternehmerkapital der KfW Mittelstandsbank bereitgestellt (vgl. Abbildung 3). Hier können Existenzgründer und Mittelständler Nachrangdarlehen beantragen. Die jeweiligen Konditionen unterscheiden sich, je nach dem, ob ein Gründer (bis zu zwei Jahre nach Aufnahme der Geschäftstätigkeit), ein junges Unternehmen in der ersten Wachstumsphase (über zwei Jahre bis höchstens fünf Jahre nach Aufnahme der Geschäftstätigkeit) oder ein etablierter Mittelständler (über fünf Jahre nach Aufnahme der Geschäftstätigkeit) vorliegt.

Unternehmerkapital:		
Nachrangkapital für Gründer, Freiberufler und Mittelstand		
ERP-Kapital für Gründung	**ERP-Kapital für Wachstum**	**Kapital für Arbeit und Investitionen (KFAI)**
für Existenzgründer und junge Unternehmen bis 2 Jahre nach Geschäftsaufnahme	für junge Unternehmen, deren Geschäftsaufnahme mehr als 2 und höchstens 5 Jahre zurückliegt	für etablierte Unternehmen, die bereits seit mehr als 5 Jahren am Markt tätig sind

Abbildung 3: *KfW Unternehmerkapital (Übersicht)*

Gründer können Nachrangdarlehen von bis zu 0,5 Millionen Euro erhalten, mit denen die eingesetzten eigenen Mittel auf bis zu 40 Prozent des förderfähigen Investitionsbetrages aufgestockt werden können. Für junge Unternehmen werden ebenfalls Nachrangdarlehen von bis zu 0,5 Millionen Euro angeboten, mit denen bis zu 40 Prozent der förderfähigen Kosten mitfinanziert werden. Voraussetzung ist, dass die Hausbank einen ebensolchen Anteil an der Gesamtfinanzierung darstellt. Etablierte Unternehmen können mit den Fördermitteln 100 Prozent der förderfähigen Kosten finanzieren und maximal vier Millionen Euro erhalten, davon je zur Hälfte eine Nachrang- und eine Fremdkapitaltranche. Die Nachrangdarlehen sind mit einer Haftungsfreistellung für das durchleitende Institut von 100 Prozent versehen. Im Fall der jungen und etablierten Unternehmen sind die Konditionen risikogerecht ausgestaltet.

Darüber hinaus bietet die KfW Mittelstandsbank günstige Nachrangdarlehen für innovative Vorhaben im Rahmen des ERP-Innovationsprogramms an. Das Angebot richtet sich an Unternehmen, die länger als zwei Jahre am Markt sind und stellt – ähnlich wie bei Kapital für Arbeit und Investitionen – ein Finanzierungspaket bereit, das aus einer Nachrangtranche sowie einer Fremdkapitaltranche besteht.

Angebot an Beteiligungskapital

Im Early-Stage-Bereich bietet die KfW mit dem ERP-Startfonds ein Produkt für junge Unternehmen an. Gemeinsam mit dem Bundesministerium für Wirtschaft und Technologie wurde hier ein Fonds aufgelegt, in den das ERP-Sondervermögen und die KfW insgesamt 250 Millionen Euro eingelegt haben. Dieses Kapital wird sukzessive gemeinsam mit entsprechenden Mitteln privater Investoren als Beteiligungskapital für junge Technologieunternehmen eingesetzt. Um insbesondere die schwierige Gründungsphase von Unternehmen im Hochtechnologiebereich zu fördern, wurde zusätzlich der High-Tech-Gründerfonds – als Frühphasenergänzung zum ERP-Startfonds – in Zusammenarbeit mit der Bundesregierung und Industrieunternehmen aufgelegt.

Der Later-Stage-Bereich der KfW-Beteiligungsfinanzierung bietet mit dem ERP-Beteiligungsprogramm Eigenkapitalfinanzierungen für etablierte Mittelständler an. Dabei investiert die KfW Mittelstandsbank nicht direkt in das Unternehmen, sondern stellt dem Beteiligungsgeber ein Refinanzierungsdarlehen zur Verfügung. Darüber hinaus versucht die KfW Mittelstandsbank mit der Initiative „Eigenkapital für den breiten Mittelstand" die bestehende Angebotslücke bei Later-Stage-Beteiligungsfinanzierungen zu schließen. Erste Pilotfonds sind gestartet. Darüber hinaus wird im Rahmen der Initiative auch das bereits erwähnte KfW-Genussrechtsprogramm angeboten. Hier wird eigenkapitalähnliches Mezzanine-Kapital (bilanzielles Eigenkapital nach HGB) in Höhe von 0,5 bis 5 Millionen Euro über Beteiligungsgesellschaften bereitgestellt.

Beratung und Information

Die vierte Säule des Förderangebotes der KfW Mittelstandsbank ist die Beratung und Information. Die KfW Mittelstandsbank hat ein ganzheitliches Beratungsangebot für Gründer und mittelständische Unternehmen entwickelt, das nicht nur über Fördermittel informiert, sondern die mittelständischen Kunden auch beim Erwerb einer fundierten unternehmerischen Qualifikation und in Krisensituationen unterstützt (vgl. Abbildung 4). Das Beratungsangebot orientiert sich dabei an zentralen Etappen der Unternehmensentwicklung und hilft zum Beispiel in der Gründungsphase mit Beratungszentren und regionalen Sprechtagen. Für den Krisenfall stehen Runde Tische und die Turnaround-Beratung zur Verfügung. Darüber hinaus gibt es eine Vielzahl von Foren und Informationsangeboten.

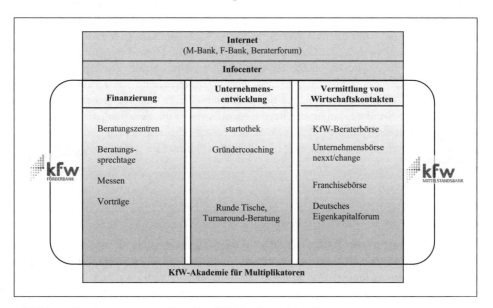

Abbildung 4: *Beratungsangebot der KfW Mittelstandsbank*

6.   Fazit

Viele kleine und mittlere Unternehmen in Deutschland hatten sich in der Vergangenheit vor allem auf die Finanzierung über Bankkredite konzentriert und weisen noch heute eine im Vergleich zu ausländischen Mittelständlern weit unterdurchschnittliche Eigenkapitalposition auf. Der strukturelle Umbruch im deutschen Finanzsektor hat jedoch dazu geführt, dass die Finanzierung über Bankkredite gerade für kleine Unternehmen mit geringer Eigenkapitalquote und schwachem Rating schwieriger wurde, sodass viele mittelständische Unternehmen in den letzten Jahren erhebliche Probleme hatten, Mittel zu erhalten. Außerdem orientieren sich die Konditionen der Bankkredite heute infolge der flächendeckenden Einführung von modernen Ratingsystemen stärker an der Bonität der Schuldner. Für den durchschnittlichen Mittelständler bedeutet dies, dass er sich auf die Ratinganforderungen einstellen und angesichts der niedrigen Eigenkapitalquote seine Finanzierungsstruktur optimieren muss.

Angesichts des Strukturwandels auf den Finanzmärkten ist die KfW Mittelstandsbank in besonderem Maße gefordert, den Mittelstand bei den notwenigen Anpassungen an den raschen Veränderungsprozess in der Unternehmensfinanzierung zu unterstützen. Die Mittelstandsförderung der KfW knüpft dabei grundsätzlich an den Folgen des Marktversagens an und versucht, die bestehenden Nachteile kleiner und mittlerer Unternehmen bei der Finanzierung auszugleichen. Das gesamte Förderangebot der KfW Mittelstandsbank besteht aus den Säulen Fremdkapital, Mezzanine- und Beteiligungskapital, ergänzt durch Informations- und Beratungsleistungen. Die Förderstrategie der KfW Mittelstandsbank im Finanzmarktwandel beinhaltet neben der Optimierung klassischer Förderprogramme auch das Beschreiten völlig neuer Wege. Dabei wirkt die KfW Mittelstandsbank häufig als Katalysator, der Entwicklungen im Bankensektor bzw. auf den Finanzmärkten unterstützt bzw. beschleunigt oder neue Märkte schafft bzw. Marktsegmente für den Mittelstand erschließt: Zur Optimierung der Förderung mittels des klassischen Kredits wurden risikogerechte Zinskonditionen sowie Globaldarlehen eingeführt. Auf Seiten der neuen innovativen Ansätze stehen der Verbriefungsmarkt, die Standardisierung des Kreditgeschäfts sowie die Schaffung von zusätzlichen Finanzierungsalternativen im Fokus. Die KfW versucht, die Entwicklung auf den Finanzmärkten zu antizipieren und rechtzeitig neue Förderinstrumente der „nächsten Generation" zu entwickeln.

Literaturhinweise

EUROPEAN COMMISSION (2004): DG ECFIN, Bach-Database 2004.

PLATTNER, D. (2006): Kleine und mittlere Unternehmen: Verbesserte Finanzierungsstruktur. Entwicklungen der Jahresabschlüsse kleiner und mittlerer Unternehmen 2001-2003, in: KfW-Beiträge zur Mittelstands- und Strukturpolitik Nr. 35, 2006.

PLATTNER, D., PLANKENSTEINER, D. (2006): Unternehmensfinanzierung: Banken entdecken den Mittelstand neu. Kreditzugang für kleine Unternehmen bleibt schwierig. KfW Unternehmensbefragung 2006, Frankfurt am Main 2006.

REIZE, F. (2005): Investitionsfinanzierung im Mittelstand – gibt es ausreichend Kredite für kleine und mittlere Unternehmen?, in: KfW-Beiträge zur Mittelstands- und Strukturpolitik Nr. 33, 2005.

Der Einsatz derivativer Instrumente in kleineren und mittelständischen Unternehmen

Hans-Peter Steinbrenner

1.   Mit Derivaten Zinsrisiken minimieren

Zinssatzänderungen beeinflussen sowohl über Zinsaufwand und Zinsertrag als auch über Gewinne oder Verluste aus zinstragenden Bilanzaktiva oder -passiva das Unternehmensergebnis. Daher ist es nachzuvollziehen, dass sich Unternehmen bei der an den Geld- und Kapitalmärkten zu beobachtenden Schwankungshäufigkeit und Schwankungsbreite von Zinssätzen in unerwartete und schwer steuerbare Risikosituationen manövrieren können.

So hat sich der von Frankfurter Banken gemeldete Zinssatz für Kredite mit sechsmonatiger Zinsbindung, von 2,1 Prozent p. a. im Juni 2005 auf 4,4 Prozent p. a. im Juni 2007 erhöht. Wer sich also im Sommer 2005 auf Basis des Geldmarktzinssatzes mit sechsmonatiger Zinsanpassung verschuldete, zahlte zwei Jahre später bei gleichem Kreditbetrag doppelt so viel Zinsen wie bei Aufnahme des Kredits. Und weitere Steigerungen der Zinssätze am Geldmarkt sind nicht ausgeschlossen.

Kaum weniger schwanken die Zinssätze für Kredite, deren Zinssätze auf zehn Jahre festgeschrieben sind. Das aber bedeutet, dass die Wettbewerbsfähigkeit eines Unternehmens, das im Frühjahr 2000 seine Investitionen mit einem Kredit finanzierte, dessen Zinssatz auf zehn Jahre festgeschrieben war, gegenüber allen Unternehmen, die in den fünf Jahren danach mit bedeutend niedrigeren Finanzierungskosten investierten, entscheidend geschwächt war.[1] Wer dagegen im September 2005 überschüssige Liquidität in sichere Pfandbriefe mit einer Restlaufzeit von zehn Jahren anlegte, musste zwei Jahre später wegen der inzwischen gestiegenen Zinssätze auf seine Pfandbriefe mehr als zehn Prozent des Bestandes abschreiben.

---

[1]   Wegen des höheren Kreditausfallrisikos zahlen mittelständische Unternehmen für ihre Kredite einen Aufschlag auf Pfandbriefrenditen von 0,75 bis 2 Prozentpunkte.

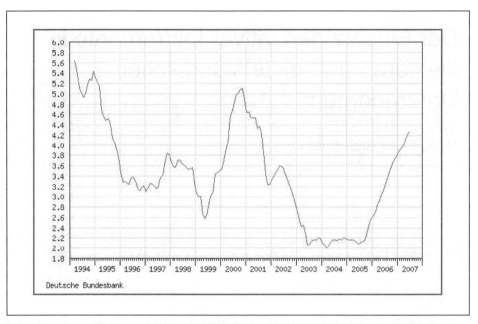

Abbildung 1:   *Sechs-Monats-Geldmarktzinssätze Frankfurter Banken in Prozent p. a.,[2] also Zinssätze, zu denen Frankfurter Banken bereit sind, Kredite mit einer Zinsbindung von sechs Monaten an andere Banken mit erstklassiger Bonität auszuleihen*

Während unsere großen, weltweit aufgestellten Unternehmen schon längst mit Hilfe eines effizienten Zinsmanagements das Geld- und Kapitalmarktumfeld und dessen Veränderungen für die eigenen Erfordernisse optimal nutzen, finanzieren sich kleinere und mittelständische Unternehmen nach wie vor häufig mit Bankkrediten traditioneller Form. Lange Zeit beschränkte sich ihr Entscheidungsfeld tatsächlich auf die Alternative einer über die gesamte Laufzeit des Kredits festen Verzinsung oder einer variablen Verzinsung, wobei der Zinssatz nach dem Ermessen des Kredit gewährenden Instituts – an welchen Marktzinssatz auch immer – angepasst wurde.

Seit jedoch Zinsderivate dank des starken Wettbewerbs unter den Banken auch kleineren und mittelständischen Unternehmen angeboten werden, können auch sie ihre aus Kreditaufnahmen und Kapitalanlagen resultierenden Zinsänderungsrisiken optimieren. Sie können nun, wie die großen Unternehmen, ihre Kreditkonditionen transparent und verlässlich gestalten und dadurch die Abhängigkeit vom Wohlwollen ihres Kreditinstituts mindern, sie können aber auch für deren Flexibilität sorgen, was wichtig ist, wenn sich Faktoren ändern, die die Finanzierungskonditionen beeinflussen.

---

2   http://www.bundesbank.de/statistik/statistik_zeitreihen.en.php?open=&func=row&tr=SU0250&showGraph=1
     Wegen eines erhöhten Kreditausfallrisikos zahlen mittelständische Unternehmen für ihre Kredite auf Basis
     Geldmarktzinssätze einen Aufschlag von 0,75 bis 2 Prozentpunkte.

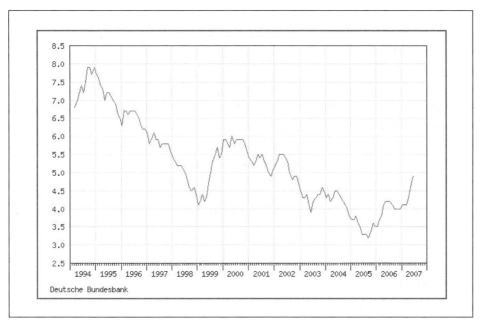

Abbildung 2:   *Renditen festverzinslicher Pfandbriefe mit einer Restlaufzeit von neun bis zehn Jahren in Prozent p. a.*[3]

Wer Kredit aufnehmen will, versucht, die Zinsaufwendungen auf der Basis der von ihm erwarteten Entwicklung der Zinssätze zu minimieren. So wird er den Zinssatz für längere Zeit festschreiben wollen, wenn er mit steigendem Zinsniveau rechnet – oder wenn er Planungssicherheit schätzt. Für kurzfristige Zinsbindung wird sich der Kreditnehmer entscheiden, wenn er fallende Marktzinssätze erwartet. Unternehmen, die Kapital anzulegen haben, werden sich demgegenüber bei gleicher Zinserwartung exakt entgegengesetzt positionieren.

Derivate bieten sich an, wenn der Kreditnehmer oder Kapitalanleger seiner Zinserwartung nicht ganz traut und sich deshalb gegen aus seiner Zinsbindungsentscheidung resultierende Risiken absichern will. Derivate können aber auch genutzt werden, wenn sich die Erwartung des Schuldners bzw. des Anlegers im Hinblick auf die weitere Zinsentwicklung während der Kreditlaufzeit bzw. der Laufzeit der Kapitalanlage ändert und er seine Zinsbindungsentscheidung revidieren will. Schließlich können Derivate auch eingesetzt werden, um Zusatzerträge zu generieren oder um den Zinssatz für künftigen Kreditbedarf oder künftige Kapitalanlagen zu sichern.

Derivate sind Finanzinstrumente, die sich auf den Preis eines am Markt gehandelten Vermögenswertes (Assets) beziehen. Dieser Beitrag hat im Fokus Derivate auf Zinssätze, die ihrerseits die Preise für Kapitalüberlassung sind. Exemplarisch genannt seien Caps, Floors, Swaps, Swaptions und Forward-Darlehen. Die Kapitalbeschaffung und auch die Kapitalanla-

---

3   http://www.bundesbank.de/statistik/statistik_zeitreihen.en.php?open=&func=row&tr=WX4260&showGraph=1

ge selbst werden durch die Kombination mit einem Derivat grundsätzlich nicht berührt. Infolgedessen muss der Derivatekontrakt nicht mit dem kreditgebenden Kreditinstitut abgeschlossen werden.

Die Ausführungen zu Derivaten bei der Kreditaufnahme können spiegelbildlich auf verzinsliche Kapitalanlagen übertragen werden. Deshalb kann im Hinblick auf den Einsatz von Derivaten zur Optimierung verzinslicher Kapitalanlagen auf die entsprechenden Ausführungen zur Kreditaufnahme verwiesen werden.

In den folgenden Ausführungen werden die Charakteristika der klassischen Kreditarten aufgezeigt, um darauf aufbauend die Unterschiede zu den modernen Kreditformen herauszuarbeiten. Der Schwerpunkt der Ausführungen liegt dabei auf den Konditionen, die der mittelständische Unternehmer bei den Vertragsverhandlungen sowohl zu den Kreditverträgen als auch zu den Zinsderivatekontrakten mit dem Kreditinstitut beachten muss, um seine Interessen zu wahren.

Die hier als „modern" bezeichneten Finanzierungen wurden bis vor kurzem nur für Kredite ab einer Million Euro angeboten. Der Wettbewerb um Kredite an mittelständische Unternehmen hat aber dazu geführt, dass Kreditinstitute auch bei kleineren Beträgen bis hinunter zu 250.000 Euro zu solchen Finanzierungen bereit sind.

2. Klassische Finanzierungen und ihre Nachteile

2.1 Festzinssatz während der Kreditlaufzeit

Das klassische Darlehen dient der Finanzierung langlebiger Wirtschaftsgüter. Meist wird für die gesamte Laufzeit ein fester Zinssatz vereinbart, wodurch der Unternehmer seinen Zinsaufwand langfristig planen kann.

Diesem Vorteil steht der Nachteil gegenüber, dass sich das Zinsniveau des Darlehens im Laufe der Jahre von den aktuell geltenden Zinssätzen weit entfernen kann. Das Unternehmen hat Glück, wenn sich der festgeschriebene Zinssatz nachträglich als relativ niedrig herausstellt. Im anderen Fall hat die Konkurrenz bei neuen Investitionen durch günstigere Finanzierungsaufwendungen einen enormen Wettbewerbsvorteil.

§ 489 Abs. 1 BGB gewährt dem Darlehensnehmer nach Ablauf von zehn Jahren nach vollständigem Empfang des Darlehens ein ordentliches Kündigungsrecht, das er nur ausüben wird, wenn der dann geltende Zinssatz unter dem vertraglich vereinbarten Zinssatz liegt. Aus diesem Grund schreiben Banken im Rahmen der klassischen Festzinsdarlehen den Zinssatz nur auf maximal zehn Jahre fest.

2.2   Veränderlicher Zinssatz nach dem Ermessen der Bank

Bei klassischen „Darlehen mit veränderlichem Zinssatz" wird der Zinssatz vom Kreditinstitut nach „billigem Ermessen" (§ 315 BGB) angepasst, wenn sich das Zinsniveau ändert. Diese Darlehen, die vom Kreditnehmer nach § 489 Abs. 2 BGB jederzeit unter Einhaltung einer Kündigungsfrist von drei Monaten gekündigt werden können, sind in Verruf geraten, weil Kreditinstitute bei steigendem Zinsniveau flugs den Zinssatz erhöhten, bei sinkenden Zinssätzen dagegen meist erst nach Aufforderung durch den Kunden den Zinssatz ermäßigten.

3.   Forward-Darlehen und Forward Rate Agreements (FRAs)

3.1   Den Zinssatz für künftige Kredite schon heute festlegen

Forward Rates sind der Schlüssel zu den modernen Finanzierungen. Deshalb werden wir uns zunächst mit diesen Zinssätzen, auf denen alle derivativen Produkte basieren, auseinandersetzen. Am Beispiel der Forward-Darlehen sollen sie erläutert und hergeleitet werden.

Wer Kreditbedarf in der Zukunft erkennt, vielleicht um eine bereits beschlossene Investition zu finanzieren oder weil die Zinsbindung eines Kredits in nächster Zeit abläuft, und damit rechnet, dass die Marktzinssätze steigen, kann durch Abschluss eines Forward-Darlehens oder eines Forward Rate Agreements den Zinssatz für seine zukünftige Kreditaufnahme bereits in der Gegenwart fest vereinbaren. Er zahlt dann meist einen Aufschlag auf den Zinssatz, den er bei sofortiger Kreditaufnahme zahlen müsste.

Weshalb ein „Aufschlag" auf den aktuellen Zinssatz gerechtfertigt ist und wie hoch dieser Aufschlag unter fairen Geschäftspartnern sein darf, wird nach einem Exkurs in den Bereich der Zinsberechnungsmethoden, der Zinsstrukturkurven und der Barwertberechnung deutlich.

3.2 Was man zuvor über Zinsen wissen muss

3.2.1 Zinsberechnungsmethoden und ihre Anwendungsfelder

Die *taggenaue Zinsmethode (actual/actual-Methode)* setzt sowohl im Zähler als auch im Nenner jeden Kalendertag gleich Zinstag. Entsprechend wird das Jahr mit 365 bzw. 366 Tagen angesetzt, die einzelnen Monate werden mit 28 bzw. 29, mit 30 oder 31 Tagen individuell ausgezählt. Am *Kapitalmarkt*; also in den Bedingungen festverzinslicher Gläubigerpapiere wie Bundesanleihen, Unternehmensanleihen und Pfandbriefen ist diese Methode üblicherweise vorgesehen.

Bei der *Eurozinsmethode (actual/360-Methode)* werden unterjährig im Zähler die Tage präzise ausgezählt, während im Nenner immer 360 Tage eingesetzt werden. Diese Methode hat sich in Euroland am *Geldmarkt* – an dem Anlagen gehandelt werden, deren Zinssätze maximal ein Jahr gebunden sind – durchgesetzt. Sie gilt deshalb auch für Kredite und Zinsderivate, deren Verzinsung sich am Euribor orientiert.

Die *deutsche* (kaufmännische) *Zinsmethode (30/360-Methode)* geht im Zähler von standardisierten 30 Tagen pro Monat und im Nenner von standardisierten 360 Tagen pro Jahr aus. Bei Krediten, die länger als ein Jahr laufen, und auch bei den darauf basierenden Zinsderivaten, also beispielsweise den Swaps, wird bis heute noch an dieser Zinsmethode festgehalten.

3.2.2 Wie kalkulieren Banken ihre Zinssätze für Unternehmenskredite?

Bei Vertragsverhandlungen ist es zielführend, sich in die Situation der Gegenposition zu versetzen. Das gilt auch für Kreditverhandlungen und damit für die Frage, wie Kreditinstitute den im Kreditangebot enthaltenen Zinssatz kalkulieren.

Um Kredite gewähren zu können, benötigt das Kreditinstitut Liquidität, die es sich über Einlagen, über die Emission von Schuldverschreibungen oder durch Kredite bei anderen Banken beschafft. Der Zinssatz, den die Bank für die Beschaffung der Liquidität zu bezahlen hat, wird als Refinanzierungssatz bezeichnet. Seine Höhe ist abhängig und weitgehend identisch mit dem Geld- bzw. Kapitalmarktzinssatz. Der im Kreditangebot genannte Zinssatz enthält zusätzlich zum Refinanzierungssatz die Marge, die sich aus den Einzel-Standard-Risikokosten, den Standard-Betriebskosten, den Eigenkapitalkosten, den Overheadkosten und der Gewinnprämie zusammensetzt: Kreditzinssatz = Basiszinssatz + Marge.

Marge	Gewinn	Entgelt für das von der Bank übernommene Unternehmerrisiko
	Overheadkosten	kalkulatorische Kosten, die nicht im ursächlichen Zusammenhang mit dem Kredit stehen
	Eigenkapitalkosten	Kalkulatorische Verzinsung des Eigenkapitals, das zur Unterlegung eines jeden Kredits benötigt wird (Stichwort: Abdeckung des Unexpected Loss)
	Standardbetriebskosten	Kalkulatorisches Entgelt für die Betriebskosten des Kredits, also für Bonitätsprüfung, Kreditabsicherung, regelmäßige Überwachung des Kredits usw.
	Einzel-Standard-Risikokosten	Die Bank kalkuliert basierend auf Vergangenheitswerten die individuellen, von der Bonität des Schuldners abhängigen Einzel-Standard-Risikokosten (Stichworte: Expected Loss, Basel II)
Basis-zinssatz	Marktzinssatz oder Refinanzierungssatz	Zinssatz, den die Bank bei der Beschaffung der für die Kreditgewährung notwendigen fristenkongruenten Liquidität zahlen muss

Abbildung 3:   *Komponenten der Kalkulation des Kreditzinssatzes*

3.2.3   Zinsstrukturkurven als Basis für die Bewertung von Zinsderivaten

Grundlage für das Verständnis von Zinsderivaten sind die Zinsstrukturkurven: In einer Zinsstrukturkurve werden die unterschiedlichen Zinssätze für verschiedene Laufzeiten (= Festschreibung des Zinssatzes) von Krediten bzw. von Kapitalanlagen gleicher Schuldnerbonitäten grafisch dargestellt. Damit ist zugleich gesagt, dass jede Schuldnerbonität seine eigene Zinsstruktur hat. So weist die Zinsstruktur von Bundesanleihen dank der einwandfreien Bonität des Emittenten und der hohen Umsätze in diesen Papieren niedrigere Zinssätze aus als die Zinsstruktur von Unternehmensanleihen.

Zusätzlich zu unterscheiden sind Zinsstrukturkurven, die sich auf Renditesätze im Sinne der Yield-to-Maturity, und solche, die sich auf Zerosätze beziehen.

■ Die Yield-to-Maturity ist der Zinssatz, der bei endfälligen Krediten mit gleichbleibenden, jährlichen Zinszahlungen zur Berechnung der jährlichen Zinszahlung verwendet wird.

■ Der Zerosatz ist demgegenüber jener Zinssatz, mit dem ein Kredit zu verzinsen ist, bei dem statt jährlicher Zinszahlungen die während der Laufzeit des Kredits aufgelaufenen Zinsen und Zinseszinsen zusammen mit dem Rückzahlungsbetrag bei Fälligkeit des Kredits ausbezahlt werden.

Die Unterscheidung zwischen Yield-to-Maturity und Zerosatz ist deshalb wichtig, weil in der Presse vorwiegend Yield-to-Maturity-Strukturen veröffentlicht, Zinsderivate aber auf der Basis von Zerosätzen bewertet werden.

Wenn die Zinssätze mit steigender Zinsbindung des Kredits steigen, reden wir von einer „normalen" Zinsstruktur. Eher selten ist eine flache Zinsstruktur, bei der die Zinssätze für alle Zinsfestschreibungszeiträume etwa gleich sind. Selten ist auch die als „invers" bezeichnete Zinsstruktur, bei der die Zinssätze für eine kurze Zinsfestschreibung über jenen für eine lange Zinsfestschreibung liegen.

Abbildung 4 enthält die Euribor-Sätze im Geldmarktbereich und die Swapsätze im Kapitalmarktbereich, das sind die Yield-to-Maturity-Sätze am Interbankenmarkt, also Sätze für Verbindlichkeiten erstklassiger Kreditinstitute. Alle drei Kurven sind relativ flach, die Sätze vom 12.09.2005 sind extrem niedrig, jene von Anfang 1992 extrem hoch.

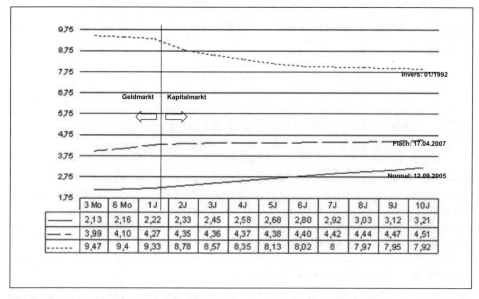

Quelle: Reuters Informationsdienst
Abbildung 4:   *Exemplarisch ausgewählte Yield-to-Maturity-Kurven[4]*

---

4   Stoll (2007).

3.3   Was es mit dem Barwert auf sich hat

3.3.1   Berechnen des Barwertes

Der Barwert ist der heutige Wert einer künftigen Zahlung. Er basiert auf der Erkenntnis, dass ein „heute" eingehender Euro mehr wert ist als ein „Euro morgen", weil der „Euro heute" bis „morgen" zinsbringend angelegt werden kann. Infolgedessen müssen Zahlungen, die zu verschiedenen Zeitpunkten eingehen, zur Bewertung durch Auf- oder Abzinsen auf den gleichen Zeitnenner gebracht werden.

■ Durch Aufzinsen mit dem Zinssatz (z) ergibt sich bei exponentieller Zinsrechnung der Rückzahlungsbetrag einschließlich Zinsen und Zinseszinsen (RZ) eines heute (in t_0) aufgenommenen Kapitalbetrages (K_0) durch Formel (1):

$RZ = K_0 (1 + z)^t$ Beispiel:

wobei: RZ   =   Rückzahlungsbetrag
          K_0 =   aufgenommener Kreditbetrag in Euro   100,00
          z   = Kassa-Zinssatz in % p. a. zum Aufzinsen von K_0 2,00
          t   = Laufzeit des Kredits in Jahren   1

$RZ = K_0 (1 + z)^t = 100 (1 + 0{,}02)^1 = 102{,}00$ (Formel 1)

■ Der Barwert K_0 ergibt sich, wenn eine künftige Zahlung (RZ) bei exponentieller Zinsrechnung und jährlicher Zinsgutschrift auf den Bewertungszeitpunkt (t_0) abgezinst wird. Als Zinssatz (z) zur Berechnung des Barwerts wird üblicherweise der Zinssatz eingesetzt, der bei alternativer Kreditaufnahme mit gleicher Zinsfestschreibung und gleichen Sicherheiten bezahlt werden muss. Formel (1) umgestellt ergibt Formel (2) zur Berechnung des Barwerts K_0, einer in t Jahren fälligen Zahlung RZ:

$$K_0 = \frac{RZ}{(1 + z)^t} = \frac{102}{(1 + 0{,}02)^1} = 100 \qquad \text{(Formel 2)}$$

Entsprechend ergibt sich der Barwert mehrerer Zahlungen aus der Summe der Barwerte der zugrunde liegenden künftigen Zahlungen. Beim Abzinsungsverfahren wird der Unterschied zwischen Yield-to-Maturity und Zerosatz deutlich.

3.3.2   Barwertberechnung mit der Yield-to-Maturity

Die Verzinsung von festverzinslichen Anleihen (Straight Bonds) und von Krediten mit Zinsbindung über mehrere Jahre hinweg und Gesamtfälligkeit des Kreditbetrages am Ende der Kreditlaufzeit wird als Yield-to-Maturity angegeben. Die jährlichen Zinsen werden bei diesen Finanzinstrumenten als Produkt aus Kreditbetrag und Yield-to-Maturity-Satz berechnet und in gleichbleibender Höhe am Ende eines jeden Zinsjahres ausbezahlt.

Wer den Barwert eines Zahlungsstroms in Straight-Bond-Struktur berechnen will, kann die zu verschiedenen Zeitpunkten fälligen Zahlungen mit jeweils der gleichen Rate, nämlich mit der für die Restlaufzeit des Kredits geltenden Yield-to-Maturity abzinsen.

3.3.3   Barwertberechnung mit Zerosätzen

Der Barwert eines Zahlungsstroms kann aber auch berechnet werden, indem jede der zu verschiedenen Zeitpunkten fälligen Zahlungen mit dem für ihre Laufzeit geltenden Zerosatz abgezinst wird. Beide Verfahren bringen den gleichen Barwert, wenn die Zerosätze korrekt von den Yield-to-Maturity-Sätzen abgeleitet sind.

In Deutschland sind Festzinsanlagen (Anleihen mit konstanten Kuponzahlungen) und entsprechend Festzinskredite üblich. Deshalb ist es notwendig, von den hier gebräuchlichen und veröffentlichten Yield-to-Maturity-Sätzen die als Basis für Zinsderivate dienenden Zerosätze abzuleiten. Für Bundesanleihen berechnet die Deutsche Bundesbank die Zerosätze mit Hilfe eines nichtlinearen Optimierungsverfahrens aus den Renditen kupontragender, festverzinslicher Papiere.[5]

Die Zerosätze gewinnen zunehmend an Bedeutung, weil sie sich als geldpolitische Indikatoren international immer mehr durchsetzen.

Für die Berechnung von Barwerten gilt:

- ■ Die Zahlungen eines wie auch immer strukturierten Zahlungsstroms können mit Zerosätzen abgezinst werden, wobei der Zerosatz für die Laufzeit zu verwenden ist, die der Restlaufzeit der jeweiligen Zahlung entspricht.

- ■ Der Barwert von straight-bond-strukturierten Zahlungen kann sowohl mit den laufzeitadäquaten Zerosätzen als auch mit dem Yield-to-Maturity-Satz der Laufzeit, die der Laufzeit der letzten Zahlung entspricht, berechnet werden.

Fallstudie 1: Berechnen des Barwertes eines straight-bond-strukturierten Zahlungsstroms

Der Fallstudie liegen die folgenden Zinsstrukturen zugrunde:

Zinsbindung in Jahren	Yield-to-Maturity in % p. a.	Zerosatz[1] in % p. a.
1	2,0	2,000000
2	2,5	2,506281
3	3,0	3,020355

[1] abgeleitet aus den Yield-to-Maturity-Sätzen nach dem Bootstrapping-Verfahren

Dann hat der Schuldner eines Kredits mit dreijähriger Zinsfestschreibung einen Nominalzinssatz (= Yield-to-Maturity) von 3 Prozent p. a. und damit bei einem Kreditbetrag in Höhe von

---

5   Vgl. o. V. (2007), S. 66 sowie Schich (1996). Ein vereinfachtes Verfahren zur Berechnung von Zerosätzen aus den Yield-to-Maturity-Sätzen finden Sie bei Steinbrenner (2004), S. 386-394.

100 Euro jährlich Zinsen in Höhe von 3 Euro und am Ende der Laufzeit zusätzlich 100 Euro zu zahlen.

Fallstudie 1a: Abzinsen der Zahlungen mit den jeweiligen laufzeitadäquaten Zerosätzen

Jeder Zahlungsstrom kann sowohl mit den jeweiligen laufzeitadäquaten Zerosätzen abgezinst werden.

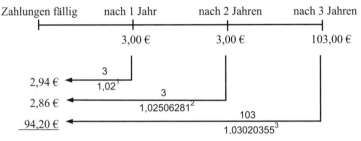

100,00 € = Barwert auf von Basis der Zerosätzen für ein, zwei und drei Jahren Zinsbindung

Fallstudie 1b: Abzinsen der Zahlungen mit der Yield-to-Maturity für dreijährige Zinsbindung

Der Barwert eines straight-bond-strukturierten Zahlungsstroms kann auch über die Yield-to-Maturity für die Laufzeit des Rückzahlungsbetrages berechnet werden

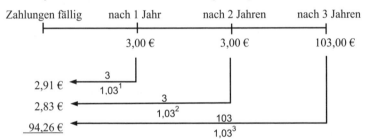

100,00 € = Barwert auf der Basis der dreijährigen Yield-to-Maturity-Sätze

Der Unterschied zwischen Zerosatz und Yield-to-Maturity kann auch beim Aufzinsen verdeutlicht werden:

- ■ Der Zahlungsstrom kommt – wie in Deutschland üblich – zustande, indem die Zinsen am Ende eines jeden Zinsjahres als Produkt aus Kreditbetrag (hier: 100 Euro) und konstantem Yield-to-Maturity-Satz für die Laufzeit des Rückzahlungsbetrages (hier: 3 Prozent p. a. für die dreijährige Zinsbindung) berechnet und ausbezahlt werden. Mit der letzten Zinszahlung wird der Kreditbetrag zurückbezahlt.

- ■ Der Zahlungsstrom kann aber auch generiert werden, indem jede der Zahlungen als Produkt aus Kreditbetrag, dem für die jeweilige Zinszahlung laufzeitadäquaten Zerosatz und der Laufzeit berechnet wird. Auf unseren Fall bezogen heißt das, dass im Prinzip drei Kredite aufgenommen werden:

– Der erste Kredit, aufgenommen in Höhe von 2,94 Euro wird bei einer Verzinsung von zwei Prozent p. a. in einem Jahr einschließlich Zinsen in Höhe von 3 Euro zurückgezahlt.
– Der zweite Kredit von 2,86 Euro wird mit dem Zerosatz von 2,506281 Prozent p. a. verzinst und nach zwei Jahren einschließlich Zinsen und Zinseszinsen in Höhe von 3 Euro fällig.
– Entsprechendes gilt für den dritten Kredit, der in Höhe von 94,20 Euro aufgenommen, mit dem Zerosatz von 3,020355 Prozent p. a. verzinst und nach drei Jahren ohne zwischenzeitliche Zinszahlung mit Zinsen und Zinseszinsen in Höhe von ($94,20 \, € \cdot (1,03020355)^3 =$) 103,00 € zurückgezahlt wird.

Als Fazit ist festzuhalten:

1. Der der Laufzeit des Kreditrückzahlungsbetrages entsprechende Yield-to-Maturity-Satz ist als Zinssatz im Kreditvertrag zu verwenden, wenn der Kreditnehmer jedes Jahr einen gleichbleibenden Zins auf den aufgenommenen Kredit bezahlt und der Kredit am Ende der Laufzeit in einem Betrag zurückgezahlt werden soll.

2. Der laufzeitadäquate Zerosatz ist als Zinssatz in den Kreditvertrag einzusetzen, wenn zwischen Kreditauszahlung und Kreditrückzahlung keine Zinsen ausbezahlt, sondern der aufgenommene Kreditbetrag zusammen mit den während der Kreditlaufzeit aufgelaufenen Zinsen zurückbezahlt werden soll.

3. Die Yield-to-Maturity lässt sich – obwohl auf die Laufzeit der letzten Zahlung des Zahlungsstroms bezogen – nicht einer bestimmten Zinsfestschreibung zuordnen, sie lässt sich vielmehr als gewichteter Durchschnittszinssatz von Zerosätzen verschiedener Laufzeiten interpretieren, wenn die Gewichtung der abzuzinsenden Zahlungsreihe einer Straight-Bond-Struktur entspricht.

– Aus diesem Grund liegen die Zerosätze bei mit der Laufzeit steigenden Zinssätzen über der Yield-to-Maturity-Kurve, bei inverser Zinsstruktur sind die Zerosätze niedriger als die laufzeitentsprechenden Yield-to-Maturity-Sätze.
– Aus dem gleichen Grund darf die Yield-to-Maturity nur zum Abzinsen von Zahlungsströmen in Straight-Bond-Strukturen verwendet werden. Alle anders strukturierten Zahlungen müssen mit Zerosätzen abgezinst werden, wobei bei diesem Verfahren jede einzelne Zahlung mit dem ihrer Laufzeit entsprechenden Zerosatz abgezinst wird.

3.4   Wie die Zinssätze für künftige Kredite bestimmt werden

Nach den grundlegenden Ausführungen über Zinsstrukturen und Barwerte ist es möglich, zu den Forward-Darlehen zurückzukehren.

Die bisherigen Ausführungen beschäftigten sich mit Kassa-Zinssätzen. Sie werden für Geld gezahlt, das im Bewertungszeitpunkt angelegt oder aufgenommen wird. Forward Rates dagegen sind Zinssätze für Gelder, die erst in einem künftigen, jedoch bereits heute fixierten Zeitpunkt angelegt oder ausgeliehen werden. Festgelegt werden diese Zinssätze aufgrund aktueller Marktdaten. Damit zählen Forward Rates zu den Terminzinssätzen.

3.4.1   Theoretisch fundierte Berechnung von Forward Rates

Der Bewertung von Termininstrumenten liegt die Arbitragetheorie zugrunde. Im vorliegenden Fall basiert sie auf der Aussage, dass an den Geld- und Kapitalmärkten Gleichgewicht herrscht, wenn die Marktteilnehmer Zinssätze für künftige Kredite erwarten, bei denen es im Hinblick auf den Zinsaufwand gleichgültig ist, ob ein Kredit aufgenommen wird, dessen Zinssatz über die gesamte Zeit des Kreditbedarfs festgeschrieben ist, oder ob der Kreditbedarf durch mehrere, hintereinandergeschaltete Kredite mit jeweils kürzerer Zinsbindung gedeckt wird.

Theoretisch fundiert müssen Forward Rates aus Kassa-Zerosätzen abgeleitet werden. An den deutschen Kapitalmärkten sind aber Kredite und entsprechend verzinsliche Anlagen mit jährlich konstanten Zinszahlungen üblich. Infolgedessen werden die Zinssätze primär in der Form von Yield-to-Maturity-Sätzen angegeben.

Aus diesem Grund müssen zur theoretisch fundierten Berechnung von Forward-Rates

- zunächst die Kassa-Zerosätze aus der Yield-to-Maturity-Struktur,

- dann die Zero-Forward-Sätze aus den Kassa-Zerosätzen

- und schließlich die Forward-Yield-to-Maturity-Sätze aus den Zero-Forward-Sätzen

abgeleitet werden. Wer sich jedoch mit einer Näherungslösung zufrieden gibt, kann die Forward-Yield-to-Maturity-Sätze recht einfach direkt aus den Kassa-Yield-to-Maturity-Sätzen ableiten, die Fallstudien 2 und 2a überschlagen und wieder in Abschnitt 3.4.2 in die Ausführungen einsteigen.

Fallstudie 2: Berechnung von Forward-Rates

So herrscht beispielsweise bei den in Fallstudie 1 vorgegebenen Zerosätzen Gleichgewicht, wenn Kreditnehmer für einjährige Kredite, die in einem Jahr ausbezahlt werden, einen Zinssatz (= Zero-Forward-Rate) von $f_1(1) = 3{,}0151$ % p. a. erwarten.

- Dann nämlich hat der Kreditnehmer, der Kredit **A** in Höhe von 100 Euro mit zweijähriger Zinsbindung aufnimmt, am Ende der Laufzeit einschließlich der aufgelaufenen Zinsen

  $$RZ = K_0(1 + z(2))^2 = 100(1 + 0{,}025063)^2 = 100(1{,}025063)^2 = 105{,}0754 \text{ €}$$

  zu zahlen.

- Den gleichen Betrag muss bei den vorgegebenen Prämissen nach den beiden Jahren zahlen, wer zunächst Kredit **B** mit einjähriger Zinsbindung ($z(1)$) aufnimmt und die Rückzahlung einschließlich Zinsen dieses Kredits durch Kredit **C** zum dann aktuellen Zinssatz mit einjähriger Zinsfestschreibung ($f_1(1)$) finanziert – vorausgesetzt die Erwartung des Kreditnehmers trifft auch tatsächlich ein.

  $$RZ = K_0(1 + z(1)) \cdot (1 + f_1(1)) = 100 \cdot 1{,}02 \cdot (1{,}030151) = 105{,}0754 \text{ €}$$

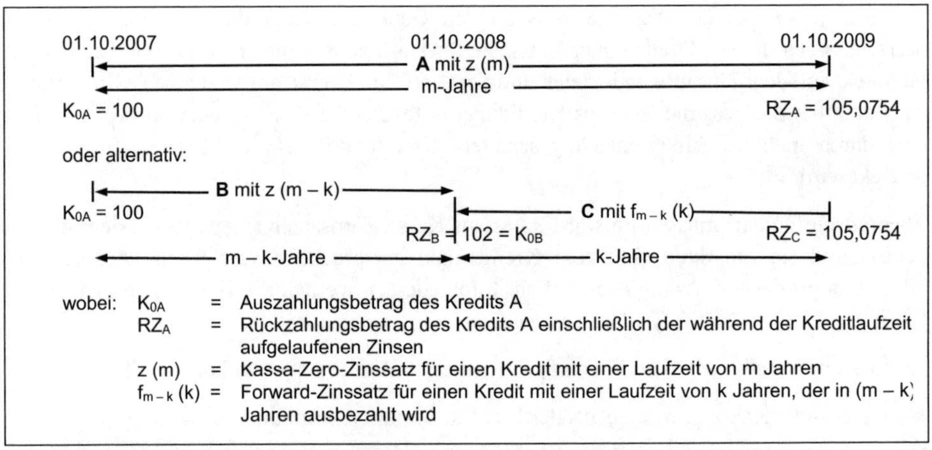

Abbildung 5: *Gleichgewicht zwischen Kassa- und Forward-Zinssätzen*

Dieser Zusammenhang wird in der folgenden Gleichung erfasst:

$$K_0(1 + z(2))^2 = K_0(1 + z(1)) \cdot (1 + f_1(1)) \rightarrow \quad 100(1 + 0{,}025063)^2 = 100(1 + 0{,}02) \cdot (1 + f_1(1))$$

Zur Berechnung des in einem Jahr startenden Kredits mit einjähriger Zinsfestschreibung wird die Gleichung nach $f_1(1)$ aufgelöst:

$$f_1(1) = \frac{(1 + z(2))^2}{(1 + z(1))} - 1 = \frac{(1 + 0{,}025063)^2}{1{,}02} - 1 = 0{,}030151$$

Aus der Kassa-Zero-Zinsstrukturkurve können sämtliche Forward-Zerosätze für Kredite mit unterschiedlich weit in der Zukunft liegenden Startterminen (f_{m-k}) und verschieden langer Zinsbindung k nach Formel 3 berechnet werden.

Der Zinssatz für das in (m – k) Jahren aufzunehmende Forward-Darlehen mit k-Jahren Zinsfestschreibung ergibt sich aus dem marginalen Zinsaufwand zwischen

■ dem mit m-Jahren Zinsfestschreibung aufgenommenen Kassa-Kredit (K_0) mit dem Rückzahlungsbetrag einschließlich aufgelaufener Zinsen und Zinseszinsen in Höhe

$$RZm = K_0 (1 + z(m))^m \text{ und}$$

■ dem stattdessen mit (m – k) Jahren aufgenommenen Kassa-Kredit (K_0) mit dem Rückzahlungsbetrag einschließlich aufgelaufener Zinsen und Zinseszinsen in Höhe von

$$RZ_{m-k} = K_0 (1 + z(m-k))^{m-k}.$$

Es ist deshalb zu berechnen, mit welchem Zero-Zinssatz f (k) der Rückzahlungsbetrag RZ_{m-k} verzinst werden muss, damit sich bei Rückzahlung dieses Kredits nach k Jahren der Betrag $RZ_m = K_0 (1 + z_m)^m$ ergibt. Dieser Zusammenhang wird in Gleichung 4 zusammengefasst:

$$K_0 (1 + z(m))^m = K_0 (1 + z(m-k))^{m-k} \cdot (1 + f_{m-k}(k))^k$$

Diese Gleichung nach f_{m-k} (k) aufgelöst ergibt Formel 3:

$$f_{m-k}(k) = \sqrt[k]{\frac{(1 + z(m))^m}{(1 + z(m-k))^{m-k}}} - 1$$

wobei:

k	=	Zinsbindung des Forward-Darlehens, wobei k hier der Einfachheit halber nur Ganzjahresperioden umfasst
m – k	=	Vorlaufzeit bis zum Start des Forward-Darlehens in Ganz-Jahres-Perioden
f_{m-k} (k))	=	Zerosatz für in in (m – k) startendes Forward-Darlehen mit einer Zinsfestschreibung von k Jahren (Ganz-Jahres-Perioden)
z (m)	=	Zerosatz des Kassa-Darlehens mit einer Zinsfestschreibung von m Jahren
z (m – k)	=	Zerosatz des Kassa-Darlehens mit einer Zinsfestschreibung von (m – k) Jahren

Abbildung 6: *Formel 3: Berechnung von Forward-Zerorates*

Fallstudie 2 a: Berechnung der Verzinsung von Forward-Darlehen zur Vervollständigung der Zinsstrukturen aus Fallstudie 1 um die Zero-Forward-Sätze

Berechnung des Ein-Jahres-Forward-Satzes für ein in zwei Jahren startendes Darlehen

k	=	Zinsbindung des Forward-Darlehens	= 1 Jahr
m – k	=	Vorlaufzeit des Forward-Darlehens	= 2 Jahre
z (m)	=	Zerosatz des 3-Jahres-Kassa-Festzinsdarlehens	= 3,020355 % p. a.
z (m – k)	=	Zerosatz des 2-Jahres-Kassa-Festzinsdarlehens	= 2,506281 % p. a.

$$f_2(1) = \frac{1,03020355^3}{1,02506281^2} - 1 = 0,0405625 \text{ % p. a.}$$

Berechnung des Zwei-Jahres-Forward-Zerosatzes für ein in einem Jahr startendes Darlehen

k	=	Zinsbindung des Forward-Darlehens	= 2 Jahre
m − k	=	Vorlaufzeit des Forward-Darlehens	= 1 Jahr
z (m)	=	Zerosatz des Kassa-Darlehens mit einer Zinsfestschreibung von 3 Jahren = 3,020355 % p. a.	
z (m − k)	=	Zerosatz des Kassa-Darlehens mit einer Zinsfestschreibung von (3 − 2 =) 1 Jahr = 2,0 % p. a.	

$$f_1 (2) = \left[\frac{(1 + 0,03020355^3)}{(1 + 0,0200)^1} \right]^{\frac{1}{2}} - 1 = 0,035344 \text{ % p. a.}$$

Die Zinsstrukturkurven von Fallstudie 1 können damit vervollständigt werden:

Zinsbindung in Jahren	Yield-to-Maturity in % p. a.	Zerosatz in % p. a.	Zero-Forwardsatz Start in	
			1 Jahr	2 Jahren
1	2,0	2,000000	3,020355	4,05625
2	2,5	2,506281	3,534400	
3	3,0	3,020355		

Wenn nach jedem Jahr die bis dahin angefallenen Zinsen ausbezahlt werden sollen, muss der Zerosatz von Krediten oder Kapitalanlagen mit einer Zinsfestschreibung von mehr als einem Jahr in den laufzeitkonformen Yield-to-Maturity-Satz umgerechnet werden.

Ausgangspunkt dieser Rechnung ist der Rückzahlungsbetrag des mit dem Forward-Zerosatz verzinsten Kredits in Höhe von K_0 = 100,00 € einschließlich der aufgelaufenen Zinsen und Zinseszinsen:

$$RZ = K_0 \cdot z_1 (2) = 100 \cdot 1,035344^2 = 107,1937 \text{ €}$$

Zahlungen beim zweijährigen, mit dem Zerosatz von 3,5344 % p.a. verzinsten Kredit:

Vorlaufzeit	Auszahlung des Kredits		Rückzahlung des Kredits mit Zinsen

⊢ − − − − − − − − − − − ⊦ ————————————— ⊦ ————————————————————— ⊣

100 —————— $f_2 (2)$ = 0,035344 —————→ 107,1937

Dieser Betrag abgezinst mit dem Zwei-Jahres-Forward-Zerosatz ergibt wieder

$$\frac{107,1937}{1,035344^2} = 100,00 \text{ €}$$

Der gleiche Barwert muss sich aber ergeben, wenn die nach jedem Jahr anfallenden Zinszahlungen und der Rückzahlungsbetrag mit dem jeweils für sie geltenden Zerosatz auf den Starttermin des Forward-Darlehens abgezinst werden.

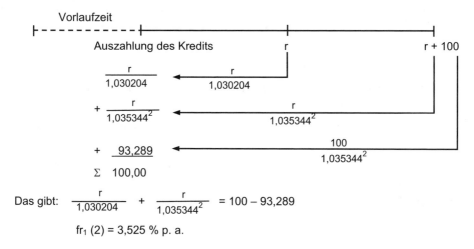

Das gibt: $\dfrac{r}{1,030204} + \dfrac{r}{1,035344^2} = 100 - 93,289$

$fr_1 (2) = 3,525 \%$ p. a.

Das in einem Jahr startende Forward-Darlehen ist demnach mit jährlicher Zinszahlung von $fr_1 (2) = 3,525\%$ p. a. zu bedienen.

Zahlungen beim zweijährigen, mit der Yield-to-Maturity von 3,525 % p.a. verzinsten Kredit:

Vorlaufzeit	Auszahlung des Kredits		Rückzahlung des Kredits mit Zinsen
	100,00 €	3,525 €	103,525 €

3.4.2   Bei flachen Zinsstrukturkurven bringt das vereinfachte Verfahren akzeptable Ergebnisse

Die Fairness der für Forward-Darlehen angebotenen Zinssätze kann zumindest bei relativ flachen Zinsstrukturkurven näherungsweise direkt von den meist bekannten Kassa-Yield-to-Maturity-Sätzen abgeleitet werden, indem in Formel 3 statt der Zerosätze die laufzeitkonformen Yield-to-Maturity-Sätze eingesetzt werden. Die Näherungsformel lautet:

$$frn_{m-k} (k) = \sqrt[m-k]{\dfrac{(1 + r\,(m))^m}{(1 + r\,(m - k))}} - 1$$

wobei:
k	=	Zinsbindung des Forward-Darlehens in Ganzjahresperioden
m – k	=	Vorlaufzeit bis zum Start des Forward-Darlehens in Ganz-Jahres-Perioden
frn_{m-k} (k)	=	Näherungswert des Yield-to-Maturity-Satzes für ein in (m – k) Jahren startendes Forward-Darlehen mit einer Zinsfestschreibung von k Jahren
r (m)	=	Kassa-Yield-to-Maturity-Satzes für ein Darlehen mit einer Zinsfestschreibung von m Jahren
m	=	Vorlaufzeit des Forward-Darlehens plus Zinsbindungsdauer des Forward-Darlehens

Abbildung 7:   *Formel 4: Näherungsformel zur Berechnung von Forward-Yield-to-Maturity-Sätzen aus Kassa-Yield-to-Maturity-Sätzen*

Diese komplex erscheinende Formel kann relativ einfach verbal beschrieben werden, wenn statt des Yield-to-Maturity-Satzes + 1, also (1 + r), der Begriff Zinsfaktor verwendet wird:

Der Zinsfaktor (1 + r) eines in m – k Jahren startenden Darlehens mit einer Zinsfestschreibung von k Jahren ist näherungsweise mit einem Bruch zu berechnen, in dessen

■ Zähler der Zinsfaktor für die Vorlaufzeit plus der Laufzeit des Forward-Darlehens potenziert mit den dieser summierten Laufzeit entsprechenden Jahren

■ Nenner der Zinsfaktor für die Vorlaufzeit potenziert mit den dieser Laufzeit entsprechenden Jahren

steht. Das Ergebnis dieses Bruchs wird nun auf den Jahres-Zinsfaktor umgerechnet, in dem es mit eins geteilt durch die Laufzeit des Forward-Darlehens potenziert wird. Vom Zinsfaktor muss lediglich 1 abgezogen werden, um zur näherungsweisen Forward-Yield-to-Maturity zu kommen.

Fallstudie 2 b: Näherungsweise Berechnung des Yield-to-Maturity-Satzes für ein in einem Jahr startendes Darlehen mit zweijähriger Zinsfestschreibung

$$\text{frn}_1\,(2) \;=\; \sqrt[2]{\frac{1{,}03^3}{1{,}02}} \;-\; 1 = 3{,}504\ \%\ \text{p. a.}$$

statt des exakten Wertes von 3,525 % p. a.

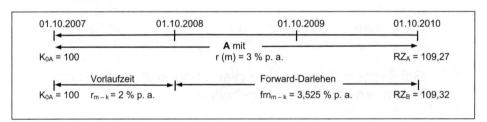

Abbildung 8:   *Näherungsweises Gleichgewicht zwischen Kassa-Yield-to-Maturity-Sätzen und Forward-Yield-to-Maturity-Sätzen*

Durch dieses Näherungsverfahren erspart man sich die Transformation der Kassa-Yield-to-Maturity-Sätze in die Kassa-Zerosätze sowie nach Berechnung der Forward-Zerosätze deren Umwandlung in Forward-Yield-to-Maturity-Sätze.

Kassa-YtM (r)   →   Kassa-Zeros (z)   →   Forward-Zeros (f)   →   Forward-YtM (fr)

vereinfachte
Näherungslösung   →   Forward-YtM (frn)

Nur bei extrem steigenden oder extrem fallenden Zinsstrukturen sind die Ergebnisse des vereinfachten Verfahrens für Forward-Darlehen mit längerer Zinsbindung nicht brauchbar. Ein Gespür für die Abweichungen bei verschieden steilen Zinsstrukturen bringt Fallstudie 2c.

Fallstudie 2c: Vergleich der Zinssätze für Forward-Darlehen mit jährlich konstanten Zinszahlungen (Yield-to-Maturity-Sätzen) berechnet

■ theoretisch fundiert über Kassa-Zerosätze und Forward-Zerosätze

■ vereinfacht direkt aus Kassa-Yield-to-Maturity-Sätzen (Näherung).

2c a) Normal ansteigende Zinsstruktur von Fallstudie 1, die noch um Zinssätze für längere Zinsbindung ergänzt wird

Zinsbindung in Jahren	Yield-to-Maturity in % p. a.	Zerosatz in % p. a.	Yield-to-Maturity für Forward-Darlehen Start in … Jahren			
			1 Jahr		2 Jahren	
			korrekt	Näherung	korrekt	Näherung
1	2,0	2,0000	3,015	3,00	4,06	4,01
2	2,5	2,5063	3,525	3,50	4,58	4,51
3	3,0	3,0204	4,037	4,00	5,11	5,01
4	3,5	3,5453	4,552	4,51	5,65	5,51
5	4,0	4,0846	5,068	5,01	6,19	6,02
6	4,5	4,6425	5,586	5,51		
7	5,0	5,2242				

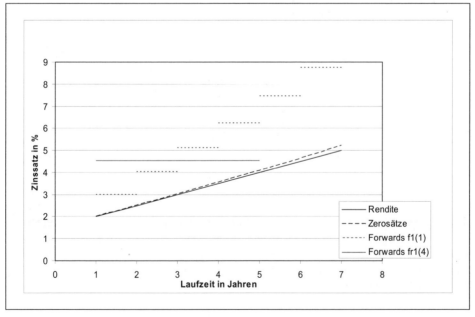

Abbildung 9: *Kassa-Yield-to-Maturity-Sätze, Kassa-Zerosätze und Forward-Rates mit jeweils einjähriger Zinsbindung sowie der Yield-to-Maturity eines in einem Jahr startenden Darlehens mit vierjähriger Zinsbindung bei der Zinsstruktur von Fallstudie 2c a)*

2c b) Sehr steile Zinsstruktur:

Zinsbindung in Jahren	Yield-to-Maturity in % p. a.	Zerosatz in % p. a.	Yield-to-Maturity für Forward-Darlehen Start in … Jahren			
			1 Jahr		2 Jahren	
			korrekt	Näherung	korrekt	Näherung
1	4,0	4,0000	6,06	6,01	8,23	8,03
2	5,0	5,0253	7,10	7,01	**9,34**	**9,04**
3	6,0	6,0829	8,15	8,02	**10,47**	**10,05**
4	7,0	7,1877	9,21	9,02	**11,63**	**11,06**
5	8,0	8,3591	**10,28**	**10,03**	12,81	**12,07**[2)]
6	9,0	9,6238	**11,36**	**11,03**[1)]		
7	10,0	11,0215				

$$^{1)} \sqrt[6]{\frac{1{,}10^7}{1{,}04}} - 1 \qquad ^{2)} \sqrt[5]{\frac{1{,}10^7}{1{,}05^2}} - 1$$

2c c) Bei leicht inverser Zinsstruktur:

Zinsbindung in Jahren	Kassa-Yield-to-Maturity in % p. a.	Kassa-Zerosatz in % p. a.	Yield-to-Maturity für Forward-Darlehen Start in … Jahren			
			1 Jahr		2 Jahren	
			exakt	Näherung	exakt	Näherung
1	4,0	4,0000	3,5928	3,60	3,1799	3,20
2	3,8	3,7962	3,3896	3,40	2,9741	3,00
3	3,6	3,5904	3,1866	3,20	2,7689	2,80
4	3,4	3,3828	2,9838	3,00	2,5643	2,60
5	3,2	3,1740	2,7814	2,80	2,3602	2,40
6	3,0	2,9644	2,5791	2,60		
7	2,8	2,7545				

Die Fallstudie zeigt, dass die Näherungsrechnung bei relativ flachen Zinsstrukturen (Fallstudie ca und cc) akzeptable Ergebnisse liefert. Deshalb kann bei derartigen Konstellationen auf den Umweg über Zerosätze verzichtet und die Yield-to-Maturity-Sätze in die Formel zur Berechnung der Zinssätze für Forward-Darlehen mit jährlich konstanten Zinszahlungen verwendet werden. Bei steilen Zinsstrukturen wie in Fallstudie 2 c b weicht der Näherungswert dagegen insbesondere bei längeren Laufzeiten so weit vom korrekten Wert ab, dass die Näherungsformel nicht mehr zu tolerieren ist.

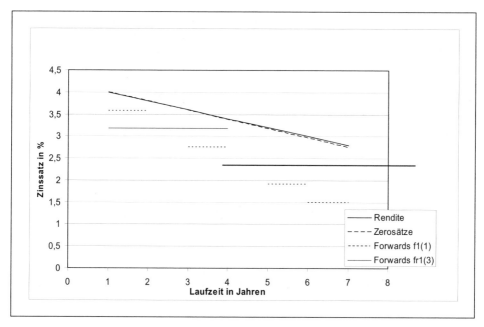

Abbildung 10: *Kassa-Yield-to-Maturity-Sätze, Kassa-Zerosätze und Forward-Rates mit jeweils einjähriger Zinsbindung sowie eines Forward-Darlehens mit dreijähriger Zinsbindung Start in einem Jahr bei der Zinsstruktur von Fallstudie 2 c c*

3.5   Wann sollten Sie Forward-Darlehen abschließen?

Üblicherweise wird bei künftigem Kreditbedarf empfohlen, ein Forward-Darlehen abzuschließen, wenn steigende Kassa-Zinssätze erwartet werden. Tatsächlich sind aber bei der Entscheidung, einen Forward-Darlehensvertrag abzuschließen, oder mit der Zinsfestschreibung abzuwarten bis der Kredit aufgenommen wird, nicht die dann erwarteten Zinssätze mit dem heutigen Kassa-Zinssatz, sondern mit dem Forward-Satz für die Laufzeit des Kredits zu vergleichen.

Bei normaler, ansteigender Zinsstrukturkurve liegt der Forward-Satz über dem aktuell geltenden Zinssatz, bei inverser Zinsstruktur liegt der Forward-Satz unter dem Kassa-Zinssatz.

Als Fazit ist festzuhalten: Der Abschluss eines Forward-Darlehens ist nur dann sinnvoll, wenn der Kreditnehmer davon überzeugt ist, dass der Kassa-Zinssatz für die gewünschte Kreditlaufzeit im Zeitpunkt des Kreditbedarfs höher ist als der gegenwärtig für diese Zeit berechnete Forward-Satz. Zusätzlich muss der Finanzierungsbedarf sicher sein, weil das Forward-Darlehen „unbedingt" abgenommen werden muss.

Vom Abschluss des Forward-Darlehensvertrages wird der Kreditnehmer profitieren, wenn der bei Auszahlung des Kredits geltende Kassa-Zinssatz über der vereinbarten Forward-Rate liegt. Wenn der tatsächlich eintretende Kassa-Zinssatz aber niedriger ist als die Forward-Rate, dann stellt sich der Abschluss des Forward-Darlehensvertrages nachträglich als Fehlentscheidung heraus. Wenn Forward-Zinssatz und Kassa-Zinssatz im Zeitpunkt des Kreditbedarfs exakt gleich sein sollten, dann hat sich der Kreditnehmer durch den Abschluss des Forward-Darlehensvertrages weder besser noch schlechter gestellt als wenn er mit der Zinsvereinbarung bis zur Kreditaufnahme gewartet hätte.

4.   Zinsanpassung oder Zinsfestschreibung?

4.1   Euribor-Basiszinssatz für moderne Finanzierungen

Mittelständische Unternehmen profitieren vom harten Wettbewerb unter den Kreditinstituten. Deshalb setzt sich zunehmend eine Form der Bankfinanzierung durch, deren Konditionen transparent und insbesondere flexibel an veränderte Marktdaten und Erwartungen anpassbar sind.

Anders als beim bereits beschriebenen klassischen Kredit mit veränderlichem Zinssatz ist der moderne, variabel verzinsliche Kredit an einen in der Presse veröffentlichten Referenzzinssatz gebunden. Als Referenzzinssatz werden im Kreditgeschäft der Banken der Drei-Monats-, der Sechs-Monats- und – seltener – der Zwölf-Monats-Euribor verwendet. Üblicherweise wird der Zinssatz für die jeweils nächste Zinsperiode zwei Bankarbeitstage vor deren Beginn aufgrund des dann geltenden Kassa-Zinssatzes festgelegt.

Zur Fixierung des **Euribor** (**Eur**o **I**nter**b**ank **O**ffered **R**ate) melden täglich bis zu 57 Kreditinstitute, insbesondere aus dem Gebiet der Europäischen Währungsunion, aber auch aus EU-Staaten, die nicht der Europäischen Währungsunion angehören, und aus Nicht-EU-Staaten ihre Zinssätze für Euro-Gelder, die sie anderen Kreditinstituten höchster Bonität zur Verfügung stellen. Von diesen an den Informationsanbieter Moneyline Telerate gelieferten Zinssätze werden 15 Prozent der höchsten und 15 Prozent der niedrigsten Sätze gestrichen und aus dem Rest ungewichtete Durchschnittssätze errechnet, um sie über elektronische Medien zu verbreiten. Von deutschen Instituten melden die HypoVereinsbank, die Bayerische Landesbank, die Commerzbank, die Deutsche Bank, die DZ BANK, die Dresdner Bank, die Landesbank Hessen-Thüringen, die LBBW, die Westdeutsche Landesbank und die HSH Nordbank. Veröffentlicht werden die Euribor-Sätze für Kredite mit Laufzeiten von einem bis zu zwölf Monaten zum Beispiel von der FAZ unter der Rubrik „Geldmarktsätze unter Banken".

Die Euribor-Sätze gelten für Schuldner einwandfreier Bonität. Deshalb und um die Betriebs- und Risikokosten der Kreditinstitute abdecken zu können, haben mittelständische Unternehmen zusätzlich zum Euribor eine Marge zu bezahlen, die primär von der Bonität des Kreditnehmers (Basel II) abhängt und derzeit zwischen 75 und 200 Basispunkten beträgt. Die Marge ist im Kreditvertrag als Aufschlag auf den Referenzzinssatz offen ausgewiesen.

Fallstudie 3:   Moderne Form einer Bankfinanzierung

Fallstudie 3a: Aufnahme eines variabel verzinslichen Kredits

Ein Unternehmen benötigt einen Kredit in Höhe von 100.000 Euro. Dieser Kredit soll eine Laufzeit von sieben Jahren haben und dann gesamtfällig zurückgezahlt werden. Verzinst wird der Kredit auf der Basis des Sechs-Monats-Euribor plus einer Marge von 0,75 Prozent oder 75 Basispunkten, wobei die Zinsen jeweils am Ende jeder Zinsperiode fällig werden.

Bei diesen Konditionen zahlt das Unternehmen sechs Monate nach Kreditaufnahme den bei Kreditaufnahme geltenden Sechs-Monats-Euribor in Höhe von beispielsweise 3,75 Prozent p. a. plus der Marge von 75 Basispunkten, insgesamt also 4,5 Prozent p. a. für ein halbes Jahr. Der Zinssatz für die zweite Zinszahlung, die ein Jahr nach Kreditaufnahme fällig ist, wird zwei Bankarbeitstage vor der ersten Zinszahlung wiederum aufgrund des dann geltenden Euribors festgelegt. Nach diesem Schema wird der Zinssatz jedes halbe Jahr an den dann geltenden Referenzzinssatz angepasst.

4.2   Vom variablen Zinssatz über einen Swap-Kontrakt zum Festzinssatz …

Wer steigende Zinssätze für Kredite mit einer seinem Kreditbedarf entsprechenden Laufzeit erwartet, kann sich überlegen, einen Zinsswap abzuschließen.

Ein Swap ist eine vertragliche Vereinbarung über den Austausch von Zahlungsströmen auf der Basis eines zugrunde liegenden Nominalbetrages. Mit Abschluss eines Swap-Kontraktes sichert sich

- der Receiver während der Laufzeit des Swaps gleichbleibende Zinseinnahmen, während er selbst variable Zinsen zahlt,

- der Payer Zahlungsverpflichtungen, die während der Swaplaufzeit konstant bleiben, während er selbst variable Zahlungen erhält.

Fallstudie 3b: Abschluss eines Payer-Swap-Kontraktes zur Zinsfestschreibung

Im Ausgangsszenario steht unser Schuldner, der auf seinen Kredit mit einer Laufzeit von sieben Jahren einen an den Sechs-Monats-Euribor-Satz gekoppelten Zins bezahlt. Da er mit steigenden Zinssätzen rechnet, überlegt er sich, seinen Kredit in ein Darlehen mit mehrjähriger Zinsbindung umzuwandeln.

Statt über eine Umschuldung kann er sein Ziel durch Abschluss eines Zinsswap-Kontraktes

Sieben-Jahres-Swap gegen Sechs-Monats-Euribor,

bei dem er die Payer-Position einnimmt, erreichen. Dann zahlt er während der Laufzeit des Swaps an seinen Swap-Partner den bei Abschluss des Swap-Kontraktes für sieben Jahre geltenden Swapsatz, der wie der Euribor vom Zinssatz für Kredite unter Banken abgeleitet und gleichfalls in der Presse veröffentlicht wird.

Als Gegenleistung erhält unser Swap-Zahler von seinem Vertragspartner über die gesamte Laufzeit des Swap-Kontraktes an den Euribor gekoppelte Zinszahlungen. Saldiert er die Euribor-Zahlungen an jedem Zinstermin, so bleibt ihm eine von ihm zu zahlende Differenz in Höhe der Kreditmarge, die er dem Swapsatz zuschlagen muss, um seine gesamte Zinsbelastung in Prozent pro Jahr zu erhalten. Unser Schuldner hat letztendlich während der Laufzeit des Swaps seine variable Kreditverzinsung in eine Festzinsverpflichtung umgewandelt.

Bei der in Fallstudie 2c a) vorgestellten Yield-to-Maturity-Struktur muss unser Unternehmen dann am Ende jeder Zinsperiode, also einmal jährlich, den bei Abschluss des Swap-Kontraktes geltenden Sieben-Jahres-Zinssatz für Bankschulden von fünf Prozent p. a. bezahlen und erhält dagegen nach jedem halben Jahr den Zins aus dem zu Beginn der Zinsperiode dann geltenden Euribor-Satz.

Beim Swap-Kontrakt werden die Zinszahlungen nach jeder Zinsperiode fällig. Deshalb entspricht der Swapsatz der Yield-to-Maturity gleicher Laufzeit. Da die Geschäftspartner eines Swap-Kontraktes stets Kreditinstitute sind, ist deren Bonität für den Risikogehalt der Zahlungsverpflichtungen relevant. Aus diesen Gründen orientiert sich der Swap-Satz an der Yield-to-Maturity von Bankschuldverschreibungen, also am Refinanzierungssatz der Kreditinstitute.

Der Swap-Kontrakt wird unabhängig vom Kreditvertrag abgeschlossen. Aus diesem Grund kann der Swap mit der kreditgebenden, aber auch mit einer dritten Bank abgeschlossen werden.

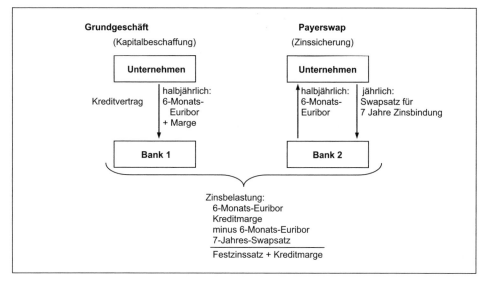

Abbildung 11: *Zinszahlungen und Aufnahme eines Sechs-Monats-Euribor-Kredits und Abschluss eines Payer-Swap-Kontraktes*

4.3   … und zurück zur variablen Verzinsung

Die mit dem Einsatz von derivativen Instrumenten verbundene Flexibilität spürt der Kreditnehmer, wenn er die Festzinszahlungen für seinen Kredit während der Laufzeit des Swap-Kontraktes wieder in variable Zinsen umwandeln möchte oder wenn er früher als erwartet über Liquidität verfügt, mit der er seinen Kredit zurückzahlen kann.

Wird der Swap-Kontrakt während der Laufzeit durch eine Auflösungsvereinbarung zwischen den Vertragsparteien glattgestellt (Close out), dann werden die aus dem Swap-Kontrakt noch fälligen Zahlungen von den Zinszahlungen eines aktuell abzuschließenden Swap-Kontraktes, dessen Laufzeit der restlichen, nicht mehr erfüllten Dauer des aufzulösenden Vertrages entsprechen, abgezogen. Um den Barwert dieser Differenzzahlung ist der aufzulösende Swap-Kontrakt günstiger als ein Kontrakt, der aktuell abgeschlossen werden könnte. Deshalb erhält der Swap-Payer diesen Betrag als Ausgleichszahlung. Ist die Differenz zwischen den Zahlungen negativ, dann muss der Payer den Barwert dieser Differenzzahlungen bei Auflösung des Swap-Kontraktes an den Swap-Receiver zahlen.

Zu beachten ist, dass die Differenzzahlungen mit den laufzeitkongruenten Zerosätzen abzuzinsen sind, weil die Zahlungen wegen des fehlenden Rückzahlungsbetrages nicht der Straight-Bond-Struktur entsprechen.

Fallstudie 3c: Auflösung des Swap-Kontraktes

Der Payer des in Fallstudie 3b abgeschlossenen Swap-Kontraktes mit einer ursprünglichen Laufzeit von sieben Jahren und einem Swapsatz von fünf Prozent p. a. will den Swap-Kontrakt vier Jahre nach Abschluss des Swap-Vertrages glattstellen, weil er nun fallende Zinssätze erwartet oder weil er seinen Kredit zurückzahlen kann. Zum Zeitpunkt der Auflösung des Vertrages gelte die Zinsstruktur aus Fallstudie 2c b).

Dann wäre der Payer-Swap-Kontrakt unseres Unternehmens um ein Prozent p. a. günstiger als die am Markt erhältlichen Payer-Swap-Kontrakte gleicher Laufzeit. Der Barwert dieser aus der geringeren Verzinsung resultierenden Zahlungen muss ihm als Ausgleichszahlung bei Auflösung des Kontraktes vergütet werden.

Barwert des nach vier Jahren aufzulösenden Swaps

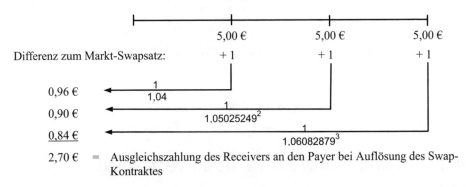

2,70 € = Ausgleichszahlung des Receivers an den Payer bei Auflösung des Swap-Kontraktes

Entsprechend erwirbt der Receiver durch die Auflösung des vor vier Jahren abgeschlossenen Swap-Kontraktes einen Swap-Kontrakt, bei dem jährliche Zinszahlungen in Höhe von fünf Euro zu leisten sind, während bei am Markt zu erwerbenden Swap-Kontrakten Zinszahlungen von sechs Euro jährlich fällig werden.

Nach Auflösung des Swap-Kontraktes hat der Unternehmer einen noch drei Jahre laufenden Kredit über 100.000 Euro, der mit dem Sechs-Monats-Euribor plus 75 Basispunkten Marge verzinst wird. Diese Konditionen entsprechen – wenn sich die Bonität des Unternehmens nicht geändert hat – exakt den aktuellen Marktkonditionen. Deshalb werden bei Rückzahlung des Kreditvertrages keine Ausgleichszahlungen fällig.

Hier werden ganz entscheidende Vorteile des auf Euribor-Basis aufgenommenen und danach geswapten Kredits im Vergleich zum klassischen Kredit deutlich:

Die kreditgebende Bank wird wohl meist auch beim klassischen Kredit mit einer vorzeitigen Auflösung der Zinsbindung einverstanden sein, sie belastet dem Kreditnehmer aber Vorfälligkeitsentschädigung, wenn der Kredit einen negativen Barwert aufweist, sie zahlt dem Kreditnehmer aber keinen Ausgleich bei positivem Barwert des Kredits. „Dies ist gängige Praxis und aus Kreditnehmersicht leider absolut rechtens".[6]

---

6   Priermeier (2005), S. 144.

Außerdem wird die Ausgleichszahlung beim Swap-Kontrakt auf der Basis nachvollziehbarer Marktzinssätze berechnet, während die Vorfälligkeitsentschädigung beim klassischen Unternehmenskredit weitgehend nach dem Ermessen des Kreditinstituts festgelegt wird.

4.4   Wirtschaftlich kein Unterschied zwischen Forward-Swaps und Forward-Darlehen

Analog zum Forward-Darlehen können auch Swap-Kontrakte abgeschlossen werden, die erst zu einem späteren Zeitpunkt zu laufen beginnen. Die Forward-Sätze sind im Prinzip nichts anderes als die im Zusammenhang mit Forward-Darlehen hergeleiteten Forward-Yield-to-Maturity-Sätze und werden auch nicht anders berechnet.

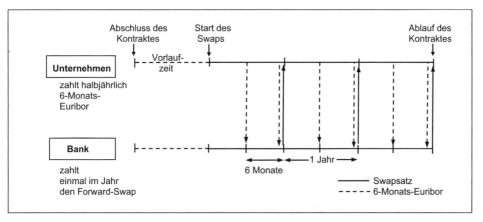

Abbildung 12:   *Zinszahlungen beim Forward-Drei-Jahres-Swap gegen Sechs-Monats-Euribor*

4.5   Festzins oder variabler Zins – das ist die Frage!

4.5.1   Bei marktkonformer Zinserwartung

Die Entscheidung über die Dauer der Zinsbindung im Kreditvertrag hängt ebenso wie die Entscheidung über den Abschluss eines Forward-Kontraktes von der Zinserwartung des Kreditnehmers ab. Die Forward-Sätze wurden aus der aktuellen Zinsstruktur als die künftigen Zinssätze ermittelt, bei denen es rechnerisch gleich ist, ob der Kassa-Zinssatz für die gesamte

Finanzierungsdauer gewählt wird oder ob mehrere Kredite mit jeweils kürzerer Zinsbindung hintereinandergeschaltet werden. Deshalb ist es für den Kreditnehmer, dessen Zinserwartung mit der Marktmeinung übereinstimmt, gleichgültig, ob er mit kurzer Zinsbindung finanziert oder ob er den Zinssatz während der gesamten Finanzierungsdauer festschreibt.

Fallstudie 4: Finanzierungskosten bei

■ einjähriger und

■ dreijähriger

Zinsfestschreibung, wenn die Forward-Rates tatsächlich eintreffen.

Ausgangsszenario ist die Zinsstruktur der Fallstudie 2c b) bei einer Kreditaufnahme von 100.000 Euro

	Einjährige Zinsbindung		Dreijährige Zinsbindung	
	Zinsen	Barwert	Zinsen	Barwert
1. Jahr:	4.000,00	3.846,15	6.000,00	5.768,23
2. Jahr:	6.060,61	5.494,51	6.000,00	5.439,56
3. Jahr:	8.230,20[1)]	6.894,05[2)]	6.000,00	5.025,92
		16.234,71		16.234,71

[1)] $f_2(1)$ = Forward-Satz für einjähriger Zinsbindung, Start in zwei Jahren

[2)]
$$f_2(1) : (1 + z(3))^3 = \frac{8.230,20}{1,06082879^3}$$

4.5.2 Die individuelle Zinsmeinung weicht von der Marktmeinung ab

Wer für die Zukunft Kassa-Euribor-Sätze erwartet, die unter den entsprechenden Forward Rates liegen, wird sich für eine an den Euribor gekoppelte Verzinsung entscheiden. Nach Ablauf einer jeden Zinsperiode wird die Verzinsung des Kredits an den dann aktuellen Euribor-Zinssatz angepasst. Wenn seine Prognose bei der Kreditaufnahme richtig war und die Kassa-Zinssätze dann tatsächlich niedriger sind als dies der Markt bei der Kreditaufnahme für diese Perioden erwartet hatte, so stellt sich der Kreditnehmer durch die Zinsanpassungen besser als wenn er sich für eine Zinsfestschreibung über die gesamte Zeit der Kreditaufnahme entschieden hätte.

Rechnet der Kreditnehmer damit, dass die künftigen Kassa-Euribor-Sätze über den berechneten Euribor-Forward-Rates liegen, wird er sich für eine Festschreibung des Zinssatzes über die gesamte Laufzeit des Kredits entscheiden.

Daraus folgt: Die eigene Zinsmeinung des Kreditnehmers im Vergleich zur Markterwartung (= Forward Rates) ist Ausgangspunkt des Zinsmanagements. Am Kapitalmarkt kann nur verdienen, wer eine Zinsmeinung hat, die von der Markterwartung abweicht, vorausgesetzt die Zinsmeinung des Kreditnehmers trifft tatsächlich auch ein.

4.5.3   Was die Erfahrung lehrt

Ein Blick in die Vergangenheit zeigt, dass die Geldmarktzinssätze am Kassamarkt häufig weit hinter den aus der Zinsstruktur errechneten Forward Rates zurückbleiben. Erklärt werden kann dieses Phänomen mit dem Sicherheitsstreben der Kapitalanleger einerseits und jenem der Kreditnehmer andererseits.

■ Kapitalanleger bevorzugen Investitionen mit kurzer Zinsbindung und damit niedriger Sensitivität der Wertpapierkurse auf Änderungen des Marktzinssatzes.

■ Kreditnehmer meiden variabel verzinste Darlehen, weil sie das Risiko nicht mehr tragbarer Zahlungsverpflichtungen scheuen. Auch Kreditinstitute sind bei der Einräumung von an den Euribor gekoppelten Krediten zurückhaltend und verlangen vom Kreditnehmer häufig ein etwas höhere Marge, weil dessen Schuldendienst für sie unkalkulierbar ist.

Fallstudie 5: Ein Blick zurück: Die Attraktivität zinsangepasster im Vergleich zu zinsgebundenen Krediten

Grundlage der Untersuchung ist ein zehn Jahre laufender Kredit in Höhe von 100.000 Euro, der endfällig getilgt wird. Die Zinsen werden während der Laufzeit des Kredits bezahlt.

■ Dem variabel verzinsten Kredit liegen die 3-Monats-Geldmarktsätze (Euribor bzw. vor 1999 sein Vorgänger der Fibor) zugrunde. Die Zinsen werden vierteljährlich nachschüssig gezahlt.

■ Der Festzinskredit wird jeweils mit dem bei Kreditauszahlung gültigen Zehn-Jahres-Swapsatz verzinst. Der Datenbestand reicht bei zehnjährigen Swapsätzen nur bis Ende der 1990er Jahre zurück. Deshalb wurden zuvor statt der Swapsätze die entsprechenden Yield-to-Maturity-Sätze von Bundesanleihen mit einer Restlaufzeit von zehn Jahren plus einer Marge von 25 Basispunkten eingesetzt.[7]

Die Marge des Kreditnehmers auf den Basiszinssatz wird in die Untersuchung nicht einbezogen, weil sie für beide Kredite grundsätzlich gleich sein sollte.

Um die Zinszahlungen auf den gleichen Zeitnenner zu transformieren, werden alle Zahlungen auf das Ende der jeweiligen Kreditlaufzeit aufgezinst. Abschließend wird dann der gesamte aufgezinste Zinsaufwand der variablen Verzinsung vom gesamten Zinsaufwand der Festzinsfinanzierung abgezogen, sodass als positive Differenz der finanzielle Vorteil der Euribor-Verzinsung bleibt.

---

7   Bundesanleiherenditen liegen etwa 25 Basispunkte unter den Swapsätzen.

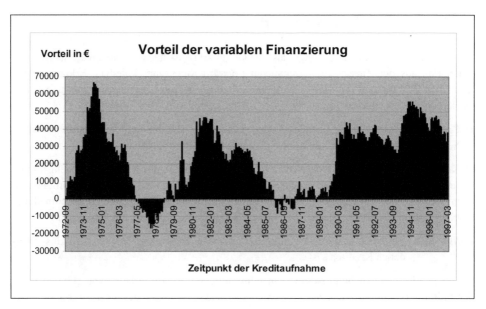

Abbildung 13: *Vorteil von an den Drei-Monats-Euribor gebundenen Krediten im Vergleich zu Krediten mit einer Zinsbindung von zehn Jahren in Euro*

Abbildung 10 bezieht sich auf die Kreditaufnahmen in den Jahren 1972 bis 1997 und endet mit Krediten, die im März 2007 (1997-03) zurückgezahlt wurden. Der Vergleich zeigt, dass eine Euribor-Finanzierung in 21 der 25 Jahre günstiger war als eine Finanzierung mit Zehn-Jahres-Zinsbindung, wobei die variable Verzinsung in der Spitze bis zu 65.000 Euro Ersparnis gegenüber der Festverzinsung brachte.

Nur in Zeiten, in denen sich das Zinsniveau nach Aufnahme des Kredits extrem nach oben verschob, war es günstiger, eine Zehn-Jahres-Zinsfestschreibung zu wählen. Extrem angestiegen sind die Zinssätze von 1978 bis 1981. Besonders günstig stellten sich Kreditnehmer, die an Geldmarktzinssätze gekoppelte Kredite in Zeiten inverser Zinsstruktur aufgenommen haben. Invers war die Zinsstruktur

■ vom Sommer 1973 bis Herbst 1974,

■ von Anfang 1980 bis Sommer 1982,

■ vom Sommer 1989 bis Anfang 1993.

5.   Chancen wahren – Risiken begrenzen

5.1   Vom unbedingten Termingeschäft …

Die bisher vorgestellten Zinsderivate zählen zu den unbedingten Termingeschäften, zu den

- **Termingeschäften** deshalb, weil die Verträge in der Gegenwart abgeschlossen, aber erst in der Zukunft erfüllt werden.

- **unbedingten** Termingeschäften, weil beide Vertragspartner ohne Einschränkung an die jeweilige Vereinbarung gebunden sind.

Die unbedingten Termingeschäfte haben ein symmetrisches Risikoprofil: Der eine Vertragspartner gewinnt im Vergleich zu dem bei Erfüllung des Vertrags möglichen Kassageschäft exakt den gleichen Betrag, den der andere Vertragspartner verliert.[8]

Fallstudie 5a: Risiken des Forward Swaps

Entsprechend muss das in einem Jahr nach Vertragsabschluss auszuzahlende Darlehen der Fallstudie 2c a) (Forward-Darlehen, das auch als Forward Swap interpretiert werden kann) mit einer Zinsfestschreibung von zwei Jahren und einem Zinssatz $f_1 (2) = 3{,}525$ Prozent p. a.

- vom Kreditnehmer abgenommen, vereinbarungsgemäß verzinst und zurückgezahlt werden,

- vom Kreditgeber in einem Jahr ausbezahlt werden, unabhängig davon, ob der Zwei-Jahres-Yield-to-Maturity-Satz in einem Jahr bei fünf Prozent p. a., bei drei Prozent p. a. oder wo sonst auch immer steht.

Wenn also beispielsweise der zweijährige Yield-to-Maturity-Satz in einem Jahr bei drei Prozent p. a. notiert, hat den Kreditnehmer der Abschluss des Termingeschäfts über 100.000 Euro zwei und drei Jahre später eine jeweils um 525 Euro höhere Zinszahlung „gekostet", eine ärgerliche Situation für den Kreditnehmer.

5.2   … zum Optionsrecht –
Termingeschäft mit Sicherheitsnetz

Auch beim bedingten Termingeschäft fällt Vertragsabschluss und Vertragserfüllung zeitlich auseinander. Beim bedingten Termingeschäft erwirbt aber ein Vertragspartner von der Gegenseite das Recht, seine Verpflichtung aus dem Termingeschäft wohl ausüben zu können, es aber nicht ausüben zu müssen.

---

8   Vgl. Steinbrenner (2001), S. 19–26.

Der Käufer des Optionsrechts wird sein Recht nur ausüben, wenn er davon profitiert, andernfalls wird er es verfallen lassen. Der Profit des einen ist der Verlust des andern: Für den Verkäufer des Optionsrechts heißt das, dass er seine Verpflichtungen aus dem Terminkontrakt nur erfüllen muss, wenn es seiner Gegenpartei nutzt, dann aber schadet es ihm. Diese Position des einseitig Verpflichteten, des „Stillhalters", wird nur eingehen, wer eine Prämie erhält, die seine unattraktive Risikosituation ausreichend entlohnt. Die Optionsprämie zahlt der Käufer der Option bei Abschluss des Kontraktes an den Stillhalter. Sie muss bei der Berechnung der Finanzierungskosten auf die Laufzeit des Kredits verteilt auf Swapsatz und Marge aufgeschlagen werden.

Die angemessene Höhe dieser Prämie wird mit Optionspreismodellen berechnet, die 1973 von Black und Scholes konzipiert sowie seither von anderen Wissenschaftlern weiterentwickelt wurden. In Abschnitt 3.3 haben wir dargestellt, wie künftige Zahlungsströme bewertet werden. Auf den in den Fallstudien 1a und 1b demonstrierten Barwertverfahren basiert auch die Bewertung von Optionen. Während aber bei unseren Barwertberechnungen die künftigen Zahlungen als sicher angenommen wurden, stehen bei Optionen die Auszahlungsbeträge nicht fest, da die Auszahlungen von der Entwicklung der Basisobjektkurse abhängen. Ausgezahlt wird nämlich bei

- Calls die Differenz zwischen Basisobjektkurs und Ausübungspreis,

- Puts die Differenz zwischen Ausübungspreis und Basisobjektkurs,

soweit diese Differenz positiv ist, weil andernfalls nicht ausgeübt wird. Statt eines Basisobjektkurses und eines Ausübungskurses kann einer Option auch ein Basiszinssatz und ein Ausübungszinssatz bezogen auf einen Nominalbetrag zugrunde liegen. Ausbezahlt wird dann beim

- Call das Produkt aus der Differenz zwischen Basiszinssatz und Ausübungszinssatz einerseits und dem im Optionskontrakt vereinbarten Nominalbetrag andererseits,

- Put das Produkt aus der Differenz zwischen Ausübungszinssatz und Basiszinssatz einerseits und dem im Optionskontrakt vereinbarten Nominalbetrag andererseits.

Der Wert einer Option hängt demnach primär vom Kurs ihres Basisobjekts bzw. von ihrem Basiszinssatz bei Fälligkeit ab. Wer diesen Kurs bzw. diesen Zinssatz kennt, kann den Wert der Option durch Abzinsen des Auszahlungsbetrages mit dem Zinssatz für risikolose Kapitalanlagen bestimmen. Tatsächlich sind aber weder künftige Kurse noch künftige Zinssätze bekannt.

Um dieses Problem in den Griff zu bekommen, unterstellen die Optionspreistheoretiker, dass sich Basisobjektkurse und Basisobjektzinssätze nach einem Random Walk verhalten, und zwar so, dass bei Fälligkeit der Option jeder Kurs bzw. jeder Zinssatz eintreten kann, jeder Kurs bzw. Zinssatz mit einer prinzipiell anderen Wahrscheinlichkeit.

Im Prinzip beantworten die Modelle die Frage nach dem fairen Wert eines Münzwurfes, wenn der Spieler, der richtig gewählt hat, einen Euro ausbezahlt bekommt, und die Wahrscheinlichkeit des Eintreffens von Zahl bzw. von Wappen mit jeweils 50 Prozent angegeben wird. Der Unterschied zur Option besteht allerdings darin, dass nicht nur ein einziger Betrag mit einer bestimmten Wahrscheinlichkeit ausgespielt wird, sondern unendlich viele Auszahlungsbeträge mit jeweils verschiedenen Wahrscheinlichkeiten möglich sind.

Die möglichen Auszahlungsbeträge und die dazu gehörenden Wahrscheinlichkeiten ihres Eintreffens können bestimmt werden, indem unendlich viele Kurs- bzw. Zinssatzverläufe mit einem Zufallsmechanismus simuliert werden. Die Modelle sind so konzipiert, dass der Erwartungswert, also die Summe der Produkte aus Basisobjektkurs und der dazugehörenden Wahrscheinlichkeit, gleich dem mit dem risikolosen Zinssatz bis zum Ende der Optionslaufzeit aufgezinsten Basisobjektkurs entspricht. Bei Optionen auf einen Zinssatz ist der Erwartungszinssatz gleich der Forward Rate.

Der Wert der Option ist dann die auf den Bewertungstag abgezinste Summe der mit ihrer Eintrittswahrscheinlichkeiten gewichteten Auszahlungsbeträge. Der Wert der Option hängt demnach ab

- vom Basisobjektkurs bzw. vom Basiszinssatz,

- vom Ausübungspreis bzw. vom Ausübungszinssatz und

- vom Zinssatz für Kapitalanlagen bzw. der Zinsstruktur,[9]

- von der Restlaufzeit der Option sowie

- von der Volatilität des Basisobjektkurses bzw. des Basiszinssatzes.[10]

Je länger die Laufzeit der Option und je größer die Volatilität, also die Schwankungen des Basisobjektkurses bzw. des Basiszinssatzes, umso teuerer ist die Option.[11]

5.3 Swaption: Sichern des Festzinssatzes und weitersuchen

5.3.1 Konstruktion

Die bedingte Alternative zum Abschluss eines Forward Swaps ist der Optionskontrakt auf einen Forward Swap. Sie gibt dem Inhaber das Recht, an einem bestimmten, in der Zukunft

---

9   Theoretisch exakt ausgedrückt, hängt der Wert einer Zinsoption von der für die Laufzeit der Option impliziten Forward Rate, die aus der Zinsstruktur abzuleiten ist, ab.

10 Theoretisch exakt ist in das Optionswertmodell die Volatilität der Forward Rate einzusetzen. Da dieser Parameter meist nicht verfügbar ist, wird üblicherweise die Volatilität des Basiszinssatzes in die Wertberechnungsformeln eingesetzt.

11 Vgl. Steinbrenner (2001), S. 26–34, S. 169–178.

liegenden Zeitpunkt (Ausübungstag) in einen bereits in der Gegenwart vereinbarten Swap einzutreten und somit ab dem Ausübungstag den Forward-Swapsatz für die Dauer der Swap-Laufzeit zu empfangen oder zu bezahlen.

Beim Physical Settlement kann der Optionsinhaber in den Swap-Kontrakt eintreten. Bei den meisten Swaptions ist jedoch Cash Settlement vereinbart. Dann erhält der Inhaber einer Option auf einen Payer Swap an jedem Zinstermin die Differenz zwischen dem dann aktuell geltenden Swapsatz und dem vereinbarten Ausübungszinssatz. Das Recht, in den Payer Swap einzutreten, wird der Optionsinhaber aber nur ausüben, wenn er davon profitiert, wenn der aktuelle Zinssatz für die Aufnahme eines Kredits gleicher Laufzeit also über dem Ausübungszinssatz liegt.

Fallstudie 5b: Chancen wahren – Risiken begrenzen mit Swaptions

Wenn die Unternehmung statt des Payer-Forward-Swaps eine Payer Swaption mit dem Ausübungszinssatz 3,525 Prozent p. a. abgeschlossen hat, wird sie das Recht, den Kredit nach einem Jahr zu 3,525 Prozent p. a. aufzunehmen, nur ausüben, wenn der aktuelle Swapsatz über 3,525 Prozent p. a., also zum Beispiel bei 4 Prozent p. a., notiert.

Beim Physical Settlement hat die Unternehmung dann jährlich 3,525 Prozent p. a. statt 4 Prozent p. a. ohne den Forward-Swap-Kontrakt zu zahlen. Beim Cash Settlement zahlt sie den aktuellen Swapsatz von 4 Prozent p. a., sie erhält aber vom Verkäufer der Payer Swaption während der Laufzeit des Swaps die Differenz in Höhe von 0,475 Prozent p. a. ausbezahlt.

Wenn der aktuelle Zinssatz für zwei Jahre laufende Kredite bei der Aufnahme des Kredits nur drei Prozent p.a. beträgt, wird er seine Swaption verfallen lassen und Kredit zu drei Prozent p.a. aufnehmen.

5.3.2 Bewertung

Der Wert des Swaption-Kontraktes orientiert sich am Barwert des Swap-Kontraktes. Er hängt, wie wir aus Fallstudie 3 a wissen, sowohl vom im Kontrakt fixierten Swapsatz als auch vom aktuellen Swapsatz ab. Wer sich also gegen einen steigenden Swapsatz absichern will, muss einen Put auf den Swap-Kontrakt erwerben, weil ein steigender Swapsatz gleichbedeutend ist mit einem fallenden Barwert des Swap-Kontraktes.

Der nach der Optionspreistheorie berechnete „faire Wert" einer Payer Swaption hängt demnach ab

- vom Ausübungszinssatz und dem aktuellen Swapsatz bzw. der entsprechenden Forward-Rate im Bewertungszeitpunkt,

- von der Restlaufzeit der Option,

- von der Volatilität des Swapsatzes bzw. des entsprechenden Forward-Satzes, der der Swaption zugrunde liegt.[12]

---

12   Vgl. Branger/Schlag (2004), S. 25–26.

5.3.3 Einsatzmöglichkeiten

Für Unternehmen, die für einen künftigen Zeitpunkt mit mehrjährigem Kreditbedarf rechnen, zum Beispiel weil sie bei einer Ausschreibung den Zuschlag erwarten, bietet sich der Erwerb einer Swaption an.

Liegt bei Fälligkeit der Payer-Swaption der aktuelle Swapsatz über dem Ausübungszinssatz, ist die Option im Geld. Der Käufer der Payer Swaption erhält dann eine Ausgleichszahlung in Höhe des Barwertes der am Ausübungstag der Option festgestellten marktmäßigen Höherverzinsung während der Swap-Laufzeit gegenüber dem Ausübungszinssatz.

■ Wenn der Finanzierungsbedarf tatsächlich eintritt und das Unternehmen erwartet, dass der Geldmarktzinssatz während der Swap-Laufzeit über dem Ausübungszinssatz liegt, kann das Unternehmen Kredit aufnehmen, dessen Verzinsung an den Euribor gekoppelt ist und zusätzlich die Swaption ausüben, indem es in den Payer-Swap eintritt und damit die gewünschte Festzinsbindung generiert.

■ Hat das Unternehmen den Zuschlag nicht erhalten und hat deshalb keinen Finanzierungsbedarf oder es deckt den Finanzierungsbedarf mit einem an den Euribor gekoppelten Kredit ab, dann kassiert es die Ausgleichszahlung und kann somit Gewinn aus der Option ziehen, wenn die Ausgleichszahlung größer ist als der Swaption-Preis.

Ist der aktuelle Swapsatz bei Fälligkeit der Payer Swaption niedriger als der Ausübungszinssatz der Swaption, dann verfällt die Option wertlos. Das Unternehmen hat den Swaption-Preis, der verloren ist, als Versicherungsprämie zu interpretieren. Der Inhaber der Swaption ist anders als beim Forward-Swap-Kontrakt nicht an den Forward-Swapsatz gebunden.

■ Wenn das Unternehmen die Finanzierung benötigt, kann es sich günstiger als zum Forward-Swapsatz finanzieren und hat darüber hinaus völlige Entscheidungsfreiheit bei der Gestaltung der Zinsbindung.

■ Besteht kein Finanzierungsbedarf, hat das Unternehmen keinerlei Verpflichtungen mehr.

Durch den Erwerb der Payer-Swaption vermeidet der potenzielle Kreditnehmer die bei traditionellen Kreditfinanzierungen zu zahlende Bereitstellungsprovision. Das gilt aber auch für das Forward-Darlehen und den zusätzlich zur Aufnahme eines geldmarktverzinsten Kredits abgeschlossenen Forward-Payer-Swap. Der Vorteil speziell der Option besteht darin, dass sich das Unternehmen – falls kein Finanzierungsbedarf besteht – die von Banken festgesetzte, in ihrer Höhe stets umstrittene Nichtabnahmeentschädigung erspart.

Eine Swaption zum Nulltarif erhält, wer von seiner Bank das Angebot für den Abschluss eines Kreditvertrages erhält, sofern sich das Kreditinstitut eine bestimmte Zeitspanne an die gebotenen Konditionen hält. Wenn der Marktzinssatz steigt, wird der Kreditnehmer das Angebot annehmen, wenn der Marktzinssatz dagegen fällt, wird er nachverhandeln.

5.4   Zinsbegrenzungsinstrumente

5.4.1   Vom Erwerb eines Zinscaps ...

Wer sich aufgrund seiner Zinsmeinung oder einfach aufgrund der Erfahrungswerte für einen an den Euribor als Referenzzinssatz gebundenen Kredit entscheidet, ist keineswegs Zinssätzen, die unermesslich steigen, hilflos ausgeliefert, vielmehr kann er sich gegen unerwartete oder gegen von ihm nicht mehr tragbare Zinssteigerungen durch Abschluss eines Cap-Vertrages absichern.

Dieser Vertrag kann mit der kreditgebenden Bank, aber auch mit einem anderen Kreditinstitut abgeschlossen werden, weil auch der Cap, wie jedes andere Zinsderivat, nicht mit dem Kreditvertrag verbunden ist.

Ein Cap besteht aus mehreren Call-Optionen (Caplets) auf den Referenzzinssatz. Ausübungszinssatz ist der Zinssatz, den der Kreditnehmer – oder besser: der Käufer des Calls – als Obergrenze der Verzinsung festlegt. Jedes Caplet hat demnach eine gleichlange Laufzeit, wird aber jeweils zu einem anderen Termin fällig.

Fällig wird jedes Caplet zwei Börsentage vor Beginn der Absicherungsperiode, also zu dem Termin, zu dem auch der Zinssatz eines an den Euribor gekoppelten Kredits für die nächste Zinsperiode fixiert wird. An diesem Tag (Roll-over-Day) wird der Auszahlungsbetrag an den Käufer des Caplets in Höhe der Differenz zwischen dem für die nächste Zinsperiode geltenden Zinssatz und der Zinssatzobergrenze multipliziert mit dem Kontraktvolumen festgelegt. Wenn die Differenz negativ ist, wird der Käufer des Caplets sein Optionsrecht nicht ausüben. Bezahlt wird der Betrag vom Stillhalter an den Käufer des Caplets am Ende der Absicherungsperiode, zum gleichen Zeitpunkt, zu dem auch der Zins für die betreffende Zinsperiode zu zahlen ist.

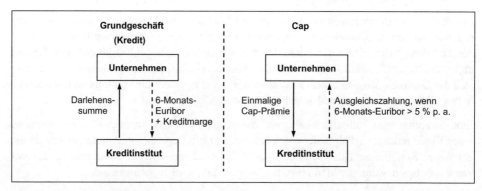

Abbildung 14: *Zinszahlungen und Aufnahme eines Sechs-Monats-Euribor-Kredits sowie Abschluss eines Cap-Kontraktes mit der Zinsobergrenze fünf Prozent p. a.*

Zur Übernahme des aus Zinssatzsteigerungen resultierenden Risikos wird der Verkäufer des Caps nur bereit sein, wenn ihm dafür eine Versicherungsprämie bezahlt wird.

Fallstudie 6: Komponenten eines Caps mit einer Laufzeit von drei Jahren auf den Zwölf-Monats-Euribor

Der in t_0 abgeschlossene, über drei Jahre laufende Cap besteht aus zwei selbstständigen Zinsoptionen (= Caplets) mit einer Laufzeit von jeweils einem Jahr, wobei die Laufzeit des ersten Caplets in einem Jahr (in t_1) und jene des zweiten Caplets in zwei Jahren beginnt. Für das erste Jahr nach Abschluss des Cap-Vertages muss kein Caplet erworben werden, weil bei Vertragsabschluss der Zinssatz für das erste Jahr bereits fest steht.

Der Einfachheit halber wird in t_0 eine idealtypisch flache Zinsstruktur, bei der der Zinssatz für alle Laufzeiten exakt vier Prozent p. a. beträgt, angenommen. Angenommen wird weiter eine Volatilität von 13 Prozent p. a. Dann kostet die Absicherung des

■ zweiten Jahres der Cap-Laufzeit 1,9 % p. a.,

■ dritten Jahres der Cap-Laufzeit 2,6 % p. a.

des Kontraktvolumens.

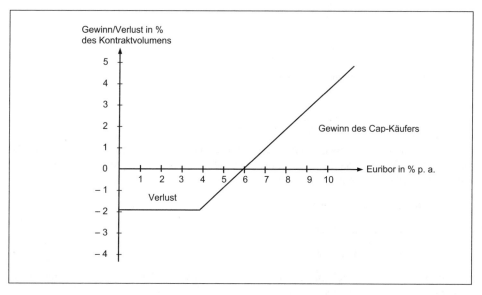

Abbildung 15: *Gewinn- und Verlustprofil des Caplets, das das zweite Jahr der Cap-Laufzeit mit einer Zinsobergrenze von vier Prozent p. a. absichert*

5.4.2   ... über dessen Bewertung ...

Die fairen Werte der Caplet-Prämien werden nach den bereits vorgestellten Optionspreismodellen berechnet: Ausübungszinssatz der Caplets ist die im Cap-Vertrag vereinbarte Zinsobergrenze. Bei der Bewertung eines Caplets sollte dieser Ausübungszinssatz jedoch nicht mit dem im Bewertungszeitpunkt aktuellen Euribor-Satz verglichen werden, sondern mit der für die Zinsperiode geltenden Forward Rate.[13] Danach ist ein Caplet dann im Geld, wenn die für seine Periode berechnete Forward Rate über der Zinsobergrenze liegt.

Wenn diesem Gedanken entsprechend der Terminzinssatz als Parameter zur Bewertung der Zinsoption herangezogen wird, ist nicht die im Jahr 1973 konzipierte Black-Scholes-Formel, die den im Bewertungszeitpunkt aktuellen Aktienkurs als Basisobjektkurs zur Bewertung von Optionen auf Aktienkurse vorsieht, sondern die drei Jahre später entwickelte Black-76-Formel zu verwenden.[14]

Der Wert des Caps ist die Summe der Werte aller Caplets. Auch für die Bestimmung des Werts eines Caps gilt, was für die Bewertung anderer Optionen bereits dargestellt wurde:

Der Wert und damit auch der Preis eines Caps ist umso höher

- je länger seine Laufzeit,

- je höher die erwartete Volatilität der Forward-Rate des Referenzzinssatzes,

- je höher der für die betreffende Zinsperiode berechnete Forward-Satz,

- je niedriger die Zinsobergrenze eingezogen

ist.[15]

Fallstudie 7: Cap-Werte in exemplarisch ausgewählten Szenarien

Um eine Vorstellung von den Kosten einer Absicherung gegen Zinssteigerungen bei gleichzeitiger Wahrung der Chancen auf fallende Zinssätze zu vermitteln, sind in Tabelle 1 die aufgrund der Black-76-Formel errechneten fairen Werte von Zinscaps mit

- Laufzeiten von vier und sieben Jahren,

- verschiedenen Zinsstrukturen,

- verschiedenen Zinsobergrenzen

aufgegliedert. Als Referenzzinssatz wird der Einjahreszinssatz gewählt. Seine Volatilität wird einheitlich mit 13 Prozent p. a. eingegeben.

---

13   Vgl. Steinbrenner (2000).

14   Die Ableitung der Black-76-Formel aus der Black-Scholes-Formel findet sich in Steinbrenner (2000), S. 35–43.

15   Mit Hilfe von im Internet angebotenen Optionsrechnern kann der von einer Bank genannte Preis für einen Cap auf Plausibilität hin überprüft werden. Vgl. beispielsweise http://www.bhf-bank.com/w3/financialmarkets_corporates/zinsen/zinsrechner.

Zinsstrukturen:								Laufzeit des Caps	Caps bei			
Zinssätze in % p. a. für Laufzeiten von.....									4 %	5 %	6 %	7 %
	1 J	2 J	3 J	4 J	5 J	6 J	7 J					
A	2,0	2,5	3,0	3,5	4,0	4,5	5,0	4 J	1,37	0,52	0,17	0,05
								7 J	9,52	6,49	4,30	2,78
B	2,0	3,0	4,0	5,0	6,0	7,0	8,0	4 J	5,99	4,07	2,60	1,55
								7 J	26,00	22,02	18,50	154,00
C	4,0	4,2	4,4	4,6	4,8	5,0	5,2	4 J	2,34	0,81	0,24	0,06
								7 J	7,34	3,95	2,05	1,04
flache Zinsstruktur:												
D	4,0	4,0	4,0	4,0	4,0	4,0	4,0	4 J	0,75	0,12	0,02	0,002
								7 J	1,85	0,51	0,14	0,04
bei Volatilitäten von 7 % p. a.								7 J	1,00	0,07	0,00	0,00
inverse Zinsstruktur:												
E	4,0	3,8	3,6	3,4	3,2	3,0	2,8	4 J	0,96	0,003	0,00	0,00
								7 J	1,02	0,04	0,00	0,00

Tabelle 1: *Cap-Werte bei einheitlicher Volatilität des Ein-Jahres-Zinssatzes in Höhe von 13 Prozent p. a. berechnet mit Hilfe der in http://www.riskbooks.de/zinsrisiko/bewer tung/caps.htm enthaltene Black-76-Formel*

Die Tabellen dokumentieren, dass die Cap-Werte bei sonst gleichen Parametern mit der Laufzeit der Zinsoption steigen. Ebenso transparent ist die Abhängigkeit des Cap-Wertes von der Zinsobergrenze: Wenn der Cap angehoben wird, fällt dessen Wert.

Etwas komplexer, aber dennoch eindeutig ist der Einfluss der Zinsstruktur auf den Cap-Wert: Die Cap-Werte steigen mit der Steilheit der Zinsstruktur. Entsprechend sind die Caps auf die stark steigende Zinsstruktur (B) im Vergleich zu den Caps bei normal steigender Zinsstruktur (A) viel teurer. Das liegt daran, dass insbesondere die länger laufenden Zinsoptionen durch die hohen Forward-Rates weit im Geld liegen. Unterstrichen wird diese Feststellung durch den Vergleich der Cap-Werte bei leicht steigenden (C) und jener bei leicht fallender (E) Zinsstruktur: Vor allem bei langen Cap-Laufzeiten sind die Cap-Werte bei der leicht ansteigenden Zinsstruktur viel höher als bei der leicht inversen Zinsstruktur.

Ausdrücklich ist darauf zu verweisen, dass die angegebenen Werte nur Anhaltspunkte für Zinsabsicherungskosten sein können. Diese Unsicherheit über die Höhe der Absicherungskosten resultiert vor allem aus der Volatilität, die den Wert von Optionen maßgeblich beeinflusst. In die Formel zur Bewertung von Optionen ist die künftige, während der Laufzeit der Option erwartete Volatilität einzugeben und diese ist, wie alles, was in der Zukunft liegt, unsicher.[16]

Darüber hinaus zeigt die Erfahrung, dass weit aus dem Geld und weit im Geld stehende Optionen insbesondere bei längerer Laufzeit mit höherer Volatilität eingepreist werden als Optionen, deren Basiszinssatz nahe beim Ausübungszinssatz liegt. Das mag daran liegen, dass Stillhalter am Geld liegende Optionen präferieren, weil deren Zeitwert am höchsten ist, wäh-

---

[16] Vgl. Steinbrenner (2001), S. 239–248.

rend bei Käufern von Optionsrechten aus dem Geld liegende Optionsscheine wegen der großen Hebelwirkung besonders beliebt sind,[17] das mag aber auch daraus resultieren, dass die
zur Optionsbewertung eingesetzten stetigen Gleichgewichtsmodelle die Häufigkeit des Vor-
kommens von Konstellationen, die weit vom Durchschnitt bzw. von der Erwartung abwei-
chen, unterschätzen.

Trotz dieser Unsicherheit kann die Fairness der von Kreditinstituten angebotenen Cap-Preise
mit dem auf der Black-76-Formel basierenden Excel Sheet[18] beurteilt werden. Diese Berechnung basiert allerdings auf dem Zwölf-Monats-Euribor als Referenzzinssatz, während in der
Praxis nahezu ausschließlich Caps auf den Drei-Monats- oder auf den Sechs-Monats-Euribor
üblich sind, weil sie der Absicherung von Drei-Monats- oder Sechs-Monats-Euribor-
verzinsten Krediten dienen.

5.4.3 ... zum Verkauf eines Floors ...

Der Käufer eines Floors erhält an den Zinszahlungsterminen eine Ausgleichszahlung in Höhe
der Differenz zwischen dem Zins, der ihm bei der von ihm eingezogenen Zinssatzuntergrenze
zuflösse und dem Zins, der ihm beim geltenden Zinssatz tatsächlich zufließt. Damit ist er
gegen fallende Zinssätze abgesichert, ohne dabei die Möglichkeit zu verlieren, von steigenden Zinsen zu profitieren. Der Erwerb eines Floors ist demnach für Investoren interessant, die
ihr Kapital in Wertpapieren angelegt haben, deren Verzinsung an den Euribor gekoppelt ist.

Für einen Kreditnehmer scheidet diese Position aus, für ihn kann es aber interessant sein, die
Prämie für den Verkauf eines Floors einzunehmen, um damit die Kosten für den Erwerb des
Caps zu reduzieren. Er profitiert dann jedoch nur noch von Zinssenkungen bis zu der durch
den Verkauf des Floors eingezogenen Zinsuntergrenze.

5.4.4 ... und zum Collar

Der Kauf eines Zinscaps bei gleichzeitigem Verkauf eines Zinsfloors wird als Collar bezeichnet. Bei diesem Kombinationsprodukt ist der Kreditnehmer nur noch Zinsschwankungen
zwischen der Zinssatzobergrenze und er Zinssatzuntergrenze ausgeliefert.

Vom Zero-Cost-Collar spricht man, wenn die Einnahmen aus dem Verkauf des Floors exakt
die Ausgaben für den Erwerb des Caps mit gleicher Restlaufzeit abdecken.

Der Abstand zwischen Zinsobergrenze und Zinsuntergrenze kann bei Zero-Cost-Collar immer
mehr verkleinert werden bis sich Zinssatzober- und Zinssatzuntergrenze beim Swapsatz gleicher Laufzeit decken. Wenn dies nicht der Fall wäre, könnten risikolose Arbitragegewinne
erzielt werden.

---

17   Vgl. Steinbrenner (2001), S. 290–293.
18   http://www.riskbooks.de/zinsrisiko/bewertung/caps.htm

6.   Derivate ermöglichen maßgeschneiderte Chance-Risiko-Profile

Die Ausführungen haben anhand exemplarisch ausgewählter Zinsinstrumente gezeigt, dass Derivate eingesetzt werden können, um spezifische Geld- und Kapitalmarktkonstellationen für die Finanzierungs- und – analog – Anlagebedürfnisse effizient zu nutzen und auf diese Weise gewünschte Chance-Risiko-Profile zu realisieren. Gezeigt wurde darüber hinaus, dass sich Derivate dazu eignen, auf ein verändertes Kapitalmarktumfeld flexibel und mit transparenten, niedrigen Transaktionskosten zu reagieren.

Damit ist der Einsatz derivativer Zinsinstrumente auch für Mittelständler zur Optimierung der Finanzierung unumgänglich.[19] Ihr Einsatz erlaubt es, die Risiken an der Finanzierungsfront abzusichern und den Focus der Anstrengungen auf Produktion und Vertrieb zu legen.

Derivate können losgelöst vom zugrunde liegenden Finanzgeschäft abgeschlossen werden, Das ermöglicht es, Konkurrenzangebote bei verschiedenen Banken einzuholen und sie miteinander zu vergleichen. Darüber hinaus sollten die von den Kreditinstituten genannten Preise im Hinblick auf deren Fairness mit den Ergebnissen eigener Berechnungen abgeglichen werden. Eigene Berechnungen sind deshalb zu empfehlen, weil die einzelnen Preise für Derivate nicht am Markt durch Angebot und Nachfrage zustande kommen, sondern von der jeweils anbietenden Bank berechnet werden. Die diesen Berechnungen zugrunde liegenden Modelle und Formeln wurden in den obigen Ausführungen nicht nur hergeleitet, sondern auch in Fallstudien angewandt.

Literaturhinweise

BRANGER, N./SCHLAG, CH. (2004): Zinsderivate – Modelle und Bewertung, Berlin/Heidelberg 2004.

DRESCHER, R. (2007): Derivate für den Mittelstand, neue Finanzinstrumente ermöglichen maßgeschneiderte Risikoabsicherung, in: Handelsblatt vom 27.06.2007, S. B 8.

GROB, A. (2002): Betriebswirtschaftliche Zinsrisikopolitik und Kapitalkosten einer Unternehmung, Berlin 2002.

HULL, J. (2006): Optionen, Futures und andere Derivate, 6. Aufl., München 2006.

MEHRING, G. (1996): Zins- und Währungsmanagement in Unternehmen, Bonn 1996.

OEHLER, A./UNSER, M. (2001): Finanzwirtschaftliches Risikomanagement, Berlin, Heidelberg 2001.

O. V. (2007): Zur Berechnung der Zinsstrukturdaten, in: Deutsche Bundesbank Eurosystem: Kapitalmarktstatistik, Statistisches Beiheft zum Monatsbericht 2, Mai 2007, S. 66.

---

[19]   Vgl. Drescher (2007), S. B 8.

PERRIDON, L./STEINER, M. (2004): Finanzwirtschaft der Unternehmung, 13. überarbeitete und erweiterte Aufl., München 2004.

PRIERMEIER, TH. (2005): Finanzmanagement im Unternehmen – Ein Praxishandbuch –, München 2005.

REITZ, ST./SCHWARZ, W./MARTIN, M. R. W. (2004): Zinsderivate: Eine Einführung in Produkte, Bewertung, Risiken, Wiesbaden 2004.

SCHICH, S. T. (1996): Alternative Spezifikationen der deutschen Zinsstrukturkurve und ihr Informationsgehalt hinsichtlich der Inflation, Diskussionspapier 8/96, Volkswirtschaftliche Forschungsgruppe der Deutschen Bundesbank, Frankfurt am Main, Oktober 1996.

SCHULTE, C. (2006): Corporate Finance: Die aktuellen Konzepte und Instrumente im Finanzmanagement, München 2006.

STEINBRENNER, H.-P. (2001): Professionelle Optionsgeschäfte – Moderne Bewertungsmethoden richtig verstehen, Wien/Frankfurt am Main 2001, zu erhalten über steinbrenner@ba-stuttgart.de

STEINBRENNER, H.-P. (2000): Optionsrechte in der Praxis – Von Plain Vanilla bis zu Rainbow Optionen, Wien/Frankfurt am Main 2000.

STEINBRENNER, H.-P. (2004): Management von Cashflow-Risiken, in: Maier, K. M. (2004): Risikomanagement im Immobilien- und Finanzwesen, 3. Aufl. Frankfurt am Main 2007, S. 373-430.

STOLL, M. (2007): Einsatz von Zinsderivaten bei der modernen Mittelstandsfinanzierung, Diplomarbeit an der Berufsakademie Stuttgart, Studiengang Bank, Stuttgart 2007.

TEBROKE, H.-J./LAURER, T. (2005):Betriebliches Finanzmanagement, Stuttgart 2005.

WIEDEMANN, A. (2003): Messung und Steuerung von Risiken im Rahmen des industriellen Treasury-Managements, Aufsatz in:
www.riskbooks.de/zinsrisiko/downloads/treasury01.pdf vom 29.03.2007

Internetadressen

http://www.riskbooks.de/zinsrisiko/bewertung/caps.htm
http://www.bhf-bank.com/w3/financialmarkets_corporates/zinsen/zinsrechner

„Familienunternehmen – quo vadis?"

Brun-Hagen Hennerkes / Thomas Hund

1. Familienunternehmen

Familienunternehmen sind in Deutschland wie in den meisten Industrienationen die volkswirtschaftlich und soziologisch herausragendste Unternehmensform. Sie stellen nicht nur die meisten Arbeits- und Ausbildungsplätze, sondern stehen zugleich für eine ausgeprägte Pluralität der Gesellschaft.

Das entscheidende Wesensmerkmal des Familienunternehmens liegt in seiner besonderen Eigentümerstruktur. Im Familienunternehmen besteht eine Einheit von Eigentum, Risiko und Kontrolle sowie eine enge Beziehung zu den Mitarbeitern, flache Hierarchien und schnelle Entscheidungswege. Geprägt von persönlich gelebter Wertorientierung der Eigentümer und hoher Innovationskraft gelingt es Familienunternehmen häufig, regionale Bindung und internationale Marktführerschaft miteinander zu verbinden. Hierdurch bieten sie auch in wirtschaftlich schwierigen Zeiten Stabilität und Wachstum. Gleichwohl muss die Frage nach dem „quo vadis" und damit nach der Sicherung der Zukunftsfähigkeit dieser Unternehmen immer wieder neu gestellt und beantwortet werden.

1.1 Begriff

Der Begriff des Familienunternehmens wird sehr unterschiedlich verwendet. Doch herrscht in der Literatur weitgehend Einvernehmen darüber, dass er eine objektive und eine subjektive Komponente umfasst. Die objektive besteht darin, dass am Unternehmen mehrheitlich eine oder mehrere Familien beteiligt sind; die subjektive Komponente besagt, dass die Familienmitglieder die von ihnen geprägte Familientradition, also ihre spezifischen Werte und Überzeugungen, als Leitlinie ihrer unternehmerischen Betätigung betrachten. Dagegen sind objektive Größenmerkmale wie Umsatz, Beschäftigtenzahl oder Bilanzsumme ebenso ohne Bedeutung wie die Rechtsform des Unternehmens.

Nachdem an anderer Stelle dieses Buches bereits der Begriff des Mittelstandes definiert wurde, soll hier auf die Abgrenzung zum Mittelstand nicht weiter eingegangen werden – es sei nur darauf verwiesen, dass der diesem Beitrag zugrunde liegende Begriff des Familienunternehmens im Gegensatz zum amtlichen Mittelstandsbegriff der Europäischen Union (KMU) nicht an nach oben limitierende Größenmerkmale anknüpft.

1.2   Abgrenzung zu den Publikumsgesellschaften

Wichtig ist dagegen die begriffliche Abgrenzung zu den Großkonzernen. Zentrales Unterscheidungsmerkmal sind die Unterschiede in der Eignerstruktur. Im Gegensatz zu den im Streubesitz befindlichen anonymen Konzernen befinden sich die Anteile an Familienunternehmen in den Händen der Eigentümerfamilie. Insofern besteht bei letzteren ein Gleichklang zwischen Eigner- und Managementzielen. Zwar verfügen größere Familienunternehmen häufig über ein Fremdmanagement, doch kann die Familie jederzeit ihre Eignerinteressen durchsetzen. Konflikte zwischen Eignern und Management, die nicht per Eignermacht gelöst werden, treten in aller Regel nur im Fall des Gesellschafterstreits auf, also dann, wenn es zwischen den Miteigentümern zu Konflikten kommt.

Die Interessenlage der Eigentümer im Familienunternehmen ist durch die Langfristigkeit ihres unternehmerischen Tuns, insbesondere durch ihre spezifische „Familientradition" geprägt. Dies äußert sich in der Krise in einem besonderen Verantwortungsbewusstsein, das häufig zu einem Verzicht auf materielle Werte seitens der Gesellschafter führt, um das Unternehmen vor Schaden zu bewahren.

1.3   Typologie der Familienunternehmen vor dem Hintergrund der Finanzierung

Angesichts der Thematik dieses Buches bietet es sich an, eine weitere Einteilung der Familienunternehmen unter dem Aspekt ihrer jeweiligen Finanzierungsbedürfnisse vorzunehmen. Diesbezüglich lassen sich vier Typen von Familienunternehmen unterscheiden:

Zunächst gibt es die dienstleistungs- und technologieorientierte „Gründerszene"; für sie stehen Produkte wie Private Equity, Venture Capital und Mezzanine im Vordergrund.

Die zweite Gruppe sind die kleineren Familienunternehmen, die zwingend vom persönlichen Tätigkeitseinsatz des Inhabers abhängig sind. Diese Unternehmen können kostengünstig nur mit standardisierten Finanzprodukten bedient werden und sind nach wie vor weitgehend auf den klassischen Bankkredit angewiesen.

Die dritte Gruppe bilden diejenigen Unternehmen, die weder Kapitalmarktreife besitzen noch strukturell auf eine inhabergeführte Unternehmensspitze angewiesen sind. Sie benötigen anspruchsvolle Finanzierungsprodukte, um die angestrebte Kapitalmarktreife zu erlangen.

Zur vierten Gruppe gehören schließlich Unternehmen, die – ohne notwendigerweise börsennotiert zu sein – Kapitalmarktreife besitzen, also die sehr großen Familienunternehmen. Für diese Unternehmen verliert das Hausbankprinzip zunehmend an Bedeutung. Sie suchen sich immer stärker situativ und transaktionsbezogen diejenigen Finanzdienstleister, die für die jeweilige Interessenlage die beste Beratungs-, Management- oder Abwicklungskompetenz bieten. Der Zahl nach handelt es sich hierbei nur um ein relativ kleines Segment der Familienunternehmen.

2.   Volkswirtschaftliche Bedeutung der Familienunternehmen

In der Wirtschaftsberichterstattung und in den Medien allgemein dominieren nach wie vor die großen börsennotierten Publikumsgesellschaften. Familienunternehmen werden in der Öffentlichkeit nicht mit einer ähnlich hohen Aufmerksamkeit bedacht, sei es, dass sie selber weniger Medienaufmerksamkeit suchen oder zum Beispiel nicht wie große börsennotierte Unternehmen das Interesse eines breiten Anlegerkreises wecken müssen. Sie stehen daher nicht so sehr im Fokus der Öffentlichkeit und über ihre gesamtwirtschaftliche Leistung ist wenig bekannt, obwohl sie das Rückgrat der deutschen Wirtschaft bilden.

Nach einer kürzlich veröffentlichten Studie (Volkswirtschaftliche Bedeutung der Familienunternehmen), die das Institut für Mittelstandsforschung, Bonn, im Auftrag der „Stiftung Familienunternehmen" durchgeführt hat, sind 99,7 Prozent der 3,2 Millionen Unternehmen den KMU zuzurechnen, auf sie entfallen 61 Prozent aller dort ausgewiesenen sozialversicherungspflichtig Beschäftigten und sie generieren rund 42 Prozent aller Umsätze der ausgewiesenen Unternehmen insgesamt.

Der Anteil der Familienunternehmen im engeren Sinne beträgt nach dieser Studie 95,1 Prozent aller Unternehmen, das sind rund 3,0 Millionen Betriebe. Auf diese entfallen 57,3 Prozent (13,4 Millionen) der sozialversicherungspflichtig Beschäftigten und 41,5 Prozent (1,9 Billionen Euro) der Umsätze aller deutschen Unternehmen.

Die hohe volkswirtschaftliche Bedeutung der größeren Familienunternehmen zeigt sich insbesondere auch bei einer dynamischen Betrachtungsweise. Während die DAX-Unternehmen ihre weltweite Beschäftigung nur zu Lasten der Inlandsbeschäftigung, das heißt durch Auslagerung, in etwa stabil hielten, haben die 500 größten Familienunternehmen im gleichen Zeitraum nicht nur weltweit ein Beschäftigungswachstum erzielt, sondern die weltweite Beschäftigungszunahme um 400.000 Mitarbeiter geht auf eine kräftige Ausweitung der inländischen Beschäftigung (um circa 200.000 Mitarbeiter) zurück. Im Zeitraum von 2003 bis 2005 stieg die weltweite Beschäftigtenzahl der 500 größten Familienunternehmen insgesamt um 13 Prozent und jahresdurchschnittlich um 6,3 Prozent. Ihre Beschäftigtenzahl im Inland nahm im gleichen Zeitraum um fast 10 Prozent zu, dies entspricht einem jahresdurchschnittlichen Beschäftigtenzuwachs von 4,8 Prozent. Die inländische Beschäftigung aller deutschen Unternehmen und der DAX-Unternehmen war hingegen rückläufig. Insgesamt sank die Inlandsbeschäftigung aller Unternehmen von 2003 auf 2005 um 3 Prozent.

3. Herausforderungen und Gefahren für Familienunternehmen

Familienunternehmen unterscheiden sich von anderen Unternehmen – wie bereits gesagt – durch die Nähe des Unternehmers zum Unternehmen. Dadurch können strategische Entscheidungen wesentlich schneller getroffen werden, was zu einer höheren Flexibilität führt. Doch resultieren aus dieser Struktur auch interne wie externe Herausforderungen und Gefahren, die der Unternehmer erkennen, angehen und bewältigen muss, um die Zukunft seines Betriebes zu sichern.

Die wichtigsten Herausforderungen für Familienunternehmen sind derzeit sicherlich die Unsicherheit der rechtlichen und steuerlichen Rahmenbedingungen, die Regelung und Umsetzung der Unternehmensnachfolge, die Positionierung in einer globalisierten Welt, die Sicherstellung einer langfristigen Finanzierung sowie die Führung und Kontrolle seitens der Eigentümer bei wachsender Unternehmensgröße und zunehmender Gesellschafterzahl.

3.1 Benachteiligung durch die Politik

Die besonderen Bedürfnisse, insbesondere der größeren Familienunternehmen, werden in der Politik traditionell nicht hinreichend berücksichtigt. Viele Gesetzesvorhaben in jüngster Zeit benachteiligen die Familienunternehmen gravierend.

Ein aktuelles Beispiel hierfür ist die Erbschaftsteuerproblematik, welche die Fortsetzungsfähigkeit der Familienunternehmen auf das Stärkste belastet. Während andere europäische

Staaten auf dem Weg sind, die Erbschaftsteuer völlig abzuschaffen, gibt es bei uns in Deutschland derzeit keine diesbezügliche Perspektive, die den Erhalt unternehmerischen Vermögens erleichtern würde.

Die Stärke der Familienunternehmen liegt in ihrer Flexibilität. Wo zu viel staatliche Regulierung vorherrscht, kann sich diese Stärke nicht entfalten. Man denke in diesem Zusammenhang nur an das Antidiskriminierungsgesetz, das eine völlig inakzeptable Einschränkung unternehmerischer Gestaltungsfreiheit mit sich gebracht hat.

Ein im vergangenen Jahr vom Zentrum für Europäische Wirtschaftsforschung (ZEW) in Mannheim im Auftrag der „Stiftung Familienunternehmen" erstellter Ländervergleich zwischen Deutschland und ausgewählten anderen Industriestaaten stellt die Standortfaktoren Steuern, Arbeitskosten, Regulierung und Finanzierung vergleichend dar.

Deutschland nimmt in diesem Ländervergleich insgesamt nur den elften Platz von 14 untersuchten Ländern ein. Staaten wie Großbritannien, die Schweiz, die Niederlande oder Österreich bieten danach Familienunternehmen insgesamt bessere Standortbedingungen als Deutschland.

3.2 Globalisierung

Manche Familienunternehmen reagieren zu spät oder nicht mit den richtigen Mitteln auf die zunehmende Globalisierung. Häufig gelingt es nicht, sich durch besondere Leistungen vom globalen Wettbewerb abzuheben oder mit einer Fertigung an Niedriglohnstandorten Kostenunterschiede wieder auszugleichen. Doch nicht nur dadurch kann die Globalisierung zur Gefahr werden. So fehlen für die internationale Expansion oft die geeigneten Führungskräfte. Das gilt zwar auch für Konzerne, doch besteht im Familienunternehmen die Besonderheit, dass die Rollen des Kapitalgebers und des Geschäftsführers häufig in einer Person vereint sind. In aller Regel bedeutet der Schritt nach Übersee vom Finanzbedarf und vom Erfolgsrisiko her einen ungleich schärferen Einschnitt als beim Großkonzern.

In gewissem Sinne ist auch der sonst viel gelobte direkte Führungsstil im Familienunternehmen ein Hindernis bezüglich der Globalisierung. Der Unternehmer verfügt kaum über Stäbe. Dieser Führungsstil lässt sich auf große Distanzen kaum durchhalten. Schließlich ist auch die Andersartigkeit des Überseemarktes eine Hemmschwelle. Ein Konzern mit internationalen Verbindungen vermag solche Unterschiede viel leichter zu überwinden.

Jeder Schritt in die Internationalisierung bedeutet auch eine zusätzliche finanzielle Belastung, vor allem für solche Unternehmen, die aus „Verteidigungsgründen" globalisieren. In diesen Fällen ist unbedingt eine klare Projektfinanzierung anzuraten.

Wer globalisiert, um zu wachsen, ist in der Regel finanziell besser ausgestattet. Die Entscheidung über das „wo" einer Kreditaufnahme (wenn Kapitalmarktinstrumente nicht zur Verfügung stehen) kann unter reinen Kostengesichtspunkten getroffen werden, je nachdem ob im Zielland oder zu Hause günstigere Konditionen zu erreichen sind. Hierbei sind die Kosten der Währungssicherung, soweit erforderlich, zu berücksichtigen.

3.3   Wertewandel

Das entscheidende Wesensmerkmal des Familienunternehmens liegt – wie schon gesagt – in einer intensiven Wechselbeziehung zwischen Eigentümerebene und Unternehmensebene, aber auch zwischen den Eigentümern untereinander. Geänderte Wertevorstellungen bei allen oder bei einzelnen Gesellschaftern können daher im Familienunternehmen unmittelbar auf die Unternehmensführung durchschlagen.

Parallel zu den Veränderungen der allgemeinen Lebensumstände hat sich in den vergangenen Jahrzehnten ein Wertewandel vollzogen, der sich auch auf die Situation im Familienunternehmen auswirkt. Er lässt sich vereinfachend als Tendenz weg von der Unterordnung von Individualinteressen unter das Unternehmenswohl hin zur stärkeren Betonung der persönlichen Zielvorstellungen jedes Familiengesellschafters feststellen. Wo in der Vergangenheit beispielsweise Begriffe wie Pflichterfüllung, Gehorsam und Autorität im Zentrum des Gesellschafterverhaltens standen, spricht man heute lieber von Kreativität, Lebensfreude und Teamarbeit.

Gleichzeitig lässt sich beobachten, dass die emotionale Bindung der einzelnen Familienmitglieder an das Familienunternehmen in vielen Fällen lockerer geworden ist. Die potentiellen Nachfolger fühlen sich nicht mehr automatisch als ein bloßes Glied in einer Kette. Sie hinterfragen Sinn und Zweck ihrer Beteiligung am elterlichen Unternehmen und sind eher als früher bereit, ihre Anteile zu veräußern.

Ein Wertewandel hat sich aber nicht nur auf der Eigentümerebene vollzogen, sondern auch auf der Ebene der Unternehmen selbst. Wo Unternehmen früher insbesondere durch die Nachhaltigkeit ihres Substanzvermögens, vor allem der Gebäude- und Produktionsanlagen, geprägt waren, werden sie heute stärker ertragsorientiert betrachtet. Die Kernressource des Unternehmens ist – bildlich gesprochen – von den Muskeln in den Kopf gewandert.

Trotz dieses offenkundigen Befundes setzt sich die Erkenntnis, dass die Gesellschafter des Familienunternehmens in ihren vertraglichen Grundlagen auf diese geänderten Wertvorstellungen reagieren müssen, nur langsam durch. Gesellschaftsverträge, die auf überkommenen Vorstellungen basieren und damit nach heutigen Maßstäben die Zukunftsfähigkeit des Unternehmens gefährden, sind leider immer noch häufig anzutreffen. Dies ist so, als wollte man in einer zu Beginn des 20. Jahrhunderts erbauten Produktionshalle auch heute noch einen optimalen Produktionsablauf erzielen.

Jede Unternehmerfamilie, die die Zukunftsfähigkeit ihres Unternehmens sichern will, muss heute insbesondere folgende Komplexe vordringlich regeln:

- den Bereich der Eignerkontrolle,

- geeignete Maßnahmen zur Liquiditätssicherung,

- Regelungen zur Aufrechterhaltung des Familiencharakters des Unternehmens und

- Mechanismen zur Beseitigung von Streitigkeiten unter den Gesellschaftern.

3.4   Nachfolge/Kontinuität

In Deutschland wird nach Berechnungen des Instituts für Mittelstandsforschung bis zum Jahre 2010 ein gutes Viertel der größeren Familienunternehmen an den Nachfolger übergeben. Die zur Übertragung anstehenden Betriebe beschäftigen mehr als vier Millionen Mitarbeiter. Die Folgen dieses tief greifenden Strukturwandels für die Zukunft der Familienbetriebe sind ambivalent. Die Vererbung von Firmenvermögen bietet einerseits die große Chance, zugleich mit der Regelung der Führungsnachfolge die betrieblichen Strukturen auf die Herausforderungen der Zukunft auszurichten. Andererseits birgt sie ein hohes Risiko: Ein missglückter Stabwechsel bedeutet wie im Sport den Rückfall auf die hinteren Plätze, der kaum wieder wettgemacht werden kann.

Eine große Zahl von Firmenübertragungen misslingt. Die Nachfolgeplanung wird nicht konsequent genug betrieben, was umso unverständlicher ist, als die Bewältigung des Generationswechsels über Fortbestand oder Untergang der Errungenschaften eines langen Unternehmerlebens entscheidet. Doch viele Unternehmer verdrängen diese Problematik.

In aller Regel hat der Unternehmer sein Leben lang für seinen Betrieb gearbeitet. Ein ins Gewicht fallendes Privatvermögen außerhalb des Betriebes wird nur in den seltensten Fällen erworben. Oft wird sogar außer den Gewinnen auch ein Großteil der Tätigkeitsvergütung im Unternehmen belassen. Bedenkt man, dass der Wert eines Unternehmens heute ein Vielfaches des durchschnittlichen Jahresgewinns ausmacht und dass bei einer Unternehmensveräußerung – die richtige Gestaltung vorausgesetzt – erhebliche Steuervorteile realisiert werden können, wird deutlich, wie wichtig eine schlüssige Nachfolgekonzeption ist. Ohne diese verfällt der Wert des Unternehmens in Windeseile.

Zusammenfassend gilt die Empfehlung, in jedem Nachfolgekonzept folgende Grundsätze zu beachten:

Die Nachfolgeplanung ist ein wichtiger Bestandteil der strategischen Unternehmensplanung. Sie muss unabhängig vom Alter des Firmeninhabers jederzeit verfügbar sein und als dynamischer Prozess permanent der sich wandelnden konkreten Familien- und Unternehmenssituation angepasst werden.

Beim Generationswechsel kommt steuerlichen und gesellschaftsrechtlichen Überlegungen lediglich eine technische Hilfsfunktion zu; diese sind an den Bedürfnissen des Unternehmens auszurichten sind und nicht umgekehrt.

Die Nachfolgeplanung darf weder vom Unternehmer noch von seinen rechtlichen und steuerlichen Beratern allein geprägt werden. Sie muss vielmehr in Kooperation mit allen Leistungsträgern des Unternehmens und gegebenenfalls unter Heranziehung externer Fachleute erarbeitet werden, sodass die Nachfolgeregelung allen betrieblichen Belangen ganzheitlich gerecht wird.

3.5 Eignerkontrolle

Im Familienunternehmen befindet sich der Eigentümer stets sehr viel näher am Unternehmen als jeder Aufsichtsrat einer Publikumsgesellschaft: In der Regel hat er das Unternehmen selbst mit aufgebaut und kennt die meisten Mitarbeiter. Dank seiner detaillierten und langjährigen Erfahrungen mit jedem einzelnen Bereich seines Unternehmens kennt er auch die diversen „Stellschrauben" zur Umsetzung einer höheren Wertschöpfung im Unternehmen. Sein Problem liegt daher nicht in mangelnder Kenntnis, sondern in der organisatorischen Bewältigung der Eigentümerkontrolle, eine Schwierigkeit, die das Großunternehmen aufgrund seiner ausdifferenzierten Organisationsstruktur üblicherweise besser „im Griff hat".

Blickt man auf die klassischen Instrumente der Eignerkontrolle im Familienunternehmen, so sind dies der Jahresabschluss, die gesellschaftsvertraglichen Zustimmungsvorbehalte hinsichtlich bestimmter Geschäftsführungsmaßnahmen und der Genehmigungsvorbehalt bezüglich der Unternehmensplanung. Zwar haben alle drei Kontrollansätze bis heute ihre Bedeutung behalten, ihr Aussagegehalt und damit die Effizienz einer an ihnen orientierten Eigentümerkontrolle hat sich jedoch in den vergangenen Jahren erheblich verändert.

Die Zustimmungsvorbehalte der Eigentümer stammen aus einem überholten Unternehmensverständnis. So sind diese Kataloge überwiegend substanzwertorientiert ausgestaltet und damit heutzutage kaum noch aussagekräftig. In Zeiten, in denen materielle Vermögenswerte wie Maschinen, Gebäude oder Vorräte eine zunehmend untergeordnete Rolle spielen, Forschung, Entwicklung, Dienstleistungen, Wissensnetzwerke und Humankapital dagegen eine dominierende Stellung erlangen, wird die Eignerkontrolle über Zustimmungskataloge zunehmend problematischer.

Im Zentrum der Eignerkontrolle steht unverändert die Unternehmensplanung sowie der sich hieraus anschließende zahlenmäßige Soll-Ist-Vergleich. Die Einführung eines Genehmigungsvorbehaltes bei der Unternehmensplanung galt in juristischen Kreisen zunächst noch als revolutionär. Heute, wo er sich in der Rechtswissenschaft durchgesetzt hat, ist er betriebswirtschaftlich bereits weitgehend überholt – jedenfalls, soweit es den Ansatz einer Bilanz- und GuV-orientierten Planung betrifft. Neben die traditionelle Unternehmensplanung muss deshalb ein Kontrollsystem treten, das es dem Eigner ermöglicht, die Ziele, die Maßnahmen und die zugrunde liegenden Prämissen des Managements laufend anhand von Kennzahlen zu überprüfen. Hier haben viele Familienunternehmen einen erheblichen Nachholbedarf.

Ein geeignetes Instrument zur effektiveren Wahrnehmung der Eignerkontrolle kann im Familienunternehmen auch die Einrichtung eines Beirats sein. Dieser kann eine wichtige Brückenfunktion zwischen Familie und Unternehmen ausüben. Zugleich kann er ein gutes Bindeglied zwischen der Eigentümerfamilie und einer Fremdgeschäftsführung darstellen. In der Praxis werden Beiräte meist aus einem ganz konkreten Anlass heraus installiert, sehr häufig im Zusammenhang mit der Unternehmensnachfolge. Unter dem Blickwinkel der Eigentümerkontrolle darf seine Bedeutung – insbesondere bei einem größeren Gesellschafterkreis – nicht unterschätzt werden. Ob ein Beirat einem Familienunternehmen tatsächlich einen Nutzen bringt, hängt von verschiedenen Faktoren ab. Zunächst müssen seine Befugnisse klar definiert und am besten organschaftlich im Gesellschaftsvertrag verankert werden. Um ihm entsprechendes Gewicht zu verleihen, empfiehlt sich die Übertragung der Personalkompetenz, also des Rechts, die Geschäftsführer zu berufen und abzuberufen. Sodann hat sich der Beirat eine eigene innere Ordnung in Form einer Geschäftsordnung zu geben, um seine Befugnisse effizient wahrzunehmen. Schließlich kommt der Besetzung des Beirats ganz zentrale Bedeutung zu. In einen Beirat gehören nur Persönlichkeiten, die selbst unternehmerisches Format besitzen. Die Gefahr von Interessenkonflikten muss ausgeschlossen sein. Hier scheiden abhängige Berater, Vertreter der Kredit gewährenden Banken, Kunden, Lieferanten und sonstige Geschäftspartner per se aus. Auch persönliche Freunde des Unternehmers sind meist ungeeignet, da ihre Objektivität bei einem Streit unter den Gesellschaftern in Frage steht. Schließlich ist auf eine nicht zu lange Verweildauer der Beiratsmitglieder zu achten. Insbesondere eine fest definierte Altersgrenze ist unumgänglich.

Bei guter und durchdachter Ausgestaltung kann ein Beirat ein wichtiges Instrument der Eignerkontrolle sein, das einem Familienunternehmen zudem durch externes Know-how wichtige Impulse für die Bewältigung seiner Zukunftsaufgaben gibt.

3.6   Liquiditätssicherung

Die Selbstfinanzierungskraft des Familienunternehmens reicht nur selten aus, um seinen Bestand zu sichern und um zukunftsfähige Strategien im Unternehmen zu etablieren. Dabei ist der Mittelbedarf im Familienunternehmen strukturell höher als bei den großen Konzernen. Denn die im Familienunternehmen bei jedem Generationswechsel fällige Erbschaftsteuer, die zur Sicherung des Lebensunterhalts der Familienmitglieder auch in gewinnlosen Zeiten bestehenden Entnahmebedürfnisse sowie Abfindungszahlungen an ausscheidende Gesellschafter sind Belastungen, die der börsennotierte Konzern so nicht kennt. Damit ist die Liquiditätssicherung eine der wichtigsten Existenzfragen des Familienunternehmens schlechthin. Deren Bewältigung ist jedoch keinesfalls allein eine Frage der Finanzierung.

Liquiditätssicherung beginnt mit der Gestaltung der persönlichen Verträge innerhalb der Familie. Das Unternehmen muss davor geschützt sein, dass bei einer Veränderung der persönlichen Verhältnisse (Tod, Ehescheidung, Getrenntleben, Auswanderung) Ausgleichszahlungen, Pflichtteilsansprüche oder individuelle Steuerpflichten die betriebliche Liquidität überfordern. Liquiditätssicherung muss sich fortsetzen bei der Gestaltung des Gesellschaftsvertrages, in dem alle privaten und steuerlichen Entnahmen sowie Abfindungszahlungen liquiditätsschonend geregelt werden.

Der nächste Schritt zur Liquiditätssicherung liegt im strategischen Bereich. Hier muss der Unternehmer darauf achten, die Kapitalbindung im Unternehmen so gering wie möglich zu halten. Vor diesem Hintergrund gehört zunächst die Unternehmensstrategie auf den Prüfstand.

Hinzu kommt ein striktes Forderungsmanagement mit einer ständigen Kontrolle des Einkaufs bis hin zu einer Beschränkung der Produktvielfalt und einer Verringerung der Lagerbestände, allerdings ohne die Lieferfähigkeit zu beeinträchtigen. Wichtigstes Hilfsmittel sind hierbei (trotz eingeschränkter Vergleichsfähigkeit) die von Mitbewerbern innerhalb der Branche erreichten Werte (Benchmarks), die bei den Verbänden oder den Banken verfügbar sind.

Erst wenn der Unternehmer die genannten Fragen zufrieden stellend beantwortet hat, gelangt man in den eigentlichen Bereich der Finanzierung, der ja den Schwerpunkt dieses Buches bildet und auf den daher an dieser Stelle nicht gesondert eingegangen wird.

3.7   Streit als Wertvernichter

Der größte Wertvernichter im Familienunternehmen ist der Streit. Es genügt nicht, diese Aussage allein auf die Vernichtung von Sachvermögenswerten zu beziehen. Die Beschädigung immaterieller Werte ist oft genauso gravierend. Obwohl sich mittlerweile renommierte Berater um wissenschaftliche und praktische Lösungsansätze bemühen, sind Konflikte im Gesellschafterkreis nach wie vor nur schwer in den Griff zu bekommen.

Der Streit im Familienunternehmen ist deshalb so gefährlich, weil es – anders als im börsennotierten Konzern, in dem der Druck der öffentlichen Medien meist für eine schnelle Bereinigung sorgt – im Familienunternehmen keine Mechanismen einer automatischen Streitbeseitigung gibt und er daher bis zur Existenzgefährdung reichen kann. Einmal ausgebrochen, währt ein solcher Streit – wie bekannte Familienunternehmen zeigen – häufig über Generationen.

Um Streit vom Familienunternehmen fernzuhalten, bedarf es Maßnahmen der Streitvermeidung sowie Maßnahmen der Streitbeilegung. Streitvermeidung setzt langfristig angelegte Vorkehrungen und Verhaltensweisen voraus, die letztlich dem Aufbau einer konsensorientierten Familienkultur dienen. Streitbeseitigung ist demgegenüber ein einmaliger Akt zur Beilegung einer einzelnen Friedensstörung.

Soll Streit vermieden werden, so muss man seine möglichen Ursachen kennen. Entweder haben die Familienmitglieder verschiedene Wertvorstellungen oder aber ein oder mehrere Familienmitglieder fühlen sich in der Gegenwart oder der Vergangenheit ungerecht behandelt oder es entstehen Missverständnisse infolge mangelnder, verspäteter oder falscher Informationen. Diese können ihre zerstörerische Wirkung insbesondere dann entfalten, wenn nicht mehr miteinander gesprochen wird.

Ein Verfahren der Streitvermeidung, das sich bisher in der Praxis bewährt hat, umfasst drei Schritte. Als erstes wird durch den Abschluss einer von allen Familienmitgliedern akzeptierten Familienverfassung ein grundlegender Wertekonsens unter den Beteiligten hergestellt. Sodann werden die Streitpotenziale „entschärft". Streit entsteht in der Praxis häufig im Zusammenhang mit Leistungen, die die persönliche Sphäre eines Gesellschafters betreffen. Als dritter und letzter Schritt ist eine qualifizierte und gleichmäßige Information aller Familienmitglieder sicherzustellen. Es bedarf allerdings eines gewissen Maßes an Erfahrung, um treffsicher zu bestimmen, „worüber" denn alle und „durch wen" oder „wie" sie informiert werden sollen.

Die Vereinbarung einer Familienverfassung als Mittel der Streitvermeidung lässt sich in gewisser Hinsicht im Hinblick auf ihre positive Wirkung mit dem traditionellen Hausgesetz des Adels vergleichen. Die Familienverfassung stellt das Wertegerüst dar, auf dem der Gesellschaftsvertrag beruht. Sie wird allerdings durch den Gesellschaftsvertrag überlagert, der rechtlichen Vorrang besitzt.

Was aber soll in einer Familienverfassung alles geregelt werden? Die möglichen Zielvorstellungen einer Familie sind leider zu unterschiedlich, um hierzu eine verbindliche Aussage treffen zu können. Auf jeden Fall empfiehlt sich die Regelung folgender Komplexe: Zielsetzung des Familienunternehmens nach Rendite und Bilanzstruktur, rechtliche und organisatorische Struktur des Betriebs, grundsätzliche Voraussetzungen für Zukauf und Verkauf von Betrieben sowie für den Verkauf des Familienunternehmens selbst, Rechte und Pflichten der Familienmitglieder untereinander, Stellung der im Unternehmen Tätigen, Rechte der angeheirateten Ehegatten, Informationsrechte der Familie sowie eine Streitregelung.

Ist ein Streit bereits ausgebrochen, so sollte zunächst der Versuch einer Einigung aus eigener Kraft oder durch die Vermittlung etwa des Beiratsvorsitzenden oder eines gemeinsamen Unternehmerfreundes im Vordergrund stehen. In den Vereinigten Staaten hat man hierzu das Mediationsverfahren entwickelt. Bei diesem Verfahren wird ein neutraler Dritter hinzugezogen, der sich als professioneller Mediator mit der Beilegung von Streitigkeiten befasst, jedoch keine Entscheidungsmacht besitzt.

Hierzulande hat sich das Mediationsverfahren bisher noch nicht durchgesetzt, sodass bis auf Weiteres die drei traditionellen Lösungswege – Beschreitung des Rechtsweges, Einschaltung eines Schiedsgerichtes oder Anrufung eines Schiedsgutachters – zur Verfügung stehen.

Wird ein Schiedsgericht angerufen, entscheidet dieses anstelle des staatlichen Gerichts endgültig, spricht also eine Rechtsfolge aus. Dagegen vereinbaren die Parteien in einem Schiedsgutachtervertrag, dass der Schiedsgutachter lediglich bestimmte Tatsachen festzustellen hat.

Schiedsgutachterverträge haben ihren Schwerpunkt bei Wert-, Preis- und Schadensfeststellungen (Höhe des Abfindungsanspruchs, Verzinsung eines Darlehenskontos, Höhe von Entnahmen).

Die generellen Vorteile der Schiedsgerichtsbarkeit spielen eine noch größere Rolle bei Streitigkeiten mit internationalem Bezug, also wenn die streitenden Familienmitglieder in unterschiedlichen Staaten wohnen. Einigen sich die Parteien in solchen Fällen auf ein Schiedsgericht, so vermeiden sie eine Austragung der Streitigkeiten vor den Gerichten im Heimatstaat einer Streitpartei.

Zudem ermöglicht die Einigung auf ein Schiedsgericht bei grenzüberschreitenden Streitigkeiten eine deutlich flexiblere, den Besonderheiten des Falles angepasste Verfahrensgestaltung. So muss beispielsweise das Verfahren nicht zwingend in nur einer Sprache geführt werden, sodass die Parteien und Zeugen in ihrer Muttersprache gehört werden können und Dokumente nicht zwangsläufig übersetzt werden müssen. Zudem können Verhandlungen des Schiedsgerichts unabhängig von dem gewählten Schiedsort überall auf der Welt abgehalten werden.

4.   Ausblick

Das Familienunternehmen ist ein faszinierendes Gebilde, für dessen Fortbestand und Zukunft es sich zu kämpfen lohnt. Es hat manche Schwächen, die im Verlauf der Ausführungen angesprochen wurden. Doch die Stärken überwiegen. Sie liegen in der Übersichtlichkeit, in der Flexibilität, mit der es auf Veränderungen der Märkte reagieren kann, vor allem aber in der Persönlichkeit des Unternehmers und der Familie, die hinter ihm steht. Hält die Familie zusammen, gibt es einen Grundkonsens, vermeidet sie Streit und werden rechtzeitig die Weichen für die Nachfolge gestellt, dann ist die Grundlage für ein weiteres gedeihliches Arbeiten gegeben.

Tradition ist im Wirtschaftsleben kein Wert „an sich". Vielmehr lässt sie sich nur bewahren, wenn das Familienunternehmen ständig den Zeitläufen und ihren Erfordernissen angepasst wird.

Der Familienunternehmer braucht auch den „Mut zur Einfachheit". Denn um Ordnung in die Vielzahl der immer größer werdenden Verflechtungen zu bringen, bedarf es zuallererst klarer Strukturen. Der Familienunternehmer muss nach Möglichkeiten suchen, die Komplexität der Handlungsabläufe zu begrenzen und sie transparenter und verständlicher zu machen. In einer Welt, die scheinbar immer schwieriger wird, muss er bewusst auf einfache Lösungen setzen, schon deshalb, weil seine Ressourcen begrenzt sind.

Daher sollte der Inhaberunternehmer auch den Mut aufbringen, sich mit aller Kraft gegen die ausufernde Bürokratie und gegen die Regulierungswut, welche die Regierung in Deutschland und die Kommission in Brüssel immer stärker erfasst, zu stemmen. Schließlich wäre es wünschenswert, wenn Unternehmer künftig verstärkt in der Politik ihre Stimme erheben würden. Familienunternehmer dürfen nicht länger in der Zuschauerrolle verharren, sondern müssen aktiver an einer Gestaltung der Rahmenbedingungen mitwirken, die ihren Unternehmen eine gedeihliche Zukunft ermöglichen.

Literaturhinweise

„VOLKSWIRTSCHAFTLICHE BEDEUTUNG DER FAMILIENUNTERNEHMEN"; Studie des ifm Bonn im Auftrag der Stiftung Familienunternehmen, 2007

„LÄNDERINDEX DER STIFTUNG FAMILIENUNTERNEHMEN"; Studie des ZEW im Auftrag der Stiftung Familienunternehmen, 2006

HENNERKES, B.-H. (2004): Die Familie und ihr Unternehmen, Frankfurt am Main 2004.

BAUS, K. (2007): Die Familienstrategie, 2. Auflage Wiesbaden 2007.

SCHERER/BLANC/KORMANN/GROTH/WIMMER (2003): „Familienunternehmen", Frankfurt 2003.

MOOS, A. V. (2003): „Familienunternehmen erfolgreich führen", Zürich 2003

WIMMER, R./DOMAYER, E./OSWALD, M./VATER, G. (2003): Familienunternehmen – Auslaufmodell oder Erfolgstypus?, Wiesbaden 2003

Der Herausgeber

Manfred Goeke ist seit 2001 Professor an der Berufsakademie Stuttgart für Allgemeine und Bank-Betriebswirtschaftslehre sowie seit 2005 als Studiengangsleiter für den Studiengang Bank an der Berufsakademie Stuttgart verantwortlich.

Nach Banklehre und Studium der Betriebswirtschaftslehre an der Friedrich-Alexander-Universität Erlangen-Nürnberg war er dort wissenschaftlicher Assistent am Lehrstuhl für Allgemeine, Bank- und Versicherungs-Betriebswirtschaftslehre bei Professor Dr. Oswald Hahn und nach Promotion zum Dr. rer. pol. über 20 Jahre mit Führungsaufgaben in der Bankwirtschaft betraut.

Daher konnte er mit der Wahrnehmung von Filialleiteraufgaben bei der Dresdner Bank AG und der Landesgirokasse Stuttgart sowie einer zwölfjährigen Vorstandstätigkeit im genossenschaftlichen Bankenbereich in Bayern und Baden-Württemberg, und nicht zuletzt als Vorsitzender des Aufsichtsrates einer südwestdeutschen Privatbank das Drei-Säulen-System der deutschen Kreditwirtschaft nicht nur als Insider erfahren, sondern auch eine hohe Affinität zu den Problemstellungen mittelständischer Unternehmen entwickeln.

Neben seiner bankspezifischen persönlichen Präferenz zum Private Banking steht die Thematik Mittelstandsfinanzierung deshalb im Fokus seiner Lehr- und Forschungstätigkeit.

Die Autoren

Holger Elsner absolvierte sein Studium an der Berufsakademie Stuttgart. Im September 2007 schloss er es als Diplom-Betriebswirt (BA) ab. Seit Oktober 2007 ist er bei der Commerzbank AG im Individualkundenbereich tätig.

Norbert Friedrich studierte von 1981 bis 1986 Volkswirtschaftslehre an der Universität Trier. Von 1986 bis 1998 war er als Wertpapierhändler und Fondsmanager für die Fortis Banque Luxembourg, für Unico Investment Fund Management und die DG Bank Luxembourg tätig. 1998 wechselte er zur GZB-Bank Stuttgart in die Bereichsleitung Geld- und Kapitalmarkt. Nach Fusion mit der SGZ-Bank Frankfurt am Main wechselte Friedrich im Jahr 2000 in die Geschäftsleitung der GZ-Bank International S. A. und leitete die Dezernate Private Banking und Treasury. Seit 2001 ist er Mitglied der Geschäftsleitung der DZ BANK International S. A. in Luxembourg und leitete bis 2007 die Dezernate Treasury und Kredit. Seit 2007 verantwortet Friedrich das Dezernat Kredit und intensiviert das Währungskreditgeschäft (LuxCredit) mit den VolksbankenRaiffeisenbanken im Geschäftsgebiet der DZ BANK AG.

Dr. Paul Funk studierte Betriebswirtschaft, war wissenschaftlicher Assistent am Lehrstuhl für Bank- und Versicherungsbetriebslehre an der Universität Erlangen-Nürnberg, an der er auch promovierte. Nach einem Traineeprogramm bei der Deutschen Bank AG ist er seit 1978 geschäftsführender Gesellschafter der Eisengießerei Georg Funk, Aalen. 1983 gründete er zusammen mit seinem Bruder ein Modegeschäft. Von 1978 bis 1994 war Dr. Funk Lehrbeauftragter an der Universität Erlangen-Nürnberg und ist seit 1976 Dozent an der Frankfurt School of Finance and Management (ehemals Bankakademie/Hochschule für Bankwirtschaft). Daneben ist er als Handelsrichter am Landgericht in Ellwangen und als Verwaltungsrat des Bundes der Steuerzahler Baden-Württemberg e. V. tätig.

Tugba Gencer absolvierte ihr Studium der Betriebswirtschaftslehre an der Berufsakademie Stuttgart. Im September 2007 schloss sie es als Diplom-Betriebswirtin (BA) ab. Seit September 2007 ist sie bei der Kreissparkasse Esslingen-Nürtingen im Individualkundenbereich tätig.

Wilhelm Freiherr von Haller begann nach dem Abschluss seines Studiums der Betriebswirtschaftslehre seinen beruflichen Werdegang bei der Bayerischen Landesbank, München. 1986 wechselte er zur Deutschen Bank AG. Nach Stationen in München und Chemnitz wurde er 1992 Mitglied der Geschäftsleitung in Stuttgart, wo er zunächst das Privatkundengeschäft und ab 1993 das Firmenkundengeschäft in der Region Südwest verantwortete. Seit 2007 leitet Herr von Haller von Frankfurt am Main aus das Firmenkundengeschäft der Deutschen Bank AG in Norddeutschland. Neben dieser Aufgabe ist er seit 2004 Mitglied des Management Committee Deutschland.

Professor Dr. Brun-Hagen Hennerkes ist Seniorpartner der Sozietät Hennerkes, Kirchdörfer & Lorz, Stuttgart. Nach seinem Studium der Rechtswissenschaften ist er seit mehr als 35 Jahren ausschließlich mit der konzeptionellen Beratung von Familienunternehmen befasst; Professor Dr. Hennerkes ist Mitglied in zahlreichen Aufsichtsräten und Beiräten bedeutender Familienunternehmen sowie Honorarprofessor für Unternehmenssteuerrecht an der Universität Stuttgart. Er ist Gründer der gemeinnützigen „Stiftung Familienunternehmen".

Thomas Hund ist nach dem Studium der Rechtswissenschaften seit 1996 in der Sozietät Hennerkes, Kirchdörfer & Lorz, Stuttgart, tätig; daneben arbeitet er in der gemeinsamen „Stiftung Familienunternehmen" mit.

Roland Jetter ist geschäftsführender Gesellschafter der FION GmbH, Stuttgart; nach verlängertem Wehrdienst, Studium der Wirtschaftswissenschaften; 1976 Diplomvolkswirt Universität Tübingen. 1977 bis 1990 Deutsche Bank, zuletzt Leiter Firmenkunden der Bezirksfiliale Ostwürttemberg. Von 1991 bis 1994 war er Vorstand der DBG AG, von 1995 bis 2000 Bereichsleiter Baden-Württemberg der Vereinsbank bzw. nach der Fusion der HypoVereinsbank AG. 2001 Gründung der FION GmbH, die Unternehmen bei der Optimierung ihrer Finanzierung prozesssteuernd berät.

Dr. Peter Klaus arbeitete nach dem Studium der Betriebswirtschaftslehre und der Promotion an der Universität Erlangen-Nürnberg, ab 1972 bei der KfW-Bankengruppe in Frankfurt am Main. Von 1999 bis 2007 war er Mitglied des Vorstandes der KfW-Bankengruppe. Im Mai 2007 ging er in den Ruhestand. Dr. Klaus ist Mitglied in zahlreichen in- und ausländischen Aufsichts- und Beiräten. Er arbeitete und arbeitet in Gremien und Arbeitsgruppen der deutschen Industrie und der Europäischen Union.

Dr. Wolfgang Kuhn ist seit Juni 2006 Mitglied des Vorstands der Südwestbank AG, Stuttgart, und verantwortet hier die Bereiche Asset Management, Privatkunden und Handel/Treasury. Zuvor war er knapp zehn Jahre lang Mitglied des Vorstands für die Privatbank Bankhaus Bauer AG, Stuttgart, davon die letzten fünf Jahre als Vorstandssprecher tätig. Dr. Kuhn ist Mitglied in zahlreichen Aufsichtsgremien von privaten und öffentlichen Einrichtungen. Als Lehrbeauftragter an den Universitäten Erlangen-Nürnberg und Leipzig vermittelt er seine praktischen Erfahrungen an Studenten.

Dr. Günther Merl ist Vorstandsvorsitzender der Helaba Landesbank Hessen-Thüringen. Nach dem Studium der Betriebswirtschaftslehre und der Promotion zum Dr. rer. pol. an der Universität Erlangen-Nürnberg begann seine berufliche Laufbahn bei der WestLB, Düsseldorf. Seit 1978 arbeitet er für die Helaba, zunächst als Leiter des Bereiches Sekretariat Wertpapiere, Geld und Devisen, dann als Mitglied des Vorstandes der Helaba Luxembourg International. Seit 1991 ist er Mitglied des Vorstandes der Helaba in Frankfurt am Main, seit 2001 Vorsitzender des Vorstandes. Dr. Merl engagiert sich in einer Vielzahl von Stiftungs-, Verwaltungs- und Beiräten, beispielsweise bei der DekaBank Deutsche Girozentrale, der Frankfurter Sparkasse, der Hessischen Kulturstiftung, des Institute for Law and Finance der Universität Frankfurt und der Stiftung Sporthilfe Hessen.

Geert Müller-Seubert studierte Rechtswissenschaften an den Universitäten in Freiburg und Münster. Nach dem zweiten Staatsexamen schloss sich eine Traineeausbildung bei der Deutschen Bank AG an. Danach wurde er Assistent einer Hauptfilialgeschäftsleitung, Assistent eines Vorstandsmitglieds, Geschäftsstellenleiter und Leiter der Großkundenbetreuung eines Hauptfilialbezirks. Müller-Seubert wurde Vorstandsvorsitzender einer genossenschaftlichen Regionalbank, geschäftsführender Gesellschafter einer Finanzdienstleistungsfirma für mittelständische Unternehmen und Mitglied des Aufsichtsrates einer Akademie für Finanzmanagement AG.

Andreas Pesch ist nach Abschluss des Studiums der Rechtswissenschaften an den Universitäten in Trier und Tübingen seit 2002 als Rechtsanwalt bei der Sozietät Hennerkes, Kirchdörfer & Lorz in Stuttgart beschäftigt, die auf die konzeptionelle Beratung eigengeführter Unternehmen (Familienunternehmen) spezialisiert ist. Die Tätigkeitsschwerpunkte von Herrn Pesch liegen im Aktien- und Kapitalmarktrecht, im Kauf und Verkauf von Unternehmen, in der Umstrukturierung von Gesellschaften sowie im Bereich Corporate Finance.

Erwin Pfister studierte bis 1974 Politikwissenschaften, Germanistik und Sportwissenschaften an den Universitäten Tübingen und Freiburg. Bis 1984 war er Oberstudienrat am Hoptbühl-Gymnasium in Villingen. Seit April 1980 ist er Mitglied des Landtags von Baden-Württemberg; von 1996 bis 2004 als Vorsitzender der FDP-Landtagsfraktion. Seit Juli 2004 ist Herr Pfister Wirtschaftsminister des Landes Baden-Württemberg.

Professor Dr. Hans-Peter Steinbrenner wurde nach leitenden Tätigkeiten im Kreditgewerbe Fachhochschullehrer in NRW, danach Leiter der Fachrichtung Bank an der Berufsakademie Stuttgart. Heute ist er Direktor des Campus of Finance: Institut für Finanzmanagement an der Hochschule für Wirtschaft und Umwelt Nürtingen-Geislingen sowie wissenschaftlicher Leiter des MBA-Studienganges Finance & Management (HfWU/BA). Veröffentlichungen über Wertpapiere, Derivate und Unternehmensverfassung. Mandate als Aufsichtsratsvorsitzender und Aufsichtsrat börsennotierter Gesellschaften.

Dr. Karl Albert Strecker absolvierte nach seinem wirtschaftswissenschaftlichen Studium an der Universität Hohenheim und ersten Berufserfahrungen bei der heutigen DZ BANK AG in Frankfurt am Main eine Traineeausbildung an der Akademie deutscher Genossenschaften in Montabaur. Dr. Strecker ist derzeit Leiter des Vorstandssekretariats der Südwestbank AG, Stuttgart, sowie Mitgeschäftsführer von zwei bankeigenen Immobiliengesellschaften. Als Dozent an der Berufsakademie Mosbach engagiert er sich seit vielen Jahren für die Aus- und Fortbildung von Studenten im Fachbereich Banken.

Stephan A. Vitzthum hat nach der Ausbildung zum Bankkaufmann bei der Deutschen Bank AG in Stuttgart das Studium der Betriebswirtschaftslehre mit den Schwerpunkten Finanz- und Bankwirtschaft sowie Wirtschaftsprüfung und einer Diplomarbeit über die europäische Bankrechtsharmonisierung an der Universität Augsburg abgeschlossen. Seit 1999 ist er bei der Wirtschaftsprüfungsgesellschaft KPMG beschäftigt – bis 2006 in der Niederlassung Frankfurt am Main, seitdem in der Niederlassung München. Er ist dort als Prokurist in der Regulatory Services Group, einer auf bankaufsichtsrechtliche Fragestellungen spezialisierten Einheit, tätig.

Stichwortverzeichnis

Ratings – sichere Wege zum Bonitätsurteil

Mit Finanzrating zu mehr Transparenz durch eine Bilanz-, Wachstums- und Risikonanlyse

Das vorliegende Buch erläutert sehr praxisorientiert die im Rating wichtigen harten Fakten und quantitativen Kriterien. Einen wichtigen Schwerpunkt bildet die detaillierte Darstellung der Jahresabschlussanalyse und der Bilanzanalyse im Rating.

Ann-Kristin Achleitner | Oliver Everling | Karl A. Niggemann (Hrsg.)
Finanzrating
Gestaltungsmöglichkeiten zur Verbesserung der Bonität
2007. 275 S. Geb.
EUR 49,90
ISBN 978-3-8349-0245-0

Kauf, Miete und Leasing auf dem Prüfstand von Banken und Ratingagenturen

Die Auswirkungen von Kauf, Miete oder Leasing im Rating haben seit Inkrafttreten von Basel II eine noch weiter reichende Bedeutung für die Finanzwirtschaft jedes Unternehmens. Dieses Buch systematisiert aus verschiedenen Perspektiven die fachliche Diskussion der Auswirkungen von Kauf, Miete oder Leasing im Rating.

Christoph J Börner. | Oliver Everling | Robert Soethe (Hrsg.)
Kauf, Miete und Leasing im Rating
Finanzierungswege langlebiger Wirtschaftsgüter sicher beurteilen
2008. 300 S. Br.
EUR 54,90
ISBN 978-3-8349-0543-7

Lösungsansätze für Klinikeinrichtungen zur optimalen Finanzierung - mit Beispielen und Checkliste

Experten aus der Wissenschaft und Praxis stellen Konzeptionen, Kriterien und Maßstäbe für die Bonitätsbeurteilungen vor und bieten Lösungsansätze, wie Kliniken, Klinikverbände und andere medizinische Einrichtungen optimale Voraussetzungen für Finanzierungen für die Geld gebenden Finanzinstitute erzielen können.
Mit zahlreichen Beispielen und Checkliste.

Dieter M Kampe. | Oliver Everling (Hrsg.)
Rating im Health-Care-Sektor
Schlüssel zur Finanzierung von Krankenhäusern, Kliniken, Reha-Einrichtungen
2008. 204 S. Br.
EUR 49,90
ISBN 978-3-8349-0418-8

Änderungen vorbehalten. Stand: Januar 2008.
Erhältlich im Buchhandel oder beim Verlag.
Gabler Verlag . Abraham-Lincoln-Str. 46 . 65189 Wiesbaden . www.gabler.de

GABLER